सक्सेस
LIMITLESS

सक्सेस LIMITLESS

असीम सफलता के अद्‌भुत नियम

नेपोलियन हिल

प्रभात प्रकाशन

प्रकाशक

प्रभात प्रकाशन प्रा. लि.

4/19 आसफ अली रोड, नई दिल्ली-110002

फोन : 23289777 • हेल्पलाइन नं. : 7827007777

इ-मेल : prabhatbooks@gmail.com ❖ वेब ठिकाना : www.prabhatbooks.com

संस्करण

2026

अनुवाद

मनोज चौहान

पेपरबैक मूल्य

छह सौ रुपए

मुद्रक

जयलक्ष्मी प्रिंटिंग प्रेस, दिल्ली

SUCCESS LIMITLESS
by Napoleon Hill

Published by **PRABHAT PRAKASHAN PVT. LTD.**
4/19 Asaf Ali Road, New Delhi-110002

ISBN 978-93-5322-837-8

₹ 600.00 (PB)

मेरी बात

लगभग तीस साल पहले गुनसालुस नाम के एक युवा पादरी थे, जिन्होंने शिकागो के समाचार-पत्रों में यह घोषणा की थी कि आनेवाले रविवार की सुबह वह एक व्याख्यान देंगे, जिसका शीर्षक होगा—

"मेरे पास एक मिलियन डॉलर होते तो मैं क्या करता!"

इस घोषणा की ओर पैकिंग हाउस के अमीर कारोबारी फिलिप डी आर्मर का ध्यान गया और उन्होंने फैसला किया कि वह उपदेश को सुनने जाएँगे।

अपने व्याख्यान में डॉ. गुनसालुस ने एक भव्य प्रौद्योगिकी शिक्षण संस्थान की तसवीर सामने रखी, जहाँ युवकों-युवतियों को सैद्धांतिक तरीके से नहीं, बल्कि सोचने की क्षमता विकसित कर जीवन में सफलता प्राप्त करने की शिक्षा दी जाएगी, जहाँ उन्हें 'करो और सीखो' पढ़ाया जाएगा। युवा पादरी ने कहा, "यदि मेरे पास एक मिलियन डॉलर होते तो मैं ऐसा ही एक स्कूल खोलता।"

व्याख्यान जब समाप्त हुआ, तब मि. आर्मर किनारे के रास्ते से होते हुए मंच तक आए और अपना परिचय देते हुए कहा, "नवयुवक, मुझे लगता है कि तुमने जो कुछ कहा, उसे कर सकते हो, और तुम कल सुबह मेरे दफ्तर आ जाओ तो मैं तुम्हें तुम्हारी जरूरत के एक मिलियन डॉलर दे दूँगा।"

उन लोगों के लिए पूँजी की कमी नहीं होती, जो उसके उपयोग के लिए व्यावहारिक योजनाएँ बना सकते हैं।

यहीं से आर्मर इंस्टीट्यूट ऑफ टेक्नोलॉजी की शुरुआत हुई, जो इस देश के सबसे व्यावहारिक शिक्षण संस्थानों में से एक था। इस संस्थान का जन्म एक युवक की 'कल्पना' में हुआ, जिसके बारे में उस समुदाय के सिवाय और कोई भी नहीं जान पाता, जिसके बीच वह उपदेश दिया करता था, अगर उसमें 'कल्पनाशक्ति', और फिलिप डी आर्मर से मिली पूँजी नहीं होती।

प्रत्येक बड़ी रेल परियोजना और प्रत्येक सफल वित्तीय संस्थान के साथ ही हर

विशालकाय व्यावसायिक उपक्रम और महान् आविष्कार की शुरुआत किसी-न-किसी एक व्यक्ति की कल्पना से हुई है।

एफ.डब्ल्यू. वूलवर्थ ने फाइव एंड टेन सेंट स्टोर की योजना अपनी 'कल्पना' में ही बनाई, जिसके बाद ही उसने वास्तविक रूप लिया और उन्हें कई करोड़ का मालिक बना दिया।

थॉमस ए. एडिसन ने टेलीफोन और चलचित्र कैमरा बनाया तथा बिजली के बल्ब समेत अनेक उपयोगी आविष्कार किए। यह सब पहले उनकी 'कल्पना' में बने और फिर वास्तव में सामने आए।

शिकागो में लगी आग में अनेक व्यापारियों की दुकानें जलकर राख हो गईं और वे खाक हुई अपनी दुकानों के नुकसान पर आँसू बहा रहे थे। उनमें से कई ने दूसरे शहरों में जाकर एक नई शुरुआत करने का फैसला किया। उन्हीं में से एक मार्शल फील्ड भी थे, जिन्होंने अपनी 'कल्पना' में दुनिया के सबसे बड़े रिटेल स्टोर को देखा, वह भी उसी स्थान पर, जहाँ कभी उनकी पुरानी दुकान हुआ करती थी, जो उस वक्त सुलगती लकड़ियों के राख से ज्यादा कुछ नहीं थी। उनका वह स्टोर हकीकत बन गया।

ऐसे नौजवान या नवयुवतियाँ किस्मत वाले होते हैं, जो अपने जीवन की शुरुआत में ही कल्पनाशक्ति का उपयोग करना सीख लेते हैं, वह भी इस युग में, जहाँ अवसरों की कमी नहीं है।

कल्पना दिमाग का वह क्षेत्र है, जिसे बनाया, सँवारा और उपयोग से विस्तार दिया जा सकता है। अगर यह सच नहीं होता, तो सफलता के पंद्रह नियमों का यह कोर्स कभी तैयार ही नहीं हो पाता, क्योंकि इसकी अवधारणा सबसे पहले लेखक की 'कल्पना' में बनी, जब विचार का एक छोटा सा बीज दिवंगत एंड्रयू कार्नेगी के संयोग से कही गई एक बात से पड़ गया था।

आप जहाँ कहीं भी हों, कोई भी क्यों न हों, किसी भी पेशे को अपनाकर चाहे कुछ भी क्यों न बन गए हों, आपके पास अपनी उपयोगिता को बढ़ाने की गुंजाइश होती है, और अपनी 'कल्पना' को विकसित करने के साथ ही उसका उपयोग कर आप और अधिक योगदान दे सकते हैं।

इस दुनिया में सफलता हमेशा ही व्यक्तिगत प्रयास से मिलती है, फिर भी आपको लगता है कि दूसरों के सहयोग के बिना आप सफल हो सकते हैं तो आप मात्र अपने आपको धोखे में रख रहे हैं। व्यक्तिगत प्रयास से सफलता वहीं तक मिलती है, जहाँ तक कोई स्त्री या पुरुष मन में यह निश्चित करता या करती है कि उसे क्या चाहिए। इसके लिए 'कल्पना' का उपयोग करना पड़ता है। इसके बाद कुशलता और चतुराई से दूसरों

को सहयोग करने के लिए राजी करने पर ही सफलता मिलती है।

इससे पहले कि आप दूसरों का सहयोग निश्चित करें, नहीं-नहीं, इससे पहले कि आपको दूसरों से सहयोग की उम्मीद करने का अधिकार मिले, आपको उनके साथ सहयोग करने की अपनी इच्छा प्रकट करनी ही होगी। इस कारण ही इस कोर्स के आठवें अध्याय, मिलनेवाले पैसे से अधिक करने की आदत, पर आपको गंभीरता और समझदारी से ध्यान देना होगा।

वह नियम, जो इस अध्याय का आधार है, वह अपने आप में ही उन सभी की सफलता सुनिश्चित कर देता है, जो इसका प्रयोग अपने हर काम में करते हैं।

इस परिचय के पिछले पृष्ठों में आप एक व्यक्तिगत विश्लेषण चार्ट को देखेंगे, जिसमें दस जाने-माने लोगों का विश्लेषण आपके अध्ययन और तुलना के लिए किया गया है। इस चार्ट को ध्यान से देखिए और 'खतरे के बिंदुओं' को नोट कीजिए, जो उन लोगों की विफलता को बताते हैं, जो इन संकेतों पर ध्यान नहीं देते। जिन दस लोगों का विश्लेषण किया गया है, उनमें से आठ सफल हुए, जबकि दो को विफल माना जा सकता है। उन कारणों का अध्ययन ध्यान से करें, जिनके चलते ये दो लोग विफल हो गए।

फिर अपना अध्ययन करें। उस उद्‌देश्य से जो दो कॉलम खाली छोड़ दिए गए हैं, उनमें इस कोर्स की शुरुआत करते हुए आप अपने आपको सफलता के पंद्रह नियमों में से प्रत्येक पर रेटिंग दीजिए। इस कोर्स के समापन पर अपने आपको फिर से अंक दीजिए और उस सुधार पर गौर कीजिए, जो आप में आया है।

सफलता के नियम के इस कोर्स का उद्‌देश्य आपको इस योग्य बनाना है कि आप अपने चुने हुए कार्यक्षेत्र में और अधिक क्षमतावान बनें। इसके लिए आपका विश्लेषण और आपकी सारी खूबियों का वर्गीकरण किया जाएगा, जिससे कि आप उन्हें व्यवस्थित कर सकें और यथासंभव उनका सबसे अच्छी तरह उपयोग कर सकें।

संभव है कि आप जो काम अभी कर रहे हैं, वह आपको पसंद न आए।

उस काम को छोड़ने के दो तरीके हैं। एक रास्ता यह है कि आप जो कर रहे हैं, उसमें अधिक दिलचस्पी न लें, और बस उतना ही करें, जिससे "काम चल जाए।" जल्दी ही आप उससे बाहर हो जाएँगे, क्योंकि आपकी सेवा की जरूरत ही नहीं रह ज़ाएगी।

दूसरा और बेहतर रास्ता यह है कि अभी आप जो कर रहे हैं, उसमें अपने आपको इतना उपयोगी और कुशल बना लें कि आपकी ओर उन लोगों का ध्यान सकारात्मक रूप से जाए, जिनके पास आपको और अधिक जिम्मेदारी वाला काम देने की क्षमता हो, जो आपकी भी पसंद का है।

अब यह तय करना आपका विशेषाधिकार है कि आप किस रास्ते पर चलेंगे।

एक बार फिर आपको इस कोर्स के नौवें अध्याय के महत्त्व को याद दिलाया जा रहा है, जिसकी मदद से आप अपने आपको आगे बढ़ानेवाले 'बेहतर रास्ते' को अपना सकते हैं।

हजारों लोग कैलुमेट कॉपर माइन के ऊपर से गुजर गए, लेकिन उन्हें उसका पता नहीं चल सका। मात्र एक व्यक्ति ने अपनी 'कल्पनाशक्ति' का उपयोग किया, जमीन को कुछ फीट तक खोदा, उसकी पड़ताल की, और इस धरती पर ताँबे के सबसे बड़े भंडार का पता लगा लिया।

कभी-न-कभी आप और हर एक व्यक्ति आपके 'कैलुमेट माइन' के ऊपर से गुजरेगा। खोज करने के लिए जाँच और 'कल्पना' का उपयोग करना पड़ता है। सफलता के पंद्रह नियमों का यह कोर्स आपको आपके 'कैलुमेट' तक ले जा सकता है, और जब आपको यह पता चलेगा कि आप जो काम कर रहे हैं, उसके समृद्ध भंडार के ठीक ऊपर खड़े हैं तो आप आश्चर्यचकित रह जाएँगे। रसेल कॉनवेल ने 'एकर्स ऑफ डायमंड' पर अपने व्याख्या में हमें बताया कि हमें अवसर की तलाश में दूर जाने की जरूरत नहीं है। हम जहाँ खड़े हैं, वहीं अवसर मिल जाएगा। यह एक ऐसी सच्चाई है, जिसे याद रखना फायदे का सौदा है।

—नेपोलियन हिल

अनुक्रम

मेरी बात *5*

1. मास्टर माइंड 11
2. एक सुनिश्चित मुख्य लक्ष्य 61
3. आत्मविश्वास 83
4. बचत की आदत 109
5. पहल और नेतृत्व 128
6. कल्पना-शक्ति 144
7. उत्साह 159
8. आत्म-नियंत्रण 176
9. पारिश्रमिक से ज्यादा करने की आदत 191
10. सुखद व्यक्तित्व 201
11. सटीक चिंतन 216
12. एकाग्रता 236
13. सहयोग 246
14. असफलता 261
15. सहनशीलता 274
16. सुनहरा नियम 285

1

मास्टर माइंड

"आप यह कर सकते हैं,
यदि आपको विश्वास है कि आप कर सकते हो!"

यह सफलता के लिए जरूरी बुनियादी बातों पर एक पाठ्यक्रम है। सफलता व्यापक रूप से खुद को निरंतर परिवर्तित होनेवाले जीवन के परिवेशों में, सामंजस्य और ठहराव की भावना के साथ, अनुकूलित करने का विषय है। साहचर्य उन बलों को समझने की प्रक्रिया पर आधारित होता है, जो किसी के पर्यावरण की संघटक होती है; इसलिए यह कोर्स वास्तव में एक ब्लू प्रिंट है, जिसका सीधा अनुसरण करके सफलता पाई जा सकती है; क्योंकि यह विद्यार्थी को जीवन के इन परिवेशी बलों में से अधिकांश को समझने, व्याख्या करने और निर्मित करने में सहायता करता है।

'सफलता के नियम' पुस्तक के अध्यायों को पढ़ना शुरू करने से पहले आपको इस कोर्स के इतिहास के बारे में कुछ चीजें जाननी चाहिए। आपको इसकी सीमाओं के साथ-साथ इसकी संभावनाओं को भी जानना चाहिए, जो कि विश्व में अपना एक स्थान बनाने के लिए आपके संघर्ष में सहायक होंगी।

यह पाठ्यक्रम गंभीर मानसिकतावाले व्यक्ति के लिए निर्मित किया गया है, जो कि अपने समय का कम-से-कम एक भाग जीवन में सफलता हासिल करने के लिए समर्पित करता है। लेखक का लक्ष्य दोहरी प्रकृति का रहा है, जिसके तहत पहले छात्र को उसकी कमजोरियों को खोजने में सहायता प्रदान करना और दूसरे, उन कमजोरियों को पार करने के लिए एक निश्चित योजना बनाने में सहायता करना है।

पृथ्वी के सर्वाधिक सफल पुरुषों और महिलाओं को भी सफल होने से पहले अपने व्यक्तित्व में कुछ सुनिश्चित कमजोरियों को दूर करना पड़ा था। इन कमजोरियों में सर्वाधिक असाधारण कमजोरियाँ हैं—असहनशीलता, लोभ, लालच, ईर्ष्या, संदेह, प्रतिशोध, अहंकार, दंभ; उन जगहों से फसल काटने की प्रवृत्ति, जहाँ वे बोई नहीं गई थीं और कमाने से

ज्यादा खर्च करने की आदत। ये कमजोरियाँ सफलता और आपके बीच दीवार बनकर खड़ी रहती हैं। ये सभी कमजोरियाँ मानव जाति की सामान्य शत्रु हैं।

इस पाठ्यक्रम की शुरुआत में ही आपको जान लेना चाहिए कि यह कोर्स एक लंबी प्रयोगात्मक अवस्था से होकर गुजरा है। 'सफलता के नियम' नामक इस पाठ्यक्रम का परीक्षण और पुष्टीकरण इस पीढ़ी के कुछ सर्वाधिक व्यावहारिक मस्तिष्कों द्वारा किया गया है।

'सफलता के नियम' दर्शन को पहली बड़ी सफलता तब प्राप्त हुई, जब लेखक ने इस पाठ्यक्रम के आधार पर 3,000 पुरुषों और महिलाओं की एक 'सेल्स आर्मी' को प्रशिक्षित किया था। वे लोग उत्पादों की बिक्री के मामले में कोई पिछला अनुभव नहीं रखते थे। इस प्रशिक्षण के द्वारा इन लोगों ने छह महीनों की छोटी सी अवधि में ही अपने लिए 10 लाख डॉलर कमाए और लेखक को उसकी सेवाओं के लिए 30,000 डॉलर का भुगतान किया था।

सफलता के नियम का पहला प्रयोग एक व्याख्यान के रूप में किया गया था, जो कि इसके लेखक द्वारा सात वर्षों से अधिक की अवधि में संयुक्त राज्य अमेरिका के प्रत्येक शहर और अधिकांश छोटे कस्बों में दिया गया था। इस तरीके से लेखक ने सटीक रूप से सीखा कि यह कोर्स लोगों के ऊपर क्या प्रभाव रखता था? इस अध्ययन और विश्लेषण के परिणामस्वरूप कई संशोधन भी इसमें किए गए।

'सफलता के नियम' दर्शन को पहली बड़ी सफलता तब प्राप्त हुई, जब लेखक ने इस पाठ्यक्रम के आधार पर 3,000 पुरुषों और महिलाओं की एक 'सेल्स आर्मी' को प्रशिक्षित किया था। वे लोग उत्पादों की बिक्री के मामले में कोई पिछला अनुभव नहीं रखते थे। इस प्रशिक्षण के द्वारा इन लोगों ने छह महीनों की छोटी सी अवधि में ही अपने लिए 10 लाख डॉलर कमाए और लेखक को उसकी सेवाओं के लिए 30,000 डॉलर का भुगतान किया था।

कैंटन (ओहियो) डेली न्यूज के पूर्व प्रकाशक डॉन आर. मेलेट ने 'सफलता के नियम' कोर्स पर अपना ध्यान दिया और लेखक के साथ एक पार्टनरशिप की। वे 'कैंटन डेली न्यूज' से इस्तीफा देने की तैयारी कर रहे थे और लेखक के व्यापार प्रबंधन की जिम्मेदारी लेना चाहते थे; किंतु 16 जुलाई, 1926 को उनकी हत्या कर दी गई थी। अपनी मृत्यु से पहले मिस्टर मेलेट ने जज एल्बर्ट एच. गैरी (जो कि यूनाइटेड स्टेट्स स्टील कॉरपोरेशन के बोर्ड अध्यक्ष थे) के साथ मिलकर स्टील कॉरपोरेशन के प्रत्येक कर्मचारी

के लिए इस पाठ्यक्रम को प्रस्तुत करने की व्यवस्था की थी, जिसकी कुल लागत लगभग 1,50,000 डॉलर थी। यह योजना जज गैरी की मृत्यु के कारण अमल में नहीं आ पाई, लेकिन इससे यह साबित हो गया कि 'सफलता के नियम' के लेखक ने एक टिकाऊ प्रकृति की शैक्षणिक योजना निर्मित की थी।

यह पूरा परिचय पाठ्यक्रम के अन्य 15 अध्यायों के लिए एक पृष्ठभूमि के रूप में ही दिया गया है। इस परिचय में आपको नए खोजे गए मनोवैज्ञानिक नियम का एक विवरण प्राप्त होगा, जो कि सभी असाधारण निजी उपलब्धियों की आधारशिला होता है। इस नियम को लेखक के द्वारा 'मास्टर माइंड' नाम दिया गया है, जिसका अर्थ एक ऐसे दिमाग से है, जो कि दो या अधिक लोगों के सामंजस्यपूर्ण सहयोग के द्वारा विकसित होता है और ये दो लोग किसी भी दिए गए कार्य को पूरा करने के प्रयोजन हेतु आपस में गठजोड़ करते हैं।

जीवन बीमा को एक वैज्ञानिक आधार पर इस तरीके से घटाया गया है कि बीमा की लागत में ज्यादा अंतर नहीं होता है और अधिकांश कंपनियों के बीमा की दर लगभग समान ही होती है। फिर भी सैकड़ों बीमा कंपनियाँ बहुत कम व्यापार कर पाती हैं, जबकि संयुक्त राज्य अमेरिका की कुछ गिनी-चुनी कंपनियाँ बीमा के व्यापार का अधिकांश भाग हासिल कर लेती हैं।

यदि आप उत्पादों की बिक्री के व्यापार में शामिल हैं तो आप अपने दैनिक कार्य में मास्टर माइंड के नियम का लाभकारी परीक्षण कर सकते हैं। छह या सात सेल्समैनों का एक समूह इस नियम का प्रभावी उपयोग करके अपनी बिक्री को अविश्वसनीय अनुपातों में बढ़ा सकता है। जीवन बीमा को पृथ्वी पर बिक्री की सबसे कठिन चीज माना जाता है। इस तथ्य के बावजूद प्रूडेंशियल लाइफ इंश्योरेंस कंपनी के लिए काम करनेवाले लोगों के एक छोटे से समूह ने मास्टर माइंड नियम का परीक्षण करने के उद्देश्य से एक छोटा सा मित्रवत् समूह बनाया था। इस परीक्षण का नतीजा यह रहा कि समूह के प्रत्येक व्यक्ति ने पहले तीन महीनों में ही इतने अधिक बीमा किए थे, जो कि वे पूरे पिछले वर्ष में भी नहीं कर पाए थे।

यही बात जीवन बीमा के अलावा अन्य चीजों की बिक्री तथा दूसरी अधिक भौतिक सेवाओं को प्रदान करने में लगे सेल्समैनों के बाकी समूहों के संबंध में भी कही जा सकती है। एक व्यापार के पीछे उन व्यक्तित्वों का आधार होता है, जो कि उस व्यापार की सफलता के उपाय का निर्धारण करते हैं। संयुक्त राज्य अमेरिका के किसी भी बड़े शहर में कोई भी आदमी समान प्रकृति और समान मूल्य की चीजों को कई सारे स्टोरों से

खरीद सकता है। फिर भी आप पाएँगे कि एक असाधारण स्टोर हमेशा होता है, जो अन्य स्टोरों की तुलना में अधिक व्यापार करता है। इसका कारण यही है कि ऐसे स्टोर के पीछे एक ऐसा व्यक्ति या व्यक्ति समूह होता है, जो लोगों के संपर्क में आनेवाले व्यक्तित्वों के रूप में खुद को पेश करता है।

जीवन बीमा को एक वैज्ञानिक आधार पर इस तरीके से घटाया गया है कि बीमा की लागत में ज्यादा अंतर नहीं होता है और अधिकांश कंपनियों के बीमा की दर लगभग समान ही होती है। फिर भी सैकड़ों बीमा कंपनियाँ बहुत कम व्यापार कर पाती हैं, जबकि संयुक्त राज्य अमेरिका की कुछ गिनी-चुनी कंपनियाँ बीमा के व्यापार का अधिकांश भाग हासिल कर लेती हैं।

क्यों? प्रत्येक 100 में से 99 लोग, जो जीवन बीमा पॉलिसी खरीदते हैं, यह नहीं जानते कि उनकी पॉलिसियों में क्या है? वे वास्तव में जो खरीदते हैं, वह किसी पुरुष या महिला का आकर्षक व्यक्तित्व खरीदते हैं, जो कि इस प्रकार के व्यक्तित्व को करने का महत्त्व जानता/जानती है।

जीवन में आपका कार्य-व्यापार या कम-से-कम इसका सर्वाधिक महत्त्वपूर्ण भाग सफलता हासिल करना है। सफलता के 15 नियमों पर आधारित इस कोर्स में सफलता का अर्थ है—किसी दूसरे व्यक्ति के अधिकारों का उल्लंघन किए बिना अपने सुनिश्चित मुख्य लक्ष्य को हासिल करना। जीवन में आपका प्रमुख लक्ष्य कुछ भी हो, आप इसे बहुत ही कम कठिनाई के साथ हासिल कर लेंगे, यदि आपने यह सीख लिया कि एक आकर्षक और सुखद व्यक्तित्व का संवर्धन कैसे करना है और दूसरों से ईर्ष्या या संघर्ष किए बिना खुद का दूसरों के साथ गठजोड़ करने की उत्कृष्ट कला कैसे सीखनी है?

जीवन की सबसे बड़ी समस्याओं में से एक है—दूसरों के साथ सामंजस्यपूर्ण बातचीत की कला को सीखना। यह कोर्स लोगों को यह सिखाने के प्रयोजन से निर्मित किया गया है कि वे सामंजस्य और ठहराव के साथ अपना रास्ता कैसे बनाएँ, ताकि वे असहमति और संघर्ष के उन घातक प्रभावों से दूर रह सकें, जो कि प्रतिवर्ष लाखों लोगों को दरिद्रता, असंतोष और सफलता के गर्त में धकेल देते हैं।

आप अपने जीवन में असाधारण सफलता को शक्ति के बिना नहीं प्राप्त कर सकते और पर्याप्त व्यक्तित्व के बिना आप कभी शक्ति नहीं हासिल कर सकते। एक पर्याप्त व्यक्तित्व के द्वारा ही आप दूसरे लोगों को एक सामंजस्यपूर्ण भाव के साथ खुद का सहयोग करने के लिए प्रभावित कर सकते हैं। यह कोर्स चरणबद्ध रूप से दरशाता है कि इस प्रकार के व्यक्तित्व का विकास कैसे किया जा सकता है।

नीचे अध्यायवार उन चीजों का एक वक्तव्य दिया गया है, जिन्हें आप सफलता के

15 नियमों से प्राप्त करने की आशा करते हैं—

1. **एक सुनिश्चित मुख्य लक्ष्य :** यह अध्याय आपको सिखाएगा कि आप लक्ष्यहीनता से कैसे दूर रहें और अपने दिल व दिमाग को एक सोचे-समझे एवं सुनिश्चित लक्ष्य पर कैसे केंद्रित और स्थिर करें।
2. **आत्मविश्वास :** यह अध्याय आपको उन छह बुनियादी डरों से निपटने की विशेषज्ञता प्रदान करेगा, जो कि प्रत्येक व्यक्ति को अभिशापित करते हैं। इनमें शामिल हैं—गरीबी का डर, खराब स्वास्थ्य का डर, वृद्धावस्था का डर, आलोचना का डर, किसी का प्यार खोने का डर और मृत्यु का डर। यह अध्याय आपको सिखाएगा कि अहंकार और वास्तविक आत्मविश्वास, जो कि सुनिश्चित और प्रयोज्य ज्ञान पर आधारित होता है, के बीच क्या अंतर होता है।

यह अध्याय आपको उन छह बुनियादी डरों से निपटने की विशेषज्ञता प्रदान करेगा, जो कि प्रत्येक व्यक्ति को अभिशापित करते हैं। इनमें शामिल हैं—गरीबी का डर, खराब स्वास्थ्य का डर, वृद्धावस्था का डर, आलोचना का डर, किसी का प्यार खोने का डर और मृत्यु का डर।

3. **बचत की आदत :** यह अध्याय आपको दरशाएगा कि आप अपनी आय को व्यवस्थित रूप से इस प्रकार वितरित करें, ताकि आपकी आय का एक सुनिश्चित प्रतिशत धीरे-धीरे संचित होता रहे और इस प्रकार आपकी निजी शक्ति के सर्वाधिक ज्ञात स्रोतों में से एक का निर्माण हो सके। धन की बचत किए बिना कोई भी अपने जीवन में सफल नहीं हो सकता है। इस नियम का कोई अपवाद नहीं है और कोई भी इससे बचकर नहीं निकल सकता है।
4. **पहल और नेतृत्व :** यह अध्याय आपको बताएगा कि अपने उद्यम के चयनित क्षेत्र में आप एक अनुयायी या अनुसरणकर्ता की बजाय एक नेता कैसे बनें? यह आपके भीतर नेतृत्व की सहज वृत्ति विकसित करेगा।
5. **कल्पना-शक्ति :** यह अध्याय आपके मन को प्रेरित करेगा, ताकि आप नए विचारों को उत्पन्न कर सकें और ऐसी नई योजनाओं का विकास कर सकें, जो कि आपके सुनिश्चित मुख्य लक्ष्य को प्राप्त करने में सहायक हों। यह पाठ आपको पुराने पत्थरों से नए घर बनाने का तरीका सिखाएगा और आप इसके

द्वारा पुराने विचारों से ही नए विचारों का निर्माण करना तथा उनका नया उपयोग करना सीखेंगे।

6. **उत्साह :** इस अध्याय के द्वारा आपको यह क्षमता प्राप्त होगी कि आपके भीतर जो भी है, उसे आप अपने संपर्क में आनेवाले सभी लोगों में भर सकेंगे और अपने हितों एवं विचारों से उन्हें उत्प्रेरित करने में सफल होंगे। उत्साह एक सुखद व्यक्तित्व की आधारशिला होता है और आपके पास एक ऐसा व्यक्तित्व अवश्य होना चाहिए, जो दूसरे लोगों को आपके साथ सहयोग करने के लिए प्रेरित कर सके।
7. **आत्म-नियंत्रण :** यह एक संतुलन चक्र है, जिसके द्वारा आप अपने उत्साह को नियंत्रित कर सकते हैं। यह अध्याय आपको एक व्यावहारिक तरीके से यह सिखाएगा कि आप अपने भाग्य के स्वामी और अपनी आत्मा के कप्तान कैसे बनें ?
8. **पारिश्रमिक से ज्यादा कार्य करने की आदत :** यह अध्याय आपको बताएगा कि बढ़ते हुए प्रतिलाभ के नियम का फायदा कैसे उठाएँ? कोई भी व्यक्ति जीवन के किसी भी क्षेत्र में एक वास्तविक नेता तभी बन सकता है, जब वह अपने नियत पारिश्रमिक से अधिक कार्य करने और बेहतर कार्य करने की आदत को अपनाए।
9. **सुखद व्यक्तित्व :** यह एक आधारशिला है, जिस पर आप अपने प्रयासों की लाठी को टिका सकते हैं। यह आपको बाधाओं के पहाड़ों को बुद्धिमानी से हटाने की क्षमता प्रदान करता है। यह आपको सिखाएगा कि आप अपने व्यक्तित्व को कैसे रूपांतरित करें, ताकि आप खुद को किसी भी परिवेश या किसी भी अन्य दूसरे व्यक्तित्व के साथ अनुकूलित कर सकें।
10. **सटीक चिंतन :** यह संपूर्ण वहनीय सफलता की महत्त्वपूर्ण आधारशिलाओं में से एक है। यह अध्याय आपको सिखाता है कि तथ्यों को गौण सूचना से किस प्रकार अलग करें। इस अध्याय से आप सीखेंगे कि ज्ञात तथ्यों को दो वर्गों—महत्त्वपूर्ण और गैर-महत्त्वपूर्ण—में कैसे संगठित किया जा सकता हैं। यह अध्याय आपको बताएगा कि तथ्यों के सही प्रयोग के आधार पर सुनिश्चित कार्य-योजनाओं का निर्माण कैसे किया जाए।
11. **एकाग्रता :** यह आपको एक समय पर एक ही विषय पर ध्यान केंद्रित करने का तरीका सिखाती है। यह अध्याय आपको सिखाएगा कि आप खुद को दूसरे लोगों के साथ किस प्रकार से जोड़ें, ताकि आप उनके संपूर्ण ज्ञान का प्रयोग

अपनी योजनाओं और प्रयोजनों के लिए कर सकें।

12. **सहयोग :** यह अध्याय आपको टीम-वर्क की कीमत के बारे में बताता है। यह अध्याय आपको सिखाएगा कि आप इस परिचय और अध्याय-2 में वर्णित 'मास्टर माइंड' के नियम को कैसे लागू करें? इस अध्याय के द्वारा आप सीखते हैं कि अपने प्रयासों को दूसरे लोगों के प्रयासों के साथ किस प्रकार एक ऐसे तरीके से समन्वित करना है कि संघर्ष, ईर्ष्या, द्वेष, लोभ एवं कलह को मिटाया जा सके।

13. **असफलता से लाभार्जन :** यह अध्याय आपको सिखाएगा कि आप अपनी पिछली और भविष्य की गलतियों एवं असफलताओं में से किस प्रकार आगे बढ़नेवाले कदमों को टिकाने के लिए आधारशिलाओं का निर्माण करें। यह अध्याय आपको असफलता और अस्थायी हार के बीच अंतर बताएगा, जो कि बहुत ही महत्त्वपूर्ण अंतर होता है। इस अध्याय के द्वारा आप खुद की और दूसरों की असफलताओं से लाभ उठाने का तरीका सीखेंगे।

यह अध्याय आपको सिखाएगा कि आप अपनी पिछली और भविष्य की गलतियों एवं असफलताओं में से किस प्रकार आगे बढ़नेवाले कदमों को टिकाने के लिए आधारशिलाओं का निर्माण करें। यह अध्याय आपको असफलता और अस्थायी हार के बीच अंतर बताएगा, जो कि बहुत ही महत्त्वपूर्ण अंतर होता है। इस अध्याय के द्वारा आप खुद की और दूसरों की असफलताओं से लाभ उठाने का तरीका सीखेंगे।

14. **सहनशीलता :** यह अध्याय आपको बताएगा कि कैसे नस्लीय और धार्मिक पूर्वग्रहों के विनाशकारी प्रभावों को खुद से दूर रखें। ये पूर्वग्रह व्यक्ति के दिमाग को जहरीला बना देते हैं और जाँच-परीक्षण एवं तर्क के लिए दिमाग के दरवाजे बंद कर देते हैं। यह अध्याय 'सटीक चिंतन' नामक अध्याय का जुड़वाँ भाई है, क्योंकि सहनशीलता को अपनाए बिना कोई भी सटीक चिंतक नहीं बन सकता है। असहनशीलता ज्ञान की पुस्तक को बंद कर देती है और उसके कवर पर लिख देती है—समाप्त! मैं इसे पूरा सीख चुका हूँ। असहनशीलता के द्वारा वे लोग आपके शत्रु बन जाते हैं, जिन्हें आपका मित्र होना चाहिए था। यह अवसर को नष्ट कर देती है और मन में संदेह, अविश्वास एवं पूर्वग्रह भर देती है।

15. **सुनहरे नियम का अनुपालन :** यह अध्याय आपको सिखाएगा कि मानव आचार के इस महान् सार्वभौमिक नियम का प्रयोग एक ऐसे तरीके से किस प्रकार करें कि आप आसानी से किसी भी व्यक्ति या व्यक्ति-समूह से साहचर्यपूर्ण सहयोग प्राप्त कर सकें। यह पाठ किसी भी धर्म या पंथवाद से संबंध नहीं रखता है और न ही इस पाठ्यक्रम का कोई और अध्याय किसी धार्मिक मत के प्रति झुकाव रखता है।

जब आप 15 से 30 सप्ताह की अवधि के भीतर इन 15 नियमों में महारत हासिल कर लेंगे, तब आप ऐसी पर्याप्त व्यक्तिगत शक्ति विकसित करने के लिए तैयार हो जाएँगे, जो कि आपके सुनिश्चित मुख्य लक्ष्य की प्राप्ति को सहज संभव बना देगी। आपको इन नियमों को उन लोगों को भी सिखाना शुरू कर देना चाहिए, जिनमें आप सर्वाधिक रुचि रखते हैं। आप अपनी युवा संतानों के मन में सफलता के इन 15 नियमों को इस प्रकार से स्थिर कर सकते हैं कि यह शिक्षण उनके पूरे जीवन-प्रवाह को परिवर्तित कर देगा।

मानवीय प्रयास के तीन मूलभूत उद्देश्यों में से एक है—शक्ति।

शक्ति की दो श्रेणियाँ होती हैं—शक्ति की एक श्रेणी प्राकृतिक भौतिक नियमों के समन्वय द्वारा विकसित होती है और इसकी दूसरी श्रेणी ज्ञान को संगठित व वर्गीकृत करके विकसित की जाती है।

संगठित ज्ञान के द्वारा विकसित होनेवाली शक्ति अधिक महत्त्वपूर्ण होती है; क्योंकि यह व्यक्ति को एक ऐसा औजार प्रदान करती है, जिसके द्वारा वह शक्ति के दूसरे रूप का रूपांतरण, पुनर्निर्देशन और कुछ सीमा तक दोहन एवं उपयोग कर सकता है।

संगठित ज्ञान के द्वारा विकसित होनेवाली शक्ति अधिक महत्त्वपूर्ण होती है; क्योंकि यह व्यक्ति को एक ऐसा औजार प्रदान करती है, जिसके द्वारा वह शक्ति के दूसरे रूप का रूपांतरण, पुनर्निर्देशन और कुछ सीमा तक दोहन एवं उपयोग कर सकता है।

ज्ञान एकत्रित करने की दो प्रमुख विधियाँ हैं—एक विधि के अंतर्गत दूसरे लोगों द्वारा संगठित तथ्यों का अध्ययन, वर्गीकरण और आत्मसातीकरण किया जाता है; जबकि दूसरी विधि के द्वारा ही तथ्यों को एकत्र, संगठित और वर्गीकृत किया जाता है। दूसरी विधि को सामान्यत: 'निजी अनुभव' कहा जाता है। इस अध्याय का सरोकार मुख्य रूप से उन तथ्यों और आँकड़ों का अध्ययन करने के तरीकों व साधनों से है, जिन्हें दूसरे लोगों द्वारा इकट्ठा और वर्गीकृत किया गया है।

सभ्यता के रूप में ज्ञात उन्नति की अवस्था वास्तव में मानव जाति द्वारा संचित ज्ञान का मापन ही है। यह ज्ञान दो श्रेणियों में मौजूद है—मानसिक और भौतिक।

अध्ययन, विश्लेषण और सटीक मापन के द्वारा मानव ने ब्रह्मांड के उस भौतिक पक्ष की विशालता को खोजा है, जो कि उपग्रहों, सूर्यों और तारों के द्वारा दरशाया जाता है। इनमें से कुछ तो हमारी पृथ्वी से लाखों गुना बड़े आकार के हैं।

दूसरी ओर, मानव ने उन भौतिक रूपों की सूक्ष्मता को भी खोजा है, जो कि ब्रह्मांड का संघटन करते हैं। इनमें आठ विषम भौतिक तत्त्वों से लेकर अणु, परमाणु और सबसे छोटे कण इलेक्ट्रॉन तक शामिल हैं। एक इलेक्ट्रॉन को देखा नहीं जा सकता है, लेकिन यह एक सकारात्मक या नकारात्मक बल का एक केंद्र होता है। इलेक्ट्रॉन भौतिक प्रकृति की प्रत्येक चीज का आरंभ है।

अणु, परमाणु और इलेक्ट्रॉन : ज्ञान को एकत्रित, संगठित और वर्गीकृत करने की प्रक्रिया को समझने के लिए हमें भौतिक पदार्थ के सबसे छोटे और सबसे सरल कणों के साथ शुरुआत करनी होगी; क्योंकि ये ही प्राथमिक अक्षर हैं, जिनके साथ प्रकृति ने ब्रह्मांड के भौतिक हिस्से का संपूर्ण कार्य ढाँचा निर्मित किया है।

अणुओं में परमाणु निहित होते हैं, जो कि छोटे अदृश्य पदार्थ कणों के रूप में प्रकाश की गति के साथ ठीक उसी तरह निरंतर घूमते रहते हैं, जिस तरह पृथ्वी सूर्य के चारों ओर घूमती है। परमाणु के रूप में ज्ञात ये छोटे पदार्थ कण एक अणु के भीतर सतत परिपथ में परिक्रमा करते हैं। परमाणु इलेक्ट्रॉनों से बने होते हैं। इलेक्ट्रॉन आकार और प्रकृति में एकरूप होते हैं, इसलिए रेत के एक कण या पानी की एक बूँद में वही सिद्धांत दोहराया जाता है, जो कि संपूर्ण ब्रह्मांड के संचालन का आधार है।

कितना शानदार और कितना आश्चर्यजनक होगा, जब आप अगली बार खाना खाते समय यह ध्यान करेंगे कि आपके द्वारा खाई जानेवाली हर चीज, खाने की प्लेट, खाने की मेज इत्यादि सभी अंतिम विश्लेषण में इलेक्ट्रॉनों का एक संग्रह मात्र हैं। हमें आकाश में दिखाई देनेवाले सबसे बड़े तारे से लेकर पृथ्वी पर पाए जानेवाले रेत के सबसे छोटे कण तक सभी चीजें उन अणुओं, परमाणुओं और इलेक्ट्रॉनों का एक संगठित संग्रह हैं, जो कि एक कल्पनीय गति के साथ एक-दूसरे के चारों ओर चक्कर काट रहे हैं।

कितना शानदार और कितना आश्चर्यजनक होगा, जब आप अगली बार खाना खाते समय यह ध्यान करेंगे कि आपके द्वारा खाई जानेवाली हर चीज, खाने की प्लेट, खाने की मेज इत्यादि सभी अंतिम विश्लेषण में इलेक्ट्रॉनों का एक संग्रह मात्र हैं। हमें आकाश में दिखाई देनेवाले सबसे बड़े तारे से लेकर पृथ्वी पर पाए जानेवाले रेत के सबसे छोटे कण

तक सभी चीजें उन अणुओं, परमाणुओं और इलेक्ट्रॉनों का एक संगठित संग्रह हैं, जो कि एक कल्पनीय गति के साथ एक-दूसरे के चारों ओर चक्कर काट रहे हैं।

भौतिक पदार्थ का प्रत्येक कण अति उग्र गति की एक निरंतर अवस्था में रहता है, फिर भी प्रत्येक भौतिक पदार्थ खुली आँखों से हमें गतिहीन दिखाई देता है। भौतिक जगत् में ठोस भौतिक पदार्थ जैसा कुछ भी नहीं है। स्टील का एक कठोरतम टुकड़ा भी परिक्रमाशील अणुओं, परमाणुओं और इलेक्ट्रॉनों का एक संगठित पिंड मात्र है। फिर भी स्टील के एक टुकड़े में इलेक्ट्रॉनों की प्रकृति समान होती है और वे उसी गति के साथ संचरण करते हैं, जिस पर वे सोने, चाँदी, पीतल या जस्ता के टुकड़े के भीतर संचरण करते हैं।

भौतिक पदार्थ के 80 विषम रूप एक-दूसरे से भिन्न दिखाई देते हैं और उनमें भिन्नता होती है; किंतु इस छोटे से विरोधाभास से घबराना नहीं है। याद रखें कि सफलता की पतंग सामान्यत: हवा के विपरीत ही ऊपर उड़ती है। भौतिक पदार्थ परमाणुओं के अलग-अलग संयोजनों से बने होते हैं। हालाँकि इन परमाणुओं में इलेक्ट्रॉन हमेशा समान होते हैं और कुछ इलेक्ट्रॉन पॉजिटिव और कुछ नेगेटिव होते हैं। इसका अर्थ यह है कि कुछ इलेक्ट्रॉनों में विद्युतीकरण का एक धनात्मक आवेश होता है, जबकि कुछ में ऋणात्मक आवेश होता है।

पारे के एक परमाणु में 8 पॉजिटिव इलेक्ट्रॉन नाभिक में होते हैं और 8 नेगेटिव इलेक्ट्रॉन बाहरी परिक्रमा करते हैं। यदि एक रसायन-शास्त्री इसके दो पॉजिटिव इलेक्ट्रॉनों को बाहर निकाल देता है तो उसे प्लेटिनम के रूप में एक दूसरी धातु तुरंत प्राप्त हो जाती है। यदि इसके बाद वह रसायन-शास्त्री इसके एक नेगेटिव परिक्रमाशील इलेक्ट्रॉन को ले लेता है तो पारे का परमाणु अपने दो पॉजिटिव इलेक्ट्रॉनों तथा एक नेगेटिव इलेक्ट्रॉन को खो देता है और अब केवल एक पॉजिटिव आवेश रह जाता है।

रसायन विज्ञान के माध्यम से पदार्थ को परमाणुओं में विखंडित किया जा सकता है। 80 विषम तत्त्वों को परमाणुओं की स्थितियों के परिवर्तन व संयोजन के द्वारा निर्मित किया जाता है। आधुनिक विज्ञान के अर्थों में परमाणुओं की अवस्था के इस परिवर्तन की रासायनिक क्रिया को गढ़ाई के रूप में देखा जा सकता है।

चार इलेक्ट्रॉनों (दो पॉजिटिव और दो नेगेटिव) को हाइड्रोजन परमाणु के साथ जोड़ने पर आपको लीथियम तत्त्व प्राप्त होगा। लीथियम परमाणु (तीन पॉजिटिव और तीन नेगेटिव इलेक्ट्रॉनों से निर्मित) में से एक पॉजिटिव और एक नेगेटिव इलेक्ट्रॉन निकालने पर आपको हीलियम का एक परमाणु (दो

पॉजिटिव और दो नेगेटिव इलेक्ट्रॉनों से निर्मित) हासिल होता है।

इस प्रकार, यह देखा जा सकता है कि ब्रह्मांड के 80 विषम भौतिक तत्त्व एक-दूसरे से केवल इलेक्ट्रॉनों की संख्या के कारण भिन्न हैं। इन इलेक्ट्रॉनों के संगठन से बने परमाणुओं की संख्या और व्यवस्थापन प्रत्येक तत्त्व के अणुओं में भिन्न होती है।

एक उदाहरण के रूप में, पारे के एक परमाणु में 8 पॉजिटिव इलेक्ट्रॉन नाभिक में होते हैं और 8 नेगेटिव इलेक्ट्रॉन बाहरी परिक्रमा करते हैं। यदि एक रसायन-शास्त्री इसके दो पॉजिटिव इलेक्ट्रॉनों को बाहर निकाल देता है तो उसे प्लेटिनम के रूप में एक दूसरी धातु तुरंत प्राप्त हो जाती है। यदि इसके बाद वह रसायन-शास्त्री इसके एक नेगेटिव परिक्रमाशील इलेक्ट्रॉन को ले लेता है तो पारे का परमाणु अपने दो पॉजिटिव इलेक्ट्रॉनों तथा एक नेगेटिव इलेक्ट्रॉन को खो देता है और अब केवल एक पॉजिटिव आवेश रह जाता है। अब इसलिए इसके नाभिक में 79 धनात्मक आवेश और 79 परिक्रमाशील ऋणात्मक इलेक्ट्रॉन बचे रह जाएँगे और एक नई धातु सोने (स्वर्ण) का निर्माण होगा। प्रत्येक रसायन-शास्त्री जानता है कि हजारों कृत्रिम पदार्थ केवल चार प्रकार के परमाणुओं का संगठन करके बनाए जा सकते हैं। ये चार प्रकार हैं—हाइड्रोजन, ऑक्सीजन, नाइट्रोजन और कार्बन।

परमाणुओं में इलेक्ट्रॉनों की संख्या का अंतर उन्हें गुणात्मक (रासायनिक) विभेद प्रदान करता है, फिर भी किसी एक तत्त्व में सभी परमाणु रासायनिक रूप से समान ही होते हैं। इन परमाणुओं की संख्या और विशेष व्यवस्थापन का अंतर पदार्थों या यौगिकों में भौतिक व रासायनिक दोनों प्रकार के भेद पैदा करता है। एक-दूसरे से बिल्कुल भिन्नता रखनेवाले पदार्थ समान प्रकार के अणुओं के संयोजनों के द्वारा निर्मित होते हैं, किंतु इनमें परमाणुओं का अनुपात अलग-अलग होता है।

किसी एक पदार्थ के एक अणु में से एकमात्र परमाणु को लेने पर वह पदार्थ जीवन के आवश्यक यौगिक से एक घातक विष में बदला जा सकता है। फास्फोरस एक तत्त्व है, जिसमें एक ही प्रकार के परमाणु होते हैं; किंतु कुछ फास्फोरस लाल होते हैं और कुछ पीले। इस अंतर का कारण फास्फोरस के संघटक अणुओं में परमाणुओं के विशेष वितरण में मौजूद भिन्नता होती है। परमाणु प्रकृति का निर्माण खंड है, जिसके द्वारा वह एक ओक वृक्ष खड़ा करती है, पत्थर की एक चट्टान निर्मित करती है, एक चूहे या एक हाथी को सजीव आकार देती है।

कुछ चिंतकों का तर्क यह है कि जिस पृथ्वी पर हम रहते हैं, उसका निर्माण दो परमाणुओं के साथ शुरू हुआ था, जिन्होंने एक-दूसरे के साथ खुद को जोड़ लिया था और अंतरिक्ष के माध्यम से लाखों-करोड़ों वर्षों की यात्रा करते हुए उन्होंने दूसरे परमाणुओं को चरणबद्ध रूप से अपने साथ जोड़ना और संचित करना जारी रखा, जिसके परिणामस्वरूप

पृथ्वी निर्मित हुई थी। इसी कारण से पृथ्वी पर कोयला संस्तरों, लौह भंडारों, सोने व चाँदी की खानों और ताँबा निक्षेपों के रूप में पृथ्वी के पदार्थों की अलग-अलग परतें पाई जाती हैं। इनका तर्क है कि पृथ्वी जैसे-जैसे अंतरिक्ष में चक्कर काटती रही, यह विभिन्न प्रकार की निहारिकाओं या परमाणुओं के समूहों के संपर्क में आती रही, जो कि चुंबकीय आकर्षण के नियम द्वारा संभव हुआ था।

यह देखा गया है कि सभी पदार्थ स्पंदन या गति की एक स्थिर अवस्था में हैं। अणु तेजी से गतिशील परमाणुओं से बने होते हैं और परमाणु भी तेजी से गति करनेवाले इलेक्ट्रॉनों से निर्मित होते हैं।

पदार्थ का स्पंदनकारी द्रव्य : प्रत्येक पदार्थ कण में एक अदृश्य द्रव्य या बल होता है, जो कि परमाणुओं को एक अकल्पनीय चाल पर एक-दूसरे की गोल परिक्रमा करते रहने के लिए उत्प्रेरित करता है। यह द्रव्य ऊर्जा का एक रूप होता है, जिसका विश्लेषण अभी तक नहीं हुआ है। कुछ वैज्ञानिक इसे विद्युत् जैसी कोई ऊर्जा मानते हैं तो कुछ अन्य इसे 'स्पंदन' कहते हैं। कुछ जाँचकर्ताओं का विश्वास है कि जिस चाल से यह बल या ऊर्जा गति करती है, वह एक बड़ी सीमा तक ब्रह्मांड की भौतिक चीजों के दिखाई देनेवाले बाहरी परिदृश्य की प्रकृतिं को निर्धारित करती है।

प्रत्येक पदार्थ कण में एक अदृश्य द्रव्य या बल होता है, जो कि परमाणुओं को एक अकल्पनीय चाल पर एक-दूसरे की गोल परिक्रमा करते रहने के लिए उत्प्रेरित करता है। यह द्रव्य ऊर्जा का एक रूप होता है, जिसका विश्लेषण अभी तक नहीं हुआ है। कुछ वैज्ञानिक इसे विद्युत् जैसी कोई ऊर्जा मानते हैं तो कुछ अन्य इसे 'स्पंदन' कहते हैं।

इस द्रव्य ऊर्जा के स्पंदन की एक दर ध्वनि के रूप में जानी जाती है। मानव के कान केवल उस ध्वनि को सुन सकते हैं, जो कि 32,000 से लेकर 38,000 स्पंदन प्रति सेकंड के द्वारा उत्पन्न होती है।

जैसे ही स्पंदनों की दर इससे ऊपर बढ़ती है, जिसे हम 'ध्वनि' कहते हैं, तो ये ऊष्मा के रूप में बदलना शुरू हो जाते हैं। ऊष्मा लगभग 15,00,000 स्पंदन प्रति सेकंड के साथ आरंभ होती है।

इससे ऊँचे स्तर पर स्पंदन प्रकाश का रूप ले लेते हैं। 30,00,000 स्पंदन प्रति सेकंड के द्वारा बैंगनी प्रकाश निर्मित होता है। इस संख्या से ऊपर के स्पंदन पराबैंगनी किरणें (जिन्हें नंगी आँखों से नहीं देखा जा सकता) और अन्य अदृश्य विकिरण उत्पन्न करते हैं।

स्पंदन का इससे भी ऊँचा स्तर होता है और वर्तमान समय में कोई भी नहीं जानता

कि स्पंदनों का वह सबसे ऊँचा स्तर कौन सा है, जो मानव को सोचने की शक्ति प्रदान करता है!

लेखक का विश्वास है कि सभी स्पंदनों का द्रव्य भाग अपनी प्रकृति में सार्वभौमिक है और ध्वनि का द्रव्य भाग प्रकाश के द्रव्य भाग के समान ही है। प्रकाश और ध्वनि के बीच प्रभाव में केवल स्पंदन की चाल का अंतर होता है। इसी प्रकार विचार का द्रव्य भाग भी ध्वनि, ऊष्मा और प्रकाश के द्रव्य भागों के समान होगा।

जैसे कि भौतिक पदार्थ के सभी रूप इलेक्ट्रॉन से संघटित होते हैं, उसी प्रकार द्रव्य ऊर्जा का रूप सभी पदार्थों को तीव्र गति की एक स्थिर अवस्था में बनाए रखता है।

वायु और ईथर : सूर्य, चद्रमा, ग्रहों और अन्य तारों के बीच खाली स्थान में ईथर के रूप में ज्ञात ऊर्जा भरी रहती है। यह लेखक का विश्वास है कि यह द्रव्य ऊर्जा सभी पदार्थ कणों को गतिशील बनाए रखती है और पूरे ब्रह्मांड में यह द्रव्य समस्त खाली स्थान को भरे रहता है। पृथ्वी की सतह से लगभग 50 मील के भीतर वायु मौजूद रहती है, जो कि ऑक्सीजन और नाइट्रोजन का एक गैसीय पदार्थ मिश्रण है। वायु ध्वनि स्पंदनों की सुचालक होती है; किंतु यह प्रकाश और उच्चतर स्पंदनों (जो कि ईथर द्वारा परिवहित होते हैं) की चालक नहीं होती है। ईथर ध्वनि से लेकर विचार तक—सभी स्पंदनों का एक चालक है।

वायु एक स्थानीय पदार्थ है, जो कि सभी जंतुओं और पादप जीवन को ऑक्सीजन एवं नाइट्रोजन के माध्यम से पोषण की सेवा प्रदान करती है। नाइट्रोजन हमारे ग्रह की मुख्य आवश्यक चीजों में से एक है और ऑक्सीजन जंतु-जीवन का मुख्य आधार है। बहुत ऊँची पर्वत चोटियों पर वायु अत्यधिक हलकी हो जाती है, क्योंकि इसमें नाइट्रोजन की मात्रा बहुत कम होती है। इसी कारण ऐसी जगहों पर पेड़-पौधों का अस्तित्व नहीं होता है।

वायु एक स्थानीय पदार्थ है, जो कि सभी जंतुओं और पादप जीवन को ऑक्सीजन एवं नाइट्रोजन के माध्यम से पोषण की सेवा प्रदान करती है। नाइट्रोजन हमारे ग्रह की मुख्य आवश्यक चीजों में से एक है और ऑक्सीजन जंतु-जीवन का मुख्य आधार है। बहुत ऊँची पर्वत चोटियों पर वायु अत्यधिक हलकी हो जाती है, क्योंकि इसमें नाइट्रोजन की मात्रा बहुत कम होती है। इसी कारण ऐसी जगहों पर पेड़-पौधों का अस्तित्व नहीं होता है। बढ़ते हुए वापसी लाभ का नियम इन ऊँचाइयों पर ऑक्सीजन की अधिक मात्रा के कारण लागू हो जाता है और यही मुख्य कारण है कि तपेदिक के मरीजों को अधिक

ऊँचाई वाले स्थानों पर भेजा जाता है।

डॉ. अलेक्जेंडर ग्राहम बेल लंबी दूरी की टेलीफोन सेवा के खोजकर्ता थे और स्पंदनों के विषय पर अपना प्राधिकार रखते थे। यहाँ उनके सिद्धांतों को लेखक के स्पंदन से जुड़े सिद्धांत का समर्थन करने के लिए प्रयुक्त किया जा रहा है—

"माना कि आपके पास लोहे की एक छड़ है और आप इसे एक अंधकार कक्ष में किसी भी इच्छित आवृत्ति पर स्पंदित करने की क्षमता रखते हैं। शुरुआत में जब स्पंदन धीमा होगा, तब इसकी गति केवल स्पर्श के द्वारा ही संकेतित होगी। जैसे-जैसे स्पंदन बढ़ता जाएगा, एक हलकी सी ध्वनि इसमें से उत्पन्न होगी और यह दो संवेदन पैदा करेगी।

"लगभग 32,000 स्पंदन प्रति सेकंड पर ध्वनि बहुत ही तेज और कर्णभेदी होगी, किंतु 40,000 स्पंदन प्रति सेकंड पर यह शांत होगी और लोहे की छड़ को स्पर्श के द्वारा महसूस नहीं किया जा सकेगा। इस बिंदु से लेकर लगभग 15,00,000 स्पंदन प्रति सेकंड पर हमारे पास कोई ऐसा संवेदनग्राही नहीं होगा कि हस्तक्षेपकारी स्पंदनों के प्रभाव का पता लगा सके। इस चरण में पहुँचने के बाद गति को तापमान के द्वारा महसूस किया जाएगा और छड़ गरम लाल हो जाएगी, जिसे हम आँखों से देखकर महसूस कर सकते हैं। लगभग 30,00,000 स्पंदन प्रति सेकंड पर बैंगनी प्रकार उत्पन्न होगा। इसके बाद ये पराबैंगनी किरणें तथा अन्य अदृश्य विकिरण उत्पन्न करेंगी, जिनका बोध केवल वैज्ञानिक उपकरणों के द्वारा ही किया जा सकता है।

"मुझे ऐसा लगता है कि इस अंतराल में ऐसे स्पंदन भी हैं, जो कि हमारे दिमागों और स्नायु कोशिकाओं के द्वारा चिंतन के समय उत्पन्न किए जाते हैं। ये स्पंदन पराबैंगनी किरणें उत्पन्न करनेवाले स्पंदनों से भी ऊँचे स्तर पर हो सकते हैं (लेखक टिप्पणी का अंतिम वाक्य इस लेखक के अपने सिद्धांत को समर्पित करता है)।

"क्या हमें इन स्पंदनों को वहन करने के लिए एक तार की जरूरत होती है? ये स्पंदन एक ग्राही द्वारा किस प्रकार महसूस किए जाएँगे? क्या कोई व्यक्ति इन स्पंदनों के संकेतों को सुन सकता है या वह यह जान

विचार तरंगें बेतार तरंगों की तरह होती हैं और ये अनिवार्य रूप से दिमाग से होकर गुजरती हैं और पूरे विश्व एवं ब्रह्मांड में निरंतर प्रवाहित होती रहती हैं। शरीर, कंकाल और अन्य ठोस चीजें इनके मार्ग में बाधा उत्पन्न नहीं कर पाती हैं, क्योंकि ये ईथर से होकर गुजरती हैं, जो कि प्रत्येक पदार्थ के अणुओं के चारों ओर फैली रहती है, भले ही वह पदार्थ कितना भी ठोस और सघन क्यों न हो।

सकता है कि दूसरे व्यक्ति के विचार उसके मन में प्रवेश कर चुके हैं ?

"विचार तरंगें बेतार तरंगों की तरह होती हैं और ये अनिवार्य रूप से दिमाग से होकर गुजरती हैं और पूरे विश्व एवं ब्रह्मांड में निरंतर प्रवाहित होती रहती हैं। शरीर, कंकाल और अन्य ठोस चीजें इनके मार्ग में बाधा उत्पन्न नहीं कर पाती हैं, क्योंकि ये ईथर से होकर गुजरती हैं, जो कि प्रत्येक पदार्थ के अणुओं के चारों ओर फैली रहती है, भले ही वह पदार्थ कितना भी ठोस और सघन क्यों न हो।

"मेरे मतानुसार, हाल की कई वैज्ञानिक खोजों के द्वारा यह संकेत मिलता है कि वह दिन दूर नहीं है, जब मानव एक-दूसरे के विचारों को पढ़ सकेंगे; जब विचारों को बोलने, लिखने या संचार की वर्तमान ज्ञात विधियों के बिना ही सीधे-सीधे दिमाग से दिमाग तक भेजा जा सकेगा।

> *"हमें विश्वास है कि ईथर अनिवार्य रूप से मौजूद रहता है, क्योंकि इसके बिना विद्युत् धारा एक निर्वात से होकर या सूर्य प्रकाश अंतरिक्ष से होकर नहीं गुजर सकता है। यह विश्वास करना तार्किक होगा कि समान गुणोंवाली एक तरंग गति विचार और जीवनदायी बल की परिघटना को पैदा कर सकती है। हम यह मान सकते हैं कि मस्तिष्क की कोशिकाएँ एक बैटरी के रूप में कार्य करती हैं और उससे उत्पन्न होनेवाला करेंट नाड़ियों में प्रवाहित होता है।"*

"संक्षेप में, यह परिकल्पना कि दिमाग सीधे ही दिमाग के साथ संचार कर सकता है, इस सिद्धांत पर टिकी हुई है कि विचार विद्युतीय तरंगों का एक रूप हैं और इन्हें ईथर के माध्यम से प्रवाहित और पारेषित किया जा सकता है।

"ऐसी कई समरूपताएँ हैं, जो यह बताती हैं कि विचार एक विद्युतीय अवरोध की प्रकृति के होते हैं। मस्तिष्क के समान पदार्थ से निर्मित होनेवाली एक स्नायु विद्युतीय धारा का एक उत्कृष्ट चालक होती है। जब हम एक मृत व्यक्ति की स्नायु से होकर एक विद्युत् धारा को प्रवाहित करते हैं तो हम यह देखकर विस्मित हो जाते हैं कि वह व्यक्ति उठकर बैठ जाता है और गति करने लगता है। विद्युतीकृत स्नायु जीवित मनुष्य की भाँति मृत व्यक्ति की मांसपेशियों में भी संकुचन पैदा करते हैं। स्नायु मांसपेशियों पर उसी प्रकार से काम करती हैं, जिस प्रकार विद्युत् धारा एक विद्युत् चुंबक पर कार्य करती है।

"हमें विश्वास है कि ईथर अनिवार्य रूप से मौजूद रहता है, क्योंकि इसके बिना विद्युत् धारा एक निर्वात से होकर या सूर्य प्रकाश अंतरिक्ष से होकर नहीं गुजर सकता

है। यह विश्वास करना तार्किक होगा कि समान गुणोंवाली एक तरंग गति विचार और जीवनदायी बल की परिघटना को पैदा कर सकती है। हम यह मान सकते हैं कि मस्तिष्क की कोशिकाएँ एक बैटरी के रूप में कार्य करती हैं और उससे उत्पन्न होनेवाला करेंट नाड़ियों में प्रवाहित होता है।"

प्रत्येक दिमाग एक प्रसारण (ब्रॉडकास्टिंग) और अभिग्राही (रिसीविंग) स्टेशन दोनों होता है : प्रत्येक मानव मस्तिष्क विचार आवृत्ति के स्पंदनों के लिए एक प्रसारण केंद्र और एक अभिग्राही केंद्र—दोनों के रूप में कार्य करता है। थॉमस पेन अमेरिकी क्रांति के समय के महान् मस्तिष्कों में से एक थे। उन्हें क्रांति की शुरुआत और उसको उसके सुखद अंत का श्रेय दिया जाता है। यह उनका इच्छाशील दिमाग ही था, जिसने स्वतंत्रता की उद्घोषणा की रूपरेखा बनाने में सहायता की और उस दस्तावेज के हस्ताक्षरकर्ताओं को इसका अनुसरण करते हुए स्वतंत्रता को वास्तविकता में बदलने के लिए प्रेरित किया। अपनी जानकारी के व्यापक भंडार स्रोत के बारे में बताते हुए पेन ने कहा था, "प्रत्येक असफलता एक छिपा हुआ वरदान होती है। अधिकांश तथाकथित असफलताएँ केवल मानवीय मस्तिष्क की प्रगति की अस्थायी पराजय अवस्था को दरशाती हैं।"

प्रत्येक मस्तिष्क ईथर के द्वारा हर दूसरे दिमाग से जुड़ा रहता है। लेखक का मानना है कि किसी भी दिमाग द्वारा निर्मुक्त किए जानेवाले विचार स्पंदन ईथर के द्वारा अभिगृहीत कर लिये जाते हैं और उन्हें परिपथीय तरंग दैर्घ्यों में गतिशील रखा जाता है। ये तरंग दैर्घ्य इन विचारों की निर्मुक्ति में प्रयुक्त की गई ऊर्जा की तीव्रता के संगत होती हैं, इसलिए ये विचार स्पंदन हमेशा के लिए गतिशील रहते हैं। इस सिद्धांत के अनुसार, संपूर्ण ब्रह्मांड का सीमा-रहित स्थान एक मानसिक पुस्तकालय बन जाता है, जहाँ मानव जाति द्वारा पैदा किए गए अतीत और वर्तमान के सभी विचारों को खोजा जा सकता है।

यह संगठित ज्ञान पर एक अध्याय है। हमारी अधिकांश उपयोगी जानकारी प्रकृति की 'बाइबिल' के द्वारा परिरक्षित और अभिलेखित की गई है। इस 'बाइबिल' के पृष्ठ पृथ्वी और अन्य ग्रहों को बनानेवाले तत्त्वों और ईथर से निर्मित हैं। प्रकृति की 'बाइबिल' के महान् पाषाण पृष्ठों को उस ईथर के द्वारा प्रदर्शित किया जाता है, जो कि सभी भूतकालीन मानव विचार को रिकॉर्ड कर चुकी है और यह इस विश्व के रचनाकार तथा मानव के बीच संचार का एक प्रामाणिक स्रोत है। यह 'बाइबिल' मानव की परिवर्तन करने की शक्ति से ऊपर और परे है।

मानव के द्वारा सर्वाधिक शानदार खोजों में से एक रेडियो सिद्धांत है, जो कि ईथर की सहायता से काम करता है। कल्पना करें कि किस प्रकार ईथर ध्वनि के साधारण स्पंदन

को पकड़ता है और उसकी श्रव्य आवृत्ति को रेडियो आवृत्ति में रूपांतरित कर देता है!

मास्टर माइंड : अब हम अगले चरण में प्रवेश करते हैं, जहाँ हम उन तरीकों और साधनों का वर्णन करेंगे, जिनके द्वारा कोई व्यक्ति दो या अधिक दिमागों के साहचर्यपूर्ण गठजोड़ के द्वारा उपयोगी जानकारी को एकत्रित, वर्गीकृत और संगृहीत करके एक मास्टर माइंड का विकास कर सकता है। 'मास्टर माइंड' शब्द अमूर्त है और ज्ञात तथ्यों के क्षेत्र में इसका कोई प्रतिपक्ष नहीं है। लेखक ने मानव मस्तिष्क विषय पर उपलब्ध सभी पाठ्य-पुस्तकों और निबंधों का अध्ययन किया; किंतु यहाँ वर्णित मास्टर माइंड सिद्धांत से मिलता-जुलता कोई भी संदर्भ उसे प्राप्त नहीं हुआ। यह शब्द लेखक के दिमाग में पहली बार तब आया था, जब उसने एंड्रयू कार्नेगी का साक्षात्कार लिया था।

मस्तिष्क का रसायन-शास्त्र : लेखक का विश्वास है कि दिमाग उसी ब्रह्मांडीय द्रव्य ऊर्जा से निर्मित होता है, जो ब्रह्मांड को भरनेवाली ईथर की संघटक होती है। कुछ दिमाग स्वाभाविक रूप से एक-दूसरे के प्रति इतने अनुकूलित होते हैं कि संपर्क का अपरिहार्य परिणाम पहली बार देखने पर ही प्रेम के रूप में सामने आता है। दूसरे मामलों में, दिमाग इतने विरोधाभासी होते हैं कि पहली बार में ही आपसी नापसंद झलक जाती है और हिंसा तक में बदल जाती है। ये परिणाम एक शब्द बोले बिना ही सामने आ जाते हैं और प्रेम व घृणा के लिए कोई भी सामान्य कारण एक उद्दीपक के रूप में कार्य करता हुआ दिखाई नहीं देता है। जब दो दिमाग एक-दूसरे के पर्याप्त निकट आते हैं तो एक संपर्क का निर्माण होता है। इस दिमागी सामान (आप इन्हें 'ईथर के इलेक्ट्रॉन' कह सकते हैं) की इकाइयों का मिश्रण एक रासायनिक अभिक्रिया चालू करता है और ऐसे स्पंदनों को आरंभ करता है, जो दो लोगों को सुखद या असुखद रूप से प्रभावित करते हैं।

लेखक का विश्वास है कि दिमाग उसी ब्रह्मांडीय द्रव्य ऊर्जा से निर्मित होता है, जो ब्रह्मांड को भरनेवाली ईथर की संघटक होती है। कुछ दिमाग स्वाभाविक रूप से एक-दूसरे के प्रति इतने अनुकूलित होते हैं कि संपर्क का अपरिहार्य परिणाम पहली बार देखने पर ही प्रेम के रूप में सामने आता है। दूसरे मामलों में, दिमाग इतने विरोधाभासी होते हैं कि पहली बार में ही आपसी नापसंद झलक जाती है और हिंसा तक में बदल जाती है।

यह स्वीकार करने पर कि दो दिमागों के निकट संपर्क में आने पर उनमें से प्रत्येक दिमाग में एक सुनिश्चित प्रभाव या मनोदशा पैदा होती है, जो कि संपर्क में आने से पहले की मनोदशा से पूर्णतः भिन्न होती है। एक मास्टर माइंड का निर्माण दो या अधिक दिमागों

को एक पूर्ण सामंजस्य की भावना के साथ मिश्रित करने या एक–दूसरे के साथ लाने पर होता है। दिमाग का यह सामंजस्यपूर्ण मिश्रण एक तीसरे दिमाग को निर्मित करता है, जो कि किसी एक या सभी व्यक्तिगत दिमागों द्वारा प्रयुक्त किया जा सकता है। यह मास्टर माइंड तब तक उपलब्ध बना रहेगा, जब तक व्यक्तिगत दिमागों के बीच एक मित्रवत् और साहचर्यपूर्ण गठबंधन बना रहेगा।

संपूर्ण सभ्य संसार जानता है कि शादी के बाद पहले दो–तीन वर्षों में छोटी–मोटी असहमति बनी रहती है। ये सामंजस्य बिठाने के वर्ष होते हैं। यदि इन वर्षों के दौरान शादी का संबंध बचा रह जाता है तो यह एक स्थायी गठजोड़ बनने की अधिकतम संभावना रखता है। यह एक जाना–पहचाना तथ्य है कि 10 से 15 वर्ष तक साथ–साथ रहनेवाले एक पुरुष और स्त्री एक–दूसरे के लिए व्यावहारिक रूप से अपरित्याज्य बन जाते हैं, भले ही उनके बीच प्यार जैसी मानसिक अवस्था का कोई प्रमाण न मिले। मानव प्रकृति का कोई भी योग्य विश्लेषक पति से परिचय करने के बाद अजनबी लोगों की भीड़ में जाकर आसानी से उसकी पत्नी को खोज सकता है। लंबे समय तक शादी के संबंध में बँधे रहनेवाले लोगों की आँखों की भावाभिव्यक्ति, चेहरे की स्पर्श रेखाएँ और बोलने का लहजा एक चिह्नित सीमा तक पहचानने योग्य हो जाता है।

मानव प्रकृति का कोई भी योग्य विश्लेषक पति से परिचय करने के बाद अजनबी लोगों की भीड़ में जाकर आसानी से उसकी पत्नी को खोज सकता है। लंबे समय तक शादी के संबंध में बँधे रहनेवाले लोगों की आँखों की भावाभिव्यक्ति, चेहरे की स्पर्श रेखाएँ और बोलने का लहजा एक चिह्नित सीमा तक पहचानने योग्य हो जाता है।

यही सीमा चिह्न मानव मस्तिष्क की गुणधर्मिता के प्रभावों को पहचानने में काम आता है। कोई भी अनुभवी सार्वजनिक वक्ता तेजी से उस तरीके की व्याख्या कर सकता है, जिसमें उसके वक्तव्यों को उसके श्रोताओं ने ग्रहण किया है। 1,000 श्रोताओं में से उस एक श्रोता को वक्ता के द्वारा आसानी से पहचाना जा सकता है, जिसका दिमाग वक्ता के दिमाग का विरोधी है।

सभी मास्टर सेल्समैन उस क्षण को जानते हैं, जब बातचीत बंद करने के मनोवैज्ञानिक समय का आगमन होता है। ऐसा करने के लिए उन्हें संभावित खरीदार नहीं कहता है, बल्कि वे उसके मन की व्याख्या करके जान लेते हैं कि उसके मन में क्या चल रहा है? प्रत्येक योग्य सेल्समैन जानता है कि अधिकांश खरीदारों की आदत होती है कि वे एक बिक्री के चरम तक अपनी नकारात्मक मानसिकता को दरशाते हैं।

प्रत्येक योग्य वकील अपने भीतर एक छठी इंद्रिय विकसित कर लेता है, जिसके द्वारा वह चालाक गवाहों के बनावटी एवं चयनित शब्दों को पकड़ने और उनकी सही व्याख्या करने में सक्षम हो जाता है।

प्रत्येक दिमाग को एक विद्युतीय क्षेत्र के रूप में देखा जा सकता है। इस क्षेत्र की प्रकृति भिन्न होती है, जो कि इसके पीछे काम करनेवाले दिमाग की मनोवृत्ति और उस दिमाग की रासायनिक प्रकृति पर निर्भर करती है। इस लेखक का विश्वास है कि किसी भी दिमाग के रसायन-शास्त्र की सामान्य या स्वाभाविक अवस्था उसकी शारीरिक आनुवंशिका के साथ-साथ उन विचारों की प्रकृति का भी परिणाम होती है, जो उस दिमाग को अधिप्रभावित करते हैं।

अब हम मास्टर माइंड की परिभाषा की ओर वापस लौटते हैं—एक ऐसा दिमाग, जो एक पूर्ण साहचर्य की भावना के साथ दो या अधिक दिमागों के मिश्रण और समन्वय से विकसित होता है। आप देख सकते हैं कि 'साहचर्य' शब्द को यहाँ कितना अधिक महत्त्व दिया गया है!

प्रत्येक सेल्स मैनेजर, प्रत्येक सैन्य कमांडर और प्रत्येक नेता सफलता प्राप्त करने में सामान्य समझ और सहयोग की भावना की अनिवार्यता को समझता है। यह साहचर्य या सामंजस्य की भावना अनुशासन के द्वारा हासिल होती है। यह अनुशासन स्वैच्छिक या बाध्यकारी हो सकता है; किंतु यह दो या अधिक दिमागों को एक मास्टर माइंड में बदल देता है। इसका अर्थ यह है कि इन अलग-अलग दिमागों के रसायन-शास्त्र या गुण-धर्म को एक ऐसे तरीके से संशोधित किया जाता है कि ये दिमाग एक दिमाग के रूप में कार्य करने लगते हैं।

> *प्रत्येक नेतृत्वकर्ता के पास अपने अनुयायियों के दिमागों को समन्वित करने का अपना खुद का तरीका होता है। कोई इसके लिए बल का प्रयोग करता है तो दूसरा अनुसरण का प्रयोग करता है, कोई दंड का भय दिखाता है तो कोई पुरस्कार के द्वारा प्रेरित करता है। नेपोलियन चुंबकीय प्रकार के एक मस्तिष्क का स्वामी था, जो कि अपने संपर्क में आनेवाले सभी दिमागों को आकर्षित कर लेता था। नेपोलियन के सैनिक मौत की सुनिश्चित संभावना में भी बेहिचक उसका अनुसरण करते थे।*

प्रत्येक नेतृत्वकर्ता के पास अपने अनुयायियों के दिमागों को समन्वित करने का अपना खुद का तरीका होता है। कोई इसके लिए बल का प्रयोग करता है तो दूसरा अनुसरण का प्रयोग करता है, कोई दंड का भय दिखाता है तो कोई पुरस्कार के द्वारा

प्रेरित करता है। नेपोलियन चुंबकीय प्रकार के एक मस्तिष्क का स्वामी था, जो कि अपने संपर्क में आनेवाले सभी दिमागों को आकर्षित कर लेता था। नेपोलियन के सैनिक मौत की सुनिश्चित संभावना में भी बेहिचक उसका अनुसरण करते थे।

मानव मस्तिष्क की तुलना एक विद्युत् बैटरी से की जा सकती है, जो कि खर्च किए जाने पर अपने स्वामी को निराश, निरुत्साहित और सुस्त महसूस कराती है। इस खाली अवस्था में मानव मस्तिष्क को फिर से रिचार्ज करना जरूरी होता है। महान् नेता इस रिचार्जिंग की प्रक्रिया की अनिवार्यता को समझते हैं और वे जानते हैं कि इस परिणाम को कैसे पूर्ण करना है! यही जानकारी वह मुख्य विशेषता है, जो एक नेता को एक अनुयायी से अलग करती है।

यौन संपर्क उन सर्वाधिक प्रभावकारी उद्दीपकों में से एक है, जिनके द्वारा एक दिमाग को रिचार्ज किया जा सकता है, बशर्ते यह संपर्क ऐसे स्त्री और पुरुष के बीच बुद्धिमत्तापूर्ण ढंग से किया गया हो, जो कि एक-दूसरे के प्रति वास्तविक लगाव रखते हैं। अन्य किसी प्रकार का यौन संबंध दिमाग को शक्तिहीन बना देता है। कोई भी योग्य मनोचिकित्सक कुछ ही मिनटों में एक दिमाग को रिचार्ज कर सकता है। जीवन के प्रत्येक क्षेत्र में लगभग सभी महान् नेता ऐसे लोगों में से उभरे थे, जो कि अत्यधिक यौन प्रकृति के थे ('सेक्स' शब्द एक अशिष्ट शब्द नहीं है। आप इसे सभी शब्दकोशों में पाएँगे)।

सभी बीमारियों की शुरुआत उस समय होती है, जब एक दिमाग रिक्त या अशक्त अवस्था में होता है। यह एक ज्ञात तथ्य है कि जिस व्यक्ति का दिमाग पूर्ण रूप से ओज-युक्त होता है, वह सभी प्रकार की बीमारियों से प्रतिरोधक क्षमता हासिल कर लेता है। दिमागों के साहचर्यपूर्ण मिश्रण सिद्धांत के द्वारा पूर्ण स्वास्थ्य का आनंद लिया जा सकता है। इसी सिद्धांत की सहायता से हम प्रत्येक व्यक्ति पर निरंतर दबाव डालनेवाले आर्थिक दबाव की समस्या को हल करने की पर्याप्त शक्तियों का विकास कर सकते हैं।

दिमाग का रसायन-शास्त्र और आर्थिक शक्ति : शक्ति वह बल है, जिसके द्वारा व्यक्ति किसी भी उपक्रम में सफलता हासिल कर सकता है। असीमित मात्रा में शक्ति का उपभोग किसी भी व्यक्ति, समूह या पुरुष और स्त्री के द्वारा किया जा सकता है, यदि उसके पास पूर्ण सामंजस्य की भावना के साथ अपने दिमागों को मिश्रित करके अपने खुद के व्यक्तित्वों और निजी हितों को विलय करने का विवेक हो। 'पूर्ण सामंजस्य' नाम के इस तत्त्व के बिना एक मास्टर माइंड का विकास नहीं किया जा सकता है।

अब हम कुछ विख्यात लोगों का अध्ययन करेंगे, जिन्होंने दिमाग के इस रसायन-शास्त्र का अनुप्रयोग करके महान् उपलब्धियाँ हासिल की हैं। हम तीन लोगों से शुरुआत

करते हैं, जिन्होंने अपने-अपने आर्थिक, व्यापारिक और पेशेवर उद्यम के क्षेत्र में महान् उपलब्धियाँ प्राप्त की हैं।

उनके नाम हैं—हेनरी फोर्ड, थॉमस ए. एडिसन और हार्वे एस. फायरस्टोन।

इन तीनों में से आर्थिक और वित्तीय शक्ति के संदर्भ में सबसे अधिक शक्तिशाली हेनरी फोर्ड हैं। मि. फोर्ड इस धरती पर रहनेवाले वर्तमान लोगों में सबसे अधिक शक्तिशाली हैं। कई लोगों ने हेनरी फोर्ड का अध्ययन किया और उन लोगों का यह विश्वास है कि वे धरती पर अब तक पैदा होनेवाले सबसे शक्तिशाली व्यक्ति हैं। मि. फोर्ड उतनी ही आसानी से अरबों डॉलर इकट्ठा कर सकते हैं, जितनी आसानी से एक बच्चा समुद्र-तट पर खेलते समय अपनी टोकरी में रेत इकट्ठा कर लेता है। जरूरत पड़ने पर फोर्ड के आह्वान पर ही अरबों डॉलर इकट्ठे हो जाते हैं और एक सप्ताह के भीतर प्रयोग के लिए उपलब्ध हो जाते हैं। जो उन्हें अच्छी तरह से जानते हैं, उनका मानना है कि वे यह काम केवल इतने प्रयास से ही कर सकते हैं, जितना प्रयास कोई साधारण व्यक्ति अपने घर का एक महीने का किराया चुकाने के लिए धन इकट्ठा करने में करता है।

एडिसन ने ही संभवतः मानव को बोले हुए शब्द को रिकॉर्ड करने और पुनः उत्पन्न करने की क्षमता प्रदान की थी। वे एडिसन ही थे, जिन्होंने पहली बार प्रकाश का दोहन किया और मानव के प्रयोग के लिए बिजली के प्रकाश बल्ब की सहायता से प्रकाश का उपयोग संभव बनाया। वे एडिसन ही थे, जिन्होंने विश्व को आधुनिक सचल चित्र प्रदान किया।

जब मि. फोर्ड की नई कार सन् 1927 में पूर्ण होने की प्रक्रिया में थी, तब यह कहा गया कि उन्होंने नकद भुगतान के साथ 3,75,000 कारों के अग्रिम ऑर्डर प्राप्त कर लिये थे। लगभग 600 डॉलर की कीमत वाली इन कारों के इन अग्रिम भुगतानों से उन्हें कुल 22,50,00,000 डॉलर प्राप्त हुए थे, जबकि उन्होंने एक कार की भी डिलीवरी नहीं दी थी। फोर्ड की क्षमता में विश्वास की इसी प्रकार की शक्ति मौजूद थी।

मि. एडिसन एक दार्शनिक, वैज्ञानिक और खोजकर्ता थे। वे प्रकृति की बाइबिल के सबसे उत्साहित छात्र थे, न कि मानव-निर्मित असंख्य बाइबिलों के। मि. एडिसन प्रकृति की बाइबिल में इतनी अंतर्दृष्टि रखते थे कि उन्होंने प्रकृति के नियमों को धरती पर रह रहे किसी अन्य व्यक्ति की तुलना में मानव जाति के लिए सबसे अधिक अनुप्रयोज्य और समायोजित किया था। उन्होंने एक सुई की नोंक और एक घूमने वाले लाख के टुकड़े को इस प्रकार से मिलाया कि इनसानी आवाज के स्पंदन को रिकॉर्ड किया जा सके और

आधुनिक बोलनेवाली मशीन के माध्यम से पुनः उत्पन्न किया जा सके। एडिसन ने ही संभवतः मानव को बोले हुए शब्द को रिकॉर्ड करने और पुनः उत्पन्न करने की क्षमता प्रदान की थी। वे एडिसन ही थे, जिन्होंने पहली बार प्रकाश का दोहन किया और मानव के प्रयोग के लिए बिजली के प्रकाश बल्ब की सहायता से प्रकाश का उपयोग संभव बनाया। वे एडिसन ही थे, जिन्होंने विश्व को आधुनिक सचल चित्र प्रदान किया।

मि. फायरस्टोन ओहियो स्थित एक्रोन में फायरस्टोन टायर उद्योग के पीछे की गतिशील भावना हैं। उनकी औद्योगिक उपलब्धियाँ इतनी सुविख्यात हैं कि जहाँ कहीं भी वाहनों का प्रयोग किया जाता है, वहाँ उन्हें देखा जा सकता है और इसके बारे में कोई विशेष टिप्पणी करना आवश्यक नहीं जान पड़ता है।

एक मास्टर माइंड का निर्माण किसी भी ऐसे व्यक्ति समूह द्वारा किया जा सकता है, जिसमें अलग-अलग व्यक्ति अपने दिमागों को एक पूर्ण सामंजस्य की भावना के साथ समन्वित कर लेते हैं। इस समूह में दो से अधिक कितने भी लोग शामिल हो सकते हैं। छह या सात दिमागों के मिश्रण से बननेवाला 'मास्टर माइंड' सबसे बेहतर परिणाम दे सकता है।

उन तीनों व्यक्तियों ने अपने कॅरियर, व्यापार और व्यावसायिक जीवन की शुरुआत बिना पूँजी के की थी और उनकी आरंभिक शिक्षा भी औसत से बहुत निचले दर्जे की थी। वे तीनों व्यक्ति अब सुशिक्षित हैं। तीनों ही संपन्न हैं। तीनों ही शक्तिशाली हैं। अब हम उनकी संपदा और शक्ति के स्रोत की जाँच-पड़ताल करते हैं।

यह सामान्य जानकारी का विषय है कि मि. फोर्ड, मि. एडिसन एवं मि. फायरस्टोन घनिष्ठ मित्र हैं और उनकी मित्रता कई वर्षों से चली आ रही है। पिछले कई वर्षों के दौरान वे तीनों आराम, ध्यान और स्वास्थ्य-लाभ के लिए वर्ष में एक बार एकांतवास के लिए जाते रहे हैं। किंतु यह सामान्य जानकारी का विषय नहीं है और न ही शायद इन तीनों लोगों को खुद ही इस बात की जानकारी होगी कि इन तीनों व्यक्तियों के बीच साहचर्य का एक बंधन है, जिसने उनके दिमागों को मिश्रित करके एक 'मास्टर माइंड' में बदल दिया है। यह मास्टर माइंड ही इनमें से प्रत्येक की शक्ति का वास्तविक स्रोत है। यह मास्टर माइंड फोर्ड, एडिसन और फायरस्टोन के अलग-अलग दिमागों के समन्वय से विकसित हुआ है और इसी दिमाग ने इन तीनों लोगों को उन शक्ति स्रोतों (और ज्ञान के स्रोतों) तक पहुँचने की क्षमता प्रदान की है, जिनसे अधिकांश लोग परिचित भी नहीं हो पाते हैं।

एडिसन, फोर्ड और फायरस्टोन की उपलब्धियाँ धोखाधड़ी, कपट, चमत्कार या

अप्राकृतिक नियम के किसी अन्य रूप पर आधारित नहीं हैं। उन्होंने उन प्राकृतिक नियमों के साथ मिलकर कार्य किया, जिनके अधिकांश भाग से सभी अर्थशास्त्री और अग्रणी वैज्ञानिक अच्छी तरह से परिचित होते हैं।

एक मास्टर माइंड का निर्माण किसी भी ऐसे व्यक्ति समूह द्वारा किया जा सकता है, जिसमें अलग-अलग व्यक्ति अपने दिमागों को एक पूर्ण सामंजस्य की भावना के साथ समन्वित कर लेते हैं। इस समूह में दो से अधिक कितने भी लोग शामिल हो सकते हैं। छह या सात दिमागों के मिश्रण से बननेवाला 'मास्टर माइंड' सबसे बेहतर परिणाम दे सकता है।

यह बताया जाता है कि जीसस क्राइस्ट ने दिमाग की केमिस्ट्री के सिद्धांत का प्रयोग करना सीख लिया था। उनकी चमत्कारिक उपलब्धियाँ उस शक्ति के द्वारा संभव हुई थीं, जिसे उन्होंने अपने बारह शिष्यों के दिमागों का मिश्रण करके विकसित किय. था। यह संकेत दिया गया है कि जब एक सदस्य (जूडास एस्केरियट) ने मास्टर माइंड में आस्था को तोड़ दिया तो यह मास्टर माइंड ही विखंडित हो गया था और जीसस को अपने जीवन की सबसे बड़ी विपत्तियों का सामना करना पड़ा था।

जब दो या अधिक लोग अपने दिमागों को समायोजित करते हैं और मास्टर माइंड के रूप में ज्ञात प्रभाव पैदा करते हैं तो समूह में प्रत्येक व्यक्ति के पास यह शक्ति आ जाती है कि वह समूह के अन्य सभी सदस्यों के अवचेतन मनों के माध्यम से ज्ञान एकत्रित कर सके और उन सदस्यों के मनों से संपर्क कर सके। यह शक्ति दिमाग को स्पंदन की एक तीव्रतर दर पर उद्दीपित करती है। यह एक अधिक जीवंत कल्पना और ऐसी चेतना के रूप में खुद को प्रकट करती है, जिसे हम 'छठी इंद्रिय का बोध' कहते हैं। इस बोध के द्वारा मन में नए-नए विचार कौंधते हैं। ये विचार व्यक्ति के मन को अधिप्रभावित करनेवाले विषय की प्रकृति और रूप का अधिग्रहण कर लेते हैं।

मास्टर माइंड के रूप में यहाँ वर्णित दिमागी मिश्रण की इस प्रक्रिया को एक ऐसी क्रिया के साथ जोड़ा जा सकता है, जिसमें कई इलेक्ट्रिक बैटरियों को एक ट्रांसमिशन तार के साथ जोड़ा जाता है और इसके द्वारा उस तार में बिजली प्रवाहित की जाती है। प्रत्येक बैटरी अपने द्वारा धारित ऊर्जा की मात्रा के अनुसार उस तार में गुजरनेवाली बिजली की शक्ति को बढ़ाती चली जाती है। दिमागी रसायन-शास्त्र के सिद्धांत के माध्यम से प्रत्येक दिमाग समूह के अन्य सभी दिमागों को तब तक उद्दीपित करता है, जब तक कि मानसिक ऊर्जा इतनी व्यापक नहीं हो जाती है कि वह ईथर के रूप में ज्ञात ब्रह्मांडीय ऊर्जा के साथ जुड़ न जाए और इसके बाद यह संपूर्ण ब्रह्मांड के प्रत्येक परमाणु को स्पर्श करने लगती है।

मास्टर माइंड कई अलग-अलग दिमागों से बनता है और इन दिमागों को इस प्रकार से मिश्रित किया जाता है कि वे एक शक्तिशाली स्पंदनकारी ऊर्जा पैदा करते हैं। मास्टर

माइंड एक रेडियो ब्रॉडकास्टिंग स्टेशन की तरह कार्य करता है। प्रत्येक सार्वजनिक वक्ता दिमाग के इस रसायन-शास्त्र के प्रभाव को महसूस करता है, क्योंकि यह एक ज्ञात तथ्य है कि एक श्रोता समूह के अलग-अलग दिमाग जब वक्ता के साथ तारतम्य बना लेते हैं, तब वक्ता के दिमाग में एक उल्लेखनीय उत्साहवर्धन होता है और उसकी वाक्शैली अपने चरम पर पहुँच जाती है, जिसे महसूस करके वह बाकी लोगों को प्रभावित करने के साथ-साथ खुद भी विस्मित हो जाता है।

एक आध्यात्मिक समूह के सदस्यों द्वारा ग्रहण किए गए संदेश संभवत: दो स्रोतों में से एक या दोनों स्रोतों से आते हैं, जो इस प्रकार हैं—

पहला स्रोत : समूह के कुछ सदस्यों के अवचेतन मन के विशाल भंडार से, या

दूसरा स्रोत : ईथर के ब्रह्मांडीय भंडार से, जिसमें सभी विचार स्पंदन से परिरक्षित होते हैं।

सभी तथाकथित मेधावी लोगों ने अपनी प्रतिष्ठा केवल संयोग से प्राप्त नहीं की थी, बल्कि उन्होंने अन्य दिमागों के साथ गठजोड़ बनाए थे, जिससे उन्हें यह क्षमता प्राप्त हुई कि वे अपने खुद के मानसिक स्पंदनों को तीव्र कर सकें। ये तीव्र स्पंदन उन्हें ब्रह्मांड के ईथर में अभिलेखित और संचित ज्ञान के विशाल मंदिर तक पहुँचा देते हैं। इस लेखक के द्वारा एकत्रित तथ्यों के आधार पर यह कहा जा सकता है कि सभी महान् प्रतिभाशाली लोग यौन ऊर्जा से ओत-प्रोत थे। यौन संपर्क दिमाग का सबसे बड़ा उद्दीपक है और यह तथ्य यहाँ वर्णित किए गए सिद्धांत को समर्थन देता है।

मेधावी लोगों ने अपनी प्रतिष्ठा केवल संयोग से प्राप्त नहीं की थी, बल्कि उन्होंने अन्य दिमागों के साथ गठजोड़ बनाए थे, जिससे उन्हें यह क्षमता प्राप्त हुई कि वे अपने खुद के मानसिक स्पंदनों को तीव्र कर सकें। ये तीव्र स्पंदन उन्हें ब्रह्मांड के ईथर में अभिलेखित और संचित ज्ञान के विशाल मंदिर तक पहुँचा देते हैं। इस लेखक के द्वारा एकत्रित तथ्यों के आधार पर यह कहा जा सकता है कि सभी महान् प्रतिभाशाली लोग यौन ऊर्जा से ओत-प्रोत थे। यौन संपर्क दिमाग का सबसे बड़ा उद्दीपक है और यह तथ्य यहाँ वर्णित किए गए सिद्धांत को समर्थन देता है।

आर्थिक शक्ति के स्रोत की पड़ताल करने के लिए हम 'बिग सिक्स' के रूप में ज्ञात शिकागो समूह का अध्ययन करेंगे। इस समूह में डब्ल्यू. एम. रिग्ले जूनियर (जिनका अपने नाम पर च्युइंगम का व्यापार है और जिनकी अपनी निजी आय एक वर्ष में 1.5 करोड़ डॉलर से अधिक मानी जाती है), जॉन आर. थॉम्पसन (जो अपने नाम पर लंच रूम

की एक श्रृंखला संचालित करते हैं), मि. लास्कर (जो लॉर्ड एंड थॉमस एडवरटाइजिंग एजेंसी के मालिक हैं), मि. मैकुलॉफ (जो पारमेली एक्सप्रेस कंपनी, जो अमेरिका में सबसे बड़ा ट्रांसफर व्यापार करती है, के मालिक हैं), मिस्टर रिची और मिस्टर हट्र्ज (जो येलो टैक्सी कैब के संचालक हैं) शामिल हैं।

एक विश्वसनीय वित्तीय रिपोर्टिंग कंपनी का अनुमान है कि इन छह लोगों की वार्षिक आमदनी 2.5 करोड़ डॉलर से भी अधिक है। इनमें प्रत्येक व्यक्ति औसतन 40 लाख डॉलर से अधिक कमाता है। इनमें से किसी भी व्यक्ति ने उच्च शिक्षा हासिल नहीं की है और सभी ने अपना व्यापार पूँजी या व्यापक साख के बिना ही शुरू किया था। उनकी वित्तीय उपलब्धियों का कारण उनकी खुद की योजनाएँ हैं और इसके पीछे किसी संयोग या भाग्य का हाथ नहीं है।

द यूनाइटेड स्टेट्स स्टील कॉरपोरेशन विश्व के सर्वाधिक शक्तिशाली औद्योगिक संगठनों में से एक है। इस विशालकाय औद्योगिक संगठन का विचार एल्बर्ट एच. गैरी के दिमाग में विकसित हुआ था। वे एक छोटे से कस्बे में रहनेवाले वकील थे, जिनका जन्म और पालन-पोषण शिकागो के निकट इलिनोइस नामक एक छोटे से कस्बे में हुआ था। मिस्टर गैरी के चारों ओर ऐसे लोगों का समूह था, जिनके दिमागों को सफलतापूर्वक मिश्रित करके उन्होंने एक पूर्ण सामंजस्य की भावना विकसित कर ली थी। इसके द्वारा उन्होंने ऐसे मास्टर माइंड का निर्माण किया, जो कि यूनाइटेड स्टेट्स स्टील कॉरपोरेशन की उत्प्रेरक भावना है।

कई वर्ष पहले इन छह लोगों ने एक मित्रवत् गठजोड़ बनाया था और लंबे समय तक अपने व्यापारिक उद्यम की विभिन्न और छोटी-छोटी चीजों पर एक-दूसरे के साथ विचारों एवं सुझावों का आदान-प्रदान किया था और एक-दूसरे का प्रयोजन सिद्ध करने में आपसी सहायता प्रदान की थी। हट्र्ज और रिची के अलावा छह में से कोई भी व्यक्ति वैध साझेदारी के द्वारा आपस में नहीं जुड़ा था। उनकी बैठकों का प्रयोजन केवल आपस में विचारों व सुझावों का आदान-प्रदान करना और कभी-कभार किसी आपात-स्थिति में समूह के किसी सदस्य को आवश्यक मदद उपलब्ध कराने का आश्वासन देना था। उन्होंने यह सीख लिया था कि अपने अलग-अलग दिमागों को समन्वित करके किस प्रकार से सामंजस्य की भावना के साथ एक मास्टर माइंड का निर्माण करना है। यह मास्टर माइंड समूह के प्रत्येक व्यक्ति के लिए उन दरवाजों को

खोल देता है, जो कि मानव जाति के अधिकांश लोगों के लिए बंद होते हैं।

द यूनाइटेड स्टेट्स स्टील कॉरपोरेशन विश्व के सर्वाधिक शक्तिशाली औद्योगिक संगठनों में से एक है। इस विशालकाय औद्योगिक संगठन का विचार एल्बर्ट एच. गैरी के दिमाग में विकसित हुआ था। वे एक छोटे से कस्बे में रहनेवाले वकील थे, जिनका जन्म और पालन-पोषण शिकागो के निकट इलिनोइस नामक एक छोटे से कस्बे में हुआ था। मिस्टर गैरी के चारों ओर ऐसे लोगों का समूह था, जिनके दिमागों को सफलतापूर्वक मिश्रित करके उन्होंने एक पूर्ण सामंजस्य की भावना विकसित कर ली थी। इसके द्वारा उन्होंने ऐसे मास्टर माइंड का निर्माण किया, जो कि यूनाइटेड स्टेट्स स्टील कॉरपोरेशन की उत्प्रेरक भावना है।

फोर्ड मोटर कंपनी के प्रत्येक कारखाने को नष्ट कर दिया जाए, प्रत्येक मशीन को नष्ट कर दिया जाए, कच्चे या तैयार माल के प्रत्येक परमाणु को नष्ट कर दिया जाए, प्रत्येक तैयार कार को नष्ट कर दिया जाए और किसी भी बैंक में जमा उनके प्रत्येक डॉलर को नष्ट कर दिया जाए, तब भी फोर्ड पृथ्वी पर आर्थिक रूप से सबसे अधिक शक्तिशाली व्यक्ति बने रहेंगे। वे मस्तिष्क, जिन्होंने फोर्ड के उद्योग-व्यापार का निर्माण किया है, वे अल्पकाल में ही खुद की दोबारा अनुकृतियाँ बना सकते हैं। फोर्ड के जैसे दिमागों में पूँजी हमेशा ही असीमित मात्रा में उपलब्ध रहती है।

शक्ति (मानव शक्ति) व्यवस्थित ज्ञान है, जो कि बुद्धिमत्तापूर्ण प्रयासों के माध्यम से अभिव्यक्त होता है। किसी भी प्रयास को संगठित या व्यवस्थित तब तक नहीं कहा जा सकता, जब तक कि प्रयास में संलग्न लोग एक साहचर्य की भावना के साथ अपनी जानकारी और ऊर्जा को समन्वित न करें। इस लेखक के द्वारा एक प्रसिद्ध कॉलेज के छात्रों के साथ मिलकर एक रोचक प्रयोग किया गया। प्रत्येक छात्र को एक निबंध लिखने के लिए कहा गया, जिसका विषय था—'हेनरी फोर्ड कैसे और क्यों धनवान् बने'।

अधिकांश छात्रों ने फोर्ड की परिसंपत्ति से जुड़े वित्तीय आँकड़ों व खोजों को इकट्ठा किया और उन्हें फोर्ड की संपदा के अपने आकलन का आधार बनाने में प्रयुक्त किया। सैकड़ों छात्रों के समूह में से एक छात्र ने अपना उत्तर इस प्रकार दिया था—

"फोर्ड की परिसंपत्ति में मुख्यत: दो चीजें शामिल हैं—1. कार्यशील पूँजी और कच्चा एवं तैयार माल, 2. हेनरी फोर्ड द्वारा अपने खुद के अनुभव से अर्जित ज्ञान तथा एक सुप्रशिक्षित संगठन का सहयोग, जो समझता है कि फोर्ड के दृष्टिकोण से इस ज्ञान

का अनुप्रयोग सर्वोत्तम लाभ हेतु किस प्रकार किया जाए। लेखक के मतानुसार, इन दोनों प्रकार की परिसंपत्तियों के सापेक्षिक मूल्य इस प्रकार हैं—

- फोर्ड संगठन का व्यवस्थित ज्ञान—75 प्रतिशत।
- हर तरह की भौतिक परिसंपत्ति और नकदी का मूल्य, जिसमें कच्चा माल और तैयार माल भी शामिल है—25 प्रतिशत।

निस्संदेह हेनरी फोर्ड की सबसे बड़ी संपत्ति उनका खुद का मस्तिष्क है। उसके बाद उनके निकट सहयोगियों के दिमाग आते हैं, क्योंकि इन्हीं दिमागों के समन्वय के द्वारा वे भौतिक परिसंपत्तियाँ अर्जित हुई हैं, जिन पर फोर्ड का नियंत्रण है।

फोर्ड मोटर कंपनी के प्रत्येक कारखाने को नष्ट कर दिया जाए, प्रत्येक मशीन को नष्ट कर दिया जाए, कच्चे या तैयार माल के प्रत्येक परमाणु को नष्ट कर दिया जाए, प्रत्येक तैयार कार को नष्ट कर दिया जाए और किसी भी बैंक में जमा उनके प्रत्येक डॉलर को नष्ट कर दिया जाए, तब भी फोर्ड पृथ्वी पर आर्थिक रूप से सबसे अधिक शक्तिशाली व्यक्ति बने रहेंगे। वे मस्तिष्क, जिन्होंने फोर्ड के उद्योग-व्यापार का निर्माण किया है, वे अल्पकाल में ही खुद की दोबारा अनुकृतियाँ बना सकते हैं। फोर्ड के जैसे दिमागों में पूँजी हमेशा ही असीमित मात्रा में उपलब्ध रहती है।

इस बात की संभावना काफी अधिक है कि फोर्ड की प्रकृति के नियमों पर उल्लेखनीय अंतर्दृष्टि का विकास पहली बार तब हुआ होगा, जब उनका अपनी खुद की पत्नी के साथ मित्रवत् गठजोड़ हुआ था। इसके बाद ही उनकी मुलाकात एडिसन या फायरस्टोन के साथ हुई थी। कई लोगों को यह बात कभी भी पता नहीं चल पाती है कि उनकी सफलता का वास्तविक स्रोत उनकी पत्नी के द्वारा 'मास्टर माइंड' सिद्धांत के अनुप्रयोग के माध्यम से निर्मित हुआ है। मिसेज फोर्ड एक अति बुद्धिमान महिला हैं और इस लेखक के पास यह विश्वास करने का पर्याप्त कारण मौजूद है कि यह उन्हीं का दिमाग था, जिसने फोर्ड के दिमाग के साथ मिश्रित होकर उन्हें शक्ति की दिशा में पहली वास्तविक शुरुआत दी थी।

अपने अनुभव के पुराने दिनों में फोर्ड को निरक्षरता और अज्ञानता के शक्तिशाली दुश्मनों से एडिसन या फायरस्टोन की तुलना में अधिक व्यापक रूप से लड़ना पड़ा था। एक अकल्पनीय अल्पावधि के भीतर फोर्ड ने मानव जाति के तीन सर्वाधिक हठी शत्रुओं पर विजय प्राप्त कर ली थी और इन शत्रुओं को अपनी परिसंपत्तियों में रूपांतरित करके अपनी सफलता का आधार तैयार किया था।

ये शत्रु हैं—अज्ञानता, निरक्षरता और गरीबी।

यह औद्योगिक शक्ति का युग है, जिसमें हम रह रहे हैं।

इस शक्ति का स्रोत संगठित प्रयास है। औद्योगिक उद्यमों का प्रबंधन और प्रभावी रूप से संगठित कर्मचारियों के अलावा उद्योगों का आपस में विलय भी इस प्रकार के संगठित प्रयासों को अंजाम देता है, जिसके परिणामस्वरूप असीमित शक्ति व्यावहारिक रूप से संचित हो जाती है।

ज्ञान अपनी सामान्य प्रकृति या अव्यवस्थित रूप में शक्ति नहीं होता है। यह केवल संभावित शक्ति के रूप में होता है, जिसमें से वास्तविक शक्ति का विकास किया जा सकता है। किसी भी आधुनिक पुस्तकालय में सभी प्रकार की जानकारी के अव्यवस्थित रिकॉर्ड मौजूद रहते हैं, जो कि हमारी सभ्यता के वर्तमान चरण के लिए महत्त्वपूर्ण हैं; किंतु यह जानकारी शक्ति नहीं है, क्योंकि यह व्यवस्थित नहीं होती है।

ज्ञान अपनी सामान्य प्रकृति या अव्यवस्थित रूप में शक्ति नहीं होता है। यह केवल संभावित शक्ति के रूप में होता है, जिसमें से वास्तविक शक्ति का विकास किया जा सकता है। किसी भी आधुनिक पुस्तकालय में सभी प्रकार की जानकारी के अव्यवस्थित रिकॉर्ड मौजूद रहते हैं, जो कि हमारी सभ्यता के वर्तमान चरण के लिए महत्त्वपूर्ण हैं; किंतु यह जानकारी शक्ति नहीं है, क्योंकि यह व्यवस्थित नहीं होती है।

ऊर्जा के प्रत्येक रूप तथा जंतु या पादप जीवन की प्रत्येक प्रजाति को उत्तरजीविता के लिए खुद को अपरिहार्य रूप से व्यवस्थित और संगठित करना होता है। एक इलेक्ट्रॉन से लेकर ब्रह्मांड के विशालतम तारे तक और इन दोनों के बीच आनेवाली प्रत्येक भौतिक वस्तु के द्वारा इस बात का सकारात्मक प्रमाण दिया जाता है कि प्रकृति का पहला नियम संगठन है। वे लोग भाग्यशाली होते हैं, जो इस नियम के महत्त्व को पहचानते हैं और अपने लाभ के लिए इस नियम को लागू करने के लिए विभिन्न तरीकों को खोजना ही अपना कर्म बना लेते हैं।

बुद्धिमान उद्यमी व्यक्ति न केवल संगठित प्रयास के नियम का महत्त्व पहचानते हैं, बल्कि वे इसे अपनी शक्ति का आवरण और पोशाक भी बना लेते हैं।

इस लेखक का मत है कि वर्तमान में दिमागों को मिश्रित करके शक्ति का विकास करने में दिमाग के रसायन-शास्त्र सिद्धांत का सचेतन रूप से प्रयोग करनेवाले व्यक्तियों को दोनों हाथों की उँगलियों पर गिना जा सकता है। किसी भी उद्योगपति के लिए सबसे कठिन कार्य यह होता है कि वह अपने सहकर्मियों को किस प्रकार प्रेरित करे और उनके

प्रयासों को सामंजस्य की भावना के साथ कैसे समन्वित करे! किसी भी उपक्रम में कर्मचारियों के एक समूह के बीच निरंतर सहयोग की भावना को बनाए रखना लगभग असंभव हो जाता है। केवल सर्वाधिक प्रभावशाली नेतृत्वकर्ता ही अपने इच्छित उद्देश्य को पूरा करने के लिए इस प्रकार की प्रेरणा दे पाते हैं। उद्योग, व्यापार और वित्त के क्षेत्र में जब ऐसे किसी नेता का उभार होता है और तब दुनिया एक हेनरी फोर्ड, थॉमस अल्वा एडिसन, जॉन डी. रॉकफेलर, ई.एच. हैरीमैन या जेम्स जे. हिल जैसे नामों को सुनती है।

शक्ति और सफलता व्यावहारिक रूप से पर्यायवाची शब्द हैं।

कोई भी एक व्यक्ति दूसरे व्यक्तियों में से ही पनपता है। इसलिए जो व्यक्ति अलग-अलग दिमागों के बीच प्रयास के साहचर्यपूर्ण समन्वय सिद्धांत के द्वारा शक्ति विकसित करने की योग्यता व ज्ञान रखता है, वह किसी भी उपक्रम में सफलता प्राप्त कर सकता है।

शक्ति और सफलता व्यावहारिक रूप से पर्यायवाची शब्द हैं। कोई भी एक व्यक्ति दूसरे व्यक्तियों में से ही पनपता है। इसलिए जो व्यक्ति अलग-अलग दिमागों के बीच प्रयास के साहचर्यपूर्ण समन्वय सिद्धांत के द्वारा शक्ति विकसित करने की योग्यता व ज्ञान रखता है, वह किसी भी उपक्रम में सफलता प्राप्त कर सकता है।

'साहचर्य' शब्द का वास्तविक अर्थ लोगों के समूहों के बीच उसी प्रकार से दुर्लभ होता है, जिस प्रकार ईसाई कहलानेवाले लोगों में वास्तविक ईसाइयत को खोजना दुर्लभ है।

वुडरो विल्सन ने जब संयुक्त राष्ट्र संघ की स्थापना का अपना प्रस्ताव पेश किया था, तब उनके दिमाग में विश्व के सभ्य राष्ट्रों का प्रतिनिधित्व करनेवाले मानसिक समूहों को मिलाकर एक 'मास्टर माइंड' विकसित करने का विचार छिपा था। विल्सन की अवधारणा मानव के मस्तिष्क में अभी तक पैदा होनेवाला सर्वाधिक दूरगामी मानवतावादी विचार थी, क्योंकि यह पृथ्वी पर एक वास्तविक भाईचारे की स्थापना के लिए पर्याप्त शक्ति उपलब्ध कराने के सिद्धांत से सरोकार रखती थी। राष्ट्र संघ या इसी प्रकार का कोई अंतरराष्ट्रीय दिमागों का मिश्रण यदि साहचर्य की भावना से किया जाए तो इसका एक वास्तविकता में बदलना निश्चित है।

लेखक ने शिकागो की कॉपरेटिव सोसाइटी के संस्थापक हैरीसन पार्कर के लिए सेल्समैनशिप के एक स्कूल को संचालित करने में सहायता की थी। इसके लिए पुनरुत्थानवादियों के रूप में ज्ञात पुराने धार्मिक गुरुओं द्वारा ईश्वर की भावना के नाम से प्रचलित 'मास्टर माइंड' जैसे ही एक सिद्धांत का प्रयोग किया गया। इसके द्वारा बिक्री का

कोई अनुभव न रखनेवाले 3,000 पुरुषों व स्त्रियों के समूह की प्रकृति को इस प्रकार से रूपांतरित किया गया कि उन्होंने नौ महीनों से कम समय की अवधि में ही 1,00,00,000 डॉलर मूल्य की प्रतिभूतियाँ बेच दीं और अपने लिए 10,00,000 डॉलर से अधिक की राशि अर्जित की।

यह पाया गया कि इस स्कूल में प्रवेश करनेवाला औसत व्यक्ति भी एक सप्ताह के भीतर अपनी विक्रय शक्ति के चरम पर पहुँच गया था। इसके बाद व्यक्तियों के दिमाग को एक सेल्स मीटिंग के द्वारा अनिवार्य रूप से पुनः शक्ति प्रदान की जाती थी। इन सेल्स मीटिंगों को पुनरुत्थानवादी धार्मिक लोगों द्वारा आयोजित की जानेवाली आधुनिक सभाओं की तर्ज पर ही आयोजित किया जाता था। इनमें मंच की साज-सज्जा, संगीत और ओजस्वी वक्ताओं के अभिभाषणों का प्रयोग किया जाता था।

मानव मस्तिष्क का सीधा संबंध ऊर्जा के एक निरंतर अंतःप्रवाह से होता है, जिससे प्रत्येक व्यक्ति सोचने की अपनी शक्ति प्राप्त करता है। मस्तिष्क इस ऊर्जा को प्राप्त करता है और इसे शरीर में भोजन द्वारा निर्मित होनेवाली ऊर्जा के साथ मिश्रित कर देता है। इसके बाद मिश्रित ऊर्जा को रक्त और तंत्रिका तंत्र की सहायता से शरीर के प्रत्येक भाग में वितरित कर देता है। इस प्रकार, यह ऊर्जा हमारा जीवन बन जाती है।

आप इसे धर्म, मनोविज्ञान, दिमागी रसायन-शास्त्र या कुछ और कह सकते हैं; लेकिन इस तथ्य से अधिक सुनिश्चित कोई बात नहीं है कि जहाँ कहीं भी दिमागों के एक समूह को पूर्ण सामंजस्य की भावना के साथ संपर्क में लाया जाता है, तो समूह का प्रत्येक दिमाग तुरंत ही एक उल्लेखनीय ऊर्जा से ओत-प्रोत और सुदृढ़ीकृत हो जाता है। यह ऊर्जा ही 'मास्टर माइंड' कहलाती है।

मानव मस्तिष्क और तंत्रिका तंत्र मिलकर एक जटिल मशीन का निर्माण करते हैं। जब इस मशीन को समुचित रूप से निर्देशित व नियंत्रित किया जाता है तो आश्चर्यजनक उपलब्धियाँ हासिल की जा सकती हैं; लेकिन यदि इसे नियंत्रित नहीं किया गया तो यह गंभीर विपत्तियों का कारण बन जाती है।

मानव मस्तिष्क का सीधा संबंध ऊर्जा के एक निरंतर अंतःप्रवाह से होता है, जिससे प्रत्येक व्यक्ति सोचने की अपनी शक्ति प्राप्त करता है। मस्तिष्क इस ऊर्जा को प्राप्त करता है और इसे शरीर में भोजन द्वारा निर्मित होनेवाली ऊर्जा के साथ मिश्रित कर देता है। इसके बाद मिश्रित ऊर्जा को रक्त और तंत्रिका तंत्र की सहायता से शरीर के प्रत्येक

भाग में वितरित कर देता है। इस प्रकार, यह ऊर्जा हमारा जीवन बन जाती है।

लेखक का अनुमान है कि यह ऊर्जा ईथर ही है, जो कि ऑक्सीजन के साथ मिलकर साँसों के माध्यम से हमारे शरीर में प्रवाहित होती है। प्रत्येक सामान्य मानव शरीर एक प्रथम श्रेणी की रासायनिक प्रयोगशाला है, जिसमें ऐसे रसायनों का भंडार होता है, जो हमारे शरीर द्वारा ग्रहण किए जानेवाले भोजन को विखंडित, मिश्रित और संयोजित करने का कार्य करते हैं। इसके बाद बननेवाले रासायनिक यौगिकों का वितरण शरीर-निर्माण की जरूरत के अनुसार शरीर के प्रत्येक भाग में कर दिया जाता है।

यह सभी को पता है कि चिंता, उतावलापन या डर पाचन की प्रक्रिया में हस्तक्षेप करते हैं और कई अतिरेक मामलों में इस प्रक्रिया को रोक भी देते हैं, जिसके कारण बीमारी या मृत्यु हो सकती है। इससे यह स्पष्ट हो जाता है कि दिमाग भोजन के पाचन और वितरण की रासायनिक क्रिया में भी दखल देता है।

कई विद्वान् लोगों का विश्वास है कि भले ही वैज्ञानिक रूप से यह पूरी तरह प्रमाणित न हुआ हो, लेकिन यह एक तथ्य है कि दिमाग या विचार के रूप में ज्ञात ऊर्जा नकारात्मक या असामाजिक इकाइयों के साथ उस हद तक संदूषित हो सकती है कि पूरा तंत्रिका तंत्र ही काम करना बंद कर देता है। पाचन क्रिया में बाधा आने पर कई प्रकार की बीमारियाँ पैदा होती हैं। वित्तीय कठिनाइयाँ या अनावश्यक प्रेम संबंध इस प्रकार के मानसिक व्यवधानों के कारणों की सूची में सबसे ऊपर होते हैं।

एक नकारात्मक पर्यावरण ऐसे परिवार में देखा जा सकता है, जहाँ परिवार के किसी सदस्य को लगातार ताने मारे जाते हैं या हर बात में उसकी कमियाँ ढूँढ़ी जाती हैं, जिसके कारण उसके दिमाग का रसायन-शास्त्र इतना बाधित होता है कि वह सदस्य अपनी महत्त्वाकांक्षाओं से ही हाथ धो बैठता है और धीरे-धीरे गुमनामी के अँधेरे में डूब जाता है। एक पुरानी कहावत सत्य प्रतीत होती है कि 'एक व्यक्ति की पत्नी उसे बना सकती है या बिगाड़ सकती है।'

कोई भी हाई स्कूल का छात्र इस बात को जानता है कि कौन सा खाद्य पदार्थ

जीवन में सफलता व्यापक रूप से पर्यावरण के साथ अनुकूलन से जुड़ा एक विषय है और इसके लिए व्यक्ति एवं उसके पर्यावरण के बीच साहचर्य का होना जरूरी होता है। एक राजा का महल एक किसान की झोंपड़ी बन सकता है, यदि उसकी दीवारों के भीतर सामंजस्य न हो। इसी प्रकार, एक किसान की झोंपड़ी एक महल की तुलना में अधिक खुशी हासिल कर सकती है, यदि उसमें रहनेवाला किसान साहचर्य की भावना रखता हो।

उसके पेट की पाचन क्रिया को बिगाड़ सकता है, तीव्र पेट दर्द कर सकता है और यहाँ तक कि मौत का कारण भी बन सकता है। अच्छा स्वास्थ्य एक ऐसे खाद्य संयोजन पर निर्भर करता है, जो कि साहचर्यपूर्ण होता है। लेकिन खाद्य संयोजनों का साहचर्य भी अच्छे स्वास्थ्य को सुनिश्चित करने के लिए पर्याप्त नहीं होता है। इसके लिए मस्तिष्क के रूप में ज्ञात ऊर्जा की इकाइयों के बीच भी एक साहचर्य होना चाहिए।

जीवन के रूप में ज्ञात ऊर्जा का विखंडन और मृत्यु की शुरुआत तब होती है, जब शरीर के अंग सामंजस्य में कार्य करना बंद कर देते हैं।

जीवन में सफलता व्यापक रूप से पर्यावरण के साथ अनुकूलन से जुड़ा एक विषय है और इसके लिए व्यक्ति एवं उसके पर्यावरण के बीच साहचर्य का होना जरूरी होता है। एक राजा का महल एक किसान की झोंपड़ी बन सकता है, यदि उसकी दीवारों के भीतर सामंजस्य न हो। इसी प्रकार, एक किसान की झोंपड़ी एक महल की तुलना में अधिक खुशी हासिल कर सकती है, यदि उसमें रहनेवाला किसान साहचर्य की भावना रखता हो।

यदि किसी छात्र को यह लगता है कि लेखक साहचर्य को अनावश्यक महत्त्व दे रहा है तो यहाँ यह याद रखना होगा कि सामंजस्य या साहचर्य का अभाव असफलता का पहला और प्राय: अंतिम एवं एकमात्र कारण होता है। साहचर्य के बिना कोई भी कविता, संगीत या अभिभाषण लोगों का ध्यान आकर्षित नहीं कर सकता है। अच्छा वास्तु-शिल्प भी सामंजस्य का ही एक नमूना होता है। सामंजस्य के बिना एक घर निर्माण सामग्री के ढेर के अलावा कुछ नहीं होता है। प्रत्येक अच्छी पोशाक पहनने वाला पुरुष या महिला सामंजस्य का सजीव चित्र और जीता-जागता उदाहरण है।

मानव शरीर अंगों, ग्रंथियों, रक्त-धमनियों, शिराओं, मस्तिष्क की कोशिकाओं, मांसपेशियों इत्यादि का एक जटिल संगठन है। शरीर के अवयवी हिस्सों के प्रयासों का समन्वय एवं क्रिया हेतु उद्दीपित करनेवाली मस्तिष्क ऊर्जा हमेशा परिवर्तित होनेवाली ऊर्जाओं का एक बाहुल्य भी है। जन्म से लेकर मृत्यु तक दिमाग के बलों के बीच एक निरंतर संघर्ष मौजूद रहता है। उदाहरण के लिए, मानव मस्तिष्क की प्रेरणात्मक शक्तियों और लालसाओं के बीच जीवन-पर्यंत संघर्ष चलता रहता है, जो कि सही व गलत के आवेगों के बीच अपना स्थान बना लेता है और यह प्रत्येक व्यक्ति को अच्छी तरह से ज्ञात होता है।

व्यापार और उद्योग के अलावा राजनीति जैसे अन्य क्षेत्रों में भी नेताओं के लिए लोगों के समूह को संगठित करना और उन्हें बिना किसी आपसी टकराव के दिए गए लक्ष्य की उपलब्धि हेतु प्रेरित करना काफी कठिन होता है। जो नेता सफलतापूर्वक एक मास्टर माइंड की ऊर्जाओं को विकसित और निर्देशित कर लेता है, उसमें चातुर्य, धैर्य, निरंतरता, आत्मविश्वास, दिमागी रसायन-शास्त्र की गहन जानकारी तथा चिड़चिड़ेपन का कोई चिह्न

दरशाए बिना बदलती हुई परिस्थितियों के साथ खुद को तेजी से अनुकूलित करने (पूर्ण ठहराव और सामंजस्य की अवस्था में) की क्षमता जैसे गुण अनिवार्य रूप से पाए जाते हैं।

कितने लोग हैं, जो इन गुणों और क्षमताओं को धारण कर सकते हैं?

सफल नेता के पास अपने दिमाग के रंग को गिरगिट की भाँति बदलने की क्षमता होनी चाहिए और उसे ऐसी हर परिस्थिति के साथ तालमेल बिठा लेना चाहिए, जो कि उसके नेतृत्व के उद्देश्य को पूरा करने में सहायक हो। इसके अलावा, उसमें क्रोध या आत्म-नियंत्रण के अभाव का कोई चिह्न दरशाए बिना एक मनोदशा से दूसरी मनोदशा में खुद को लाने की क्षमता होनी चाहिए। सफल नेता को सफलता के 15 नियमों को अनिवार्य रूप से समझना चाहिए और उसमें इतनी योग्यता होनी चाहिए कि वह इन 15 नियमों के किसी भी संयोजन को अवसर की माँग के अनुसार व्यावहारिक रूप से लागू कर सके।

शिक्षा का अर्थ : 'शिक्षित' शब्द के अर्थ की लंबे समय से एक सामान्य गलत अवधारणा रही है। शब्दकोशों ने इस गलत समझ को समाप्त करने में कोई सहायता प्रदान नहीं की है, क्योंकि उनमें 'शिक्षित' शब्द को ज्ञान देने की एक क्रिया के रूप में परिभाषित किया गया है। 'एजुकेट' (Educate) शब्द लैटिन भाषा के शब्द 'एडुको' (Educo) से बना है, जिसका अर्थ है—भीतर से विकसित होना, प्रयोग के नियम द्वारा विकसित होना।

'शिक्षित' शब्द के अर्थ की लंबे समय से एक सामान्य गलत अवधारणा रही है। शब्दकोशों ने इस गलत समझ को समाप्त करने में कोई सहायता प्रदान नहीं की है, क्योंकि उनमें 'शिक्षित' शब्द को ज्ञान देने की एक क्रिया के रूप में परिभाषित किया गया है। 'एजुकेट' (Educate) शब्द लैटिन भाषा के शब्द 'एडुको' (Educo) से बना है, जिसका अर्थ है—भीतर से विकसित होना, प्रयोग के नियम द्वारा विकसित होना।

प्रकृति अपने सभी रूपों में जड़ता या आलस्य से घृणा करती है। वह केवल उन्हीं तत्त्वों को निरंतर जीवन देती है, जो प्रयोग में होते हैं। अपनी किसी एक बाँह या किसी एक शारीरिक अंग को रस्सी से बाँध दें और उसका प्रयोग न करें तो वह निष्क्रिय अंग जल्दी ही क्षीण और जीवन-रहित बन जाएगा। इसी क्रम को उलटा करें और एक बाँह का उपयोग सामान्य उपयोग से अधिक करें तो वह बाँह भीतर से विकसित होकर पहले से मजबूत बन जाएगी, जैसा कि एक भारी हथौड़ा लेकर पूरे दिन काम करनेवाले लुहार की मजबूत बाँह के रूप में देखा जा सकता है।

कोई भी व्यक्ति बिना किसी मूल्य की शक्ति का स्वामी बनकर ज्ञान का एक चलता-फिरता विश्वकोश बन सकता है। वह ज्ञान केवल तभी मूल्यवान् शक्ति बनता है, जब उसे व्यवस्थित, वर्गीकृत और कार्यरूप में परिणत किया जाता है। एक शिक्षित व्यक्ति वह होता है, जो यह जानता है कि अपने सहकर्मियों के अधिकारों का उल्लंघन किए बिना अपने जीवन के मुख्य लक्ष्य को पाने में जरूरी प्रत्येक चीज को किस प्रकार से अर्जित करना है। एक सफल वकील वह नहीं होता है, जिसे कानून के अधिकांश सिद्धांत याद होते हैं। एक सफल वकील वह होता है, जो यह जानता है कि एक दिए गए केस में कानून का कौन सा सिद्धांत त्वरित जरूरतों के अनुकूल है और उस सिद्धांत को समर्थन देनेवाले अभिमत कितने प्रकार के हैं! दूसरे शब्दों में, एक सफल वकील वह होता है, जो यह जानता है कि जिस कानून को जरूरत के वक्त वह चाहता है, वह कानून उसे कहाँ खोजना है।

हेनरी फोर्ड की आरंभिक शिक्षा नाम मात्र की थी, फिर भी वे विश्व के सबसे शिक्षित लोगों में से एक हैं, क्योंकि उन्होंने प्राकृतिक और आर्थिक नियमों को अपनी जरूरतों के अनुसार संयोजित करने की योग्यता हासिल कर ली है। कई वर्ष पूर्व, विश्व युद्ध के दौरान, फोर्ड ने समाचार-पत्र 'शिकागो ट्रिब्यून' के विरुद्ध एक मुकदमा दाखिल किया था, जिसमें उस पर उनसे जुड़े कुछ मानहानिपूर्ण कथनों को प्रकाशित करने का आरोप लगाया गया था। अखबार में उन्हें 'अज्ञानी' या 'एक अज्ञानी निराशावादी' जैसे संबोधन दिए गए थे।

यह सिद्धांत उद्योग और व्यापार से जुड़े मामलों में भी लागू होता है।

हेनरी फोर्ड की आरंभिक शिक्षा नाम मात्र की थी, फिर भी वे विश्व के सबसे शिक्षित लोगों में से एक हैं, क्योंकि उन्होंने प्राकृतिक और आर्थिक नियमों को अपनी जरूरतों के अनुसार संयोजित करने की योग्यता हासिल कर ली है। कई वर्ष पूर्व, विश्व युद्ध के दौरान, फोर्ड ने समाचार-पत्र 'शिकागो ट्रिब्यून' के विरुद्ध एक मुकदमा दाखिल किया था, जिसमें उस पर उनसे जुड़े कुछ मानहानिपूर्ण कथनों को प्रकाशित करने का आरोप लगाया गया था। अखबार में उन्हें 'अज्ञानी' या 'एक अज्ञानी निराशावादी' जैसे संबोधन दिए गए थे।

जब मुकदमे पर सुनवाई शुरू हुई तो फोर्ड ने खुद ही अपने आरोपों को सिद्ध करने की जिम्मेदारी ली। अखबार के वकील ने फोर्ड से इस बारे में कई सवाल किए, जिनमें से कुछ इस प्रकार थे—

"ब्रिटिश साम्राज्य ने सन् 1776 में उपनिवेशों में होनेवाले विद्रोह को दबाने के लिए कितने सैनिकों को भेजा था?"

फोर्ड ने अपने चेहरे पर बनावटी और शुष्क हँसी के साथ निर्लिप्त भाव से इसका उत्तर दिया, "मैं नहीं जानता कि कितने सैनिक थे; लेकिन मैंने सुना है कि वे वापस लौटने वाले सैनिकों से कहीं अधिक संख्या में थे।"

अदालत में फोर्ड के इस उत्तर के बाद न्यायाधीशों के साथ-साथ दर्शक और प्रश्न पूछनेवाले वकील भी जोर से हँसने लगे।

इसी प्रकार के प्रश्नों को एक घंटे से ज्यादा समय तक पूछा गया। फोर्ड ने खुद को पूरी तरह से शांत रखा और अंत में एक अप्रिय और अपमानजनक प्रश्न से उनका धैर्य टूट गया। फोर्ड ने खड़े होकर प्रश्नकर्ता वकील की ओर उँगली दिखाते हुए उत्तर दिया—

वास्तविक शिक्षा का अर्थ मस्तिष्क का विकास है, न कि केवल जानकारी को इकट्ठा करना और उसका वर्गीकरण करना। फोर्ड संयुक्त राज्य अमेरिका के सभी राज्यों की राजधानियों के नाम शायद नहीं बता सकते हैं; लेकिन उन्होंने वास्तव में इतनी पूँजी इकट्ठा की है कि उसके द्वारा वे प्रत्येक राज्य के भीतर असंख्य पहियों को घुमाते हैं।

"यदि मुझे आपके द्वारा पूछे गए ऐसे मूर्खतापूर्ण प्रश्नों का उत्तर देना वास्तव में जरूरी है तो मैं आपको याद दिला दूँ कि मेरे ऑफिस की मेज पर एक घंटी रखी हुई है, जिसे मैं उँगली से दबाकर कई ऐसे लोगों को अपने पास बुला सकता हूँ, जो आपके द्वारा पूछे गए सारे प्रश्नों के अलावा उन प्रश्नों के भी उत्तर दे सकते हैं, जिन्हें पूछने या जिनका उत्तर देने की बुद्धिमत्ता आपके पास नहीं है। अब आप मुझे कृपया बताएँगे कि मुझे अपना दिमाग ऐसे ऊल-जुलूल प्रश्नों का उत्तर देने के लिए बेकार की सूचनाओं से क्यों भरना चाहिए, जिन्हें हर कोई पूछ सकता है? जब मेरे पास ऐसे लोग हैं, जो कि मेरे द्वारा माँगी गई सारी जानकारियों और तथ्यों को मुझे आसानी से उपलब्ध करा सकते हैं तो मुझे इस प्रकार के प्रश्नों का उत्तर देने की क्या जरूरत है?"

जज ने अपनी बेंच से आगे झुकते हुए मि. फोर्ड की दिशा में देखा और ज्यूरी के अन्य कई सदस्य भी विस्मित होकर फोर्ड की बात को सुन रहे थे। उस अदालत में एक प्रतिष्ठित पादरी भी उस समय मौजूद थे। उस दृश्य को याद करते हुए उन्होंने बताया कि "यह दृश्य उस स्थिति को दोहराता है, जब जीसस क्राइस्ट पोंटियस पिलेट के सामने पेश

किए गए थे और उन्होंने पिलेट के प्रश्न 'सत्य क्या है?' का अपना प्रसिद्ध उत्तर दिया था।"

इससे यह सिद्ध होता है कि वास्तविक शिक्षा का अर्थ मस्तिष्क का विकास है, न कि केवल जानकारी को इकट्ठा करना और उसका वर्गीकरण करना। फोर्ड संयुक्त राज्य अमेरिका के सभी राज्यों की राजधानियों के नाम शायद नहीं बता सकते हैं; लेकिन उन्होंने वास्तव में इतनी पूँजी इकट्ठा की है कि उसके द्वारा वे प्रत्येक राज्य के भीतर असंख्य पहियों को घुमाते हैं। फोर्ड अपनी रासायनिक प्रयोगशाला में जाकर पानी को उसके घटक परमाणुओं (हाइड्रोजन और ऑक्सीजन के) में पृथक् नहीं कर सकते हैं और न ही उन्हें उनके पूर्व क्रम में वापस जोड़ सकते हैं। लेकिन वे जानते हैं कि उन्हें अपने आसपास ऐसे रसायन-शास्त्रियों को किस प्रकार रखना है, जो उनकी इच्छा पर ऐसा कर सकते हैं। जो व्यक्ति दूसरे व्यक्ति की जानकारी का बुद्धिमत्तापूर्ण प्रयोग करना जानता है, वह उस शिक्षित व्यक्ति से कहीं अधिक बुद्धिमान है, जो जानकारी तो रखता है, लेकिन यह नहीं जानता कि इस जानकारी का उसे क्या करना है?

> *100 फीट की ऊँचाई पर एक बाँध बनाकर उस व्यक्ति ने उस पुराने खेत को एक जलधारा से जोड़ दिया और उस भूमि का 15 एकड़ भाग एक झील में बदल गया। उस झील में उसने मछलियों का पालन करना शुरू कर दिया और इसके बाद खेत को प्लॉटों में बाँटकर ऐसे लोगों को बेचना शुरू कर दिया, जो कि झील के आसपास अपनी छुट्टियाँ बिताने के लिए विश्राम गृह बनाना चाहते थे। इस साधारण से लेनदेन के द्वारा उसे कुल 25,000 डॉलर का लाभ हुआ और यह लाभ उसे केवल एक ग्रीष्मकाल के दौरान ही प्राप्त हो गया था।*

एक प्रतिष्ठित कॉलेज के प्रेसीडेंट के पास खराब भूमि का एक बड़ा क्षेत्र पैतृक संपत्ति के रूप में उपलब्ध था। उस भूमि में कोई कीमती इमारती लकड़ी, खनिज या अन्य मूल्यवान् संसाधन नहीं था और वह उनके लिए खर्च का एक स्रोत बन चुकी थी, क्योंकि उन्हें उस पर कर अदा करना पड़ता था। राज्य ने उस भूमि से होकर एक हाईवे बनाया। एक अशिक्षित व्यक्ति, जो उस सड़क पर अपनी कार में यात्रा कर रहा था, उसने देखा कि वह खराब भूमि एक पहाड़ी के शीर्ष पर थी, जहाँ से सभी दिशाओं में कई मीलों तक का एक मनोरम दृश्य दिखाई देता था। उस अज्ञानी व्यक्ति ने यह भी देखा कि वह भूमि देवदार के छोटे-छोटे वृक्षों और अन्य पौधों से घिरी हुई थी। उसने 10 डॉलर प्रति एकड़ की दर से 50 एकड़ भूमि खरीद ली। हाइवे के निकट उसने एक अद्वितीय विश्राम गृह बनाया, जो कि एक बड़े डाइनिंग रूम से जुड़ा हुआ

था। उस विश्राम गृह के पास ही उसने एक गैसोलीन फिलिंग स्टेशन खोल दिया। उसने सड़क के किनारे एक-एक कमरोंवाले एक दर्जन लॉज हाउस बनाए और उन्हें पर्यटकों को किराए पर देना शुरू कर दिया। एक कमरे का किराया प्रति रात्रि 3 डॉलर था। डाइनिंग रूम, गैसोलीन फिलिंग स्टेशन और लॉज हाउस—तीनों के द्वारा उसे पहले साल में लगभग 15,000 डॉलर की शुद्ध आमदनी हुई। अगले साल उसने 50 लॉज हाउस और बना दिए, जिनमें से प्रत्येक में तीन कमरे थे। उन कमरों को वह निकटवर्ती शहर के लोगों को ग्रीष्मकालीन ग्रामीण आवासों के रूप में पूरे सत्र के लिए किराए पर देने लगा और एक सत्र का किराया 150 डॉलर था।

भवन निर्माण सामग्री की लागत उसके लिए न के बराबर थी, क्योंकि वह सामग्री उस भूमि से ही पर्याप्त मात्रा में मिल गई थी (वही भूमि उस कॉलेज प्रेसीडेंट के लिए मूल्यहीन थी)।

उन लॉज हाउसों से 5 मील की दूरी पर उसी अशिक्षित व्यक्ति ने 150 एकड़ का एक पुराना खेत खरीदा, जिसकी कीमत 25 डॉलर प्रति एकड़ थी और यह मूल्य विक्रेता के लिए बहुत अधिक ऊँचा था। 100 फीट की ऊँचाई पर एक बाँध बनाकर उस व्यक्ति ने उस पुराने खेत को एक जलधारा से जोड़ दिया और उस भूमि का 15 एकड़ भाग एक झील में बदल गया। उस झील में उसने मछलियों का पालन करना शुरू कर दिया और इसके बाद खेत को प्लॉटों में बाँटकर ऐसे लोगों को बेचना शुरू कर दिया, जो कि झील के आसपास अपनी छुट्टियाँ बिताने के लिए विश्राम गृह बनाना चाहते थे। इस साधारण से लेनदेन के द्वारा उसे कुल 25,000 डॉलर का लाभ हुआ और यह लाभ उसे केवल एक ग्रीष्मकाल के दौरान ही प्राप्त हो गया था।

फिर भी वह व्यक्ति परंपरागत अर्थ में शिक्षित नहीं था, पर उसकी दूरदर्शिता और कल्पना असाधारण थी।

कॉलेज के प्रेसीडेंट ने 50 एकड़ भूमि को 500 डॉलर में बेचा था। अब जरा इस बात पर विचार कीजिए कि हम जिस व्यक्ति को अज्ञानी कहते हैं, उसने अपनी अज्ञानता को 50 एकड़ की बेकार भूमि के साथ मिश्रित कर दिया और उसे अन्य चीजों के साथ मिलाकर वार्षिक रूप से इतना लाभ अर्जित किया, जिसे मैं अपनी तथाकथित शिक्षा के अनुप्रयोग द्वारा पाँच वर्षों में भी नहीं कमा सकता हूँ।

धन कमाने के अवसर आपके आसपास मौजूद रहते हैं। इस पाठ्यक्रम को इस प्रकार से डिजाइन किया गया है कि आपको उन अवसरों को देखने में सहायता मिल सके और आप उन अवसरों का पूरी तरह से लाभ उठा सकें।

वेतनभोगी लोग, सेल्समैन, औद्योगिक संयंत्रों के प्रबंधक, व्यापारी, वाहन एजेंट,

जीवन बीमा एजेंट, स्कूल शिक्षक, छात्र, बैंकर, बैंक क्लर्क, चिकित्सक एवं दंत चिकित्सक, प्रॉपर्टी डीलर, स्टेनोग्राफर, प्रिंटर, दैनिक मजदूर, वकील, विवाहित लोग इत्यादि सफलता के नियम के इस दर्शन का सर्वाधिक लाभ उठा सकते हैं। 'सफलता के नियम' नामक यह फिलोसॉफी सभी वर्गों के लोगों के लिए निश्चित और त्वरित सहायता उपलब्ध करवा सकती है।

परिचयात्मक अध्याय का सार-संक्षेप

इस सार-संक्षेप का उद्‌देश्य छात्रों को उस केंद्रीय विचार में पारंगत बनाना है, जिसके चारों ओर इस अध्याय का विकास किया गया है। यह विचार 'मास्टर माइंड' शब्द के द्वारा प्रदर्शित किया गया है, जिस पर पूरे अध्याय में विस्तार से प्रकाश डाला गया है।

रासायनिक सूत्र H_2O (ऑक्सीजन के एक परमाणु के साथ हाइड्रोजन के दो परमाणुओं का संयोजन) इन दो तत्त्वों को पानी में बदल देता है। हाइड्रोजन का एक परमाणु तथा ऑक्सीजन का एक परमाणु मिलकर पानी उत्पादित नहीं करेंगे। उन्हें साहचर्य में एक-दूसरे के साथ नहीं जोड़ा जा सकता है। ऐसे कई तत्त्व हैं, जिन्हें संयोजित करने पर वे हानिकारक पदार्थ से एक घातक विष में बदल जाते हैं।

सभी नए विचार, विशेषत: अमूर्त प्रकृति के, मानव मस्तिष्क में तभी ठहरते हैं, जब उन्हें लगातार दोहराया जाए। इस सुविज्ञात सत्य को पहचानते हुए हम 'मास्टर माइंड' सिद्धांत को इस सार-संक्षेप में एक बार फिर दोहराते हैं—

एक मास्टर माइंड का विकास दो या अधिक दिमागों के बीच पूर्ण साहचर्य की भावना के साथ एक मित्रवत् गठजोड़ द्वारा किया जा सकता है।

फिर भी, कुछ ऐसे दिमाग होते हैं, जिन्हें साहचर्य की भावना में मिश्रित नहीं किया जा सकता। यह सिद्धांत रसायन-शास्त्र के दृष्टिकोण से इस प्रकार समझा जा सकता है—

रासायनिक सूत्र H_2O (ऑक्सीजन के एक परमाणु के साथ हाइड्रोजन के दो परमाणुओं का संयोजन) इन दो तत्त्वों को पानी में बदल देता है। हाइड्रोजन का एक परमाणु तथा ऑक्सीजन का एक परमाणु मिलकर पानी उत्पादित नहीं करेंगे। उन्हें साहचर्य में एक-दूसरे के साथ नहीं जोड़ा जा सकता है। ऐसे कई तत्त्व हैं, जिन्हें संयोजित करने पर वे हानिकारक पदार्थ से एक घातक विष में बदल जाते हैं। जबकि कई जहरीले तत्त्व कुछ अन्य तत्त्वों के साथ मिलाए जाने पर उदासीन और हानि-रहित बन जाते हैं।

जिस प्रकार कुछ तत्त्वों का संयोजन उनकी पूरी प्रकृति को बदल देता है, उसी प्रकार कुछ दिमागों का संयोजन उन दिमागों की प्रकृति को बदल देता है और यह संयोजन या तो एक मास्टर माइंड का निर्माण करता है या एक अति-विनाशकारी दिमाग का।

कुछ दिमागों को एक मास्टर माइंड में संयोजित या समायोजित नहीं किया जा सकता, इस तथ्य को सभी नेतृत्वकर्ताओं को अच्छी तरह से याद रखना चाहिए। यह नेतृत्वकर्ता की जिम्मेदारी है कि वह अपने लोगों को इस प्रकार से समूहबद्ध करे कि जो लोग उसके संगठन में सर्वाधिक रणनीतिक स्थानों पर बैठाए गए हैं, उन लोगों के दिमाग एक मित्रवत् और साहचर्यपूर्ण भावना में मिश्रित किए जा सकें। लोगों को इस प्रकार से समूहबद्ध करने की क्षमता ही नेतृत्व का मुख्य असाधारण गुण होता है।

स्टील के व्यापार से जुड़ी तकनीकी जानकारियाँ न होने के बावजूद डेल कार्नेगी ने अपने लोगों को इस प्रकार से समूहबद्ध करके एक मास्टर माइंड में परिवर्तित कर दिया कि उन्होंने अपने जीवनकाल के दौरान विश्व के सर्वाधिक सफल स्टील उद्योग का निर्माण कर दिया था। फोर्ड अपने उद्योगों के सफलतापूर्ण विकास में आवश्यक ज्ञान के लिए कभी खुद पर निर्भर नहीं रहते थे। कार्नेगी की तरह उन्होंने भी अपने आसपास ऐसे लोगों को रखा, जो उन्हें वह जानकारी प्रदान करते थे, जो उनके पास नहीं होती थी। इसके अलावा, फोर्ड ने ऐसे लोगों का चुनाव भी किया, जो सामूहिक प्रयास में सामंजस्य ला सकते थे। स्त्री और पुरुष के दिमागों के मिश्रण से सर्वाधिक प्रभावी गठजोड़ बनता है और इसके परिणामस्वरूप एक 'मास्टर माइंड' सिद्धांत का निर्माण होता है। इसका कारण यह है कि पुरुष और स्त्री के दिमाग पुरुषों के दिमाग की तुलना में अधिक तीव्रता और आसानी के साथ सामंजस्यपूर्ण तरीके

> *स्त्री और पुरुष के दिमागों के मिश्रण से सर्वाधिक प्रभावी गठजोड़ बनता है और इसके परिणामस्वरूप एक 'मास्टर माइंड' सिद्धांत का निर्माण होता है। इसका कारण यह है कि पुरुष और स्त्री के दिमाग पुरुषों के दिमाग की तुलना में अधिक तीव्रता और आसानी के साथ सामंजस्यपूर्ण तरीके से मिश्रित हो जाते हैं। एक पुरुष और एक स्त्री के बीच यौन संपर्क के द्वारा भी 'मास्टर माइंड' के विकास में उत्प्रेरक की भूमिका निभाई जाती है। यह एक ज्ञात तथ्य है कि पुरुष प्रजाति पीछा करने के लिए अधिक इच्छुक या अधिक सचेत होती है। जब एक स्त्री द्वारा प्रेरित किया जाता है तो पुरुष किसी भी लक्ष्य या उद्देश्य का पीछा आसानी से करता है।*

से मिश्रित हो जाते हैं। एक पुरुष और एक स्त्री के बीच यौन संपर्क के द्वारा भी 'मास्टर माइंड' के विकास में उत्प्रेरक की भूमिका निभाई जाती है। यह एक ज्ञात तथ्य है कि पुरुष प्रजाति पीछा करने के लिए अधिक इच्छुक या अधिक सचेत होती है। जब एक स्त्री द्वारा प्रेरित किया जाता है तो पुरुष किसी भी लक्ष्य या उद्देश्य का पीछा आसानी से करता है। इसका प्रथम प्रमाण उन एथलेटिक्स प्रतियोगिताओं में देखा जा सकता है, जहाँ लड़के महिला दर्शकों के सामने खेलते हैं। महिला दर्शकों के बिना फुटबॉल का खेल बहुत ही नीरस और तुच्छ खेल रह जाता है। एक लड़के को जब यह पता होता है कि उसकी पसंद की लड़की ग्रैंड स्टैंड में बैठकर उसका खेल देख रही है तो वह लगभग सुपरमैन प्रयास के साथ खुद को खेल में पूरी तरह से झोंक देता है।

वही लड़का अपनी पसंद की महिला द्वारा प्रेरित किए जाने पर उसी उत्साह के साथ धन अर्जित करने के खेल में भी खुद को झोंक देगा; पर इसके लिए यह जरूरी है कि वह महिला जानती हो कि लड़के के दिमाग को 'मास्टर माइंड' के नियम द्वारा अपने दिमाग के साथ किस प्रकार से उद्दीपित करना है।

दूसरी ओर, वही महिला मास्टर माइंड नियम के नकारात्मक अनुप्रयोग (छींटाकशी, ईर्ष्या, स्वार्थीपन, लालच, विलासिता पर आधारित) के द्वारा उस पुरुष को निश्चित असफलता के गर्त में धकेल सकती है।

एक दिमाग, जो एक व्यक्ति या व्यक्तियों के साथ सामंजस्य स्थापित नहीं कर सकता, वह अन्य प्रकार के दिमागों के साथ पूर्ण रूप से सामंजस्य बिठा सकता है। इस सत्य की खोज ने कर्मचारियों को नियुक्त करने के तरीकों में व्यापक बदलाव ला दिया है। अब किसी व्यक्ति को केवल इस वजह से कार्य-मुक्त नहीं किया जाता है कि वह उस पद के लिए उपयुक्त नहीं है, जिसके लिए उसे मूल रूप से नियुक्त किया गया।

स्व. एल्बर्ट हबार्ड ने इस सिद्धांत को अच्छी तरह समझा था। जब उन्होंने यह पाया कि उनके और उनकी पहली पत्नी के बीच की सामंजस्यहीनता उन्हें असफलता की ओर ले जा रही है तो उन्होंने जनमत की परवाह किए बिना ही अपनी पत्नी को तलाक दे दिया और एक ऐसी महिला के साथ विवाह किया, जिसे उनकी प्रेरणा का मुख्य स्रोत माना जाता है। हर व्यक्ति में लोकमत के विरुद्ध जाने का साहस नहीं होता; लेकिन कौन बुद्धिमान व्यक्ति हबार्ड के फैसले को उनसे जुड़े सभी लोगों के सर्वोत्तम हित में नहीं मानेगा? जो व्यक्ति अपने छह मूलभूत भयों, जिनमें से एक है—आलोचना का भय, पर काबू पाने की क्षमता रखता है, वह प्रतिकूल विरोधियों

से घिरे होने पर भी इस प्रकार के कड़े फैसले लेने में नहीं हिचकेगा।

लेखक यहाँ तलाक को उस समय न्यायसिद्ध कर रहा है, जब शादी की परिस्थितियाँ ऐसी हों कि वहाँ साहचर्य का मौजूद रहना असंभव हो गया हो। यहाँ लेखक का आशय यह नहीं है कि साहचर्य के अभाव को तलाक के अलावा किसी अन्य विधि से खत्म नहीं किया जा सकता। कुछ ऐसे भी उदाहरण मौजूद हैं, जहाँ तलाक जैसे अतिवादी कदम को उठाए बिना ही विरोधाभास के कारणों को समाप्त कर दिया गया और साहचर्य स्थापित किया गया।

यहाँ यह याद रखना है कि एक दिमाग, जो एक व्यक्ति या व्यक्तियों के साथ सामंजस्य स्थापित नहीं कर सकता, वह अन्य प्रकार के दिमागों के साथ पूर्ण रूप से सामंजस्य बिठा सकता है। इस सत्य की खोज ने कर्मचारियों को नियुक्त करने के तरीकों में व्यापक बदलाव ला दिया है। अब किसी व्यक्ति को केवल इस वजह से कार्य-मुक्त नहीं किया जाता है कि वह उस पद के लिए उपयुक्त नहीं है, जिसके लिए उसे मूल रूप से नियुक्त किया गया। अच्छा नेतृत्वकर्ता ऐसे व्यक्ति के लिए कोई दूसरा कार्यभार सौंप देता है, जिसके बेहतर निष्पादन पर वह व्यक्ति अनुपयुक्त की बजाय एक मूल्यवान् व्यक्ति बन सकता है।

हालाँकि यह परिचयात्मक अध्याय वास्तव में 'सफलता के नियम' कोर्स का एक पृथक् अध्याय नहीं है, फिर भी इसमें ऐसे पर्याप्त आँकड़े शामिल हैं, जो एक मास्टर सेल्समैन बनने के लिए बिक्री की अभियोग्यता रखनेवाले एक छात्र को भलीभाँति सक्षम बना सकते हैं।

एक वाहन निर्माता कंपनी के एक एजेंट ने बारह सेल्समैनों को नियुक्त किया और उन्हें अपने संगठन में दो-दो लोगों के छह समूहों में बाँट दिया। इस विभाजन का उद्देश्य 'मास्टर माइंड' के नियम को लागू करना था और इसके परिणामस्वरूप सभी सेल्समैनों ने अपनी बिक्री के नए ऊँचे रिकॉर्ड स्थापित किए।

इसी संगठन ने एक 'वन-ए-वीक' क्लब बनाया, जिसका उद्देश्य यह था कि इस क्लब से जुड़ा प्रत्येक व्यक्ति क्लब की स्थापना के बाद से एक सप्ताह में औसतन एक कार की बिक्री करेगा।

इस प्रयास के परिणाम सभी के लिए काफी विस्मयकारी थे।

इस क्लब से जुड़े प्रत्येक व्यक्ति को 100 संभावित खरीदारों की एक सूची उपलब्ध कराई गई। प्रत्येक सेल्समैन अपने 100 संभावित खरीदारों को एक सप्ताह में एक पोस्टकार्ड भेजता था और प्रत्येक दिन उन संभावित खरीदारों में से कम-से-कम 10 लोगों को निजी रूप से फोन करता था।

प्रत्येक पोस्टकार्ड में बिक्री किए जानेवाले वाहन के लाभों का विवरण होता था और एक निजी मुलाकात के लिए निवेदन किया जाता था।

निजी मुलाकातों में तेजी से वृद्धि हुई और इसी के साथ बिक्री में भी बढ़ोतरी होने लगी।

जिस एजेंट ने इन सेल्समैनों को काम पर रखा था, वह उस सेल्समैन को अतिरिक्त नकद बोनस भी देता था, जो सप्ताह में औसतन एक कार की बिक्री के द्वारा 'वन-ए-वीक' क्लब की सदस्यता का अधिकार बनाए रखता था।

इस योजना ने पूरे संगठन में एक नई जान फूँक दी थी। इस योजना के परिणामों को प्रत्येक सेल्समैन के साप्ताहिक बिक्री रिकॉर्डों में देखा जा सकता था।

इसी तरह की एक योजना को जीवन बीमा एजेंसियों द्वारा प्रभावी रूप से अपनाया जा सकता है। कोई भी उद्यमशील बीमा एजेंट इस योजना का प्रयोग करके सेल्समैनों की समान संख्या के साथ अपने व्यापार को आसानी से दोगुना या तीन गुना विस्तारित कर सकता है।

यहाँ यह सुझाव नहीं दिया जा रहा है कि कोई भी छात्र इस परिचयात्मक अध्याय के सिद्धांतों को 'सफलता के नियम' कोर्स के कम-से-कम अगले पाँच अध्यायों में पारंगत हुए बिना लागू करे।

किसी भी सिद्धांत या नियम की निर्णायक परीक्षा इस बात से होती है कि वह वास्तविक रूप से काम करता है या नहीं! 'मास्टर माइंड' का नियम मजबूत साबित हुआ है, क्योंकि यह कारगर है।

किसी भी सिद्धांत या नियम की निर्णायक परीक्षा इस बात से होती है कि वह वास्तविक रूप से काम करता है या नहीं! 'मास्टर माइंड' का नियम मजबूत साबित हुआ है, क्योंकि यह कारगर है।

यदि आप इस नियम को समझते हैं तो अब आप अध्याय-2 की ओर बढ़ने के लिए तैयार हैं। अध्याय-2 में आप उन सिद्धांतों के अनुप्रयोग की दिशा में और अधिक गंभीरता एवं गहनता के साथ आगे बढ़ेंगे, जिनका वर्णन इस परिचयात्मक अध्याय में किया गया है।

एक विजेता कभी मैदान नहीं छोड़ता है और एक मैदान छोड़नेवाला कभी नहीं जीतता है।

नोटिस

नीचे दिए चार्ट का अध्ययन सावधानीपूर्वक करें और दाईं ओर के दो कॉलमों में खुद को श्रेणी क्रम में रखने से पहले निम्नलिखित दस व्यक्तियों के श्रेणी क्रम की तुलना करें—

हेनरी फोर्ड — बेंजामिन फ्रेंकलिन — जॉर्ज वाशिंगटन — थियोडोर

रूजवेल्ट — अब्राहम लिंकन — वुडरो विल्सन — विलियम एच. टैफ्ट — नेपोलियन बोनापार्ट — कैल्विन कूलिज — जेसी जेम्स।

'सफलता के नियम' कोर्स को शुरू करने से पहले और इसे पूरा करने के बाद अपने आप को इन दो कॉलमों में श्रेणीबद्ध करें—

सफलता के पंद्रह नियमों से पहले और उपरांत में

I.	सुनिश्चित मुख्य लक्ष्य	100	100	100	100	100
		100	100	100	100	–
II.	आत्मविश्वास	100	80	90	100	75
		80	50	100	60	75
III.	बचत की आदत	100	100	75	50	20
		40	30	40	100	–
IV.	पहल और नेतृत्व	100	60	100	100	60
		90	20	100	25	90
V.	कल्पनाशीलता	90	90	80	80	70
		80	65	90	50	60
VI.	उत्साह	75	80	90	100	60
		90	50	80	50	80
VII.	आत्मनियंत्रण	100	90	50	75	95
		75	80	40	100	50
VIII.	पारिश्रमिक से ज्यादा काम करने की आदत	100	100	100	100	100
		100	100	100	–	
IX.	सुखद व्यक्तित्व	50	90	80	80	80
		75	90	100	40	50
X.	सटीक चिंतन	90	80	75	60	90
		80	80	90	70	20

XI.	एकाग्रता	100	100	100	100	100
		100	100	100	100	75
XII.	सहयोग	75	100	100	50	90
		40	100	50	60	50
XIII.	असफलता से लाभार्जन	100	90	75	60	80
		60	60	40	40	–
XIV.	सहनशीलता	90	100	80	75	100
		70	100	10	75	–
XV.	स्वर्णिम नियम का अनुपालन	100	100	100	100	100
		100	100	–	100	–
	सामान्य औसत	91	90	86	82	81
		79	75	70	71	37

जिन दस लोगों का ऊपर विश्लेषण किया गया है, वे पूरे विश्व में विख्यात हैं। इन लोगों में से 8 लोगों को सफल माना जाता है, जबकि दो लोगों को सामान्य रूप से असफल माना जाता है। असफल लोगों में जेसी जेम्स और नेपोलियन बोनापार्ट शामिल हैं। इन दोनों का तुलनात्मक विश्लेषण किया गया है। आप सावधानीपूर्वक यह प्रेक्षण करें कि इन दोनों व्यक्तियों को श्रेणी क्रमांक में शून्य पर कहाँ रखा गया है, तो आप देख पाएँगे कि वे असफल क्यों हुए थे! सफलता के 15 नियमों में से किसी एक में भी शून्य हासिल करना असफलता का पर्याप्त कारण बन जाता है, भले ही आपने अन्य सभी नियमों के बारे में उच्च श्रेणी क्रमांक प्राप्त किया हो।

इस बात पर ध्यान दें कि सभी सफल व्यक्ति एक सुनिश्चित मुख्य लक्ष्य के बारे में 100 प्रतिशत ग्रेड दरशाते हैं। यह सभी मामलों में निरपवाद रूप से सफलता की एक पूर्व शर्त है। यदि आप एक रोचक प्रयोग करना चाहते हैं तो उपर्युक्त 10 नामों की जगह ऐसे 10 लोगों के नाम रख सकते हैं, जिन्हें आप जानते हैं। इनमें से 5 सफल और 5 असफल व्यक्ति होने चाहिए और उन 10 लोगों में से प्रत्येक को आप श्रेणी क्रम में रखेंगे। जब आप इस ग्रेडिंग का प्रयोग स्वयं के लिए करेंगे तो आपको सावधानी से यह देखना है कि वास्तव में आपकी कमजोरियाँ क्या हैं।

आपके छह सर्वाधिक खतरनाक शत्रु

अध्याय के उपरांत लेखक के साथ एक अवलोकन

छह सर्वाधिक खतरनाक शत्रुओं के नाम हैं—गरीबी का डर, मृत्यु का डर, खराब स्वास्थ्य का डर, प्यार को खोने का डर, वृद्धावस्था का डर, आलोचना का डर।

पृथ्वी पर प्रत्येक व्यक्ति किसी-न-किसी चीज से भयभीत रहता है। अधिकांश डर आनुवंशिक होते हैं। इस निबंध में आप उन छह मूलभूत डरों का अध्ययन कर सकते हैं, जो आपको सर्वाधिक नुकसान पहुँचाते हैं। आपको यह खोजना है कि छह में से कितने डर आपको परेशान करते हैं? इससे भी महत्त्वपूर्ण यह तय करना है कि आप इन डरों पर कैसे विजय पा सकते हैं?

इस निबंध का उद्देश्य इस पाठ्यक्रम के माध्यम से पाठकों को इन घातक शत्रुओं से बचाना है। ये आपकी पीठ पर लिखे उन छह अक्षरों के समान हैं, जिन्हें आप आसानी से नहीं देख सकते हैं। इन शत्रुओं को खत्म करने की दिशा में पहला कदम यह होगा कि आप इस बात की खोज करें कि ये शत्रु कहाँ पाए जाते हैं और आप इन्हें कैसे अपनी ओर खींचते हैं?

ये डर आनुवंशिकता के दो रूपों के माध्यम से अपनी पकड़ बनाते हैं। पहली शारीरिक आनुवंशिका है, जिसका अध्ययन चार्ल्स डार्विन ने किया था। दूसरी सामाजिक आनुवंशिकता है, जिसके माध्यम से अंधकार युग में रहनेवाले लोगों के डर, अंधविश्वास और विश्वास एक पीढ़ी से दूसरी पीढ़ी तक हस्तांतरित होते आए हैं।

ये डर आनुवंशिकता के दो रूपों के माध्यम से अपनी पकड़ बनाते हैं। पहली शारीरिक आनुवंशिका है, जिसका अध्ययन चार्ल्स डार्विन ने किया था। दूसरी सामाजिक आनुवंशिकता है, जिसके माध्यम से अंधकार युग में रहनेवाले लोगों के डर, अंधविश्वास और विश्वास एक पीढ़ी से दूसरी पीढ़ी तक हस्तांतरित होते आए हैं।

पहले हम शारीरिक आनुवंशिकता के उस भाग का अध्ययन करते हैं, जो इन छह मूलभूत डरों को निर्मित करने में मुख्य भूमिका निभाता है। आरंभ से शुरुआत करते हुए हम खोज पाते हैं कि प्रकृति एक क्रूर निर्माता रही है। जीवन के निम्नतम रूप से लेकर उच्चतम रूपों तक प्रकृति ने उच्चतर और शक्तिशाली जीवों को कमजोर जीवों का शिकार करने की अनुमति प्रदान की है।

मछलियाँ कीटों और कृमियों को शिकार बनाती हैं। मछलियों को पक्षी अपना शिकार बनाते हैं। बहुत सारे उच्चतर जंतु पक्षियों को अपना शिकार बनाते हैं। मानव जंतु-जीवन

के सभी निम्नतर रूपों को अपना शिकार बनाने के साथ-साथ दूसरे इनसानों को भी अपना शिकार बना लेता है।

विकास-क्रम की पूरी कहानी शक्तिशाली के द्वारा कमजोर के निर्मम विनाश की एक अटूट प्रमाण-शृंखला को दरशाती है। इसलिए इस बात में कोई आश्चर्य नहीं होना चाहिए कि जंतु-जीवन के कमजोर रूप शक्तिशाली रूपों से भयभीत होना सीख गए हैं। डर की चेतना प्रत्येक जीवित जंतु में जन्म लेती है।

यह डर दो प्रमुख कारणों से विकसित होता है। पहला, यह विचार कि वृद्धावस्था अपने साथ गरीबी ला सकती है; दूसरा, ऐसी झूठी और निर्दयी पंथवादी शिक्षाएँ, जो आग और गंधक को इस तरह से मिश्रित कर देती हैं कि प्रत्येक मानव बुढ़ापे से केवल इसलिए डरना सीख गया है कि वृद्धावस्था उसके लिए एक अधिक भयानक और कष्टपूर्ण संसार में प्रवेश करने जैसा बन जाती है।

इसलिए डर की सहज भावना का अधिकांश शारीरिक आनुवंशिकता के द्वारा हम तक पहुँचता है। अब हम सामाजिक आनुवंशिकता या विरासत का परीक्षण करते हैं। 'सामाजिक विरासत' शब्द उस प्रत्येक चीज के संदर्भ में प्रयुक्त होता है, जिसे हम सीखते हैं या अन्य जीवों के साथ अनुभव और प्रेक्षण से इकट्ठा करते हैं।

यदि आप कम-से-कम अस्थायी तौर पर किसी भी पूर्वग्रह या निर्धारित अभिमत से अलग हटकर सोचें तो आप छह खतरनाक शत्रुओं के बारे में सत्य को जान सकते हैं। आपके ये छह शत्रु हैं—

गरीबी का डर : गरीबी का डर व्यक्ति की अपने सहकर्मी को आर्थिक रूप से अपना शिकार बनाने की आदत से विकसित होता है। जंतुओं में सहज वृत्ति होती है, किंतु सोचने की क्षमता नहीं होती, इसलिए वे एक-दूसरे को केवल शारीरिक रूप से अपना शिकार बनाते हैं। मानव विचार के अपने शक्तिशाली औजार के साथ अपने सहकर्मी को शारीरिक रूप से तो नहीं खाता है, लेकिन वह वित्तीय रूप से खाने में अधिक आनंद महसूस करता है। इस संबंध में मानव इतना बड़ा दोषी है कि लगभग प्रत्येक राज्य और राष्ट्र कमजोर लोगों को शक्तिशाली लोगों से बचाने के लिए अनगिनत कानूनों को बनाने और लागू करने के लिए विवश होता रहा है।

वृद्धावस्था का डर : यह डर दो प्रमुख कारणों से विकसित होता है। पहला, यह विचार कि वृद्धावस्था अपने साथ गरीबी ला सकती है; दूसरा, ऐसी झूठी और निर्दयी पंथवादी शिक्षाएँ, जो आग और गंधक को इस तरह से मिश्रित कर देती हैं कि प्रत्येक

मानव बुढ़ापे से केवल इसलिए डरना सीख गया है कि वृद्धावस्था उसके लिए एक अधिक भयानक और कष्टपूर्ण संसार में प्रवेश करने जैसा बन जाती है।

मूलभूत डरों में से तीसरा है—

खराब स्वास्थ्य का डर : यह डर शारीरिक और सामाजिक—दोनों प्रकार की आनुवंशिकता से पैदा होता है। जन्म से लेकर मृत्यु तक प्रत्येक शरीर के भीतर एक निरंतर लड़ाई चलती रहती है। यह लड़ाई कोशिकाओं के समूहों के बीच होती है। एक समूह शरीर की निर्माता मानी जानेवाली मित्र कोशिकाओं का होता है, जबकि दूसरा समूह विनाशक कोशिकाओं या बीमारी पैदा करनेवाले कीटाणुओं का होता है। इस डर के बीज भौतिक शरीर में ही छिपे होते हैं। प्रकृति की निर्मम योजना में शक्तिशाली कोशिकाओं को कमजोर कोशिकाओं का भक्षण करने की अनुमति होती है और यहीं से बीमारी के डर की शुरुआत होती है। स्वच्छता के अभाव और साफ-सफाई के ज्ञान की कमी के द्वारा सामाजिक विरासत भी इसमें अपनी भूमिका निभाती है। इसके अलावा, परामर्श के नियम के माध्यम से वे लोग चतुराई से इस डर को हस्त-साधित करते हैं, जो स्वास्थ्य की खराबी से लाभान्वित होते हैं।

> *यह डर इनसान को कहाँ से और कैसे प्राप्त होता है, यह तय करना कठिन है; किंतु यह बात सुनिश्चित है कि हर इनसान के भीतर आलोचना का डर मौजूद रहता है। इसी डर के कारण लोग गंजे नहीं होना चाहते हैं। परिधानों के निर्माता इस डर का भरपूर दोहन करते हैं।*

मूलभूत डरों में से चौथा डर है—

किसी के प्यार को खोने का डर : यह डर पागलखानों को उन्मादी ईर्ष्यालुओं से भर देता है। ईर्ष्या उन्माद का ही एक रूप है। यह तलाक अदालतों को भी भर देता है और हत्या एवं अन्य क्रूर घटनाओं का कारण बनता है। पाषाण युग से ही मानव को सामाजिक विरासत के द्वारा यह डर प्राप्त होता आ रहा है। उस काल में मानव अपने साथी की जीवनसंगिनी को ही शारीरिक बल के द्वारा चुरा लेता था। अब तरीका बदल चुका है, लेकिन यह प्रथा नहीं बदली है। अब शारीरिक बल की बजाय कीमती आभूषणों, महँगी कारों, आलीशान घरों और आकर्षक परिधानों का सहारा लेकर व्यक्ति द्वारा अपने सहकर्मियों के प्यार को चुराने का प्रयास किया जाता है।

मानव अब सुधर रहा है। अब वह बल-प्रयोग से बाध्य नहीं करता, बल्कि लोभ-लालच में फँसाता है।

पाँचवाँ मूलभूत डर है—

आलोचना का डर : यह डर इनसान को कहाँ से और कैसे प्राप्त होता है, यह तय करना कठिन है; किंतु यह बात सुनिश्चित है कि हर इनसान के भीतर आलोचना का डर मौजूद रहता है। इसी डर के कारण लोग गंजे नहीं होना चाहते हैं। परिधानों के निर्माता इस डर का भरपूर दोहन करते हैं। प्रत्येक मौसम में स्टाइलें बदल जाती हैं और लोग उन कपड़ों को पहनने से डरते हैं, जो फैशन से बाहर हो जाते हैं। इस बात का अवलोकन करें कि आप 'आलोचना के डर' नामक इस अदृश्य शत्रु के कारण पुराने कपड़े पहनने में खुद को इतना असहज महसूस करते हैं।

छह बुनियादी डरों में से छठा डर सबसे अधिक घातक माना जाता है और यह डर है—

मृत्यु का डर : लाखों वर्षों से इनसान अपनी मृत्यु के बारे में 'कहाँ और कैसे' जैसे अनुत्तरित सवालों को पूछता आ रहा है। मैं कहाँ से आया हूँ और मैं मृत्यु के बाद कहाँ जाऊँगा—यह एक शाश्वत प्रश्न है, जिसका उत्तर देने के लिए कपटी और धूर्त लोग तुरंत आगे आ जाते हैं। एक नेता कहता है कि "मेरे शिविर में आओ और तुम मृत्यु के बाद स्वर्ग में जा सकते हो।" स्वर्ग को एक ऐसे शानदार शहर के रूप में चित्रित किया जाता है, जहाँ की सड़कें सोने-चाँदी एवं बहुमूल्य पत्थरों से जड़ी हुई हैं।

बेंजामिन किड की पुस्तक 'साइंस ऑफ पॉवर' को पढ़ने से शुरुआत करें। इसके द्वारा आप अपने छह बुनियादी डरों का शिकंजा तोड़ने और उन पर काबू पाने का तरीका खोज लेंगे। इसके बाद एमर्सन का 'एसे ऑन कंपेनसेशन' पढ़ें। इसके बाद आत्म-सुझाव या स्व-परामर्श पर कुछ अच्छी पुस्तकों का चयन करें और खुद को ऐसे सिद्धांतों से परिचित कराएँ, जिनके द्वारा आपके आज के विश्वास कल की वास्तविकताएँ बन जाएँ। रॉबिंसन की पुस्तक 'माइंड इन द मेकिंग' आपको अपने खुद के दिमाग को समझने की दिशा में एक अच्छा आरंभ देगी।

"मेरे शिविर से बाहर निकले तो तुम सीधे नरक में जाओगे।" इसके बाद नरक को एक ऐसी दहकती हुई भट्ठी के रूप में दरशाया जाता है, जहाँ बेचारा इनसान गंधक में हमेशा के लिए जलने की ताड़ना भुगत सकता है।

इसलिए कोई आश्चर्य की बात नहीं कि मानव जाति मौत से डरती है।

उन स्कूलों और कॉलेजों के शिक्षकों को धन्यवाद देना होगा, जो धीरे-धीरे इन छह शत्रुओं की खोज कर रहे हैं। इन शत्रुओं से लड़ने का सबसे प्रभावी औजार है—व्यवस्थित ज्ञान। अज्ञानता और डर जुड़वाँ

बहनें हैं और ये सामान्यतः एक साथ पाई जाती हैं। प्रत्येक सार्वजनिक पुस्तकालय में मानव जाति के इन छह शत्रुओं को खत्म करने का तरीका खोजा जा सकता है, बशर्ते आप जानते हों कि कौन सी किताबें आपको पढ़नी हैं।

बेंजामिन किड की पुस्तक 'साइंस ऑफ पॉवर' को पढ़ने से शुरुआत करें। इसके द्वारा आप अपने छह बुनियादी डरों का शिकंजा तोड़ने और उन पर काबू पाने का तरीका खोज लेंगे। इसके बाद एमर्सन का 'एसे ऑन कंपेनसेशन' पढ़ें। इसके बाद आत्म-सुझाव या स्व-परामर्श पर कुछ अच्छी पुस्तकों का चयन करें और खुद को ऐसे सिद्धांतों से परिचित कराएँ, जिनके द्वारा आपके आज के विश्वास कल की वास्तविकताएँ बन जाएँ। रॉबिंसन की पुस्तक 'माइंड इन द मेकिंग' आपको अपने खुद के दिमाग को समझने की दिशा में एक अच्छा आरंभ देगी।

सामाजिक विरासत के सिद्धांत के माध्यम से अंधकार युगों की अज्ञानता और अंधविश्वास आप तक पहुँचे हैं। लेकिन आप एक आधुनिक युग में रह रहे हैं। आप देख सकते हैं कि प्रत्येक प्रभाव का एक स्वाभाविक कारण होता है।

उन लोगों का अध्ययन करें, जिन्होंने भारी संपदा इकट्ठा की है और उन लोगों की उपलब्धियों के कारण की खोज करें। हेनरी फोर्ड एक अच्छी शुरुआत का विषय हो सकते हैं, जिन्होंने 25 वर्ष की छोटी सी अवधि के भीतर ही गरीबी को मात दे दी है और खुद को पृथ्वी पर सर्वाधिक शक्तिशाली इनसान बना लिया है। उनकी उपलब्धि के पीछे भाग्य या संयोग या किसी चमत्कार का हाथ नहीं था। यह सफलता उन्हें कुछ ऐसे सुनिश्चित सिद्धांतों के सजग पर्यवेक्षण के द्वारा हासिल हुई है, जो कि आपके लिए भी उसी तरह उपलब्ध हैं, जिस तरह हेनरी फोर्ड के लिए उपलब्ध थे। हेनरी फोर्ड छह बुनियादी डरों के द्वारा कभी झुकने के लिए बाध्य नहीं किए जा सके।

यदि आप ऐसा महसूस करते हैं कि आप फोर्ड से काफी दूर हैं और आप उनका सटीक रूप से अध्ययन नहीं कर सकते हैं तो दो ऐसे लोगों का चयन करें, जिन्हें आप निकट रूप से जानते हैं; एक व्यक्ति आपके असफलता के विचार को प्रदर्शित करता हो और दूसरा व्यक्ति आपके सफलता के विचार से मेल खाता हो। इस बात की खोज करें कि वे कौन सी चीजें हैं, जिन्होंने एक

समुचित रूप से निर्देशित स्व-परामर्श के एक महीने में ही आप अपने छह बुनियादी डरों में से प्रत्येक के गले पर अपना पैर रख सकते हैं। निरंतर प्रयास के बारह महीनों में आप इन सभी डरों को एक ऐसे कोने में खदेड़ सकते हैं, जहाँ से ये डर कभी भी दोबारा आपको कोई गंभीर नुकसान नहीं पहुँचा पाएँगे।

व्यक्ति को असफल और दूसरे व्यक्ति को सफल बनाया है ? वास्तविक तथ्यों को प्राप्त करें। इन तथ्यों को इकट्ठा करने की प्रक्रिया में आप कारण और प्रभाव के बारे में एक व्यापक सीख हासिल करेंगे।

कोई भी चीज ऐसे ही या संयोग से घटित नहीं होती है। पृथ्वी पर रेंगनेवाले छोटे जीवों से लेकर समुद्र में तैरनेवाले जीवों तक और मानव भी प्रकृति की विकास-क्रमिक प्रक्रिया का परिणाम या प्रभाव है। विकास-क्रम व्यवस्थित रूप से परिवर्तित होता है। इस व्यवस्थित बदलाव के साथ कोई भी चमत्कार नहीं जुड़े होते हैं।

समुचित रूप से निर्देशित स्व-परामर्श के एक महीने में ही आप अपने छह बुनियादी डरों में से प्रत्येक के गले पर अपना पैर रख सकते हैं। निरंतर प्रयास के बारह महीनों में आप इन सभी डरों को एक ऐसे कोने में खदेड़ सकते हैं, जहाँ से ये डर कभी भी दोबारा आपको कोई गंभीर नुकसान नहीं पहुँचा पाएँगे।

इन छह बुनियादी डरों को कुचलने के लिए अपने दिमाग में दृढ़-निश्चय का बीज रोपित करें और इसी से आप आधी लड़ाई जीत लेंगे। इस दृढ़ इच्छा-शक्ति को अपने दिमाग में बनाए रखें और यह धीरे-धीरे आपके छह घोर शत्रुओं को परिदृश्य से बाहर धकेल देगी, क्योंकि इन शत्रुओं का अस्तित्व आपके खुद के दिमाग के अलावा और कहीं नहीं होता है।

शक्तिशाली इनसान किसी से नहीं डरता है, यहाँ तक कि ईश्वर से भी नहीं। शक्तिशाली इनसान ईश्वर से प्रेम करता है, किंतु उससे कभी डरता नहीं है। चिर-स्थायी शक्ति को डर से कभी विकसित नहीं किया जा सकता है। भय के आधार पर निर्मित की जानेवाली कोई भी शक्ति विखंडित और क्षीण होने के लिए बाध्य होती है। इस महान् शक्ति को समझने के बाद आप ऐसे दुर्भाग्यशाली व्यक्ति कभी नहीं बनेंगे, जो दूसरे लोगों के डरों से अपनी शक्ति जुटाने का प्रयास करते हैं और लोगों की अस्थायी निष्ठा प्राप्त करते हैं।

□

2

एक सुनिश्चित मुख्य लक्ष्य

"आप यह कर सकते हैं,
यदि आपको विश्वास है कि आप कर सकते हो!"

आप दार्शनिकता के एक ऐसे पाठ्यक्रम की शुरुआत कर रहे हैं, जो विश्व के इतिहास में पहली बार उन ज्ञात कारकों से संगठित व व्यवस्थित किया गया है, जो सफल लोगों द्वारा प्रयुक्त किए गए हैं और सदैव प्रयुक्त किए जाने चाहिए।

इस पाठ्यक्रम की भाषा और साहित्यिक शैली को इस प्रकार से निर्धारित किया गया है कि पाठ्यक्रम को जीवन के प्रत्येक क्षेत्र से जुड़े लोगों द्वारा आसानी और तीव्रता के साथ आत्मसात् किया जा सके। पहले से लेकर आखिरी अध्याय तक इस बात को दिमाग में रखा जाना चाहिए कि इस दर्शनशास्त्र का महत्त्व केवल अध्यायों में नहीं, बल्कि उन विचार-अभिप्रेरकों में निहित है, जो कि छात्र के दिमाग में इस पाठ्यक्रम के द्वारा उत्पन्न किए जाएँगे। यह पाठ्यक्रम एक मानसिक अभिप्रेरक के रूप में छात्र को उसकी मानसिक शक्तियों का संगठन और निर्देशन करने के लिए प्रेरित करेगा। इस पाठ्यक्रम के छात्र को जीवन के युद्ध में सफल होने के लिए प्रशिक्षण के कार्य में संलग्न होना चाहिए। जीतने के लिए कई कारकों पर ध्यान देने की जरूरत होती है। एक सुव्यवस्थित, सजग और ऊर्जावान् मस्तिष्क विभिन्न प्रकार के अभिप्रेरकों द्वारा उत्पन्न होता है। इन सभी अभिप्रेरकों का वर्णन इन अध्यायों में स्पष्ट रूप से किया गया है।

संक्षेप में, जिस तरह शरीर को समुचित रूप से विकसित करने के लिए कई प्रकार की व्यवस्थित कसरतें की जाती हैं, उसी प्रकार मस्तिष्क का विकास करने के लिए कई प्रकार के अभ्यासों की जरूरत होती है।

इस दर्शन की तह में जाने से पहले आप यह देखेंगे कि इन अध्यायों को पढ़ने पर आपके भीतर विचारों का एक प्रवाह उत्पन्न होगा, जो कि विषयों की एक व्यापक शृंखला को समाहित करेगा। इस कारण से छात्र को यह पाठ्यक्रम पढ़ते समय अपने हाथ में एक

नोटबुक और पेंसिल रखनी चाहिए तथा दिमाग में आनेवाले इन विचारों को तत्काल लिखने की आदत विकसित करनी चाहिए। इस प्रकार के अभ्यास का अनुसरण करने के बाद आप यह नोटिस करेंगे कि बहुत जल्दी आपका दिमाग एक चुंबक की तरह बन जाएगा, जो हवा की एक पतली परत में से भी उपयोगी विचारों को अपनी ओर आकर्षित कर लेगा।

अपनी खुद की अज्ञानता को समाप्त करना एक लंबा और कठिन कार्य है। मानव-जंतु के अध्ययन का सर्वाधिक बेहतर स्थान आपके खुद के दिमाग में है। जब आप अपने बारे में विस्तार से जान लेते हैं तो आप दूसरों के बारे में भी काफी कुछ जान लेते हैं। दूसरों को उनके वास्तविक रूप में जानने के लिए आपको उनका अध्ययन निम्नलिखित तरीकों के द्वारा करना है—

1. उनके शरीर की मुद्रा और उनके चलने का तरीका।
2. उनके बोलने का ढंग, आवाज की गुणवत्ता, तीव्रता और उतार-चढ़ाव।
3. उनकी आँखें, स्थिर या गतिशील।
4. शब्दों का प्रयोग, उनकी प्रवृत्ति, प्रकृति और गुणवत्ता। इन खुली खिड़कियों के द्वारा आप सीधे-सीधे एक व्यक्ति की आत्मा में प्रवेश कर सकते हैं और एक वास्तविक इनसान पर नजर डाल सकते हैं।

इससे एक कदम और आगे बढ़कर आप उनका और भी गहन अध्ययन कर सकते हैं, यदि आप यह जान लें कि—

- वे कब क्रोधित होते हैं।
- उनके व्यवहार और बातचीत में धन व संपत्ति कब शामिल हो जाती है।
- वे कब खाते हैं।
- वे कब लिखते हैं और कब संकट में होते हैं।
- वे कब उल्लासपूर्ण और विजयी मुद्रा में होते हैं।
- वे कब निराश और पराजित महसूस करते हैं।
- वे एक खतरनाक प्रकृति की आपदा का सामना कैसे करते हैं।
- वे दूसरे लोगों पर एक अच्छा प्रभाव छोड़ने की कोशिश कैसे करते हैं, जब उन्हें किसी दूसरे के दुर्भाग्य या सौभाग्य के बारे में पता चलता है।
- जब वे किसी खेल में हारते हैं या जीतते हैं तो उनका रवैया क्या होता है?
- जब वे अकेले ध्यानमग्न मुद्रा में होते हैं।

जो छात्र इस फिलोसॉफी में विशेषज्ञता हासिल कर लेता है, वह किसी दूसरे व्यक्ति की बाहरी साज-सज्जा, पहनावे और तथाकथित संस्कृति की परत के पार जाकर उसके हृदय की गहराइयों में झाँक सकता है और उसके बारे में सबकुछ जान सकता है।

यह एक बहुत ही बड़ा आश्वासन है

यह आश्वासन लेखक के वर्षों के परीक्षण और विश्लेषण के आधार पर ही दिया गया है। कुछ लोग, जिन्होंने इस पाठ्यक्रम की पांडुलिपि का परीक्षण किया था, उन्होंने पूछा कि इसे मास्टर सेल्समैनशिप में एक कोर्स क्यों नहीं कहा गया था ? इसका उत्तर यह है कि सेल्समैनशिप एक सामान्य रूप से प्रयुक्त किया जानेवाला शब्द है, जो कि वस्तुओं और सेवाओं की मार्केटिंग से जुड़ा होता है, इसलिए इसे सेल्समैनशिप का कोर्स कहना इस पाठ्यक्रम की वास्तविक प्रकृति को संकुचित और सीमाबद्ध करने जैसा होगा। यह सत्य है कि यह पाठ्यक्रम सेल्समैनशिप में विशेषज्ञता हासिल करने के लिए तैयार किया गया है; लेकिन यह सेल्समैनशिप के अर्थ को एक औसत दृष्टिकोण के बजाय एक गहन और व्यापक अर्थ में प्रकट करता है।

इस दर्शन का उद्देश्य यह है कि लोग बिक्री की कला में महारत हासिल करने के साथ-साथ न्यूनतम प्रतिरोध और संघर्ष के साथ अपना जीवन सफलतापूर्वक जीने में कामयाब हों। इसलिए यह कोर्स छात्रों को उस सत्य को संगठित करने और उसका प्रयोग करने में सहायता करता है, जिसे औसत जीवन जीनेवाले अधिकांश लोगों के द्वारा नजरअंदाज कर दिया जाता है। मात्र कुछ लोग ही ऐसे होते हैं, जो अपनी खुद की कमजोरियों को दरशानेवाले सत्य को सुनने के लिए इच्छुक होते हैं।

इस दर्शन का उद्देश्य यह है कि लोग बिक्री की कला में महारत हासिल करने के साथ-साथ न्यूनतम प्रतिरोध और संघर्ष के साथ अपना जीवन सफलतापूर्वक जीने में कामयाब हों। इसलिए यह कोर्स छात्रों को उस सत्य को संगठित करने और उसका प्रयोग करने में सहायता करता है, जिसे औसत जीवन जीनेवाले अधिकांश लोगों के द्वारा नजरअंदाज कर दिया जाता है। मात्र कुछ लोग ही ऐसे होते हैं, जो अपनी खुद की कमजोरियों को दरशानेवाले सत्य को सुनने के लिए इच्छुक होते हैं।

हम वास्तविकता की बजाय भ्रम को वरीयता देते हैं

हम में से कुछ लोग एक चुटकी नमक से भी ज्यादा की माँग करते हैं। हम नए विचारों का अचार बनाने के लिए इतने अधिक नमक की माँग करते हैं कि वह अचार ही खराब हो जाता है। इसलिए परिचयात्मक अध्याय और इस अध्याय में उन विषयों को शामिल किया गया, जो कि नए विचारों के लिए रास्ता तैयार करते हैं और इसलिए अब ये नए विचार छात्र के दिमाग पर एक तीव्र आघात नहीं डालेंगे। लेखक की मंशा को

आप अमेरिकन मैगजीन के एक संपादकीय के माध्यम से निम्नलिखित शब्दों में समझ सकते हैं। संपादक ने लिखा था—

"हाल ही की एक बारिश वाली रात के दौरान अलास्का के रेंडियर किंग कार्ल लोमेन ने मुझे एक सच्ची कहानी सुनाई थी—

एक ग्रीनलैंड का ऐस्किमो अमेरिकी उत्तरी ध्रुव की यात्रा पर ले जाया गया था। बाद में उसकी निष्ठापूर्ण सेवाओं के बदले पुरस्कार के तौर पर उसे अल्पकालीन भ्रमण हेतु न्यूयॉर्क शहर में लाया गया। दृश्य और ध्वनि के सभी चमत्कारों को देखकर वह आश्चर्य और उल्लास से भर गया था। जब वह अपने गाँव लौटा तो उसने आकाश को छूनेवाली इमारतों की कहानियाँ सुनाईं। उसने सड़क पर चलनेवाली कारों को ऐसे घरों के रूप में वर्णित किया, जो कि रास्ते के साथ-साथ चलते हैं और उनमें रहनेवाले लोग भी उन घरों के साथ-साथ गतिशील होते हैं। उसने विशालकाय पुलों, कृत्रिम लाइटों और महानगर की अन्य चकाचौंध पैदा करनेवाली वस्तुओं के बारे में गाँव के लोगों को बताया।

गाँव के लोगों ने उसकी बातों पर बहुत ही ठंडी प्रतिक्रिया दरशाई और उसके पास से हटकर दूर चले गए। पूरे गाँव में उसे 'सैजलुक' या 'झूठा' कहा जाने लगा। उसका यह नया नाम इतना प्रचलित हो गया कि लोग उसका वास्तविक नाम भूल गए और उसकी कब्र पर भी उसका नया नाम ही लिखा गया था।

जब नुड रासमुसेन ग्रीनलैंड से अलास्का गए थे तो उनके साथ मिटेक नाम का एक ग्रीनलैंड वासी ऐस्किमो भी था। मिटेक ने कोपेनहेगेन एवं न्यूयॉर्क का भ्रमण किया था और वहाँ उसने पहली बार कई सारी चीजें देखी थीं, जिनसे वह अत्यधिक प्रभावित हुआ था। ग्रीनलैंड वापस लौटने पर उसने सैजलुक की त्रासदी को याद किया और यह निर्णय किया कि सत्य बताना बुद्धिमानी नहीं होगी। उसने अपनी कहानियों को इस प्रकार से वर्णित किया कि गाँव के लोग उन्हें आसानी से पचा सकें और इस प्रकार उसकी प्रतिष्ठा बची रह सके।

उसने लोगों को बताया कि वह डॉ. रासमुसेन के साथ एक महान् नदी हडसन के किनारे पर एक कयाक (एक प्रकर की डोंगी) के माध्यम से पहुँचा था और वे दोनों प्रत्येक सुबह अपने शिकार के लिए कयाक या डोंगी को चलाकर ले जाते थे। वहाँ नदी में बत्तखें, सारस एवं सील अत्यधिक संख्या में थे और उन दोनों ने उस भ्रमण का बहुत ही आनंद उठाया था।

उसने लोगों को बताया कि वह डॉ. रासमुसेन के साथ एक महान् नदी हडसन के किनारे पर एक कयाक (एक प्रकर की डोंगी) के माध्यम से पहुँचा था और वे दोनों

प्रत्येक सुबह अपने शिकार के लिए कयाक या डोंगी को चलाकर ले जाते थे। वहाँ नदी में बत्तखें, सारस एवं सील अत्यधिक संख्या में थे और उन दोनों ने उस भ्रमण का बहुत ही आनंद उठाया था।

अपने गाँववालों की नजरों में मिटेक एक बहुत ही ईमानदार व्यक्ति था। उसके पड़ोसियों ने उसे अत्यधिक सम्मान दिया। सच बतानेवालों की राह हमेशा से ही काफी कठिन रही है। सुकरात ने जहर का प्याला पिया था, क्राइस्ट को सूली पर चढ़ाया गया, स्टीफन को पत्थर मारे गए, ब्रूनो को जला दिया गया और गैलीलियो को उसके सत्य के लिए आतंकित किया गया।

मानव प्रकृति में कुछ ऐसी चीजें निहित हैं, जो हमें नए विचारों के प्रभाव का प्रतिकार करने के लिए विवश करती हैं।

हम अपने उन विश्वासों और पूर्वग्रहों में व्यवधान डाले जाने से घृणा करते हैं, जो हमें वंश-परंपरा के माध्यम से हस्तांरित किए गए हैं। शारीरिक रूप से आलसी माने जानेवाले प्रत्येक दस लोगों पर मानसिक रूप से जड़ और स्थिर लोगों की संख्या दस हजार होती है। जड़ दिमाग ही डर के लिए पोषण केंद्रों का कार्य करते हैं। एक वृद्ध किसान अपनी प्रार्थनाओं में ईश्वर से हमेशा यही निवेदन करता था कि हे ईश्वर! मुझे एक खुला दिमाग दो। यदि और भी लोग उस किसान का अनुसरण करें तो वे पूर्वग्रहों की जंजीरों में जकड़ने से खुद को बचा सकते हैं और तब यह दुनिया जीने के लिए कितनी सुखद जगह होगी!

प्रत्येक व्यक्ति को नियमित अंतराल पर मानसिक परिवेश में एक बदलाव की जरूरत होती है। ठीक उसी प्रकार, जैसे कि अलग-अलग प्रकार के भोजन हमारे लिए अनिवार्य होते हैं। नए विचारों से नहाने के बाद दिमाग और भी अधिक सचेत, लचीला तथा गति एवं सटीकता के साथ काम करने के लिए तैयार हो जाता है।

नए विचारों से भयभीत न हों। वे आपको सफलता और असफलता के बीच का अंतर समझा सकते हैं। इस पाठ्यक्रम में शामिल किए गए कुछ विचारों के लिए व्याख्या या प्रमाण की जरूरत नहीं है, क्योंकि व्यावहारिक रूप से प्रत्येक व्यक्ति उन विचारों से और उनकी मजबूती से परिचित है। दूसरे, कई ऐसे विचार हैं, जो पूरी तरह से नए हैं और इसी कारण से कई छात्र इस दर्शन को अपनाने में हिचक महसूस कर सकते हैं।

इस कोर्स में वर्णित प्रत्येक सिद्धांत लेखक द्वारा पूर्ण रूप से परीक्षित् किया गया है और अधिकांश सिद्धांतों का परीक्षण कई वैज्ञानिकों तथा ऐसे अन्य लोगों ने किया है, जो कि सिद्धांत व व्यवहार के बीच विभेद करने की पूर्ण क्षमता रखते हैं। यही कारण है कि पाठ्यक्रम में शामिल किए गए सभी सिद्धांत ठीक उसी तरीके में कारगर होंगे, जिनमें उनके कारगर होने का दावा किया गया है। फिर भी, इस कोर्स के प्रत्येक छात्र को यह सलाह

अलेक्जेंडर ग्राहम बेल, चार्ल्स पी. स्टीनमेट्ज, लूथर बरबैंक, एल्मर गेट्स और थॉमस अल्वा एडिसन जैसे वैज्ञानिकों तथा कई अन्य बुद्धिमान उद्योगपतियों ने इस कोर्स में दी गई मास्टर माइंड की अवधारणा और नियम को महत्त्वपूर्ण उपलब्धि माना है और इस नियम की मजबूती को स्वीकार किया है। इस कोर्स को लेखक ने पच्चीस वर्षों के व्यापारिक और व्यावसायिक अनुभव के द्वारा तैयार किया है।

दी जाती है कि वह इन अध्यायों में शामिल किसी भी कथन को तब तक स्वीकार न करे, जब तक कि वह पहले खुद परीक्षण, प्रयोग और विश्लेषण के द्वारा इस बात से संतुष्ट न हो कि वह कथन सुदृढ़ है।

अलेक्जेंडर ग्राहम बेल, चार्ल्स पी. स्टीनमेट्ज, लूथर बरबैंक, एल्मर गेट्स और थॉमस अल्वा एडिसन जैसे वैज्ञानिकों तथा कई अन्य बुद्धिमान उद्योगपतियों ने इस कोर्स में दी गई मास्टर माइंड की अवधारणा और नियम को महत्त्वपूर्ण उपलब्धि माना है और इस नियम की मजबूती को स्वीकार किया है। इस कोर्स को लेखक ने पच्चीस वर्षों के व्यापारिक और व्यावसायिक अनुभव के द्वारा तैयार किया है।

हम गहन प्रतिस्पर्धा के युग में रह रहे हैं और सर्वोत्तम की उत्तरजीविता का नियम प्रत्येक स्थान पर लागू है। इन तथ्यों के कारण चिरस्थायी सफलता को हासिल करने के लिए हमें शक्ति का प्रयोग करना सीखना होगा।

शक्ति क्या है?

शक्ति संगठित ऊर्जा या प्रयास है। इस पाठ्यक्रम को 'सफलता के नियम' के रूप में इसलिए संबोधित किया गया है, क्योंकि यह सिखाता है कि कोई व्यक्ति तथ्यों और जानकारियों को संगठित व व्यवस्थित करके अपने दिमाग के संकायों को शक्ति की एक इकाई के रूप में कैसे बदल सकता है!

लगभग बीस वर्ष पहले मैंने मि. कार्नेगी का एक साक्षात्कार लिया था, ताकि मैं उनके बारे में एक कहानी लिख सकूँ। अपने साक्षात्कार के दौरान मैंने उनसे पूछा कि वे अपनी सफलता में किन चीजों का योगदान मानते हैं? उन्होंने उत्तर दिया था, "यंग मैन, इससे पहले कि मैं तुम्हारी बात का उत्तर दूँ, क्या तुम मुझे 'सफलता' शब्द की अपनी परिभाषा बताओगे?"

मेरे उत्तर देने से पहले ही उन्होंने अपनी बात को आगे बढ़ाते हुए कहा, "सफलता से तुम्हारा आशय मेरा धन तो नहीं है?"

मैंने उन्हें आश्वस्त किया कि 'धन' ऐसा शब्द है, जिसके द्वारा अधिकांश लोग सफलता को मापते हैं। इसके बाद उन्होंने कहा, "अच्छा, यदि तुम यह जानना चाहते हो कि मैंने यह धन कैसे प्राप्त किया, तो मैं तुम्हें बताता हूँ कि मेरे पास मेरे व्यापार में एक मास्टर माइंड मौजूद है। यह मास्टर माइंड कई लोगों से मिलकर बना है, जिनमें मेरे निजी स्टाफ के लोग, प्रबंधक, एकाउंटेंट, केमिस्ट और अन्य जरूरी लोग शामिल हैं। इस मास्टर माइंड नामक समूह में एक व्यक्ति नहीं है, जिसकी मैं बात करूँ; बल्कि यह एक समन्वित, संगठित और एक निश्चित लक्ष्य की ओर निर्देशित दिमागों का समूह है, जो कि सामंजस्यपूर्ण सहयोग की एक भावना के साथ काम करता है। यह मास्टर माइंड ही वह शक्ति है, जो मेरे लिए धन अर्जित करती है। समूह में कोई भी दो दिमाग समान प्रकार के नहीं होते हैं; किंतु समूह में प्रत्येक व्यक्ति वह काम करता है, जो करने की उससे अपेक्षा की जाती है और वह उस काम को विश्व के किसी भी अन्य व्यक्ति की तुलना में बेहतर ढंग से करता है।"

इस मास्टर माइंड नामक समूह में एक व्यक्ति नहीं है, जिसकी मैं बात करूँ; बल्कि यह एक समन्वित, संगठित और एक निश्चित लक्ष्य की ओर निर्देशित दिमागों का समूह है, जो कि सामंजस्यपूर्ण सहयोग की एक भावना के साथ काम करता है। यह मास्टर माइंड ही वह शक्ति है, जो मेरे लिए धन अर्जित करती है।

इसके बाद और यहीं से मेरे मस्तिष्क में इस कोर्स के बीज रोपित हुए थे। इस साक्षात्कार के बाद मैंने कई वर्षों तक शोध किया और अंत में मनोविज्ञान के उस सिद्धांत की खोज की, जिसे 'मास्टर माइंड' के रूप में वर्णित किया गया है। मि. कार्नेगी किसी अन्य व्यापार या उद्योग में उतने ही सफल हो सकते थे, जितने वे स्टील उद्योग में हुए थे। यह स्पष्ट है कि उनकी सफलता का एकमात्र कारण यह था कि वे अपने खुद के दिमाग को और अपने सहकर्मियों के दिमागों को समझ सकते थे। उनकी सफलता स्टील उद्योग की उनकी जानकारी पर नहीं, बल्कि दिमागों की उनकी समझ पर आधारित थी।

व्यापार, उद्योग या युद्ध की रणनीति बनानेवाला कोई भी व्यक्ति संगठित और समन्वित प्रयास के महत्त्व को समझता है। प्रथम विश्व युद्ध के दौरान दुष्प्रचार की विखंडनवादी शक्तियाँ युद्ध में प्रयुक्त की जानेवाली तोपों और विस्फोटकों से कहीं अधिक विनाशक साबित हुई थीं।

संगठित प्रयास एक शक्ति बन सकता है; किंतु यह एक खतरनाक ताकत भी बन

सकता है, यदि इसे बुद्धिमत्ता के साथ निर्देशित न किया जाए। इसीलिए पाठ्यक्रम का 16वाँ अध्याय केवल इसी बात के लिए समर्पित है कि संगठित प्रयास की शक्ति को किस प्रकार से निर्देशित किया जाए, ताकि यह हमें सफलता की दिशा में ले जा सके।

संघर्ष और धन के पीछे पागलपन के इस युग की असाधारण त्रासदियों में से एक तथ्य यह है कि बहुत ही कम लोग उन प्रयासों में संलग्न होते हैं, जिन्हें वे सबसे अधिक पसंद करते हैं। इस पाठ्यक्रम के उद्देश्यों में से एक यह है कि प्रत्येक छात्र को संसार के कार्य में उसके स्थान विशेष को खोजने में सहायता मिले और जहाँ वह भौतिक समृद्धि एवं खुशी को प्रचुरता में प्राप्त कर सके। इसी प्रयोजन से 16वें अध्याय में एक चरित्र विश्लेषण चार्ट दिया गया है। इस चार्ट के माध्यम से छात्र खुद की खोज कर सकते हैं और अपने भीतर सोई हुई शक्तियों तथा छिपी हुई योग्यता को पहचान सकते हैं।

तीस वर्ष पहले एक आदमी हेनरी फोर्ड के साथ एक दुकान में काम करता था। उस व्यक्ति को दुकान पर सौंपे गए कार्य में फोर्ड से अधिक योग्य माना ज़ाता था। आज वह व्यक्ति उसी दुकान पर वही पुराना कार्य कर रहा है और उसे सप्ताह में कुछ सौ डॉलर का पारिश्रमिक मिलता है, जबकि फोर्ड अब दुनिया के सबसे अमीर व्यक्ति हैं। इन दोनों व्यक्तियों के बीच असाधारण अंतर क्या है, जिसने इन्हें भौतिक संपदा के अर्थ में इतने व्यापक रूप से अलग कर दिया था? यह अंतर केवल इस बात का है कि फोर्ड ने संगठित प्रयास के सिद्धांत को समझा और अपनाया था, जबकि दूसरे व्यक्ति ने ऐसा नहीं किया था।

तीस वर्ष पहले एक आदमी हेनरी फोर्ड के साथ एक दुकान में काम करता था। उस व्यक्ति को दुकान पर सौंपे गए कार्य में फोर्ड से अधिक योग्य माना जाता था। आज वह व्यक्ति उसी दुकान पर वही पुराना कार्य कर रहा है और उसे सप्ताह में कुछ सौ डॉलर का पारिश्रमिक मिलता है, जबकि फोर्ड अब दुनिया के सबसे अमीर व्यक्ति हैं। इन दोनों व्यक्तियों के बीच असाधारण अंतर क्या है, जिसने इन्हें भौतिक संपदा के अर्थ में इतने व्यापक रूप से अलग कर दिया था? यह अंतर केवल इस बात का है कि फोर्ड ने संगठित प्रयास के सिद्धांत को समझा और अपनाया था, जबकि दूसरे व्यक्ति ने ऐसा नहीं किया था।

जैसा कि पहले ही कहा जा चुका है कि शक्ति संगठित प्रयास होती है! सफलता शक्ति पर आधारित होती है।

इस कोर्स को इस प्रकार से समेकित किया गया है कि यह प्रत्येक छात्र को अपनी

वास्तविक प्रतिभा खोजने में मदद करता है और अनुभव से प्राप्त होनेवाली जानकारी को व्यवस्थित, समन्वित और प्रयुक्त करने में उनकी सहायता करता है। मैं बीस वर्षों से इस पाठ्यक्रम की सामग्री को एकत्रित, वर्गीकृत और व्यवस्थित कर रहा हूँ। पिछले चौदह वर्षों के दौरान मैंने 16,000 से अधिक पुरुषों व महिलाओं का विश्लेषण किया है और इन विश्लेषणों से एकत्र किए गए महत्त्वपूर्ण तथ्यों को सावधानी से व्यवस्थित करके मैंने इस पाठ्यक्रम का ताना-बाना बुना है। इन विश्लेषणों के द्वारा मुझे कई ऐसे रोचक तथ्य प्राप्त हुए, जिन्होंने इस कोर्स को व्यावहारिक और उपयोगी बनाने में मेरी सहायता की है। उदाहरण के लिए, मुझे यह पता चला कि विश्लेषित किए जानेवाले लोगों में से 95 प्रतिशत असफल और 5 प्रतिशत सफल थे। यदि दुनिया के सभी लोगों का सटीक रूप से विश्लेषण किया जाए तो सफलता और असफलता का लगभग यही अनुपात सामने आ सकता है।

16,000 लोगों के विश्लेषण से प्रकाश में आनेवाला एक सबसे विस्मयकारी तथ्य यह था कि 95 प्रतिशत असफल लोग असफलता की श्रेणी में इसलिए आते थे, क्योंकि उन्होंने अपने जीवन में कोई सुनिश्चित मुख्य लक्ष्य तय नहीं किया था; जबकि 5 प्रतिशत सफल लोगों ने न केवल सुनिश्चित लक्ष्य निर्मित किया था, बल्कि उन्होंने उस लक्ष्य को पाने के लिए सुनिश्चित योजनाएँ भी बनाई थीं।

95 प्रतिशत असफल लोग ऐसे कार्यों में संलग्न थे, जिन्हें वे पसंद नहीं करते थे, जबकि सफल श्रेणी के 5 प्रतिशत लोग अपनी पसंद के कार्यों में संलग्न थे। इन विश्लेषणों का एक और महत्त्वपूर्ण तथ्य यह था कि 5 प्रतिशत सफल लोगों ने धन की व्यवस्थित बचत की आदत को विकसित किया था, जबकि 95 प्रतिशत असफल लोग कोई बचत नहीं कर पाए थे।

एक सुनिश्चित मुख्य लक्ष्य

इस पूरे अध्याय की मूल टिप्पणी को 'सुनिश्चित' शब्द में खोजा जा सकता है। यह जानना सबसे अधिक विस्मयकारी है कि विश्व के 95 प्रतिशत लोग जीवन भर लक्ष्यहीन बने रहकर घूमते हैं। वे उस कार्य की थोड़ी भी अवधारणा नहीं रखते हैं, जो उनके लिए सबसे ज्यादा अनुकूल होता है। जीवन में एक सुनिश्चित लक्ष्य का चुनाव करना मनोवैज्ञानिक के साथ-साथ एक आर्थिक कारण भी है। मनोविज्ञान का एक सुस्थापित सिद्धांत यह है कि व्यक्ति के कार्य हमेशा उसके दिमाग के प्रभावी विचारों के साहचर्य में होने चाहिए।

कोई भी सुनिश्चित मुख्य लक्ष्य जानबूझकर दिमाग में स्थिर किया जाता है और उसे वहाँ दृढ़ता के साथ ठहराव दिया जाता है। अंत में, यह लक्ष्य पूरे अवचेतन मन को इस तरह से आप्लावित कर लेता है कि अवचेतन मन शरीर की प्रत्येक क्रिया को उस लक्ष्य

की प्राप्ति के लिए स्वचालित रूप से प्रभावित करने लगता है। आपके सुनिश्चित लक्ष्य का चुनाव अत्यधिक सोच-विचार के साथ किया जाना चाहिए और इस लक्ष्य का चुनाव करने के बाद आपको इसे लिख लेना चाहिए और ऐसे स्थान पर रखना चाहिए, जहाँ आप इसे दिन में कम-से-कम एक बार जरूर देख सकें।

स्व-परामर्श मनोविज्ञान का एक सिद्धांत है, जिसके द्वारा आप अपने सुनिश्चित मुख्य लक्ष्य को अपने अवचेतन मन में गहराई से रोप सकते हैं। यह स्व-सम्मोहन की एक मात्रा है; किंतु इससे आपको भयभीत नहीं होना है, क्योंकि इसी सिद्धांत के द्वारा नेपोलियन बोनापार्ट ने खुद को गरीबी के दुष्चक्र से निकालकर फ्रांस का सम्राट् बना दिया था। इसी के द्वारा थॉमस अल्वा एडिसन ने खुद को एक अनाड़ी से विश्व के अग्रणी आविष्कारक में बदल दिया था। इसी सिद्धांत की सहायता से अब्राहम लिंकन ने केंटुकी की पहाड़ियों में स्थित एक छोटी सी कोठरी से निकलकर विश्व के महानतम देश का राष्ट्रपति बनने में सफलता हासिल की थी।

मनोविज्ञान का एक सुस्थापित सिद्धांत यह है कि व्यक्ति के कार्य हमेशा उसके दिमाग के प्रभावी विचारों के साहचर्य में होने चाहिए।
कोई भी सुनिश्चित मुख्य लक्ष्य जानबूझकर दिमाग में स्थिर किया जाता है और उसे वहाँ दृढ़ता के साथ ठहराव दिया जाता है। अंत में, यह लक्ष्य पूरे अवचेतन मन को इस तरह से आप्लावित कर लेता है कि अवचेतन मन शरीर की प्रत्येक क्रिया को उस लक्ष्य की प्राप्ति के लिए स्वचालित रूप से प्रभावित करने लगता है।

आपको स्व-परामर्श के सिद्धांत से तब तक भयभीत होने की जरूरत नहीं है, जब तक आप इस बारे में सुनिश्चित हैं कि आपका उद्देश्य आपके लिए एक चिर-स्थायी प्रकृति की खुशी लाएगा। आपका सुनिश्चित लक्ष्य रचनात्मक होना चाहिए और इसकी उपलब्धि के द्वारा किसी अन्य व्यक्ति को कठिनाई या दु:ख का सामना न करना पड़े। इसके द्वारा आपको शांति और समृद्धि मिलनी चाहिए।

जिस कमरे में मैं यह अध्याय लिख रहा हूँ, उसके ठीक सामने सड़क के एक कोने पर एक व्यक्ति पूरे दिन खड़े रहकर मूँगफली बेचता है। वह हर मिनट व्यस्त रहता है। जब वह बिक्री नहीं कर रहा होता है, तब वह मूँगफलियों को भूनने और छोटी-छोटी थैलियों में पैक करने का काम कर रहा होता है। वह उन 95 प्रतिशत लोगों की महान् सेना का एक सैनिक है, जिनको जीवन में सुनिश्चित लक्ष्य का पता नहीं होता है। वह मूँगफलियाँ बेच रहा है, इसका कारण यह नहीं है कि वह किसी अन्य काम की तुलना में इस काम

को पसंद करता है या बेहतर ढंग से करता है। उसके मूँगफली बेचने का केवल एक ही कारण है कि उसने बैठकर अपने जीवन के एक सुनिश्चित लक्ष्य के बारे में कभी नहीं सोचा, जो कि उसके लिए उसकी मेहनत के बदले उच्चतर पारिश्रमिक पैदा कर सके। वह जीवन के समुद्र में बहाव के साथ बहनेवाला इनसान है और उसके काम की एक त्रासदी यह तथ्य है कि यदि वह अपने प्रयासों को किन्हीं दूसरी दिशाओं में निर्देशित करता तो उसे मूँगफली बेचने की तुलना में कई गुना मुनाफा हासिल हो सकता था।

मेरे एक निकट मित्र इस देश के विख्यात लेखकों और सार्वजनिक वक्ताओं में से एक हैं। दस वर्ष पहले उन्होंने स्व-परामर्श के इस सिद्धांत की संभावनाओं को परखने का निश्चय किया था। उन्होंने इस सिद्धांत के अनुप्रयोग हेतु एक योजना बनाई। उस समय वे न तो एक लेखक थे और न ही वक्ता। वे प्रत्येक रात को सोने से पहले अपनी आँखें बंद करते और अपनी कल्पना में एक लंबी मेज को देखते थे, जिसके दोनों ओर ऐसे गिने-चुने विख्यात व्यक्तियों को अपनी कल्पना-शक्ति से बिठाते थे, जिनके गुणों व विशेषताओं को वे आत्मसात् करना चाहते थे। मेज के एक छोर पर लिंकन तो दूसरे छोर पर नेपोलियन, वाशिंगटन, एमर्सन और एल्बर्ट हबर्ड जैसे लोग बैठे दिखाई देते थे। इसके बाद वे उन काल्पनिक आकृतियों से बात करते थे और उन महान् व्यक्तियों से उनके गुणों एवं विशेषताओं को खुद में स्थानांतरित करने की इच्छा व्यक्त करते थे।

मेरे एक निकट मित्र इस देश के विख्यात लेखकों और सार्वजनिक वक्ताओं में से एक हैं। दस वर्ष पहले उन्होंने स्व-परामर्श के इस सिद्धांत की संभावनाओं को परखने का निश्चय किया था। उन्होंने इस सिद्धांत के अनुप्रयोग हेतु एक योजना बनाई। उस समय वे न तो एक लेखक थे और न ही वक्ता। वे प्रत्येक रात को सोने से पहले अपनी आँखें बंद करते और अपनी कल्पना में एक लंबी मेज को देखते थे, जिसके दोनों ओर ऐसे गिने-चुने विख्यात व्यक्तियों को अपनी कल्पना-शक्ति से बिठाते थे, जिनके गुणों व विशेषताओं को वे आत्मसात् करना चाहते थे।

कई महीने तक ऐसा करने के बाद उस व्यक्ति ने इन महान् लोगों के असाधारण गुणों व विशेषताओं को अपने खुद के अवचेतन मन में इस तरह से छाप दिया कि उसके अवचेतन मन ने एक ऐसा व्यक्तित्व विकसित करना शुरू कर दिया, जो कि सभी महान् व्यक्तित्वों का एक सम्मिश्रण था।

अवचेतन मन एक चुंबक की तरह काम करता है। जब इसे किसी सुनिश्चित लक्ष्य

के द्वारा संतृप्त कर दिया जाता है तो यह उस लक्ष्य की पूर्ति हेतु सभी आवश्यक चीजों को आकर्षित करना शुरू कर देता है। समान चीजें समान चीजों को ही आकर्षित करती हैं और आप इस नियम का प्रमाण घास के प्रत्येक तिनके और प्रत्येक बढ़ते हुए वृक्ष में देख सकते हैं। मिट्टी में बोया गया गेहूँ का प्रत्येक दाना ऐसी सामग्री को आकर्षित कर लेता है, जो कि गेहूँ के एक पौधे के विकास हेतु आवश्यक होती है।

आकर्षण के इस नियम से मनुष्य भी अछूते नहीं हैं। आप किसी शहर के एक सस्ते होटल में जाएँ तो आपको वहाँ एक ही मानसिकता के लोग मिलेंगे। दूसरी ओर, आप किसी संपन्न समुदाय में जाएँ तो आपको वहाँ समान सामान्य प्रवृत्तियोंवाले लोग मिलेंगे। सफल लोग हमेशा सफल लोगों का साथ ढूँढ़ते हैं और विपन्न व फटीचर व्यक्ति हमेशा समान परिस्थितियों में रहनेवाले लोगों की सोहबत ढूँढ़ता है। दरिद्रता को सोहबत से प्रेम होता है।

जिस व्यक्ति ने अपने सुनिश्चित मुख्य लक्ष्य को अच्छी तरह से विकसित कर लिया है, उस व्यक्ति के लिए इस लक्ष्य की उपलब्धि को हासिल न करने का कोई कारण नहीं होता है। कुछ वर्ष पहले लुइस विक्टर इटिंज को एरिजोना जेल में आजीवन कारावास दिया गया था। अपनी कैद के समय उसने खुद स्वीकार किया था कि वह एक हरफनमौला बुरा आदमी है। इसके साथ ही सब लोग यह मानते थे कि वह एक वर्ष के भीतर तपेदिक के कारण मर जाएगा। जनता की भावनाएँ भी उसके खिलाफ थीं और उसका इस दुनिया में एक भी मित्र नहीं था, जो आगे आकर उसकी सहायता कर सके या उसे प्रोत्साहन दे सके। इसके बाद उसके खुद के दिमाग में कुछ ऐसी चीजें घटित हुईं, जिन्होंने उसका स्वास्थ्य उसे वापस लौटा दिया और अंत में उसे जेल की सलाखों से बाहर लाकर खड़ा कर दिया।

जिस व्यक्ति ने अपने सुनिश्चित मुख्य लक्ष्य को अच्छी तरह से विकसित कर लिया है, उस व्यक्ति के लिए इस लक्ष्य की उपलब्धि को हासिल न करने का कोई कारण नहीं होता है। कुछ वर्ष पहले लुइस विक्टर इटिंज को एरिजोना जेल में आजीवन कारावास दिया गया था। अपनी कैद के समय उसने खुद स्वीकार किया था कि वह एक हरफनमौला बुरा आदमी है।

वह चीज क्या थी?

वह चीज केवल यह थी कि उसने अपने मन से तपेदिक की आशंका एवं विचार को मिटा दिया था और अपने स्वास्थ्य को पुनः हासिल कर लिया था। यह उसका एक सुनिश्चित लक्ष्य था। एक वर्ष से भी कम समय में उसने अपने मन की कल्पना-शक्ति के

द्वारा बीमारी पर विजय प्राप्त कर ली थी। इसके बाद उसने अपने सुनिश्चित मुख्य लक्ष्य को विस्तार दिया और अपने दिमाग में अपनी आजादी हासिल करने का विचार रोप दिया। जल्दी ही जेल की दीवारें उसके चारों ओर से खिसकने लगी थीं।

कोई भी अनैच्छिक परिवेश इतना मजबूत नहीं होता है, जो किसी ऐसी महिला या ऐसे पुरुष को जकड़कर रख सके, जो यह समझता है कि एक सुनिश्चित मुख्य लक्ष्य को निर्मित करने में स्व-परामर्श के सिद्धांत को कैसे लागू किया जाता है! ऐसा व्यक्ति गरीबी के शिकंजे को तोड़कर फेंक सकता है, घातक बीमारी के कीटाणुओं को नष्ट कर सकता है, जीवन के निचले पायदान से उठकर शक्ति व समृद्धि हासिल कर सकता है।

सभी महान् नेता अपने नेतृत्व का आधार एक सुनिश्चित मुख्य लक्ष्य के ऊपर ही निर्मित करते हैं। अनुयायी जब यह जानते हैं कि उनका नेता एक ऐसा व्यक्ति है, जिसका एक सुनिश्चित मुख्य लक्ष्य है और जो उस लक्ष्य को अपने कर्मों के द्वारा हासिल करने का साहस रखता है, तो वे स्वेच्छापूर्वक अपने नेता का अनुसरण करते रहते हैं। यहाँ तक कि एक अड़ियल घोड़ा भी जब यह जान लेता है कि उसके सवार का एक सुनिश्चित मुख्य लक्ष्य है तो वह उस लक्ष्य की प्राप्ति हेतु सवार के लगाम नियंत्रण के अनुसार दौड़ने लगता है।

अब हम एक सुनिश्चित मुख्य लक्ष्य के आर्थिक पहलू की ओर बढ़ते हैं।

यदि एक भाप-चालित जलयान की पतवार महासागर के बीच में खो जाती है तो वह महासागर में दिशाहीन होकर घूमना शुरू कर देता है और शीघ्र ही उसकी ईंधन-आपूर्ति बिना तट तक पहुँचे ही खर्च हो जाती है। जबकि वास्तव में जलयान के पास इतना पर्याप्त ईंधन था कि वह कई बार तट के चक्कर लगा सकता था। जो व्यक्ति एक सुनिश्चित लक्ष्य और उस लक्ष्य को पाने की एक सुनिश्चित योजना के बिना मेहनत करता है, वह उसी पतवार-रहित जलयान के समान होता है। कठिन परिश्रम और अच्छी नीयत मात्र से ही कोई व्यक्ति सफलता हासिल नहीं कर सकता है। एक अच्छा मकान या

कठिन परिश्रम और अच्छी नीयत मात्र से ही कोई व्यक्ति सफलता हासिल नहीं कर सकता है। एक अच्छा मकान या इमारत एक सुनिश्चित मानचित्र और एक निश्चित कार्य-योजना के बिना निर्मित नहीं की जा सकती है। यदि सफलता शक्ति पर और शक्ति संगठित प्रयास पर निर्भर करती है और यदि संगठन की दिशा में पहला कदम एक सुनिश्चित मुख्य लक्ष्य है तो इसके बाद हर कोई आसानी से देख सकता है कि इस प्रकार का एक मुख्य लक्ष्य क्यों अनिवार्य होता है?

इमारत एक सुनिश्चित मानचित्र और एक निश्चित कार्य-योजना के बिना निर्मित नहीं की जा सकती है।

यदि सफलता शक्ति पर और शक्ति संगठित प्रयास पर निर्भर करती है और यदि संगठन की दिशा में पहला कदम एक सुनिश्चित मुख्य लक्ष्य है तो इसके बाद हर कोई आसानी से देख सकता है कि इस प्रकार का एक मुख्य लक्ष्य क्यों अनिवार्य होता है?

जब तक एक व्यक्ति अपने जीवन में एक सुनिश्चित लक्ष्य तय नहीं करता है, तब तक उसकी ऊर्जा इधर-उधर बिखरी रहती है और उसके विचार कई सारे विषयों तथा कई सारी दिशाओं में फैल जाते हैं। इसके कारण उसे शक्ति प्राप्त नहीं हो पाती है और वह अनिर्णय एवं कमजोरी का शिकार हो जाता है। एक छोटे से रीडिंग ग्लास के द्वारा जब आप सूरज की किरणों को एक सुनिश्चित बिंदु पर केंद्रित करते हैं तो वे किरणें एक लकड़ी के तख्ते में भी छेद कर सकती हैं। जब ग्लास को हटा दिया जाता है तो वह सुनिश्चित बिंदु भी हट जाता है और सूरज की वही किरणें हजारों साल तक उस तख्ते पर चमकती रहती हैं, लेकिन उसे जलाकर उसमें छेद नहीं कर पाती हैं।

मिले-जुले प्रयासों से उच्चतर शक्ति उत्पन्न होती है। यह एक ऐसा बिंदु है, जो कि अधिक-से-अधिक बार दोहराए जाने की दृष्टि से महत्त्वपूर्ण है, क्योंकि यह इस रीडिंग कोर्स की आधारशिला के सबसे महत्त्वपूर्ण भागों में से एक का निर्माण करता है। यदि आप फुटबॉल के खेल से परिचित हैं तो आप जानते होंगे कि विजेता टीम वह होती है, जो अपने खिलाड़ियों के प्रयासों का सर्वोत्तम रूप से समन्वय करती है। टीम-वर्क ही वह चीज है, जो कि जीत हासिल करती है। यही बात जीवन के महान् खेल के बारे में भी लागू होती है।

जब आप अपने मन के संकायों को 'सक्सेस Limitless' नामक इस पाठ्यक्रम के सोलह अध्यायों में दी गई योजना के अनुसार संगठित करते हैं और उन्हें जीवन के एक सुनिश्चित लक्ष्य को हासिल करने की दिशा में निर्देशित करते हैं तो इसके बाद आपको सहयोगात्मक या संचयात्मक सिद्धांत का लाभ मिलने लगता है और इसमें से जो शक्ति विकसित होती है, उस शक्ति को ही 'संगठित प्रयास' कहा जाता है।

एक व्यक्ति के पाँव नहीं थे और उसकी मुलाकात एक अंधे व्यक्ति से हुई। लँगड़ा व्यक्ति दूरदृष्टि रखता था और उसने अंधे व्यक्ति के सामने एक मित्रतापूर्ण गठजोड़ बनाने का प्रस्ताव रखा, जिसके द्वारा उन दोनों को ही व्यापक लाभ मिलना था। उसने अंधे व्यक्ति से कहा कि तुम मुझे अपनी पीठ पर बिठा लो, इसके बाद मैं तुम्हारे पैरों का उपयोग करूँगा

और तुम मेरी आँखों का उपयोग कर सकोगे। मिले-जुले प्रयासों से उच्चतर शक्ति उत्पन्न होती है। यह एक ऐसा बिंदु है, जो कि अधिक-से-अधिक बार दोहराए जाने की दृष्टि से महत्त्वपूर्ण है, क्योंकि यह इस रीडिंग कोर्स की आधारशिला के सबसे महत्त्वपूर्ण भागों में से एक का निर्माण करता है। यदि आप फुटबॉल के खेल से परिचित हैं तो आप जानते होंगे कि विजेता टीम वह होती है, जो अपने खिलाड़ियों के प्रयासों का सर्वोत्तम रूप से समन्वय करती है। टीम-वर्क ही वह चीज है, जो कि जीत हासिल करती है। यही बात जीवन के महान् खेल के बारे में भी लागू होती है।

जब मैंने 16,000 से अधिक लोगों का विश्लेषण किया तो उन लोगों से यह प्रश्न भी पूछा था कि जीवन में आपका सुनिश्चित लक्ष्य क्या है? कई लोगों ने इसका उत्तर निम्नलिखित रूप में दिया था—

"मेरे जीवन का सुनिश्चित लक्ष्य विश्व की अधिक-से-अधिक संभव सेवा करना है और अपने लिए एक अच्छा रहन-सहन का स्तर हासिल करना है।"

यह उत्तर उतना ही सुनिश्चित है, जितना कि ब्रह्मांड के आकार के बारे में एक मेढक की परिकल्पना का सटीक होना।

इस अध्याय का लक्ष्य आपको यह सूचित करना नहीं है कि आपके जीवन का कार्य क्या होना चाहिए, क्योंकि यह केवल सटीक रूप से तभी किया जा सकता है, जब आप अपना विश्लेषण पूरी तरह से कर चुके हों। इस अध्याय का उद्देश्य केवल इतना है कि आप अपने मन में एक सुनिश्चित लक्ष्य के महत्त्व की एक स्पष्ट अवधारणा को ग्रहण कर लें और अपने सुनिश्चित लक्ष्य को पाने के लिए जरूरी शक्ति हासिल करने के एक साधन के रूप में संगठित प्रयास के सिद्धांत का महत्त्व समझ लें।

एक सुनिश्चित लक्ष्य के साथ काम करने की आदत आपके भीतर त्वरित निर्णय लेने की आदत को विकसित करेगी और यह आदत आपके सभी कार्यों में सहायक सिद्ध होगी। एकाग्रचित्त प्रयास और एक सुनिश्चित लक्ष्य के साथ काम करने की आदत सफलता के दो अनिवार्य कारक हैं, जो हमेशा एक-दूसरे के साथ जुड़े रहते हैं।

इसके कुछ उल्लेखनीय उदाहरण इस प्रकार हैं—

वुलवर्थ ने अमेरिका को 5 और 10 सेंट स्टोरों की एक श्रृंखला में बाँधने का सुनिश्चित लक्ष्य चुना था। उन्होंने इस एक कार्य पर अपने मन को संकेंद्रित किया और अपने लक्ष्य को हासिल कर लिया।

थॉमस ए. एडिसन ने प्राकृतिक नियमों के सामंजस्य पर ध्यान केंद्रित किया और अपने प्रयासों से इतनी अधिक संख्या में उपयोगी चीजों का आविष्कार किया कि कोई दूसरा व्यक्ति उनकी उपलब्धियों को छू तक नहीं पाया है।

लिंकन ने दासों को मुक्त करने पर अपना ध्यान केंद्रित किया और ऐसा करते हुए वे महानतम अमेरिकी राष्ट्रपति बन गए। हेनरी फोर्ड ने कारों पर, डेल कार्नेगी ने स्टील पर, जिलेट ने सेफ्टी रेजर पर, जॉर्ज ईस्टमैन ने कोडक कैमरे पर ध्यान संकेंद्रित करते हुए समृद्धि और शक्तियाँ हासिल कीं तथा विश्व में अपना महत्त्वपूर्ण स्थान बनाया।

वुडरो विल्सन ने पच्चीस वर्षों के लिए अपने मन को व्हाइट हाउस पर संकेंद्रित किया और उसके मुख्य किराएदार बन गए। एक सुनिश्चित मुख्य लक्ष्य से जुड़े रहने का महत्त्व जानने के लिए उन्हें धन्यवाद देना होगा।

लिंकन ने दासों को मुक्त करने पर अपना ध्यान केंद्रित किया और ऐसा करते हुए वे महानतम अमेरिकी राष्ट्रपति बन गए।

हेनरी फोर्ड ने कारों पर, डेल कार्नेगी ने स्टील पर, जिलेट ने सेफ्टी रेजर पर, जॉर्ज ईस्टमैन ने कोडक कैमरे पर ध्यान संकेंद्रित करते हुए समृद्धि और शक्तियाँ हासिल कीं तथा विश्व में अपना महत्त्वपूर्ण स्थान बनाया।

हेलेन केलर ने बोलने की कला सीखने पर ध्यान केंद्रित किया और गूँगी, बहरी व अंधी होने के बावजूद अपने जीवन के सुनिश्चित लक्ष्य को निर्धारित और हासिल किया।

करोड़ों लोग रोज गरीबी एवं असफलता पर ध्यान केंद्रित करते हैं और इन दोनों को अति प्रचुरता में हासिल कर लेते हैं।

इस प्रकार, यह देखा गया है कि जो लोग एक सुनिश्चित लक्ष्य के साथ कार्य करते हैं और अपने श्रम को उस उद्देश्य की पूर्ति में लगाते हैं, वे निश्चित रूप से सफल होते हैं।

एक ऐसी चीज अवश्य होती है, जिसे आप दुनिया के किसी अन्य व्यक्ति की तुलना में बेहतर ढंग से कर सकते हैं। आपको वह चीज निरंतर खोजनी है और उसे अपने सुनिश्चित लक्ष्य का उद्देश्य बनाना है और इसके बाद अपनी सारी शक्तियों को संगठित करके इस विश्वास के साथ उस पर आक्रमण करना है कि आप जीत हासिल करने जा रहे हैं। एक व्यक्ति सामान्यतः उसी उद्यम में सर्वोत्तम रूप से सफल होता है, जिसमें वह अपनी आत्मा और हृदय को पूरी तरह से झोंक सकता है।

अब हम अधिक स्पष्टता के लिए उन मनोवैज्ञानिक सिद्धांतों की ओर वापस लौटते हैं, जिन पर यह अध्याय टिका हुआ है। ये सिद्धांत इस प्रकार हैं—

पहला, मानव शरीर की कोई भी ऐच्छिक गतिविधि मन के कार्य-चालन के द्वारा विचारों के माध्यम से नियंत्रित व निर्देशित होती है।

दूसरा, आपकी चेतना में मौजूद कोई भी विचार एक संबद्ध भावना को पैदा करने की प्रवृत्ति रखता है और यही विचार उस भावना को एक उपयुक्त पेशीय क्रिया के रूप

में रूपांतरित करने के लिए आपको उकसाता है। यह पेशीय क्रिया विचार की प्रकृति के साथ पूर्ण साहचर्य में होती है।

उदाहरण के लिए, यदि आप अपनी पलकों को झपकाने के बारे में सोचते हैं तो आपके दिमाग में उस गतिविधि को बंद करने के लिए कोई प्रतिरोधी प्रभाव या विचार मौजूद नहीं होता है। प्रेरक-तंत्रिका उस विचार को आपके मस्तिष्क से जाकर उपयुक्त अंगों तक पहुँचा देती है और तुरंत ही संगत पेशीय क्रिया होने लगती है।

इस सिद्धांत को अब एक-दूसरे कोण से देखते हैं। उदाहरण के लिए, आप एक सुनिश्चित लक्ष्य को अपने जीवन कार्य के रूप में चुनते हैं और अपने मन को इस बात के लिए तैयार कर लेते हैं कि आप उस लक्ष्य को हासिल करेंगे। जैसे ही आप यह चुनाव करते हैं, वह लक्ष्य आपकी चेतना में अधिप्रभावी विचार बन जाता है और आप निरंतर उन तथ्यों, सूचनाओं एवं जानकारियों के बारे में सजग हो जाते हैं, जो कि उस लक्ष्य को हासिल करने की दृष्टि से जरूरी और उपयोगी हैं। जैसे ही आप अपने मन में एक सुनिश्चित लक्ष्य का रोपण करते हैं, उसी क्षण से आपका मन चेतन व अवचेतन दोनों रूपों में उस सामग्री को एकत्रित और भंडारित करना शुरू कर देता है, जो आपके सुनिश्चित लक्ष्य को पूरा करने में काम आती हैं।

अभिलाषा वह कारक है, जो निर्धारित करती है कि आपका सुनिश्चित लक्ष्य क्या होगा। कोई व्यक्ति आपकी अभिलाषा का चयन नहीं कर सकता है; लेकिन जैसे ही आप अपनी अभिलाषा का चयन खुद करते हैं, वह आपका सुनिश्चित मुख्य लक्ष्य बन जाती है और आपके मन में उस समय तक केंद्रीय स्थान ग्रहण किए रहती है, जब तक कि वह वास्तविकता में रूपांतरित नहीं हो जाती, या जब तक आप उसे विरोधाभासी इच्छाओं के द्वारा दूर नहीं धकेल देते हैं।

अभिलाषा वह कारक है, जो निर्धारित करती है कि आपका सुनिश्चित लक्ष्य क्या होगा। कोई व्यक्ति आपकी अभिलाषा का चयन नहीं कर सकता है; लेकिन जैसे ही आप अपनी अभिलाषा का चयन खुद करते हैं, वह आपका सुनिश्चित मुख्य लक्ष्य बन जाती है और आपके मन में उस समय तक केंद्रीय स्थान ग्रहण किए रहती है, जब तक कि वह वास्तविकता में रूपांतरित नहीं हो जाती, या जब तक आप उसे विरोधाभासी इच्छाओं के द्वारा दूर नहीं धकेल देते हैं।

अभिलाषा से लेकर लक्ष्य-पूर्ति तक तीन चरण होते हैं—पहले चरण में अभिलाषा की आग को तीव्रता से भड़काया जाता है। दूसरे चरण में अभिलाषा को एक सुनिश्चित

लक्ष्य में परिष्कृत किया जाता है और अंत में पर्याप्त व उपयुक्त काररवाई के द्वारा उस लक्ष्य को हासिल किया जाता है।

याद रखें कि ये तीन चरण सुरक्षा को सुनिश्चित करने के लिए हमेशा अनिवार्य होते हैं। आप एक ऐसे चमत्कारिक युग में रह रहे हैं, जहाँ सफलता की ओर ले जानेवाली सामग्रियाँ प्रचुर और सस्ती हैं। यदि आप एक उपदेशक बनना चाहते हैं तो आपके हाथों में इस बात का पूरा इतिहास उपलब्ध होता है कि इस क्षेत्र में आपसे पहले विख्यात उपदेशक बननेवाले लोगों ने क्या-क्या सीखा था! यदि आप एक वकील बनना चाहते हैं तो आपके पास कानूनी प्रक्रिया का पूरा इतिहास उपलब्ध है। यह दुनिया अवसरों से कभी इतनी भरी नहीं थी, जितनी कि आज है। प्रत्येक जगह उन महिला या पुरुषों की सेवाओं की माँग लगातार बढ़ रही है, जो एक बेहतर चूहा पकड़ने का जाल बनाते हैं, बेहतर स्टेनोग्राफी की सेवाएँ प्रदान करते हैं, बेहतर उपदेश देते हैं या एक बेहतर गड्ढा खोदते हैं अथवा एक अधिक सुविधा प्रदान करनेवाला बैंक चलाते हैं।

एक सुनिश्चित लक्ष्य वह चीज है, जिसे आपको अपने लिए अनिवार्य रूप से निर्मित करना होगा। कोई दूसरा व्यक्ति आपके लिए उसे निर्मित नहीं कर सकता है और यह अपने आप भी निर्मित नहीं होगा। आप उसके बारे में क्या करने जा रहे हैं? और कब व कैसे करने जा रहे हैं?

अब अपनी अभिलाषाओं का विश्लेषण करें और यह खोजें कि वह चीज कौन सी है, जिसे आप करना या पाना चाहते हैं?

एक सुनिश्चित लक्ष्य वह चीज है, जिसे आपको अपने लिए अनिवार्य रूप से निर्मित करना होगा। कोई दूसरा व्यक्ति आपके लिए उसे निर्मित नहीं कर सकता है और यह अपने आप भी निर्मित नहीं होगा। आप उसके बारे में क्या करने जा रहे हैं? और कब व कैसे करने जा रहे हैं?

अब अपनी अभिलाषाओं का विश्लेषण करें और यह खोजें कि वह चीज कौन सी है, जिसे आप करना या पाना चाहते हैं? इसके बाद उस चीज को पाने के लिए अपने मन को पूरी तरह से तैयार करें। अध्याय-3 में आपको अगले चरण के बारे में संकेतित किया जाएगा और यह दरशाया जाएगा कि कैसे आगे बढ़ना है! इस पाठ्यक्रम में कोई भी चीज संयोग के लिए नहीं छोड़ी गई है। प्रत्येक चरण को सीधे और सरल ढंग से चिह्नित किया गया है। आपका काम केवल निर्देशों का तब तक अनुपालन करना है, जब तक कि आप उस गंतव्य तक न पहुँच जाएँ, जिसे आपके सुनिश्चित मुख्य लक्ष्य द्वारा प्रदर्शित किया गया है। उस सुनिश्चित लक्ष्य को स्पष्ट करें और उस निरंतरता से

उसका पीछा करें, जो 'असंभव' जैसे शब्द को मान्यता नहीं देती है।

जब आप एक सुनिश्चित मुख्य लक्ष्य का चयन करते हैं, तब आपको यह तथ्य दिमाग में रखना है कि आपका लक्ष्य अत्यधिक ऊँचा नहीं होना चाहिए। इस बात को ध्यान में रखें कि यदि आप 'कहीं नहीं' से शुरुआत करेंगे तो आप 'कहीं नहीं' पहुँचेंगे। यदि आपके जीवन का लक्ष्य अस्थिर है तो आपकी उपलब्धियाँ भी अस्थिर होंगी और आपको शक्ति की बजाय दुर्बलता प्राप्त होगी। ये जानें कि आप क्या चाहते हैं, कब चाहते हैं, क्यों चाहते हैं और इसे कैसे हासिल करेंगे? मनोविज्ञान के शिक्षकों और छात्रों के लिए wwwh What, When, Why and How का सूत्र जाना-पहचाना है।

इस अध्याय को एक सप्ताह के अंतराल पर चार बार पढ़ें।

आप चौथी बार में उन चीजों को देखेंगे, जो आपको पहली बार पढ़ने पर दिखाई नहीं दी थीं।

अपने खुद के अध्ययन तरीकों या नियमों को लागू न करें। केवल उन्हीं नियमों और तरीकों का पालन करें, जिन्हें इस पाठ्यक्रम में दरशाया गया है; क्योंकि ये वर्षों के चिंतन और परीक्षण का परिणाम हैं। यदि आप परीक्षण करना चाहते हैं तो तब तक के लिए प्रतीक्षा करें, जब तक कि आप इस पाठ्यक्रम में लेखक द्वारा सुझाए गए तरीके से पारंगत नहीं हो जाते। तभी आप सुरक्षित रूप से परीक्षण करने की स्थिति में होंगे। अभी आपको छात्र के रूप में शुरुआत करनी है और जब आप इस कोर्स में विशेषज्ञता हासिल कर लेंगे, तब आप एक छात्र के साथ-साथ एक शिक्षक भी होंगे।

इस अध्याय के सिद्धांतों को लागू करने के लिए दिशा-निर्देश

परिचयात्मक अध्याय में आप 'मास्टर माइंड' नामक मनोवैज्ञानिक सिद्धांत से परिचित हो चुके हैं। अब आप इस सिद्धांत को एक ऐसे साधन के रूप में प्रयोग करने के लिए तैयार हैं, जो आपके सुनिश्चित लक्ष्य को वास्तविकता में रूपांतरित करेगा।

सबसे पहले आपको अपने जीवन का प्रमुख लक्ष्य तय करना है। इसके बाद अगले चरण में आपको इस लक्ष्य का एक स्पष्ट और संक्षिप्त वक्तव्य लिखना है। इसके बाद आपको उन योजनाओं को कागज पर लिखना है, जिनके द्वारा आप अपने लक्ष्य को हासिल करेंगे।

आपका अगला और अंतिम कदम यह होगा कि आप कुछ ऐसे व्यक्तियों के साथ एक गठबंधन निर्मित करें, जो इन योजनाओं को कार्यान्वित करने और आपके मुख्य लक्ष्य को वास्तविकता में रूपांतरित करने में आपका सहयोग कर सकें। इस मित्रतापूर्ण गठबंधन का उद्देश्य आपकी योजनाओं के समर्थन में मास्टर माइंड के

नियम को लागू करना है। यह गठबंधन आपके और उन लोगों के बीच निर्मित होना चाहिए, जो दिल से आपका सर्वोत्तम और उच्चतम हित चाहते हैं। यदि आप विवाहित हैं तो आपकी पत्नी को इस गठबंधन का एक सदस्य होना चाहिए। बशर्ते, आपके बीच विश्वास और सहानुभूति की एक सामान्य स्थिति मौजूद हो। इस गठबंधन के अन्य सदस्यों में आपकी माता, पिता, भाइयों, बहनों या कुछ निकट मित्रों को शामिल किया जा सकता है। यदि आप अविवाहित हैं तो भी आप अपनी महिला मित्र को इस मास्टर माइंड का हिस्सा बना सकते हैं। यह मजाक नहीं है। आप अभी इनसानी मन के सबसे अधिक शक्तिशाली नियमों में से एक को पढ़ रहे हैं।

आपके साथ जो भी लोग मास्टर माइंड के निर्माण में एक मित्रतापूर्ण गठबंधन का हिस्सा बनेंगे, उन्हें भी आपके सुनिश्चित लक्ष्य और योजनाओं के लिखित वक्तव्य पर हस्ताक्षर करने चाहिए। प्रत्येक सदस्य के पास आपके सुनिश्चित लक्ष्य की एक लिखित प्रतिलिपि अवश्य होनी चाहिए।

समय-समय पर आप अपने मुख्य लक्ष्य को हासिल करने के लिए बनाई गई योजनाओं में जरूरी बदलाव भी कर सकते हैं। इन बदलावों को बिना किसी हिचक के लागू करें। यदि आपके गठबंधन का कोई भी सदस्य मास्टर माइंड के नियम में अपनी आस्था खो देता है तो उस सदस्य को तुरंत ही गठबंधन से निकाल दें और उसके स्थान पर किसी और व्यक्ति को शामिल करें।

यदि आप प्रार्थना में विश्वास रखते हैं तो अपने सुनिश्चित मुख्य लक्ष्य को कम-से-कम 24 घंटों में एक बार अपनी प्रार्थना का उद्देश्य अवश्य बनाएँ। यदि आप ईश्वर में विश्वास करते हैं और यह मानते हैं कि ईश्वर विश्व में ईमानदारी से रचनात्मक सेवा प्रदान करनेवाले की सहायता करता है तो आपको ईश्वर के सामने अपनी याचिका प्रस्तुत करने का अधिकार है। आप ईश्वर से अपने जीवन की सबसे महत्त्वपूर्ण चीज को हासिल करने में सहायता माँग सकते हैं। आपके गठबंधन से जुड़े लोग भी अपनी प्रार्थनाओं में आपके लक्ष्य की पूर्ति को एक विषय बना सकते हैं।

अब हम सर्वाधिक जरूरी नियमों में से एक पर आते हैं, जिसका पालन अनिवार्य रूप से किया जाना चाहिए। अपने गठबंधन के किसी एक या सभी सदस्यों को इस बात के लिए तैयार करें कि वे दिन में कम-से-कम एक बार आपके सामने सर्वाधिक सकारात्मक और सुनिश्चित अर्थों में मुख्य लक्ष्य के वक्तव्य को पढ़कर दोहराएँ और आपसे कहें कि वे जानते हैं कि आप कर सकते हैं और अपने सुनिश्चित मुख्य लक्ष्य को अवश्य हासिल करेंगे।

समय-समय पर आप अपने मुख्य लक्ष्य को हासिल करने के लिए बनाई गई योजनाओं में जरूरी बदलाव भी कर सकते हैं। इन बदलावों को बिना किसी हिचक के लागू करें। यदि आपके गठबंधन का कोई भी सदस्य मास्टर माइंड के नियम में अपनी आस्था खो देता है तो उस सदस्य को तुरंत ही गठबंधन से निकाल दें और उसके स्थान पर किसी और व्यक्ति को शामिल करें।

आप निष्ठा-रहित और मित्रता-रहित सहकर्मियों से घिरे रहकर सफलता की दिशा में आगे नहीं बढ़ सकते। सफलता का निर्माण निष्ठा, आस्था, गंभीरता, सहयोग एवं अन्य सकारात्मक शक्तियों पर किया जाता है और इन्हीं शक्तियों से युक्त लोगों को अपने परिवेश में भरना चाहिए।

इस पाठ्यक्रम के कई छात्र अपने व्यापार या व्यवसाय में सफलता पाने के उद्देश्य से व्यापार और व्यवसाय से जुड़े लोगों के साथ मित्रवत् गठबंधन बनाना चाहते होंगे। ऐसे मामलों में भी समान तरीकों और नियमों का पालन करना होगा। मास्टर माइंड का नियम आपके निजी लाभ या व्यापारिक और व्यावसायिक लाभ दोनों मामलों में कारगर सिद्ध होगा। यदि आप व्यक्तिगत स्तर पर या व्यापारिक क्षेत्र में अस्थायी या स्थायी रूप से असफल होते हैं तो इसका कारण केवल यह होगा कि आपके गठबंधन के कुछ सदस्य लक्ष्य के प्रति आस्था, निष्ठा और गंभीरता की भावना के बिना इस गठबंधन में शामिल हुए होंगे।

आपके सुनिश्चित लक्ष्य का अभिप्राय आपकी रुचि या शौक बन जाना चाहिए। आपको इस रुचि को निरंतर रूप से बनाए रखना होगा। आपको इसके साथ सोना चाहिए, इसके साथ खाना चाहिए, इसके साथ खेलना चाहिए, इसके साथ काम करना चाहिए, इसके साथ रहना चाहिए और इसके साथ सोचना चाहिए।

किसी चीज को पाने की इच्छा करने और वास्तविक रूप से उसे पाने का विश्वास करने में एक अंतर होता है। जो लोग यह विश्वास करते हैं कि वे सुनिश्चित मुख्य को हासिल कर सकते हैं, उनके लिए 'असंभव' शब्द कोई मायने नहीं रखता है। वे लोग अस्थायी पराजय को भी स्वीकार नहीं करते हैं। वे जानते हैं कि वे सफलता हासिल करने जा रहे हैं और यदि एक योजना विफल होती है तो वे तुरंत ही दूसरी योजना के साथ काम करना शुरू कर देते हैं।

प्रत्येक उल्लेखनीय उपलब्धि सफलता-प्राप्ति से पहले की कुछ अस्थायी बाधाओं के साथ हासिल होती है। थॉमस अल्वा एडिसन ने शब्दों को रिकॉर्ड करनेवाली पहली टॉकिंग मशीन बनाने में सफलता हासिल करने से पहले 10,000 से अधिक असफल प्रयोग किए थे।

प्रत्येक चीज का एक मूल्य होता है। मास्टर माइंड के नियम का प्रयोग करते हुए आप प्रकृति के साथ सवारी कर रहे होते हैं और प्रकृति को कभी ठगा नहीं जा सकता है। वह आपको आपके संघर्षों का फल तभी प्रदान करेगी, जब आप प्रकृति को उसका मूल्य चुकाएँगे। और यह मूल्य है—बिना किसी उपलब्धि के जारी रहनेवाले सतत प्रयास।

इस अध्याय के संबंध में जो एक शब्द आपको अपने दिमाग में लगातार बनाए रखना है, वह शब्द है—निरंतरता।

आपको ज्ञान के मंदिर का दरवाजा खोलना है और उसमें प्रवेश करना है। लेकिन आपको मंदिर के पास जाना होगा, वह मंदिर आपके पास नहीं आएगा। ये नियम आपके लिए नए हैं और आप पहली बार में इन्हें आसानी से नहीं समझ पा रहे हैं तो आपको कई बार ठोकरें खाकर भी आगे बढ़ते रहना है।

प्रत्येक चीज का एक मूल्य होता है। मास्टर माइंड के नियम का प्रयोग करते हुए आप प्रकृति के साथ सवारी कर रहे होते हैं और प्रकृति को कभी ठगा नहीं जा सकता है। वह आपको आपके संघर्षों का फल तभी प्रदान करेगी, जब आप प्रकृति को उसका मूल्य चुकाएँगे। और यह मूल्य है—बिना किसी उपलब्धि के जारी रहनेवाले सतत प्रयास।

अब आप अगले अध्याय में आत्मविश्वास के बारे में पढ़ेंगे और उसमें पारंगत होने के बाद आप अपने भीतर यह आस्था पैदा करने में सफल होंगे कि आप इस अध्याय में निर्देशित किए गए तरीकों के द्वारा अपना सुनिश्चित लक्ष्य हासिल कर सकते हैं।

□

3

आत्मविश्वास

"आप यह कर सकते हैं,
यदि आपको विश्वास है कि आप कर सकते हो।"

संदेहवाद प्रगति और आत्म-विकास का घातक शत्रु है। वास्तव में, यह संदेह का युग नहीं है, क्योंकि इस युग में हम प्रकृति के नियमों का अधिक-से-अधिक प्रकटीकरण होते हुए देख रहे हैं और हमने मानव प्रजाति के संपूर्ण इतिहास में खोजे गए प्राकृतिक नियमों की तुलना में काफी अधिक प्राकृतिक नियमों का अनावरण और संदोहन किया है। हमने वायु के बारे में विशेषता हासिल की है। हमने महासागरों को खोजा है। हमने पृथ्वी पर सारी दूरियों को नाप लिया है। हमने प्रकाश का दोहन किया है और हम विश्व के राष्ट्रों के बीच निरंतर संवाद की सुविधा विकसित कर चुके हैं। यह परीक्षण और अनुसंधान का युग है, जो हमें 'विचार' नामक रहस्यमयी ताकत की व्यापक समझ हासिल करने के बारे में सुनिश्चित आश्वासन देता है।

आत्मविश्वास का विकास डर नामक शैतान को खत्म करने से आरंभ होता है। डर का यह शैतान इनसान के कंधों पर बैठकर उसके कान में फुसफुसाता है—'तुम यह नहीं कर सकते। तुम कोशिश करने से डरते हो। तुम जनमत से डरते हो। असफल होने से डरते हो। तुम इस बात से डरते हो कि तुम्हारे पास क्षमता नहीं है।'

मानव जाति के छह मूलभूत डर हैं—

(क) गरीबी का डर।
(ख) वृद्धावस्था का डर।
(ग) आलोचना का डर।
(घ) किसी के प्यार को खोने का डर।
(ङ) खराब स्वास्थ्य का डर।
(च) मृत्यु का डर।

इस सूची का अध्ययन करके उन डरों की पहचान करें, जो आपके भीतर मौजूद हैं। समझदारी की आयु में प्रवेश करनेवाला प्रत्येक व्यक्ति किसी-न-किसी मात्रा में इन छह मूलभूत डरों के द्वारा प्रभावित किया जाता है। इन छह डरों को खत्म करने की दिशा में पहला कदम यह होगा कि हम इनके स्रोतों का परीक्षण करें और यह जानें कि ये डर हमें विरासत में कहाँ से मिलते हैं?

शारीरिक और सामाजिक विरासत

शारीरिक आनुवंशिकता के नियम के द्वारा मानव धीरे-धीरे अमीबा (एक कोशिकीय जीव) से कई चरणों में गुजरता हुआ वर्तमान जीव के रूप में विकसित हुआ है। इन चरणों में वह ऐसे जीव रूपों से भी संगति रखता था, जो कि किसी समय अस्तित्व में थे, लेकिन वर्तमान में विलुप्त हो चुके हैं। मानव जिन पीढ़ियों से होकर गुजरा है, उन पीढ़ियों में से प्रत्येक ने उसकी प्रकृति में कोई-न-कोई गुण-विशेषता, आदत या शारीरिक रूप-रंग जोड़ दिया है। इसलिए मानव की शारीरिक विरासत कई आदतों और शारीरिक रूपों का एक विषमतापूर्ण संग्रह है।

इस बात में थोड़ा संदेह है कि ये छह मूलभूत डर केवल शारीरिक आनुवंशिकता के माध्यम से इनसान को मिले हैं; लेकिन यह स्पष्ट है कि शारीरिक आनुवंशिकता ने इन छह गुणों के लिए एक सर्वाधिक अनुकूल विश्राम-स्थल उपलब्ध कराया है। उदाहरण के लिए, यह एक सुविज्ञात तथ्य है कि शारीरिक विकास-क्रम की पूरी प्रक्रिया मृत्यु, विनाश, दर्द और निर्ममता पर आधारित है। सभी वनस्पतियाँ मिट्टी और वायु के तत्त्वों को खाकर जीवित रहती हैं। सभी जीव वनस्पतियों या अपने से कमजोर जीवों का भक्षण करके जीवित रहते हैं।

सभी वनस्पतियों एवं कोशिकाओं में बुद्धिमत्ता का एक अत्यधिक ऊँचा स्तर होता है। इसी प्रकार, सभी जंतु कोशिकाओं का बुद्धिमत्ता का स्तर भी काफी ऊँचा होता है। चूँकि अधिकांश मानव और जंतु छोटे व

सभी वनस्पतियों एवं कोशिकाओं में बुद्धिमत्ता का एक अत्यधिक ऊँचा स्तर होता है। इसी प्रकार, सभी जंतु कोशिकाओं का बुद्धिमत्ता का स्तर भी काफी ऊँचा होता है। चूँकि अधिकांश मानव और जंतु छोटे व कमजोर जंतुओं को खाकर जिंदा रहते हैं, इसलिए इन जंतुओं की कोशिका बुद्धिमत्ता मानव में प्रवेश करके उसका एक हिस्सा बन जाती है और इसी के साथ जीवित रूप में खाए जाने का उनका अनुभव भी इनसान में भय के रूप में विकसित होता है।

कमजोर जंतुओं को खाकर जिंदा रहते हैं, इसलिए इन जंतुओं की कोशिका बुद्धिमत्ता मानव में प्रवेश करके उसका एक हिस्सा बन जाती है और इसी के साथ जीवित रूप में खाए जाने का उनका अनुभव भी इनसान में भय के रूप में विकसित होता है। यह सिद्धांत संभवतः सत्य न हो, किंतु यह कम-से-कम एक तार्किक सिद्धांत तो है। इन डरों के स्रोत की एक अधिक बेहतर व्याख्या सामाजिक विरासत के वर्णन द्वारा सामने आएगी।

सामाजिक विरासत या आनुवंशिकता के अंतर्गत वे सभी स्रोत आते हैं, जिनके द्वारा एक व्यक्ति ज्ञान अर्जित करता है, जैसे कि धार्मिक या अन्य प्रकार की शिक्षा, पठन-पाठन, मौखिक बातचीत, किस्से-कहानियाँ और निजी अनुभव के तौर पर सामने आनेवाले विचार इत्यादि।

गरीबी का डर व्यक्ति की अपने सहकर्मियों को आर्थिक रूप से अपना शिकार बनाने की आनुवंशिक प्रवृत्ति से विकसित होता है। हम धन की पूजा के युग में रह रहे हैं। एक व्यक्ति को धूल का कण माना जाता है, यदि वह एक भारी-भरकम बैंक एकाउंट को नहीं रखता है। जितना कष्ट और अपमान गरीबी के कारण भोगना पड़ता है, उतना और किसी चीज से नहीं होता है। इसलिए इनसान का गरीबी से डरना कोई आश्चर्य की बात नहीं है।

सामाजिक विरासत के नियम के द्वारा कोई भी व्यक्ति एक बालक के दिमाग पर नियंत्रण स्थापित कर सकता है। गहन शिक्षण के माध्यम से उस बालक के दिमाग में कोई भी झूठा या सच्चा विचार इस तरीके से रोपा जाता है कि वह बालक उसे सत्य के रूप में स्वीकार कर लेता है और यह विचार उसके शरीर की कोशिका या किसी अंग की भाँति उसके व्यक्तित्व का एक हिस्सा बन जाता है। उसे बदलना उसके स्वभाव को बदलने जितना ही कठिन होता है।

औसतन दो साल तक की उम्र के एक बालक का दिमाग लचीला, खुला, स्पष्ट और मुक्त होता है। ऐसे दिमाग में जब बालक का कोई निकट विश्वसनीय व्यक्ति किसी विचार को रोपित करता है तो वह विचार उस दिमाग में इतनी गहरी जड़ें जमा लेता है कि उसे कभी भी खत्म या साफ नहीं किया जा सकता, भले ही यह विचार तर्क या विवेकशीलता के कितना भी विपरीत क्यों न हो!

जब हम व्यक्ति के छह मूलभूत डरों की उत्पत्ति और प्रकृति का अध्ययन करें तो हमें कुछ क्षण के लिए अपने पूर्वग्रहों और धारणाओं को अलग रख देना चाहिए।

गरीबी का डर : इस डर की उत्पत्ति के बारे में सच बताने के लिए साहस की

जरूरत होती है और उस सच को जानने के बाद उसे स्वीकार करने के लिए और भी बड़ा साहस चाहिए होता है। गरीबी का डर व्यक्ति की अपने सहकर्मियों को आर्थिक रूप से अपना शिकार बनाने की आनुवंशिक प्रवृत्ति से विकसित होता है। हम धन की पूजा के युग में रह रहे हैं। एक व्यक्ति को धूल का कण माना जाता है, यदि वह एक भारी-भरकम बैंक एकाउंट को नहीं रखता है। जितना कष्ट और अपमान गरीबी के कारण भोगना पड़ता है, उतना और किसी चीज से नहीं होता है। इसलिए इनसान का गरीबी से डरना कोई आश्चर्य की बात नहीं है। कई शादियों की शुरुआत और अंत का एकमात्र आधार संपत्ति होती है। एक इनसान हत्या कर सकता है, लूट-पाट कर सकता है, अन्य लोगों के अधिकारों का हनन कर सकता है; फिर भी वह अपने आसपास के लोगों में उच्च सम्मान पा सकता है, यदि उसने संपत्ति न खोई हो। इसलिए गरीबी एक अक्षम्य अपराध या पाप है। स्पष्ट है कि कोई भी व्यक्ति गरीबी से नहीं डरेगा, यदि वह किसी भी आधार पर अपने साथियों पर विश्वास करता हो; क्योंकि पृथ्वी पर प्रत्येक व्यक्ति की जरूरत के लिए भोजन, आवास और प्रत्येक प्रकार की विलासिता पर्याप्त रूप में मौजूद रहती है। प्रकृति की इन सभी देनों का प्रत्येक व्यक्ति उपभोग कर सकता है; लेकिन कुछ स्वार्थी व्यक्ति अपनी जरूरतों से अधिक चीजें होने पर भी दूसरों के हिस्से की चीजों को छीनने और इकट्ठा करने का प्रयास करते रहते हैं। इसी से गरीबी का जन्म होता है।

वृद्धावस्था का डर : वृद्धावस्था में गरीबी का सामना करने तथा एक दुर्दशापूर्ण और कष्टकारी दुनिया में प्रवेश करने की दो आशंकाओं से यह डर पैदा होता है। वृद्धावस्था में व्यक्ति को इस बात का डर रहता है कि उसके निकटवर्ती लोग उसकी संपत्ति पर कब्जा कर सकते हैं। दूसरे, उसके दिमाग में भविष्य के आनेवाले दिनों या दुनिया की भयानक तसवीरें छाई रहती हैं, जो कि उसे सामाजिक विरासत के माध्यम से किस्से-कहानियों द्वारा प्राप्त होती हैं।

आलोचना का डर : यह डर व्यक्ति कैसे अर्जित करता है, यह समझना कठिन है। इस मूलभूत डर को निर्धारित करना असंभव या अनिश्चित हो सकता है; किंतु इसके बारे में एक बात निश्चित है कि प्रत्येक व्यक्ति में यह डर सुविकसित रूप में पाया जाता है। लेखक के अनुसार, आलोचना का यह मूलभूत डर व्यक्ति के आनुवंशिक स्वभाव का एक हिस्सा है, जो इसे न केवल अपने आसपास के लोगों की अच्छाइयों और बुराइयों को ढूँढ़ने के लिए उकसाता है, बल्कि उन लोगों के चरित्र की आलोचना के द्वारा व्यक्ति के अपने खुद के कार्यों को न्यायोचित ठहराने में भी मदद करता है।

किसी के प्यार को खोने का डर : स्वाभाविक रूप से सभी पुरुष बहु-विवाहगामी होते हैं। वे अपने सहकर्मियों की पत्नी को चुराने या उनकी जानकारी के बिना उनकी पत्नियों

के साथ आजादी का कुछ समय बिताने की मंशा पाले रखते हैं। किसी के प्यार को खोना बहुत ही पीड़ाजनक होता है। यह मूलभूत डर मानव के दिमाग में किसी भी अन्य डर की तुलना में अधिक विनाशकारी भूमिका निभाता है। यह डर व्यक्ति को हिंसक और स्थायी रूप से पागल या उन्मादी बना सकता है।

स्वाभाविक रूप से सभी पुरुष बहु-विवाहगामी होते हैं। वे अपने सहकर्मियों की पत्नी को चुराने या उनकी जानकारी के बिना उनकी पत्नियों के साथ आजादी का कुछ समय बिताने की मंशा पाले रखते हैं। किसी के प्यार को खोना बहुत ही पीड़ाजनक होता है। यह मूलभूत डर मानव के दिमाग में किसी भी अन्य डर की तुलना में अधिक विनाशकारी भूमिका निभाता है। यह डर व्यक्ति को हिंसक और स्थायी रूप से पागल या उन्मादी बना सकता है।

खराब स्वास्थ्य का डर : यह डर उन्हीं स्रोतों से उत्पन्न होता है, जिनसे कि गरीबी और वृद्धावस्था के डर की उत्पत्ति होती है। लेखक को इस बात पर संदेह है कि जो लोग अच्छे स्वास्थ्य की विधियों को बेचने के व्यापार में लगे हुए हैं, वे मनुष्य के दिमाग में मौजूद खराब स्वास्थ्य के डर का भरपूर लाभ उठाते हैं। विश्व में आज उपचार और स्वास्थ्य-देखभाल की विभिन्न विधियों व पद्धतियों के बारे में जान लिया गया है। यदि कोई व्यक्ति अपनी आजीविका लोगों के अच्छे स्वास्थ्य को बनाए रखने के द्वारा अर्जित करना चाहता है तो यह स्वाभाविक है कि वह अपनी सेवाओं की जरूरतवाले लोगों तक पहुँचने के लिए प्रत्येक साधन का उपयोग करेगा। इस प्रकार, वर्तमान समय में लोगों के मन में खराब स्वास्थ्य का डर बने रहने की संभावना कम ही रह गई है।

मृत्यु का डर : यह छह मूलभूत डरों में से निकृष्टतम है। इस डर के पीछे छुपे कारण को मनोविज्ञान का एक साधारण छात्र भी स्पष्ट रूप से समझ सकता है। मौत के डर से जुड़ी भयंकर पीड़ाएँ और कष्ट के पीछे सीधे तौर पर धार्मिक अंध-आस्था का बड़ा हाथ होता है। यह स्रोत अन्य सभी साझा स्रोतों की तुलना में मृत्यु के डर के लिए अधिक उत्तरदायी होता है।

तथाकथित असभ्य और नास्तिक मौत से उतना नहीं डरते हैं, जितना कि सभ्य लोग। खासकर धर्मशास्त्रों से प्रभावित रहनेवाला सभ्य जनसंख्या का हिस्सा मृत्यु के डर से ज्यादा ग्रस्त रहता है। मृत्यु के डर की उत्पत्ति का स्रोत स्वर्ग और नरक की अवधारणाओं में स्पष्ट रूप से खोजा जा सकता है।

यह कहना कठिन है कि सामाजिक विरासत एक ऐसी विधि है, जिसके द्वारा इनसान उन सभी जानकारियों को एकत्रित करता है, जो पाँच इंद्रियों के माध्यम से उसके पास पहुँचती हैं। यहाँ कथन का मूल बिंदु यह है कि सामाजिक विरासत कैसे काम करती है और विभिन्न अनुप्रयोगों के द्वारा एक छात्र को इस नियम की व्यापक समझ कैसे हासिल हो सकती है?

वास्तव में, कोई भी व्यक्ति यह नहीं जानता है कि स्वर्ग या नरक कैसा है, कहाँ है? इस निश्चित जानकारी के अभाव के कारण धूर्त और कपटी व्यक्तियों को मानव के दिमाग में घुसने का रास्ता मिल जाता है और वे लोग अपनी बाजीगरी, कपट, धोखाधड़ी और कूट-जाल के द्वारा व्यक्ति के दिमाग पर अपना नियंत्रण जमा लेते हैं। कोई भी व्यक्ति यह नहीं जानता है कि वह कहाँ से आया है और मृत्यु के बाद कहाँ जाएगा? इस बारे में कोई भी सत्यता का दावा करनेवाला व्यक्ति या तो अपने आपको धोखा दे रहा है या फिर वह एक ऐसा चालाक व्यक्ति है, जो मानवता के भोलेपन या सहज विश्वास से खेलकर कोई महत्त्वपूर्ण सेवा प्रदान किए बिना ही अपनी आजीविका अर्जित करना चाहता है।

यह कहना कठिन है कि सामाजिक विरासत एक ऐसी विधि है, जिसके द्वारा इनसान उन सभी जानकारियों को एकत्रित करता है, जो पाँच इंद्रियों के माध्यम से उसके पास पहुँचती हैं। यहाँ कथन का मूल बिंदु यह है कि सामाजिक विरासत कैसे काम करती है और विभिन्न अनुप्रयोगों के द्वारा एक छात्र को इस नियम की व्यापक समझ कैसे हासिल हो सकती है?

हम कुछ निम्नतर जीवों से शुरुआत करते हैं और इस बात का परीक्षण करते हैं कि वे सामाजिक विरासत के नियम द्वारा किस तरह से प्रभावित होते हैं। लेखक ने एक बार बचपन में एक कौआ पकड़ा था और उसे पालतू बना लिया था। जल्दी ही वह पक्षी लेखक के घरेलू वातावरण से परिचित हो गया और कई तरह की चालबाजियाँ करना सीख गया। कभी-कभी वह कई घंटों के लिए चला जाता था और अँधेरा होने से पहले हमेशा घर लौट आता था। एक दिन कुछ जंगली कौए घर के पास ही एक उल्लू के साथ लड़ाई कर रहे थे। पालतू कौए ने अपने जंगली रिश्तेदारों की काँव-काँव सुनी और वह घर की छत पर जाकर बैठ गया। अंत में वह लड़ाई की जगह पर उड़कर पहुँच गया। लेखक ने उसका पीछा किया, ताकि वह देख सके कि आगे क्या घटित होगा! लेखक जब उस स्थान के निकट पहुँचा तो उसने देखा कि पालतू कौआ एक पेड़ की निचली टहनी पर बैठा है और दो जंगली कौए उससे ठीक ऊपर की टहनी पर बैठकर उसके

साथ ठीक उसी तरह का व्यवहार कर रहे थे, जैसा कि क्रोधित अभिभावक कोई गलती करने पर अपने बच्चे के साथ करते हैं। लेखक के पहुँचने पर दोनों जंगली कौए उड़ गए और उनमें से एक कई बार उस पेड़ के चक्कर लगाता रहा। लेखक ने पालतू कौए को पुकारा, लेकिन उसने लेखक के निर्देश पर कोई ध्यान नहीं दिया। वह शाम को लौटा, लेकिन वह घर के निकट नहीं आया। वह पास में ही मौजूद एक पेड़ की डाल पर बैठ गया और 10 मिनट तक कौए की बोली में चिल्लाता रहा। इसमें संदेह नहीं था कि उसने अपने जंगली रिश्तेदारों के वन्य जीवन में वापस लौटने का फैसला कर लिया था। इसके बाद वह उड़ गया और दो दिनों के बाद वापस लौटा। जब वह वापस लौटा तो उसने एक सुरक्षित दूरी पर रहकर ही काँव-काँव कर काफी देर तक शोर मचाया। इसके बाद वह चला गया और फिर कभी वापस नहीं आया।

सामाजिक विरासत ने लेखक से उसका पालतू पक्षी छीन लिया था।

एक बुलफ्रॉग को मछली पकड़नेवाले काँटे में एक लाल टुकड़ा या कोई भी लाल छोटी वस्तु फँसाकर पकड़ा जा सकता है; लेकिन आप ऐसा केवल एक बार ही कर सकते हैं। यदि पहली बार में वह इस काँटे में फँसने से बच गया तो वह मेढक फिर कभी आपकी पकड़ में नहीं आ सकता, क्योंकि वह दोबारा अपनी गलती को नहीं दोहराता है।

लेखक के पास एक समय अच्छा पालतू कुत्ता था, जो कि हमेशा एक मुरगी के बच्चे को मुँह में दबाकर घर में घुसता था, जिससे लेखक को काफी चिड़चिड़ाहट होती थी। यह कोई नया तथ्य नहीं है कि हम सबसे अधिक उस चीज से डरते हैं, जो कि कभी घटित नहीं होती है। इसलिए हमें हार के डर को खत्म करने की पहल करनी चाहिए; क्योंकि पराजय एक सर्वाधिक उपयोगी टॉनिक है, यदि इसे एक उत्साहवर्धक के रूप में स्वीकार किया जाए।

लेखक के पास एक समय अच्छा पालतू कुत्ता था, जो कि हमेशा एक मुरगी के बच्चे को मुँह में दबाकर घर में घुसता था, जिससे लेखक को काफी चिड़चिड़ाहट होती थी। यह कोई नया तथ्य नहीं है कि हम सबसे अधिक उस चीज से डरते हैं, जो कि कभी घटित नहीं होती है। इसलिए हमें हार के डर को खत्म करने की पहल करनी चाहिए; क्योंकि पराजय एक सर्वाधिक उपयोगी टॉनिक है, यदि इसे एक उत्साहवर्धक के रूप में स्वीकार किया जाए।

लेखक सामाजिक विरासत के साथ एक प्रयोग करने के उद्देश्य से अपने कुत्ते को निकट के एक मुरगी फार्म पर ले गया, जहाँ कुछ समय पहले ही अंडों से निकले हुए

नवजात मुरगी के बच्चे मौजूद थे। एक मुरगी को कुत्ते के साथ एक बाड़े में छोड़ दिया गया। कुत्ते ने उस मुरगी पर छलाँग लगाई, लेकिन मुरगी ने अपने पंखों को फैला लिया और जोर-जोर से चिल्लाकर उस कुत्ते की पीछ पर बैठ गई और अपने पंजे उसकी खाल में गड़ा दिए। कुत्ता एक कोने से दूसरे कोने में भागने लगा। मुरगी लगातार शोर मचा रही थी और वह एक ऐसी क्रोधित माँ के रूप में नजर आ रही थी, जो अपने बच्चों की रक्षा के लिए एक आक्रमणकारी से जूझ रही थी।

वह पालतू कुत्ता एक खराब सैनिक था, जो कि एक कोने से दूसरे कोने तक लगभग दो मिनट भागने के बाद जमीन पर सीधा लेट गया और उसने मुरगी के पंजों से अपनी आँखों को बचाने के लिए अपना सिर अपने अगले पैरों से ढक लिया। इसके बाद मुरगी फार्म के मालिक ने मुरगी को पकड़ लिया और बाड़े से बाहर ले आया।

अगले दिन कुत्ते के सोने की जगह पर एक मुरगी का बच्चा रख दिया गया। जैसे ही कुत्ते ने आँखें खोलकर उस मुरगी के बच्चे को देखा, वह पूँछ पैरों के बीच में दबाकर एक कोने में जाकर खड़ा हो गया। उसने कभी भी दोबारा उस मुरगी के बच्चे को पकड़ने का प्रयास नहीं किया। वह सामाजिक विरासत से यह सीख गया था कि मुरगी के बच्चे को मुँह में दबाकर भागना आनंददायक हो सकता है, लेकिन यह एक बहुत बड़ी मुसीबत का कारण भी बन सकता है।

इस अध्याय में 'सामाजिक विरासत' शब्द का प्रयोग उन सभी तरीकों के विशेष संदर्भ में किया गया है, जिनके द्वारा एक बच्चे को कोई विचार, मत, सिद्धांत, धर्म या शिष्ट व्यवहार की किसी प्रणाली के बारे में उसके अभिभावकों या उस पर प्राधिकार रखनेवाले लोगों द्वारा उसके समझदार या तर्कशील होने की आयु से पहले सिखाया जाता है।

गरीबी और वृद्धावस्था के डर बाकी डरों की तुलना में अधिक घातक होते हैं। हम अपने शरीरों से गुलामों की तरह पेश आते हैं, क्योंकि हम गरीब होने से डरते हैं और वृद्धावस्था के लिए धन इकट्ठा करने की इच्छा रखते हैं। 40 वर्ष की आयु में व्यक्ति एक ऐसी अवस्था में प्रवेश करता है, जहाँ वह प्रकृति के हस्तलेखन को समझ सकता है और आत्मसात् कर सकता है। प्रकृति का यह हस्तलेखन जंगलों, खिलते हुए फूलों और इनसानों एवं छोटे बच्चों के चेहरों पर प्रकट होता है।

गरीबी और वृद्धावस्था के डर बाकी डरों की तुलना में अधिक घातक होते हैं। हम अपने शरीरों से गुलामों की तरह पेश आते हैं, क्योंकि हम गरीब होने से डरते हैं और वृद्धावस्था के लिए धन इकट्ठा करने की इच्छा रखते हैं। 40 वर्ष की आयु में व्यक्ति

एक ऐसी अवस्था में प्रवेश करता है, जहाँ वह प्रकृति के हस्तलेखन को समझ सकता है और आत्मसात् कर सकता है। प्रकृति का यह हस्तलेखन जंगलों, खिलते हुए फूलों और इनसानों एवं छोटे बच्चों के चेहरों पर प्रकट होता है। मानव के आच्छादन के लिए स्व-परामर्श के सिद्धांत से अधिक कोई प्राकृतिक शक्ति उपलब्ध नहीं है; लेकिन इस शक्ति की उपेक्षा करके अधिकांश इनसान इसका अनुप्रयोग इस तरह से करते हैं कि यह एक सहायक की बजाय एक बाधक के रूप में कार्य करने लगती है। हमारे बीच अधिकांश लोग कुछ बातों से निराश होते हैं, जैसे कि उनका एक दोस्त झूठा साबित हुआ या उनका एक पड़ोसी स्वार्थी निकला इत्यादि। इसके बाद ऐसे निराश लोग स्व-परामर्श के द्वारा यह फैसला कर लेते हैं कि सभी लोग अविश्वासपात्र और स्वार्थी होते हैं। ये विचार उनके अवचेतन मन में गहराई से बैठ जाते हैं और दूसरों के प्रति उनकी संपूर्ण मनोदशा को अपने रंग में रँग देते हैं। आपने अध्याय-2 में पढ़ा था कि एक व्यक्ति के मन में प्रभावी होनेवाले विचार समान विचारवाले लोगों को आकर्षित करते हैं।

आकर्षण के नियम को लागू करने पर आप देख और समझ पाएँगे कि क्यों अविश्वासी व्यक्ति दूसरे अविश्वासी लोगों को आकर्षित करता है!

अब इसी सिद्धांत को उलटा कर दें—

एक व्यक्ति ऐसा है, जो कि खुद से मिलनेवाले सभी लोगों में अच्छाई के अलावा कुछ नहीं देखता है। यदि उसका पड़ोसी उसे स्वार्थी लगता है तो वह उस बात पर ध्यान नहीं देता है; क्योंकि वह अपने मस्तिष्क को आशावाद, उत्साह और दूसरों में विश्वास के प्रभावी विचारों को भरने में ही व्यस्त रहता है। यदि लोग उसके साथ रूखी और कठोर भाषा में बात करते हैं तो वह उन्हें विनम्रतापूर्वक मृदु भाषा में उत्तर देता है। आकर्षण के इस शाश्वत नियम के द्वारा वह उन लोगों का ध्यान अपनी ओर खींचता है, जो जीवन के बारे में उसके समान मनोवृत्ति रखते हैं और जिनके मस्तिष्क में प्रभावी विचार उसके खुद के प्रभावी विचारों के साथ सामंजस्य रखते हैं।

अब इस सिद्धांत को अपनाने में एक कदम और आगे बढ़ते हैं—

एक ऐसा व्यक्ति है, जो सुशिक्षित है और विश्व को कुछ आवश्यक सेवा प्रदान करने की योग्यता रखता है। किसी समय उसने यह सुना कि विनम्रता एक महान् गुण है और जीवन के खेल में खुद को मंच के आगे धकेलना अहंकार का परिचायक है। वह धीरे से पिछले दरवाजे पर चला जाता है और पिछली पंक्तियों में एक सीट पर जाकर बैठ जाता है; जबकि जीवन के खेल के अन्य खिलाड़ी बेबाकी के साथ मंच के सामने जाकर बैठ जाते हैं। वह पिछली पंक्ति में ही बना रहता है, क्योंकि वह इस बात से डरता है कि 'लोग क्या कहेंगे?'

एक ऐसा व्यक्ति है, जो सुशिक्षित है और विश्व को कुछ आवश्यक सेवा प्रदान करने की योग्यता रखता है। किसी समय उसने यह सुना कि विनम्रता एक महान् गुण है और जीवन के खेल में खुद को मंच के आगे धकेलना अहंकार का परिचायक है। वह धीरे से पिछले दरवाजे पर चला जाता है और पिछली पंक्तियों में एक सीट पर जाकर बैठ जाता है; जबकि जीवन के खेल के अन्य खिलाड़ी बेबाकी के साथ मंच के सामने जाकर बैठ जाते हैं। वह पिछली पंक्ति में ही बना रहता है, क्योंकि वह इस बात से डरता है कि 'लोग क्या कहेंगे?'

जनमत या जिसे वह लोगों का मत मानता है, उसे पिछली सीट पर धकेल देता है और दुनिया उसके बारे में बहुत ही कम सुन पाती है। उसका सुशिक्षित होना व्यर्थ हो जाता है, क्योंकि वह दुनिया को यह जताने से डरता है कि उसने अच्छी शिक्षा प्राप्त की है। वह अपने आप को लगातार यह परामर्श देता रहता है कि उसे पृष्ठभूमि में ही बने रहना चाहिए, अन्यथा उसकी आलोचना हो सकती है। उसे इस बात का डर रहता है कि आलोचना से उसके प्रयोजन को कोई-न-कोई क्षति पहुँचेगी या विफलता मिलेगी।

एक ऐसा व्यक्ति भी है, जो एक गरीब माँ-बाप के घर में पैदा हुआ था। उसने गरीबी की बातें ही सुनी हैं। वह अपने कंधों पर गरीबी का ठंडा हाथ हमेशा महसूस करता है और गरीबी को एक अभिशाप के रूप में अपने दिमाग में स्थिर कर चुका है। अवचेतन रूप से वह खुद को इस विश्वास का शिकार मानने लगता है कि एक बार गरीब होनेवाला व्यक्ति हमेशा गरीब ही रहता है। यह विश्वास उसके दिमाग का प्रभावी विचार बन जाता है। स्व-परामर्श उसे तेजी से जीवन के मंच के पीछे धकेल देता है। अंततः वह एक पलायनकर्ता बन जाता है। उसकी महत्त्वाकांक्षा गुम हो जाती है। अवसर उसके रास्ते में आते नहीं हैं और यदि आते भी हैं तो वह उन्हें देखने की दृष्टि नहीं रखता है। वह अपनी नियति को स्वीकार कर लेता है। यदि मस्तिष्क के संकायों का प्रयोग न किया जाए तो वे शरीर के तंतुओं की भाँति अपंगता का शिकार हो जाते हैं। आत्मविश्वास भी इसका अपवाद नहीं है। प्रयोग करने पर ही यह विकसित होता है और प्रयोग न करने पर यह गायब हो जाता है।

विरासत में मिली संपत्ति के सबसे बड़े नुकसानों में से एक यह है कि यह प्रायः आत्मविश्वास की क्षति और निष्क्रियता की ओर ले जाती है। कुछ वर्ष पहले वाशिंगटन शहर में मिसेज ई.बी. मैक्लिआन के घर एक पुत्र पैदा हुआ था। उसे विरासत में मिलनेवाली संपत्ति लगभग 10 करोड़ डॉलर थी। उस बालक का बचपन नर्सों, सेविकाओं, जासूसों

और अन्य नौकरों के बीच घिरे रहकर ही गुजरा था। जैसे–जैसे साल गुजरते गए, उसकी देखभाल और निगरानी भी होती रही। वह बच्चा अपने कपड़े खुद नहीं पहन पाता था। उसके सोने से लेकर खेलने तक नौकर उस पर निगरानी रखते थे। उसे ऐसा कोई काम नहीं करने दिया जाता था, जो एक नौकर उसके लिए कर सकता था। जब उसकी आयु दस साल की हुई तो एक दिन वह बगीचे में खेल रहा था और उसने देखा कि पिछला गेट खुला हुआ है। अपने पूरे जीवन में वह कभी अकेले गेट से बाहर नहीं गया था, इसलिए उसे स्वाभाविक रूप से बाहर जाने की जिज्ञासा हुई। जैसे ही नौकरों की निगाह उससे हटी, वह गेट से निकलकर बाहर आ गया। तभी सड़क से गुजरते हुए एक वाहन ने उसे टक्कर मार दी और उसकी तत्काल मौत हो गई।

उसने हमेशा अपने नौकरों की आँखों का प्रयोग किया था और यदि उसने अपनी आँखों पर निर्भर रहना सीख लिया होता तो वह उस दुर्घटना का शिकार होने से बच सकता था।

बीस वर्ष पहले मैं जिस व्यक्ति के सचिव के रूप में कार्य करता था, उसने अपने दो बेटों को स्कूली शिक्षा के लिए दूर भेज दिया था। उनमें से एक को वर्जीनिया यूनिवर्सिटी और दूसरे को न्यूयॉर्क के एक कॉलेज में प्रवेश दिलाया गया था। प्रत्येक महीने मुझे उन लड़कों में से प्रत्येक को 100 डॉलर का एक चेक सौंपने का कार्य दिया जाता था। वे उस धनराशि को अपनी इच्छा के अनुसार खर्च कर सकते थे।

मैं उस समय सोचता था कि ये लड़के अपने जीवन में कितना ऊँचा स्थान हासिल करेंगे, जबकि मैं एक विनम्र क्लर्क ही बना रहूँगा!

बीस वर्ष पहले मैं जिस व्यक्ति के सचिव के रूप में कार्य करता था, उसने अपने दो बेटों को स्कूली शिक्षा के लिए दूर भेज दिया था। उनमें से एक को वर्जीनिया यूनिवर्सिटी और दूसरे को न्यूयॉर्क के एक कॉलेज में प्रवेश दिलाया गया था। प्रत्येक महीने मुझे उन लड़कों में से प्रत्येक को 100 डॉलर का एक चेक सौंपने का कार्य दिया जाता था। वे उस धनराशि को अपनी इच्छा के अनुसार खर्च कर सकते थे।

अपनी पढ़ाई के बाद दोनों लड़के घर लौट आए थे। उनके पिता एक बहुत ही अमीर आदमी थे, जिनकी कई बैंकें, रेल रोड कंपनियाँ और कोयला खानें थीं। पिता के रोजगार में उन लड़कों के लिए अच्छे और ऊँचे पद इंतजार कर रहे थे। लेकिन समय उन लोगों के साथ निर्मम चालें खेल सकता है, जिन्होंने अपने जीवन में कभी संघर्ष न किया हो! वे दोनों लड़के शराब पीने की अपनी मजबूत क्षमता के साथ वापस लौटे थे, क्योंकि

उन्हें हर महीने बिना कोई संघर्ष किए 100 डॉलर खर्च करने के लिए दिए जाते रहे थे। उनकी कहानी लंबी व दु:ख भरी है और मैं उसका विवरण देने की बजाय केवल उनके अंत के बारे में ही बताऊँगा। जब यह अध्याय लिखा जा रहा था, तब मैंने अपनी मेज पर एक अखबार देखा था, जिसके अनुसार उन लड़कों के पिता दिवालिया हो चुके थे और उनका महँगा आलीशान घर नीलाम हो चुका था। दोनों लड़कों में से एक की मौत अवसाद के कारण हो चुकी थी और दूसरा एक पागलखाने में था।

जीवन में संघर्ष के अभाव से न केवल महत्त्वाकांक्षा और इच्छा-शक्ति कमजोर होती है, बल्कि उससे भी खतरनाक चीज यह है कि इसके द्वारा एक व्यक्ति का दिमाग सुप्तावस्था में चला जाता है और उसका आत्मविश्वास क्षीण हो जाता है। आत्मविश्वास ही वह गुण है, जिसके साथ दिमाग को रिचार्ज करके सकारात्मक बनाया जा सकता है।

सभी अमीर लोगों की संतानें इतनी दुर्भाग्यपूर्ण नहीं होती हैं; लेकिन यह तथ्य नहीं भुलाया जा सकता कि निष्क्रियता से अपंगता आती है और इसके बाद महत्त्वाकांक्षा एवं आत्मविश्वास नष्ट हो जाता है। इन आवश्यक गुणों के बिना एक व्यक्ति अनिश्चितता के पंखों को लगाकर जीवन गुजारने के लिए लिए विवश हो जाता है और वह एक ऐसे सूखे पत्ते की तरह होता है, जिसे हवा इधर से उधर उड़ाती रहती है।

कई लोग विश्व में अपना स्थान इसलिए हासिल कर पाए हैं, क्योंकि उन्हें जीवन के शुरुआती दिनों में ही अस्तित्व के लिए संघर्ष करना पड़ा था। संघर्ष से हासिल होनेवाले लाभों की जानकारी न होने के कारण ही कई माता-पिता यह कहते हैं कि हमें युवावस्था में काफी कठिन कार्य करना पड़ा था, लेकिन हम चाहते हैं कि हमारे बच्चों का जीवन आसानी से और सुविधाओं के साथ गुजरे। उन बेचारों को यह पता नहीं होता कि आसान समय सामान्यत: एक बड़ी विकलांगता में बदल जाता है। बलात् आलस्य को बलात् श्रम से भी खराब माना जाता है। जब आपको कार्य करने के लिए बाध्य किया जाता है और अपना सर्वोत्तम देने के लिए मजबूर किया जाता है तो आपका आत्मविश्वास एवं इच्छा-शक्ति लगातार दृढ़ होती जाती है और आपके भीतर ऐसे सैकड़ों गुण आ जाते हैं, जिन्हें एक निष्क्रिय और आलसी व्यक्ति कभी जान भी नहीं पाता है।

जीवन में संघर्ष के अभाव से न केवल महत्त्वाकांक्षा और इच्छा-शक्ति कमजोर होती है, बल्कि उससे भी खतरनाक चीज यह है कि इसके द्वारा एक व्यक्ति का दिमाग सुप्तावस्था में चला जाता है और उसका आत्मविश्वास क्षीण हो जाता है। आत्मविश्वास

ही वह गुण है, जिसके साथ दिमाग को रिचार्ज करके सकारात्मक बनाया जा सकता है।

एक नौजवान एक अखबार के ऑफिस में क्लर्क की नौकरी करता था। वह हमेशा जीवन के रंगमंच की पिछली सीट पर ही बैठने में विश्वास करता था। एक दिन उसने आत्मविश्वास के बारे में एक व्याख्यान सुना और वह उस व्याख्यान से इतना प्रभावित हुआ कि उसने व्याख्यान कक्ष से बाहर आते ही खुद को अपने द्वारा निश्चित किए हुए एक मार्ग पर आगे ले जाने का दृढ़ निश्चय कर लिया।

वह अखबार के बिजनेस मैनेजर के पास गया और उसने कमीशन के आधार पर विज्ञापन लाने का काम माँगा। ऑफिस का प्रत्येक कर्मचारी उसके असफल होने की अपेक्षा करता था, क्योंकि इस प्रकार की सेल्समैनशिप के लिए सर्वाधिक सकारात्मक प्रकार की बेचने की कला का होना जरूरी था। उसने घर जाकर ऐसे व्यापारियों की सूची बनाई, जिनसे वह विज्ञापन के लिए संपर्क कर सकता था। उसने केवल उन व्यापारियों को सूचीबद्ध किया, जिन्हें कोई भी अन्य सेल्समैन एक भी विज्ञापन स्थान नहीं बेच पाया था। उसने केवल बारह नामों को अपनी सूची में शामिल किया। इसके बाद सूची को सैकड़ों बार देखकर उसने एक ही बात खुद से दोहराई—'तुम इस महीने के आखिर तक मुझसे विज्ञापन स्थान खरीदोगे।'

इसके बाद उसने उन लोगों को कॉल करना शुरू किया। पहले ही दिन उसने बारह में से तीन असंभव लोगों को विज्ञापन स्थान बेच दिया। महीने के अंत तक वह एक को छोड़कर सभी व्यापारियों के विज्ञापन खाते खोल चुका था। आगामी महीने में उसने कोई बिक्री नहीं की, क्योंकि उसने केवल उसी व्यक्ति को बार-बार कॉल की, जो कि बारह में से अकेला बचा था। प्रत्येक सुबह जब वह उस व्यापारी के स्टोर पर पहुँचता तो वह स्टोर खोलते समय ही उस व्यापारी से विज्ञापन स्थान खरीदने के लिए कहता था और हर बार वह व्यापारी मना कर देता था। व्यापारी की बात को अनसुना करके वह नौजवान अगले दिन सुबह फिर वही क्रम

प्रत्येक सुबह जब वह उस व्यापारी के स्टोर पर पहुँचता तो वह स्टोर खोलते समय ही उस व्यापारी से विज्ञापन स्थान खरीदने के लिए कहता था और हर बार वह व्यापारी मना कर देता था। व्यापारी की बात को अनसुना करके वह नौजवान अगले दिन सुबह फिर वही क्रम दोहराता था। महीने के आखिरी दिन लगातार तीसवीं बार पूछने पर व्यापारी ने कहा, "देखो नौजवान, तुम अपना पूरा एक महीना खराब कर चुके हो और अब मैं जानना चाहता हूँ कि तुमने अपना समय क्यों खराब किया?"

दोहराता था। महीने के आखिरी दिन लगातार तीसवीं बार पूछने पर व्यापारी ने कहा, "देखो नौजवान, तुम अपना पूरा एक महीना खराब कर चुके हो और अब मैं जानना चाहता हूँ कि तुमने अपना समय क्यों खराब किया?"

नौजवान ने उत्तर दिया, "मैंने अपना थोड़ा भी समय बेकार नहीं किया है। मैं स्कूल जा रहा हूँ और आप मेरे शिक्षक हैं। अब मैं उन सभी तर्कों को जान चुका हूँ, जिन्हें एक व्यापारी किसी चीज को न खरीदने के लिए दे सकता है; और इसके अलावा, मैं अपने भीतर आत्मविश्वास को भी भरता जा रहा हूँ।" इसके बाद व्यापारी से कहा, "मैं भी एक छोटा सा प्रायश्चित्त करूँगा। मैं भी स्कूल जा रहा हूँ और तुम मेरे शिक्षक हो। तुमने मुझे निरंतरता का पाठ पढ़ाया है, जो कि मेरे लिए मूल्यवान् चीज है। मैं अपनी ट्यूशन फीस के रूप में तुम्हें विज्ञापन स्थान के लिए एक ऑर्डर दे रहा हूँ।"

और इस तरीके से फिलाडेल्फिया नॉर्थ अमेरिकन का सबसे अच्छा विज्ञापन एकाउंट अस्तित्व में आया, जिसने एक नौजवान को वह प्रतिष्ठा दी, जिसके फलस्वरूप वह नौजवान शीघ्र ही एक करोड़पति व्यक्ति बन गया और देश के महानतम सेल्समैनों में से एक के रूप में प्रसिद्ध हुआ।

मैं यहाँ एक क्षण के लिए चिंतन के प्रवाह को बाधित करूँगा और लोगों की पत्नियों के लिए सुझाव के दो शब्द लिखना चाहूँगा। मैंने जिन 16,000 लोगों को विश्लेषण किया था, उनमें से अधिकांशतः विवाहित लोग थे। उस विश्लेषण से जो कुछ मैंने सीखा, वह पत्नियों के लिए मूल्यवान् साबित हो सकता है। मैं अपने सुझाव को इन शब्दों में कहना चाहूँगा—

तुम्हारे भीतर वह शक्ति है कि तुम अपने पति को उनके काम, व्यापार या व्यवसाय पर प्रतिदिन आत्मविश्वास की एक ऐसी भावना के साथ भेजो, जो उन्हें पूरे दिन सफलतापूर्वक ऊर्जावान् रखे और वह रात को खुशी-खुशी मुसकराता हुआ घर लौटे। मेरे पुराने परिचितों में से एक ने एक ऐसी महिला के साथ शादी की थी, जिसके नकली दाँत लगे हुए थे। एक दिन उनकी पत्नी के दाँतों का सेट नीचे गिर गया और उसकी प्लेट टूट गई। पति ने टुकड़ों को उठाया और उनका बारीकी से निरीक्षण करने लगा। दाँतों के सेट में पति की इतनी रुचि देखकर पत्नी ने कहा—

"तुम भी इसी तरह का दाँतों का सेट बनवा सकते हो, यदि तुम अपने दिमाग को ऐसा करने के लिए तैयार कर लो।"

वह आदमी एक किसान था और उसकी महत्त्वाकांक्षाएँ कभी भी उसके छोटे से खेत की सीमाओं से बाहर नहीं गई थीं। उसकी पत्नी ने उसके कंधों पर अपना हाथ रखा और उसे दंत-शिल्प के क्षेत्र में अपना हाथ आजमाने की कोशिश करने के लिए

प्रोत्साहित किया। पत्नी के निरंतर प्रोत्साहन से वह आदमी वर्जीनिया राज्य के सबसे प्रसिद्ध और सफल दंत-शिल्पियों में से एक बन गया। मैं उस व्यक्ति को अच्छी तरह से जानता हूँ, क्योंकि वे मेरे पिता हैं।

कोई भी ऐसे इनसान की संभावित उपलब्धियों का पूर्वानुमान नहीं लगा सकता है, जिसकी पत्नी उसके पीछे खड़े होकर उसे बड़े और बेहतर प्रयास के लिए उकसाती रहती है; क्योंकि यह एक जाना-पहचाना तथ्य है कि एक महिला एक व्यक्ति को इस हद तक प्रोत्साहित कर सकती है कि वह लगभग महामानव जैसे अद्‌भुत कारनामों को अंजाम दे सकता है।

कोई भी ऐसे इनसान की संभावित उपलब्धियों का पूर्वानुमान नहीं लगा सकता है, जिसकी पत्नी उसके पीछे खड़े होकर उसे बड़े और बेहतर प्रयास के लिए उकसाती रहती है; क्योंकि यह एक जाना-पहचाना तथ्य है कि एक महिला एक व्यक्ति को इस हद तक प्रोत्साहित कर सकती है कि वह लगभग महामानव जैसे अद्‌भुत कारनामों को अंजाम दे सकता है।

आपने अध्याय-2 में सीखा था कि अवचेतन मन में दृढ़ता से जमाया गया कोई भी विचार स्वचालित रूप से एक ऐसी योजना में बदल जाता है, जिसमें एक अंधे की शक्ति आपके प्रयासों को आपके उद्‌देश्य की प्राप्ति की दिशा में निर्देशित करने लगती है। आपको अच्छी तरह से याद होना चाहिए कि आपके अलावा आपके लिए कोई भी चीज सफलता नहीं ला सकती है। हालाँकि आपको दूसरों के सहयोग की जरूरत होगी, यदि आपकी सफलता एक दूरगामी प्रकृति की है; किंतु आप उस सहयोग को तभी प्राप्त कर पाएँगे, जब आप अपने मन को आत्मविश्वास की सकारात्मक मनोवृत्ति से ओत-प्रोत कर देंगे।

आपको कभी-कभी आश्चर्य होता होगा कि कुछ लोग अत्यधिक ऊँचे पदों तक पहुँच जाते हैं, जबकि उनके आसपास के बहुत से लोग उनसे अधिक प्रशिक्षित और कार्यक्षम होने के बाद भी आगे नहीं बढ़ पाते हैं। इन दो प्रकारों के दो व्यक्तियों का चयन करें और उनका अध्ययन करें। आप पाएँगे कि जो आगे बढ़ता है, वह अपने आप में विश्वास रखता है। वह अपने इस विश्वास को ऐसी सक्रिय और आक्रामक गतिविधियों से समर्थन देता है, जिससे कि अन्य लोग यह जान जाते हैं कि वह खुद में विश्वास रखता है। आप यह भी देखेंगे कि यह आत्मविश्वास संक्रामक, प्रेरणात्मक एवं अनुकरणीय होता है और यह दूसरे लोगों को आकर्षित करता है। ऐसे व्यक्ति की ओर कोई भी अधिक ध्यान नहीं देता है, जो खुद में विश्वास नहीं रखता है। वह दूसरे लोगों को आकर्षित

नहीं कर पाता है, क्योंकि उसका दिमाग एक नकारात्मक शक्ति होता है, जो दूसरों को आकर्षित करने की बजाय दूर धकेलता है। ऐसे व्यक्ति जीवन में तरक्क़ी नहीं कर पाते हैं।

आत्मविश्वास के सूत्र

पहला : मैं जानता हूँ कि मुझ में अपना सुनिश्चित लक्ष्य हासिल करने की योग्यता है, इसलिए मैं स्वेच्छा से इस लक्ष्य की उपलब्धि की दिशा में निरंतर, आक्रामक और दृढ़तापूर्वक कार्य करने की माँग करता हूँ।

दूसरा : मैं अपने दिमाग को प्रतिदिन 30 मिनट के लिए उस व्यक्ति के बारे में सोंच-विचार करने पर संकेंद्रित करूँगा, जो मैं बनना चाहता हूँ। मैं उस व्यक्ति का मानसिक चित्र निर्मित करूँगा और उसके बाद उस चित्र को व्यावहारिक सेवा के द्वारा वास्तविकता में रूपांतरित करूँगा।

> *मैं अपने दिमाग को प्रतिदिन 30 मिनट के लिए उस व्यक्ति के बारे में सोच-विचार करने पर संकेंद्रित करूँगा, जो मैं बनना चाहता हूँ। मैं उस व्यक्ति का मानसिक चित्र निर्मित करूँगा और उसके बाद उस चित्र को व्यावहारिक सेवा के द्वारा वास्तविकता में रूपांतरित करूँगा।*

तीसरा : मैं स्व-परामर्श के सिद्धांत के माध्यम से जानता हूँ कि मेरे दिमाग में दृढ़ता से जमी हुई कोई भी आकांक्षा अंत में कुछ व्यावहारिक साधनों के द्वारा फलीभूत होगी। इसलिए मैं प्रतिदिन 10 मिनट उन कारकों को अपने भीतर विकसित करने के लिए खर्च करूँगा, जो कि इस पाठ्यक्रम के 16 अध्यायों में दिए गए हैं।

चौथा : अगले पाँच वर्षों के लिए मैंने जीवन में अपने सुनिश्चित लक्ष्य का स्पष्ट खाका तैयार किया है और उसका एक विवरण लिख लिया है। मैंने इन पाँच वर्षों में से प्रत्येक वर्ष के लिए अपनी सेवाओं का एक मूल्य तय किया है; एक ऐसा मूल्य, जो मैं अर्जित करना चाहूँगा। यह मूल्य मैं अपनी सेवाओं को अग्रिम तौर पर संतोषजनक और प्रभावी रूप से प्रदान करने के बदले में हासिल करूँगा।

पाँचवाँ : मैं इस बात को पूर्ण रूप से अनुभव करता हूँ कि कोई भी संपदा या पद तब तक स्थायी नहीं हो सकता, जब तक कि उसे सत्य और न्याय के लिए निर्मित न किया जाए। इसलिए मैं ऐसे किसी लेन-देन में शामिल नहीं होऊँगा, जो सभी प्रभावित लोगों को लाभ न पहुँचाता हो। मैं इच्छित शक्तियों को अपनी ओर आकर्षित करके और दूसरे लोगों का सहयोग हासिल करके सफलता प्राप्त करूँगा। मैं दूसरे लोगों को अपनी सेवाएँ मुझे प्रदान करने के लिए इस कारण से प्रेरित करूँगा कि मैंने पहले उन्हें अपनी

सेवाएँ प्रदान की हैं। मैं संपूर्ण मानवता के लिए प्रेम को विकसित करके घृणा, द्वेष, ईर्ष्या, स्वार्थ और कुटिलता को समाप्त करूँगा; क्योंकि मैं जानता हूँ कि दूसरे लोगों के प्रति नकारात्मक मनोवृत्ति रखने से मुझे कभी सफलता प्राप्त नहीं हो सकती है। मैं लोगों का विश्वास इस कारण से अर्जित करूँगा, क्योंकि मैं उनमें और खुद में विश्वास करूँगा।

मैं इस सूत्र पर अपने नाम का हस्ताक्षर करूँगा और इसे दिन में एक बार पूरी आस्था के साथ जोर से दोहराऊँगा, ताकि यह मेरे संपूर्ण जीवन पर क्रमिक रूप से प्रभाव डालता रहे और मैं अपने चयनित उद्यम में एक सफल व सुखी कामकाजी व्यक्ति बन सकूँ।

हस्ताक्षरित...

यदि आप अपने दिमाग को आत्मविश्वास से भर देते हैं तो स्व-परामर्श का सिद्धांत इस विश्वास को ग्रहण कर लेता है और इसे आपके प्रभावी विचार के रूप में निर्धारित कर देता है। यह प्रभावी विचार आपके रास्ते में आनेवाली सभी बाधाओं से निबटने में आपकी सहायता करेगा और आपको सफलता के पर्वत की चोटी पर पहुँचा देगा।

आदत की शक्ति

आदत पर्यावरण से विकसित होती है। लगातार एक ही चीज को करने या एक ही विचार को बार-बार सोचने या एक ही शब्द को बार-बार दोहराने पर आदत का निर्माण होता है। जब कोई आदत किसी विचार या क्रिया को लगातार दोहराने से अच्छी तरह निर्मित हो जाती है तो दिमाग इस आदत के साथ खुद को संलग्न करने की प्रवृत्ति दरशाने लगता है और इस आदत का अनुसरण करने लगता है।

आदत पर्यावरण से विकसित होती है। लगातार एक ही चीज को करने या एक ही विचार को बार-बार सोचने या एक ही शब्द को बार-बार दोहराने पर आदत का निर्माण होता है। जब कोई आदत किसी विचार या क्रिया को लगातार दोहराने से अच्छी तरह निर्मित हो जाती है तो दिमाग इस आदत के साथ खुद को संलग्न करने की प्रवृत्ति दरशाने लगता है और इस आदत का अनुसरण करने लगता है।

आदत का निर्माण देखने, सुनने, सूँघने, चखने और स्पर्श करने की पाँच इंद्रियों में से एक या अधिक को एक दी हुई दिशा में निरंतर निर्देशित करने पर होता है। इसी दोहराव के सिद्धांत द्वारा शराब पीने या नशे की लत विकसित होती है।

आत्मविश्वास के सूत्र को लिखने और दोहराने का उद्देश्य यही है कि आपके भीतर

खुद पर विश्वास करने की आदत विकसित हो जाए और यह आदत आपके अवचेतन मन के प्रभावी विचार में बदल जाए। आदत का सिद्धांत उसी आधारशिला पर टिका है, जिस पर आत्मविश्वास का यह अध्याय निर्मित किया गया है। यदि आप इस अध्याय में बताए निर्देशों को समझेंगे और उनका अनुसरण करेंगे तो आप शीघ्र ही आदत के नियम के बारे में काफी कुछ जान लेंगे।

मानव का मस्तिष्क एक शानदार और रहस्यमय मशीन है। यह तथ्य मुझे कुछ महीने पहले तब पुनः स्मरण हुआ, जब मैं एमर्सन का एक निबंध पढ़ रहा था और मैंने आध्यात्मिक नियमों पर उनके निबंध को दोबारा पढ़ा था। इसके बाद एक नई घटना घटित हुई। मैंने पहले कई बार उस निबंध को पढ़ा था, लेकिन इस बार पढ़ने पर मुझे एक ऐसी चीज दिखाई दी, जो मैंने पहले कभी संज्ञान में नहीं लिया था। मानव का मस्तिष्क निरंतर रूप से एक फूल की पत्तियों की तरह खिलता रहता है, जब तक यह अपने अधिकतम विकास तक न पहुँच जाए। यह अधिकतम क्या है, यह कहाँ समाप्त होता है या समाप्त होता भी है या नहीं, ये अनुत्तरित प्रश्न हैं; लेकिन आच्छादन की मात्रा काफी हद तक व्यक्ति की प्रकृति और उसकी अपने मस्तिष्क से निरंतर काम लेने की क्षमता पर निर्भर करती है। जो मस्तिष्क प्रतिदिन विश्लेषणात्मक चिंतन के लिए बाध्य या प्रेरित किया जाता है, वह निरंतर विस्तारित होता है और व्याख्या की उच्चतर शक्तियाँ विकसित कर लेता है।

कोई भी व्यक्ति यह नहीं जानता कि आपके भीतर कौन सी छिपी हुई शक्तियाँ सोई पड़ी हैं। आप खुद भी उपलब्धि हेतु अपनी क्षमता को नहीं जानते हैं और तब तक उस क्षमता को नहीं जान पाएँगे, जब तक एक ऐसे उत्प्रेरक के संपर्क में नहीं आएँगे, जो आपको उच्चतर कार्य करने के लिए उकसाता है, आपकी दूरदृष्टि को फैलाता है, आपके आत्मविश्वास को बढ़ाता है और आपको एक गहनतर आकांक्षा को पूरा करने की दिशा में आगे ले जाता है।

कोई भी व्यक्ति यह नहीं जानता कि आपके भीतर कौन सी छिपी हुई शक्तियाँ सोई पड़ी हैं। आप खुद भी उपलब्धि हेतु अपनी क्षमता को नहीं जानते हैं और तब तक उस क्षमता को नहीं जान पाएँगे, जब तक एक ऐसे उत्प्रेरक के संपर्क में नहीं आएँगे, जो आपको उच्चतर कार्य करने के लिए उकसाता है, आपकी दूरदृष्टि को फैलाता है, आपके आत्मविश्वास को बढ़ाता है और आपको एक गहनतर आकांक्षा को पूरा करने की दिशा में आगे ले जाता है।

यह अजीब, लेकिन सत्य है कि जीवन के सर्वाधिक महत्त्वपूर्ण मोड़ अकसर सर्वाधिक अनपेक्षित समय में आते हैं और अप्रत्याशित तरीकों से आते हैं। मेरे मन में एक विशिष्ट उदाहरण मौजूद है, जो इस बात को दरशाता है कि कैसे जीवन के कुछ गैर-महत्त्वपूर्ण दिखाई देनेवाले अनुभव अकसर सबसे अधिक महत्त्वपूर्ण अनुभव में बदल जाते हैं! एक समय के दौरान मैं शिकागो शहर में चरित्र विश्लेषण का कार्य करता था। एक दिन एक फटेहाल व्यक्ति मेरे ऑफिस में आया और एक मुलाकात के लिए पूछने लगा। उसने कहा कि वह उस व्यक्ति से मिलना चाहता है, जिसने यह छोटी सी पुस्तक लिखी है। उसने एक छोटी सी पुस्तक अपनी जेब से निकाली, जिसका शीर्षक 'आत्मविश्वास' था। वह पुस्तक मैंने ही कई साल पहले लिखी थी। उस व्यक्ति ने बताया कि "इस पुस्तक को पढ़कर मुझे एक नया दृष्टिकोण व साहस मिला है और मैं इस पुस्तक के लेखक से इसलिए मिलना चाहता हूँ, ताकि वह मुझे अपने पैरों पर दोबारा खड़ा होने में सहायता कर सके। उस व्यक्ति ने मुझसे कहा कि अब मैं आपके सामने खड़ा हूँ और यह जानना चाहता हूँ कि आप मेरे जैसे एक व्यक्ति के लिए क्या कर सकते हैं?''

जब वह व्यक्ति बोल रहा था तो मैं सिर से पैर तक उसका अध्ययन कर रहा था। मुझे विश्वास नहीं था कि मेरे पास उसकी सहायता के लिए कोई चीज मौजूद है; पर मैं उसे यह बताना नहीं चाहता था। मैंने उसे बिठाया और अपनी पूरी कहानी बताने को कहा। उसने बताया कि उसने अपनी सारी पूँजी एक छोटे विनिर्माण उद्योग में लगा दी थी। सन् 1914 में जब विश्व युद्ध शुरू हुआ तो उसे अपनी फैक्टरी चलाने के लिए कच्चा माल मिलना लगभग बंद हो गया और वह विफल हो गया। धन की हानि ने उसके दिल को तोड़ दिया और उसके दिमाग को इतना बाधित कर दिया कि उसने अपनी पत्नी व बच्चों को भी छोड़ दिया और एक आवारा की तरह जीवन बिताने लगा। वह वास्तव में अपने नुकसान के बारे में इतना सोचने लगा था कि आत्महत्या करने के इरादे तक पहुँच चुका था।

उसकी कहानी सुनने के बाद मैंने उससे कहा, "मैंने तुम्हारी कहानी को ध्यान से सुना है और मैं कुछ ऐसा करना चाहता

मैंने कुछ सेकंड के बाद उससे कहा, "मेरे पास तुम्हारी मदद के लिए कुछ नहीं है; लेकिन इसी इमारत में एक व्यक्ति है, जिससे मैं तुम्हें मिलाना चाहूँगा और वह व्यक्ति तुम्हारे खोए हुए भाग्य को फिर से हासिल करने में तुम्हारी मदद कर सकता है।" यह सुनते ही वह व्यक्ति अपनी कुरसी से उछल पड़ा और उसने मेरा हाथ जोर से पकड़ लिया तथा कहा कि "भगवान् के लिए मुझे उस व्यक्ति के पास ले चलो।"

हूँ, जिससे तुम्हें मदद मिल सके; लेकिन अभी ऐसी कोई चीज मेरे पास नहीं है।" यह सुनकर वह व्यक्ति पीला पड़ गया और अत्यधिक निराश होकर उसने अपनी ठोड़ी को अपनी छाती पर टिका लिया।

मैंने कुछ सेकंड के बाद उससे कहा, "मेरे पास तुम्हारी मदद के लिए कुछ नहीं है; लेकिन इसी इमारत में एक व्यक्ति है, जिससे मैं तुम्हें मिलाना चाहूँगा और वह व्यक्ति तुम्हारे खोए हुए भाग्य को फिर से हासिल करने में तुम्हारी मदद कर सकता है।" यह सुनते ही वह व्यक्ति अपनी कुरसी से उछल पड़ा और उसने मेरा हाथ जोर से पकड़ लिया तथा कहा कि "भगवान् के लिए मुझे उस व्यक्ति के पास ले चलो।"

उसकी इस उत्कंठा से मुझे संकेत मिला कि उसके मन में आशा की एक चिनगारी अभी भी मौजूद थी, इसलिए मैंने उसकी बाँह पकड़ी और उसे अपनी प्रयोगशाला में ले गया, जहाँ चरित्र विश्लेषण के लिए मनोवैज्ञानिक परीक्षण किए जाते थे। मैंने उसे एक परदे के सामने ले जाकर खड़ा कर दिया और परदे को हटा दिया। परदे के पीछे एक बहुत बड़ा दर्पण लगा था, जिसमें वह खुद को सिर से लेकर पैर तक पूरा देख सकता था। मैंने दर्पण की ओर इशारा करते हुए कहा—

"जिस व्यक्ति से मिलाने का मैंने तुमसे वादा किया था, वह तुम्हारे सामने खड़ा है। यही संसार का एकमात्र व्यक्ति है, जो तुम्हें अपने पैरों तक दोबारा खड़ा कर सकता है। तुम बैठ जाओ और इस व्यक्ति के साथ परिचय करो; क्योंकि आज से पहले कभी तुमने इस व्यक्ति से परिचय नहीं किया है। इस दर्पण में खड़े व्यक्ति को बेहतर रूप से जानने के बाद ही तुम खुद का महत्त्व और मूल्य समझ पाओगे।"

वह दर्पण में खुद को देखने लगा और अपनी दाढ़ी पर हाथ फेरते हुए उसने कुछ पलों के लिए सिर से लेकर पैर तक खुद का अध्ययन किया। इसके बाद वह कुछ कदम पीछे हटा और अपने सिर को झुकाकर रोने लगा। मैंने उसे उठाया और सीढ़ियों तक पहुँचाकर उसे विदा कर दिया। मुझे कभी आशा नहीं थी कि मैं उसे दोबारा देखूँगा। मुझे इस बात में संदेह था कि यह पाठ उसके लिए पर्याप्त होगा।

कुछ दिनों के बाद वह व्यक्ति मुझे सड़क पर मिला। उसका रूपांतरण इतना पूर्ण रूप से हुआ था कि मैं उसे कठिनाई से पहचान पाया। वह नए कपड़े पहने हुए था और न सिर्फ संपन्न दिख रहा था, बल्कि खुद को संपन्न महसूस भी कर रहा था। उसकी भाव-भंगिमाएँ और शारीरिक मुद्रा बदल चुकी थी। वह मेरे पास रुका और उसने अपने त्वरित रूपांतरण की कहानी मुझे इस प्रकार सुनाई—

"मैं जैसे ही आपके ऑफिस से बाहर निकला, मैंने निश्चय कर लिया कि मैं खुद को 3,000 डॉलर वार्षिक के वेतन पर बेच दूँगा। मेरे नियोक्ता ने मुझे अग्रिम रूप से

इतना धन दे दिया कि मैं कुछ नए कपड़े खरीद सकूँ और कुछ पैसे अपने परिवार के लिए भेज सकूँ। मैं एक बार फिर से सफलता के मार्ग पर था। मैं आपको यही बताने आ रहा था कि अगली बार जब मैं आपके पास आऊँगा तो मैं आपकी सलाह के बदले में आपको एक हस्ताक्षरित खाली चेक दूँगा, जिसमें आप मनचाही राशि भर सकते हो, क्योंकि आपने मुझसे मेरा परिचय कराके मुझे बचा लिया है।"

इसके बाद मैंने भी उसी दर्पण के सामने खड़े होकर अपनी ओर उँगली उठाई और कहा कि मैंने अभी तक ऐसा पाठ क्यों नहीं खोज पाया है, जिसके द्वारा मैं दूसरों को सीखने में सहायता कर सकूँ ? मैंने दूसरों के भीतर सोई हुई शक्तियों को जगाने में सहायता करनेवाले इस पाठ्यक्रम को ही अपने जीवन का सुनिश्चित लक्ष्य बना लिया। आपके हाथ में जो पुस्तक है, वह इस बात का सबूत है कि मेरा सुनिश्चित लक्ष्य पूरा हो रहा है।

जिस व्यक्ति की कहानी मैं आपको सुना रहा था, वह इस समय अमेरिका के अपने प्रकार के सबसे बड़े और सर्वाधिक सफल उद्यमों में एक का अध्यक्ष है और उसका व्यापार कनाडा से लेकर मेक्सिको तक फैला हुआ है।

मानव जाति के ऊपर पड़े भय के परदे को खींचकर हटाने और आत्मविश्वास की समझ के प्रकाश को फैलाने से अधिक गौरवपूर्ण एवं संतोषजनक कार्य भला क्या होगा! जहाँ भय का नियंत्रण होता है, वहाँ उपलब्धि असंभव हो जाती है। इस तथ्य को एक महान् दार्शनिक ने इस प्रकार व्यक्त किया है—

"भय दिमाग का अंधकूप या तहखाना है, जिसमें यह भागता रहता है और छिपा रहता है तथा एकांत की खोज करता है। भय से अंधविश्वास पैदा होता है और अंधविश्वास वह छुरी है, जिसके द्वारा पाखंड आत्मा की हत्या कर देता है।"

मानव जाति के ऊपर पड़े भय के परदे को खींचकर हटाने और आत्मविश्वास की समझ के प्रकाश को फैलाने से अधिक गौरवपूर्ण एवं संतोषजनक कार्य भला क्या होगा! जहाँ भय का नियंत्रण होता है, वहाँ उपलब्धि असंभव हो जाती है। इस तथ्य को एक महान् दार्शनिक ने इस प्रकार व्यक्त किया है—

"भय दिमाग का अंधकूप या तहखाना है, जिसमें यह भागता रहता है और छिपा रहता है तथा एकांत की खोज करता है। भय से अंधविश्वास पैदा होता है और अंधविश्वास वह छुरी है, जिसके द्वारा पाखंड आत्मा की हत्या कर देता है।"

आप खुद को गरीबी, लाचारी और असफलता के लिए दोषी ठहरा रहे हैं या फिर

खुद को महान् उपलब्धि की ऊँचाइयों की ओर ले जा रहे हैं, यह केवल आपकी सोच पर निर्भर करता है। यदि आप अपने लिए सफलता की माँग करते हैं और इस माँग को बुद्धिमत्तापूर्ण कार्य-योजनाओं के द्वारा समर्थन देते हैं तो आपकी जीत सुनिश्चित है। फिर भी, एक बात आपके दिमाग में हमेशा रहनी चाहिए कि सफलता की माँग करने और सफलता की मात्र इच्छा करने में एक अंतर मौजूद है। आपको यह अंतर खोजना है और इसका लाभ प्राप्त करना है।

खुद को जानो; मानव, खुद को जानो!

यह हर युग के दार्शनिकों का परामर्श रहा है। जब आप वास्तविक रूप से खुद को जानते हैं, तब आपको अपने सामने एक ऐसा साइन बोर्ड टाँगने में कुछ भी मूर्खतापूर्ण नहीं लगेगा, जिस पर लिखा हो—"दिन-प्रतिदिन मैं हर तरीके से अधिक सफल होता जा रहा हूँ।" इस नारे को एक फ्रांसीसी व्यक्ति ने लोकप्रिय बनाया था।

लगभग 25 वर्ष पहले आत्मविश्वास के निर्माण में मैंने अपना पहला पाठ सीखा था। एक रात मैं एक खुले अग्नि व स्थल के सामने बैठकर कुछ वृद्ध लोगों के बीच की बातचीत सुन रहा था। वे पूँजी और श्रम के विषय पर चर्चा कर रहे थे। बिना निमंत्रण के मैं उनकी बातचीत में शामिल हो गया और सुनहरे नियम के आधार पर नियोक्ता एवं कर्मचारियों के बीच मतभेदों को सुलझाने के बारे में कुछ कहने लगा। मेरी बातों ने उनमें से एक व्यक्ति का ध्यान आकर्षित किया और उसने आश्चर्य के साथ मेरी ओर देखते हुए कहा—

"तुम एक मेधावी लड़के हो, तुम स्कूल क्यों नहीं जाते हो ? तुम्हें स्कूल जाकर पढ़ाई करनी चाहिए और विश्व में अपना मुकाम बनाना चाहिए।"

मैंने किसी के मुँह से पहली बार सुना था कि मैं एक मेधावी लड़का हूँ और मैं जीवन में कुछ महत्त्वपूर्ण उपलब्धि हासिल कर सकता हूँ। उस वृद्ध व्यक्ति की बात ने मुझे बार-बार सोचने के लिए बाध्य कर दिया और मुझे उसकी बात में एक संभावना

> *मैंने किसी के मुँह से पहली बार सुना था कि मैं एक मेधावी लड़का हूँ और मैं जीवन में कुछ महत्त्वपूर्ण उपलब्धि हासिल कर सकता हूँ। उस वृद्ध व्यक्ति की बात ने मुझे बार-बार सोचने के लिए बाध्य कर दिया और मुझे उसकी बात में एक संभावना नजर आने लगी थी। आज मैं विश्व को जो भी सेवाएँ प्रदान कर रहा हूँ और जो कुछ भी उपलब्धि मैंने हासिल की है, उसका श्रेय उस वृद्ध व्यक्ति के उन प्रशंसा भरे प्रेरक शब्दों को भी मिलना चाहिए।*

नजर आने लगी थी। आज मैं विश्व को जो भी सेवाएँ प्रदान कर रहा हूँ और जो कुछ भी उपलब्धि मैंने हासिल की है, उसका श्रेय उस वृद्ध व्यक्ति के उन प्रशंसा भरे प्रेरक शब्दों को भी मिलना चाहिए।

दूसरे लोग भी आप में तभी विश्वास करेंगे, जब आप खुद में विश्वास करते हों। जब आप खुद में आस्था नहीं रखेंगे, तब दूसरे लोग भी आपके विचारों के स्पंदन को पकड़ लेंगे और उन्हें गलती से अपना समझकर ग्रहण कर लेंगे। जब एक बार आप मानसिक टेलीपैथी के नियम को समझ लेंगे तो तब आप यह जान जाएँगे कि आत्मविश्वास सफलता के 15 नियमों में दूसरे स्थान पर क्यों मौजूद है।

फिर भी, आपको अपनी जानकारी और क्षमता पर आधारित आत्मविश्वास तथा केवल अपनी इच्छा पर आधारित अहंवाद के बीच अंतर के बारे में सजग रहना है। आत्मविश्वास एक ऐसी चीज है, जो केवल रचनात्मक कार्यों के बुद्धिमत्तापूर्ण निष्पादन के द्वारा ही उद्घोषित की जा सकती है।

आत्मविश्वास ज्ञान का उत्पाद होता है। आप कभी उतने से अधिक जानने का बहाना या दावा न करें, जितना कि आप वास्तव में जानते हैं। इस प्रकार के दावों या बहानों का कोई उपयोग नहीं होता है, क्योंकि कोई भी शिक्षित व्यक्ति मात्र 3 मिनट के लिए आपकी बात सुनकर ही आपके बारे में सटीक रूप से सबकुछ जान सकता है।

ब्रह्मांड का सबसे बड़ा रहस्य जीवन है। हम अपनी सहमति के बिना किसी ऐसी जगह से आते हैं, जिसका हमें पता नहीं है। हम अपनी सहमति के बिना ही ऐसी जगह जाते हैं, जिसके बारे में हमें पता नहीं है।

हम जीवन की इस महान् पहेली को हल करने की निरंतर कोशिश करते आ रहे हैं। हमें इस पृथ्वी पर एक निश्चित कारण से लाया जाता है, इस बात में किसी चिंतक को कोई संदेह नहीं है।

अपने आप में विश्वास रखें, लेकिन दुनिया को यह बताएँ नहीं कि आप क्या कर सकते हैं, बल्कि करके दिखाएँ। अब आप अध्याय-4 के लिए तैयार हैं, जो आपको सफलता की सीढ़ी के अगले पायदान पर ले जाएगा।

असंतोष : अध्याय के उपरांत लेखक के साथ अवलोकन

ब्रह्मांड का सबसे बड़ा रहस्य जीवन है। हम अपनी सहमति के बिना किसी ऐसी जगह से आते हैं, जिसका हमें पता नहीं है। हम अपनी सहमति के बिना ही ऐसी जगह जाते हैं, जिसके बारे में हमें पता नहीं है।

हम जीवन की इस महान् पहेली को हल करने की निरंतर कोशिश करते आ रहे हैं। हमें इस पृथ्वी पर एक निश्चित कारण से लाया जाता है, इस बात में किसी चिंतक को कोई संदेह नहीं है। क्या यह संभव नहीं है कि जो शक्ति हमें यहाँ लाई है, वह जानती होगी कि जीवन के बाद हमारे साथ क्या करना है? जीवन के बाद हमारे साथ क्या किया जाना है, इसका निर्णय हमें उस ईश्वर पर छोड़ देना चाहिए, जिसके पास पर्याप्त बुद्धिमत्ता है या फिर हमें भविष्य को अपने तरीके से नियंत्रित करने की क्षमता और बुद्धि हासिल करनी चाहिए? हमें एक-दूसरे के साथ शिष्टतापूर्ण ढंग से आचरण करके और हर तरीके से सारी अच्छाइयों को अपनाकर ईश्वर के साथ सहयोग करना चाहिए और उसके बाद निर्णय ईश्वर पर ही छोड़ देना चाहिए; क्योंकि वही संभवत: इस बात को बेहतर रूप से जानता है कि हमारे लिए सर्वोत्तम क्या है।

जन्म से लेकर मृत्यु तक दिमाग हमेशा उन चीजों तक पहुँचने की कोशिश करता है, जो कि उसके स्वामित्व में नहीं होती हैं।

एक छोटा बच्चा अपने खिलौनों से खेल रहा होता है; लेकिन जैसे ही वह एक दूसरे बच्चे को एक अलग खिलौने से खेलते हुए देखता है तो वह तुरंत ही दूसरे बच्चे के खिलौनों को उसके हाथ से छीनने की कोशिश करने लगता है।

एक महिला शिशु (भले ही शरीर से विकसित हो) हमेशा यह विश्वास करती है कि दूसरी महिला के कपड़े उसके खुद के कपड़ों से अधिक आकर्षक हैं और वह दूसरी महिलाओं के परिधानों की नकल करना चाहती है। एक पुरुष शिशु (भले ही शरीर से विकसित हो) जब किसी दूसरे व्यक्ति के व्यापार और संपदा को देखता है तो अपने आप से कहता है—कितना भाग्यवान् है वह! मैं उससे उसकी संपत्ति को कैसे अलग कर सकता हूँ?

एक विवाहित पुरुष सड़क पर चलती हुई सुंदर एवं आकर्षक महिलाओं पर एक ललचाई नजर डालता है और सोचता है कि वह कितना भाग्यशाली होता, यदि उसकी पत्नी इन महिलाओं जितनी सुंदर होती! हालाँकि उसकी पत्नी इन महिलाओं से भी सुंदर हो सकती है, लेकिन उसे अपनी पत्नी की सुंदरता नजर नहीं आती है; क्योंकि बाड़े के दूसरी ओर की घास हमेशा अधिक हरी दिखाई देती है। तलाक के अधिकांश मामले दूसरों के चरागाहों में बाड़ को लाँघकर घुसने की पुरुष की प्रवृत्ति के कारण ही पैदा होते हैं।

खुशी हमेशा घुमावदार होती है। यह हमेशा नजर में तो रहती है, लेकिन पहुँच से बाहर होती है। जीवन कभी भी पूर्ण नहीं होता है, भले ही हमारे पास कितनी भी चीजों का स्वामित्व क्यों न हो! एक चीज अपने साथ चलने के लिए हमेशा किसी अन्य चीज की माँग करती रहती है।

खुशी हमेशा घुमावदार होती है। यह हमेशा नजर में तो रहती है, लेकिन पहुँच से बाहर होती है। जीवन कभी भी पूर्ण नहीं होता है, भले ही हमारे पास कितनी भी चीजों का स्वामित्व क्यों न हो! एक चीज अपने साथ चलने के लिए हमेशा किसी अन्य चीज की माँग करती रहती है।

एक नौजवान को अपना और अपने परिवार का पालन-पोषण करने के लिए पर्याप्त वेतन मिलता है। इसके बाद उसकी पदोन्नति होती है और उसे एक वर्ष में 1,000 डॉलर अतिरिक्त मिलने लगते हैं। क्या वह इस 1,000 डॉलर की राशि को अपने बचत खाते में जमा करके पहले की भाँति अपना जीवन जीता रहेगा ? वह इस प्रकार की कोई कोशिश नहीं करेगा। वह तुरंत ही पुरानी कार की जगह नई कार खरीदेगा, पत्नी के लिए नए परिधान खरीदेगा, उसकी खाने की मेज पर और भी नई-नई चीजें दिखाई देने लगेंगी। वर्ष की समाप्ति पर क्या वह अपनी वेतन-वृद्धि का बेहतर लाभ ले पाएगा ? ऐसा कुछ भी नहीं होगा। जितना वह पाता है, उससे भी अधिक उसकी इच्छाएँ बढ़ जाती हैं। यह नियम करोड़ों लोगों पर समान रूप से लागू होता है।

अंत में, व्यक्ति भ्रमित हो जाता है और यह मानने लगता है कि खुशी और संतुष्टि इस संसार में संभव ही नहीं है। इसके बाद वह ऐसी चाबी की तलाश करता है, जिसके द्वारा वह एक अज्ञात दुनिया का दरवाजा खोल सके। वह सोचता है कि मृत्यु के बाद ही उसे खुशी नसीब होगी। इस निराशा में वह धर्म की ओर आशा और प्रोत्साहन पाने के लिए मुड़ता है।

लेकिन यह संकट समाप्त नहीं होता, क्योंकि अब उसके सामने स्वर्ग और नरक के बारे में अलग-अलग धर्मों की पेशकश की जाती हैं। धर्म के दावों और प्रतिदावों के बीच बेचारा इनसान अनिर्णय की स्थिति में पहुँच जाता है और सारी आशाएँ समाप्त हो जाती हैं।

जीवन एक कभी न खत्म होनेवाला प्रश्नचिह्न है

हम जिस चीज को चाहते हैं, वह हमेशा भविष्य की भ्रूणीय दूरी में मौजूद रहती है। हमारी अर्जित करने की ताकत इच्छा करने की हमारी ताकत से हमेशा एक दशक या एक समयावधि पीछे रहती है। दूर से हमें एक पर्वत बहुत सुंदर दिखाई देता है, लेकिन जैसे ही हम उसके पास पहुँचते हैं तो हमें चट्टानों, धूल और पेड़ों के झुंडों के अलावा कुछ नजर नहीं आता है। सुंदरता, खुशी और संतुष्टि दिमाग की अवस्थाएँ हैं। हम दूरदृष्टि के बिना इनका कभी भी आनंद नहीं ले सकते हैं। एक व्यक्ति के हृदय में एक अधूरे सपने के पूरा होने की आशा को नष्ट कर देने पर वह व्यक्ति भी नष्ट हो जाता है। प्रकृति ने

> *किसी चीज को पाने की आशा उसकी सिद्धि से अधिक मीठी होती है। जिस व्यक्ति के दिल में भावी उपलब्धि की आशा जिंदा रहती है, वही स्थायी संतुष्टि को महसूस कर सकता है। जब वह आशा मर जाती है तो मनुष्य का दिल भी खुद को समाप्त मान लेता है।*
> *जीवन की सबसे बड़ी विसंगति यह है कि हमारे अधिकांश विश्वास सत्य नहीं होते हैं।*

मानव को इस प्रकार से बनाया है कि उसकी महानतम और एकमात्र खुशी वह होती है, जो उसे किसी अप्राप्त चीज को हासिल करने की कोशिश के दौरान महसूस होती है, न कि उस चीज को प्राप्त करने के बाद।

किसी चीज को पाने की आशा उसकी सिद्धि से अधिक मीठी होती है। जिस व्यक्ति के दिल में भावी उपलब्धि की आशा जिंदा रहती है, वही स्थायी संतुष्टि को महसूस कर सकता है। जब वह आशा मर जाती है तो मनुष्य का दिल भी खुद को समाप्त मान लेता है।

जीवन की सबसे बड़ी विसंगति यह है कि हमारे अधिकांश विश्वास सत्य नहीं होते हैं। रसेल कॉनवेल का निबंध 'एक्रेस ऑफ डायमंड' अंग्रेजी भाषा में लिखा गया सर्वाधिक लोकप्रिय व्याख्यान रहा है। उनके इस व्याख्यान का केंद्रीय विचार यह कथन था कि किसी व्यक्ति को अवसर की तलाश कहीं दूर जाकर करने की जरूरत नहीं है। अवसर तो उसके जन्म-स्थान के निकट भी खोजा जा सकता है। संभवत: यह सत्य हो; लेकिन कितने लोग हैं, जो इस पर विश्वास करते हैं?

अवसर हर उस जगह खोजा जा सकता है, जहाँ कोई वास्तव में उसे खोजता है। जो व्यक्ति किसी दूसरे शहर में जाकर अवसर को खोजने की प्रकृति रखता है, उसे उसके छोटे से गृहनगर में अपना भाग्य आजमाने की सलाह देना व्यर्थ ही है। यह चिंता की बात नहीं है, क्योंकि बाड़े के दूसरी ओर की घास अधिक मनोहारी दिखती है। प्रकृति ने मनुष्य को ऐसा बनाया है। प्रकृति इसी प्रकार से हमें ललचाती है और संघर्ष के माध्यम से विकसित होने के आजीवन कार्य के लिए हमें तैयार करती है।

□

4

बचत की आदत

"आप यह कर सकते हैं,
यदि आपको विश्वास है कि आप कर सकते हो!"

मानव मांस, हड्डियों, रक्त, बाल और मस्तिष्क कोशिकाओं का एक संयोजन है। यह निर्माण सामग्री है, जिसके द्वारा वह आदत के नियम के माध्यम से अपने खुद के व्यक्तित्व को आकार देता है। यह स्पष्ट है कि धन की बचत करना सफलता की एक अनिवार्य शर्त है; लेकिन बचत न करनेवाले लोगों के दिमाग में यह प्रश्न हमेशा मौजूद रहता है—

'मैं इसे कैसे कर सकता हूँ?'

धन की बचत करना केवल आदत का एक विषय है। इस कारण से यह अध्याय आदत के नियम के संक्षिप्त विश्लेषण के साथ शुरू होता है।

दोहराव के द्वारा कोई भी क्रिया कुछ ही समय में एक आदत बन जाती है। हमारा दिमाग भी हमारी दैनिक आदतों से विकसित होनेवाली प्रेरणात्मक शक्तियों का एक पिंड प्रतीत होता है।

जब दिमाग में एक आदत स्थिर रूप से जम जाती है तो दिमाग स्वैच्छिक रूप से व्यक्ति को कार्य करने के लिए उकसाता है। उदाहरण के लिए, यदि आप अपने काम पर जाने के लिए किसी रास्ते का रोज प्रयोग करते हैं तो शीघ्र ही उस रास्ते पर चलना आपकी आदत बन जाता है और आपका दिमाग स्वचालित रूप से आपको उसी रास्ते पर ले जाने के लिए निर्देशित करने लगता है। सार्वजनिक वक्ता यह जानते हैं कि एक कहानी को बार-बार सुनाने पर वह कहानी आदत के नियम का अनुसरण करने लगती है और लोगों के दिमाग में एक काल्पनिक सत्य के रूप में बैठ जाती है।

सीमाओं की दीवारें आदत के द्वारा निर्मित होती हैं

करोड़ों लोग गरीबी में जीवन गुजार देते हैं, क्योंकि वे आदत के नियम का

बचत की आदत के निर्माण का अर्थ यह नहीं है कि आप कमाने की अपनी क्षमता को सीमित करेंगे। इसका अर्थ केवल यह है कि आप इस नियम को इस प्रकार से अपने ऊपर लागू करेंगे कि आपकी वर्तमान कमाई का संरक्षण एक व्यवस्थित तरीके से होता रहे और इसके साथ ही आप उच्चतर अवसरों का लाभ उठाने के लिए जरूरी दूरदृष्टि, आत्मविश्वास, कल्पना-शक्ति, उत्साह, पहल और नेतृत्व के गुणों का विकास करके अपनी अर्जन क्षमता को वास्तविक रूप से बढ़ाते रहें।

विध्वंसक उपयोग करते हैं। यदि आप अपने दिमाग में यह बात बैठा दें कि आपकी कमाने की क्षमता सीमित है और आप एक निश्चित सीमा से अधिक धन कभी नहीं कमा सकते हैं तो आदत का नियम आपके द्वारा कमाई जानेवाली धनराशि की सुनिश्चित सीमा को तय कर देगा और आपका अवचेतन मन इस सीमा को स्वीकार कर लेगा। अब आपका भाग्य आपके द्वारा ही निर्धारित हो जाता है।

बचत की आदत के निर्माण का अर्थ यह नहीं है कि आप कमाने की अपनी क्षमता को सीमित करेंगे। इसका अर्थ केवल यह है कि आप इस नियम को इस प्रकार से अपने ऊपर लागू करेंगे कि आपकी वर्तमान कमाई का संरक्षण एक व्यवस्थित तरीके से होता रहे और इसके साथ ही आप उच्चतर अवसरों का लाभ उठाने के लिए जरूरी दूरदृष्टि, आत्मविश्वास, कल्पना-शक्ति, उत्साह, पहल और नेतृत्व के गुणों का विकास करके अपनी अर्जन क्षमता को वास्तविक रूप से बढ़ाते रहें।

आप इस तरीके से आगे बढ़ें—

पहले, सुनिश्चित मुख्य लक्ष्य के नियम द्वारा अपने दिमाग में अपनी जरूरत और इच्छा का एक सटीक व सुनिश्चित चित्रात्मक विवरण स्थापित करें, जिसमें आपके द्वारा कमाए जानेवाले इच्छित धन की मात्रा को भी शामिल किया जाए। आपका अवचेतन मन इस चित्रात्मक विवरण को ग्रहण कर लेगा। यह विधि गरीबी की चेतना को समाप्त कर देगी और आपके मन में समृद्धि की एक चेतना को स्थापित कर देगी। आप वास्तविक रूप से समृद्धि की माँग करना शुरू करेंगे। आप इसे पाने की आशा करेंगे और आप इसे प्राप्त करने तथा इसका बुद्धिमानी से प्रयोग करने के लिए खुद को तैयार करेंगे। इस प्रकार, बचत की आदत के विकास के लिए मंच तैयार होगा।

दूसरे, इस तरीके से आपकी धन अर्जित करने की क्षमता बढ़ेगी और आप एक लिखित वक्तव्य के द्वारा अपने कमाए गए धन का एक निश्चित भाग बचाने को अपना

सुनिश्चित लक्ष्य बना सकते हैं। इस प्रकार जैसे-जैसे आपकी आय बढ़ेगी, उसी अनुपात में आपकी बचत में वृद्धि होती चली जाएगी।

शीघ्र ही आप उस बिंदु पर पहुँच जाएँगे, जहाँ आप अपने दिमाग से सभी काल्पनिक सीमाओं को हटा सकें और वित्तीय आत्मनिर्भरता की दिशा में चलना आरंभ कर सकें।

इसके विपरीत, यदि आप आदत के नियम को उलटी दिशा में प्रयोग करें तो आपके दिमाग में गरीबी का डर अपनी जड़ें जमा लेगा और जल्दी ही यह डर आपकी अर्जन क्षमता को कम कर देगा। इस स्थिति में आप केवल अपनी वास्तविक जरूरतों को पूरा करने लायक धन ही कमा पाएँगे।

हम अपनी आदतों के शिकार होते हैं। कोई भी विचार, जो हमारे मन में जानबूझकर जमाया जाता है, वह अपनी प्रकृति के अनुसार हमें कार्य करने के लिए विवश कर देता है। ऐसा विचार सुझाव, परिवेश या सहकर्मियों के प्रभाव इत्यादि के फलस्वरूप हमारे दिमाग में रोपा जा सकता है।

यदि एक निराशावादी व्यक्ति अपने विनाशात्मक प्रभाव को लंबे समय तक अपने कार्यक्षेत्र में लगातार फैलाए रखता है तो वह आसानी से आधा दर्जन योग्य लोगों के काम को नष्ट कर सकता है और वह गरीबी व असफलता के विचार को अपने सहकर्मियों के दिमागों में गहराई से जमा सकता है।

> *"आप एक मानवीय चुंबक हैं और आप लगातार ऐसे लोगों को अपनी ओर आकर्षित कर रहे हैं, जिनके चरित्र आपके खुद के चरित्र के साथ मेल खाते हैं।*
> *"यहाँ हम केवल प्रचुरता के बारे में बात करते हैं और सोचते हैं। यदि आपके पास अभाव की कोई कहानी है तो उसे अपने पास ही रखें, क्योंकि हम इसे नहीं चाहते हैं।"*
> *कोई भी व्यापारिक फर्म एक निराशावादी की सेवाएँ नहीं चाहती है, क्योंकि ऐसा व्यक्ति अपने आसपास मौजूद लोगों की उपयोगिता को ही धीरे-धीरे नष्ट कर सकता है।*

इस प्रकार के व्यक्ति न बनें।

अमेरिका के सर्वाधिक सफल बैंकरों में से एक ने अपने निजी कार्यालय में निम्नलिखित साइनबोर्ड टाँग रखा था—

"आप एक मानवीय चुंबक हैं और आप लगातार ऐसे लोगों को अपनी ओर आकर्षित कर रहे हैं, जिनके चरित्र आपके खुद के चरित्र के साथ मेल खाते हैं।

"यहाँ हम केवल प्रचुरता के बारे में बात करते हैं और सोचते हैं। यदि आपके पास अभाव की कोई कहानी है तो उसे अपने पास ही रखें, क्योंकि हम इसे नहीं चाहते हैं।"

कोई भी व्यापारिक फर्म एक निराशावादी की सेवाएँ नहीं चाहती है, क्योंकि ऐसा व्यक्ति अपने आसपास मौजूद लोगों की उपयोगिता को ही धीरे-धीरे नष्ट कर सकता है।

हजारों घरों में गरीबी और अभाव के बारे में बात करना आम होता है और इसी कारण इन घरों में रहनेवाले लोग इन दशाओं को हासिल कर रहे हैं। वे गरीबी के बारे में सोचते हैं, गरीबी की ही बातें करते हैं और गरीबी को अपने जीवन के महत्त्वपूर्ण पहलू के रूप में स्वीकार करते हैं। ऐसे लोगों का तर्क होता है कि उनके पूर्वज उनके सामने गरीब थे, इसलिए वे भी गरीब बने रहेंगे। गरीबी की चेतना गरीबी के डर और उसके बारे में सोचने की आदत के परिणामस्वरूप निर्मित होती है। जिस चीज से आप भयभीत होते हैं, वह आपके ऊपर ही व्याप्त होती है।

कर्ज की गुलामी

कर्ज एक निर्दयी मालिक है। यह बचत की आदत का एक घातक शत्रु है।

कोई भी व्यक्ति अपना सर्वोत्तम कार्य नहीं कर सकता, कोई भी व्यक्ति खुद को अपेक्षित सम्मान के साथ अभिव्यक्त नहीं सकता, कोई भी व्यक्ति जीवन में एक सुनिश्चित लक्ष्य का निर्माण या अनुसरण नहीं कर सकता, यदि उसके सिर पर कर्ज का भारी बोझ लदा हुआ हो।

लेखक का एक घनिष्ठ मित्र है, जिसकी आय 1,000 डॉलर प्रतिमाह है। उसकी पत्नी को सोसाइटी से प्यार है और वह 20,000 डॉलर समाज में दिखावे पर खर्च कर देता है। इसके कारण वह प्रतिवर्ष लगभग 8,000 डॉलर के कर्ज से दब जाता है। उसके परिवार के प्रत्येक सदस्य की खर्च करने की आदत है। उसकी दो लड़कियाँ और एक लड़का अब इतने बड़े हो चुके हैं कि वे कॉलेज जाने के बारे में सोच रहे हैं, लेकिन पिता के कर्ज के कारण यह संभव नहीं है। इसके परिणामस्वरूप पिता और उसके बच्चों के बीच मतभेद पैदा हो चुके हैं और पूरा परिवार असंतुष्ट एवं तनावग्रस्त हो चुका है।

कर्ज का संचय एक आदत है। यह एक छोटे से तरीके में शुरू होता है और धीरे-धीरे बड़े अनुपातों में बढ़ता चला जाता है और अंत में यह व्यक्ति की आत्मा का अधिग्रहण कर लेता है। हजारों युवक अपने वैवाहिक जीवन की शुरुआत अनावश्यक कर्जों के साथ शुरू करते हैं और कभी भी उसके बोझ को उतार नहीं पाते हैं। वैवाहिक जीवन की शुरुआत में अनाप-शनाप खर्च करने के बाद अभाव की स्थिति का सामना करने में कठिनाई होती है और पति-पत्नी एक-दूसरे के प्रति खुला असंतोष जाहिर करने लगते हैं। अंत में बात तलाक तक पहुँच जाती है।

कर्ज की विपदा को टालने से बड़ा कोई त्याग नहीं है

कर्ज की दो श्रेणियाँ होती हैं और दोनों की प्रकृति इतनी अलग है कि उन्हें यहाँ वर्णित करना जरूरी हो जाता है—

1. ऐसे कर्ज, जो कि विलासिता के लिए लिये जाते हैं और जो एक स्थायी नुकसान बन जाते हैं।
2. ऐसे कर्ज, जो कि पेशेवर पाठ्यक्रम या उद्योग-व्यापार के लिए लिये जाते हैं और जो ऐसी सेवाओं या वस्तुओं का प्रतिनिधित्व करते हैं, जिन्हें परिसंपत्तियों में वापस बदला जा सकता है।

> *कर्ज का संचय एक आदत है। यह एक छोटे से तरीके में शुरू होता है और धीरे-धीरे बड़े अनुपातों में बढ़ता चला जाता है और अंत में यह व्यक्ति की आत्मा का अधिग्रहण कर लेता है। हजारों युवक अपने वैवाहिक जीवन की शुरुआत अनावश्यक कर्जों के साथ शुरू करते हैं और कभी भी उसके बोझ को उतार नहीं पाते हैं।*

पहली श्रेणी के कर्ज को हमेशा टालना चाहिए। दूसरी श्रेणी के कर्ज लिये जा सकते हैं, लेकिन इसमें यह ध्यान रखना होगा कि कर्ज चुकाने की आपकी सीमा क्या है? जैसे ही कोई व्यक्ति इन सीमाओं को लाँघता है तो वह अटकलबाजी या सट्टेबाजी के क्षेत्र में प्रवेश कर जाता है और सट्टेबाजी या जुआ अपने शिकारों को समृद्ध बनाने की तुलना में हानि अधिक पहुँचाता है। गरीबी का डर और कर्ज का बोझ व्यक्ति की इच्छा-शक्ति को तोड़कर रख देता है और वह अपना खोया हुआ भाग्य फिर से पाने में असमर्थ हो जाता है। कर्ज की दासता के कारण प्रतिवर्ष लाखों लोग आत्महत्या कर लेते हैं, जो कि गरीबी के डर की क्रूरता का एक छोटा सा संकेतक है।

जो व्यक्ति कर्ज से मुक्त होता है, वह गरीबी से छुटकारा पा सकता है और असाधारण वित्तीय सफलता हासिल कर सकता है। जबकि कर्ज से घिरे व्यक्ति के लिए ऐसी उपलब्धि हासिल करने की संभावना ही समाप्त हो जाती है। गरीबी का डर दिमाग की एक नकारात्मक और विनाशात्मक अवस्था है। दिमाग की नकारात्मक अवस्था समान प्रकार की दिमागी अवस्थाओं को अपनी ओर आकर्षित करने की प्रवृत्ति रखती है। उदाहरण के लिए, गरीबी का डर खराब स्वास्थ्य के डर को आकर्षित कर सकता है और ये दोनों डर मिलकर वृद्धावस्था के डर को आकर्षित कर सकते हैं। इस प्रकार, गरीबी के कुचक्र में फँसा व्यक्ति वृद्धावस्था के लक्षण उभरने से पहले ही बीमारी और बुढ़ापे का सामना करने लगता है।

गरीबी के रूप में ज्ञात दिमाग की इस क्रूर अवस्था के द्वारा लाखों अकाल मौतें होती हैं और लाखों बेनाम कब्रें भर जाती हैं।

गरीबी के डर पर नियंत्रण कैसे पाएँ ?

गरीबी के डर को समाप्त करने के लिए दो सुनिश्चित कदम उठाने जरूरी हैं। पहला, उधार खरीदने की आदत को त्यागना और दूसरा कदम यह है कि पहले से मौजूद कर्ज को धीरे-धीरे चुकाया जाए।

कर्ज से मुक्त होने पर ही आप अपने दिमाग को समृद्धि की दिशा में पुनः निर्देशित करने के लिए तैयार होते हैं। अपने सुनिश्चित मुख्य लक्ष्य के एक हिस्से के रूप में आप नियमित रूप से अपनी आय का एक भाग, भले ही एक रुपया या डॉलर प्रतिदिन क्यों न हो, बचाने की आदत विकसित कर सकते हैं। यह आदत शीघ्र ही आपके दिमाग पर अपना प्रभाव जमा लेगी और आप बचत करने में उल्लास व आनंद का अनुभव करने लगेंगे।

कोई भी आदत किसी अन्य या अधिक गहरी आदत के द्वारा अपने स्थान से हटाई जा सकती है। खर्च की आदत को बचत की आदत के द्वारा प्रतिस्थापित करने पर आप वित्तीय आत्म-निर्भरता हासिल कर सकते हैं। जब एक आदत की निरंतरता टूटती है तो दिमाग में एक छिद्र बचा रह जाता है और यह छिद्र किसी दूसरी आदत के द्वारा भरा जाना चाहिए, अन्यथा पुरानी आदत वापस लौटकर अपना स्थान पुनः ग्रहण कर लेगी।

इस भौतिकवादी युग का क्रूर, कठोर और निर्मम सत्य यह है कि एक व्यक्ति परिस्थितियों के प्रवाह में इधर-उधर उड़नेवाले धूल के कणों से अधिक कुछ भी नहीं है, यदि उसके पास धन की शक्ति का आवरण न हो।

बिना धन का व्यक्ति धनवान् व्यक्ति की दया पर निर्भर रहता है।

व्यक्ति कितना भी योग्य हो, कितना भी प्रशिक्षित हो या प्राकृतिक तौर पर कितना भी प्रतिभाशाली क्यों न हो, लोग इन सब चीजों को नजरअंदाज करते हैं और केवल उसके बैंक बैलेंस के प्रकाश में ही उसे महत्त्व देते हैं।

कई व्यक्ति सफलता की दिशा में लंबा रास्ता तय करने के बाद भी ठोकरें खाते हैं और असफलता के गर्त में गिर पड़ते हैं, क्योंकि उनके पास जरूरत या संकटकाल के समय धन का अभाव होता है। अधिकांश व्यापारिक उद्यम केवल आरक्षित पूँजी की कमी के कारण ही विफल हो जाते हैं। व्यापार को सफलतापूर्वक चलाने के लिए जमा-पूँजी का होना अति आवश्यक होता है।

इसी प्रकार बचत खाते व्यक्ति की सफलता के लिए अनिवार्य होते हैं। बचत की पूँजी के बिना व्यक्ति दो तरीकों से कठिनाइयों का सामना करता है—पहले, वह उन अवसरों का लाभ नहीं उठा पाता है, जिनके लिए कुछ पहले से उपलब्ध पूँजी की जरूरत होती है और

दूसरे, वह आपातकालीन स्थिति में धन की अनपेक्षित जरूरत को पूरा नहीं कर पाता है।

भवन और ऋण से जुड़ी एक विख्यात एसोसिएशन ने निम्नलिखित तालिका तैयार की है, जो केवल 5 डॉलर की मासिक बचत के द्वारा दस सालों के अंत में जमा होनेवाली धनराशि को दरशाती है।

धन कमाना और उसे बचाकर रखना एक विज्ञान है। फिर भी धन को जमा करने के नियम इतने आसान हैं कि हर कोई उनका अनुसरण कर सकता है। सबसे मुख्य पूर्व शर्त यह होती है कि हम वर्तमान को भविष्य के अधीन लाने की इच्छा-शक्ति रखें और विलासिता की चीजों पर होनेवाले अनावश्यक खर्चों को समाप्त कर दें।

धन कमाना और उसे बचाकर रखना एक विज्ञान है। फिर भी धन को जमा करने के नियम इतने आसान हैं कि हर कोई उनका अनुसरण कर सकता है। सबसे मुख्य पूर्व शर्त यह होती है कि हम वर्तमान को भविष्य के अधीन लाने की इच्छा-शक्ति रखें और विलासिता की चीजों पर होनेवाले अनावश्यक खर्चों को समाप्त कर दें।

वह आश्चर्यजनक तरीका, जिसके द्वारा आपका धन बढ़ता है—

एक महीने में 5 डॉलर बचाने पर

	बचत राशि	लाभ	बचत-युक्त लाभ	निर्गम मूल्य
पहला वर्ष	60.00 डॉलर	4.30 डॉलर	64.30 डॉलर	61.30 डॉलर
दूसरा वर्ष	120.00 डॉलर	16.55 डॉलर	136.55 डॉलर	125.00 डॉलर
तीसरा वर्ष	180.00 डॉलर	36.30 डॉलर	216.30 डॉलर	191.55 डॉलर
चौथा वर्ष	240.00 डॉलर	64.00 डॉलर	304.00 डॉलर	260.20 डॉलर
पाँचवाँ वर्ष	300.00 डॉलर	101.00 डॉलर	401.00 डॉलर	338.13 डॉलर
छठा वर्ष	360.00 डॉलर	140.00 डॉलर	500.00 डॉलर	414.75 डॉलर
सातवाँ वर्ष	420.00 डॉलर	197.10 डॉलर	617.10 डॉलर	495.43 डॉलर
आठवाँ वर्ष	480.00 डॉलर	257.05 डॉलर	737.05 डॉलर	578.32 डॉलर
नौवाँ वर्ष	540.00 डॉलर	324.95 डॉलर	864.95 डॉलर	687.15 डॉलर
दसवाँ वर्ष	600.00 डॉलर	400.00 डॉलर	1,000.00 डॉलर	1,000.00 डॉलर

इसी प्रकार से महीने में 10.00 डॉलर, 25.00 डॉलर और 50.00 डॉलर की बचत करने पर व्यक्ति के पास दस सालों के बाद क्रमश: 2,000 डॉलर, 5,000 डॉलर और 10,000 डॉलर की धनराशियाँ जमा हो जाती हैं।

न्यूयॉर्क का एक नौजवान एक प्रतिष्ठित बैंकर के यहाँ कार चालक की नौकरी करके सप्ताह में केवल 20 डॉलर कमाता था। बैंकर ने उसे एक सप्ताह के खर्च का लेखा-जोखा बनाने के लिए प्रेरित किया। उसके खर्चों का विवरण इस प्रकार था—

सिगरेट... 0.75 डॉलर
च्युइंगम... 0.30 डॉलर
कोल्ड ड्रिंक्स.. 1.80 डॉलर
दोस्तों के लिए सिगार.............................. 1.50 डॉलर
मूवी.. 1.00 डॉलर
प्रसाधन और हेयर स्टाइल......................... 1.60 डॉलर
अखबार.. 0.22 डॉलर
7.47 डॉलर
रहने और खाने का खर्च............................12.00 डॉलर
हाथ में बची राशि.................................. 0.53 डॉलर
— 20.00 डॉलर

ये आँकड़े हजारों युवाओं की जीवनशैली पर लागू होते हैं। 20 डॉलर कमाने पर भी उस नौजवान की बचत मात्र 53 सेंट थी। वह 7.47 डॉलर ऐसी चीजों पर खर्च करता था, जिनमें वह कटौती कर सकता था या जिनका पूर्ण रूप से त्याग कर सकता था। अपनी शेव खुद बनाकर या अपने जूतों की खुद पॉलिश करने जैसे कामों से ही वह 7.47 डॉलर के प्रत्येक सेंट की बचत कर सकता था।

अब हम भवन और ऋण एसोसिएशन की तालिका के अनुसार एक सप्ताह में 7.47 डॉलर की बचत के बाद दस वर्षों में जमा होनेवाली धनराशि का आकलन कर सकते हैं। माना कि वह नौजवान एक महीने में केवल 25 डॉलर की बचत कर पाता है, तो भी दस वर्षों के बाद वह 5,000 डॉलर इकट्ठा कर लेगा। अभी उसकी आयु 21 वर्ष है। जब वह 31 वर्ष का होगा तो वह अपने पास मौजूद 5,000 डॉलर की जमा-पूँजी से कई ऐसे अवसरों को भुना पाएगा, जो उसे वित्तीय आत्मनिर्भरता की ओर ले जा सकें।

धन की बचत के लिए चरित्र के बल की जरूरत होती है। अपनी इच्छाओं को नकारकर और खर्चीले मनोरंजन का त्याग करके ही बचत को अंजाम दिया जा सकता

है। यही कारण है कि बचत की आदत को विकसित करने के लिए व्यक्ति को कई और भी आदतें विकसित करनी होती हैं, जिनमें विशेष रूप से आत्म-नियंत्रण, आत्मविश्वास, साहस, शांतचित्तता और भय-मुक्ति शामिल हैं।

एक व्यक्ति को कितनी बचत करनी चाहिए?

इस प्रश्न का उत्तर कुछ शब्दों में नहीं दिया जा सकता, क्योंकि बचत की जानेवाली धनराशि कई परिस्थितियों पर निर्भर करती है, जिनमें से कुछ व्यक्ति के नियंत्रण में हो सकती हैं और कुछ नहीं भी।

सामान्य रूप में एक व्यक्ति को अपनी आय को निम्नलिखित रूप में वितरित करना चाहिए—

बचत खाता—20%, रोटी, कपड़ा और मकान—50%, शिक्षा—10%, मनोरंजन—10%, जीवन बीमा—10% =100%

वास्तविक रूप में औसत व्यक्ति अपनी आय को इस अनुपात में खर्च करता है—

बचत खाता—0%, रोटी-कपड़ा और मकान—60%, शिक्षा—0%, मनोरंजन—35%, जीवन बीमा—5% =100%

मनोरंजन के अंतर्गत कई ऐसे खर्च आते हैं, जिनके द्वारा वास्तव में कोई मनोरंजन नहीं होता है। इनमें शराब, डिनर पार्टी और ऐसे कई मद शामिल हैं, जो कि मनोरंजन की बजाय व्यक्ति के स्वास्थ्य और चरित्र को नष्ट करने में अधिक योगदान देते हैं।

लेखक ने 41 हाई स्कूलों में एक 'लेक्चर ब्यूरो' संचालित किया था। उन स्कूलों के प्राध्यापकों ने बताया कि 2 प्रतिशत से भी कम छात्र धन की बचत के बारे में कोई प्रवृत्ति दरशाते थे। एक प्रश्नावली की सहायता से आयोजित की गई एक परीक्षा द्वारा यह तथ्य उजागर हुआ कि कुल 11,000 हाई स्कूल छात्रों में से केवल 5 प्रतिशत छात्र ही यह मानते थे कि सफल होने के लिए बचत की आदत का विकसित होना अनिवार्य है।

लेखक ने 41 हाई स्कूलों में एक 'लेक्चर ब्यूरो' संचालित किया था। उन स्कूलों के प्राध्यापकों ने बताया कि 2 प्रतिशत से भी कम छात्र धन की बचत के बारे में कोई प्रवृत्ति दरशाते थे। एक प्रश्नावली की सहायता से आयोजित की गई एक परीक्षा द्वारा यह तथ्य उजागर हुआ कि कुल 11,000 हाई स्कूल छात्रों में से केवल 5 प्रतिशत छात्र ही यह मानते थे कि सफल होने के लिए बचत की आदत का विकसित होना अनिवार्य है।

अब आपको इस बात से कोई आश्चर्य नहीं होना चाहिए कि अमीर और अधिक अमीर बनते जा रहे हैं तथा गरीब और ज्यादा गरीब होते जा रहे हैं!

दुर्भाग्य से, हम में से अधिकांश का पालन-पोषण ऐसे माता-पिता द्वारा किया जाता है, जिनके पास आदत के मनोविज्ञान के बारे में कोई जानकारी या अवधारणा नहीं होती है। वे हमें बचत करने की आदत के बारे में प्रशिक्षित नहीं कर पाते हैं।

वास्तव में, वे बच्चे भाग्यशाली होते हैं, जिनके माता-पिता बचत की आदत को एक चरित्र निर्माणकर्ता के रूप में महत्त्व देते हैं और धन की बचत के बारे में दूरदृष्टि रखते हुए अपने बच्चों के दिमाग में इस आदत को गहराई से जमा देते हैं।

एक औसत व्यक्ति को यदि आप 100 डॉलर देते हैं तो वह इसके साथ क्या करेगा? वह अपने दिमाग को केवल धन खर्च करने पर ही केंद्रित करना शुरू करता है। यदि उसने बचत की आदत विकसित नहीं कर पाई है तो वह 100 डॉलर की धनराशि से एक बचत खाता खोलने के बारे में कभी विचार नहीं करेगा। यह धनराशि उसकी खर्च करने की पुरानी आदत की आग में घी डालने का काम करेगी।

हम अपनी आदतों द्वारा शासित होते हैं—एक बचत खाता खोलने और अपनी आय का एक हिस्सा उसमें निरंतर जमा करने के लिए चरित्र के बल, संकल्प-शक्ति और दृढ़ निश्चय की जरूरत होती है।

अब मैं एक ऐसे व्यक्ति की कहानी उसके खुद के शब्दों में वर्णित करूँगा, जिसने विज्ञापन के क्षेत्र में लाखों डॉलर कमाए थे, लेकिन अब उसके पास कुछ नहीं बचा है। यह एक सच्ची कहानी है और इस कहानी के लेखक डब्ल्यू.सी. फ्रीमैन ने अपनी गलतियों को सार्वजनिक करने के लिए 'अमेरिकन मैगजीन' में प्रकाशित करवाया था, ताकि दूसरे लोगों को उनसे सबक हासिल हो सके—

"मैंने लाखों डॉलर कमाए थे, लेकिन मुझे एक सेंट भी प्राप्त नहीं हो पाया।"

मेरा विवाह 21 वर्ष की उम्र में माता-पिता की पूरी स्वीकृति के साथ हुआ था। विवाह के एक महीने के बाद ही मेरे पिता

मेरा विवाह 21 वर्ष की उम्र में माता-पिता की पूरी स्वीकृति के साथ हुआ था। विवाह के एक महीने के बाद ही मेरे पिता की मृत्यु हो गई थी। वे एक शिक्षक रहे थे और उन्होंने अपने जीवन में कोई धन इकट्ठा नहीं किया था। पिता की मृत्यु के बाद मैं अपनी पत्नी, अपनी माता और इकलौती बहन के साथ एक आनंदपूर्ण जीवन बिताने लगा, भले ही हमें अपनी जरूरतों को पूरा करने में कठिनाई का सामना करना पड़ता था।

की मृत्यु हो गई थी। वे एक शिक्षक रहे थे और उन्होंने अपने जीवन में कोई धन इकट्ठा नहीं किया था। पिता की मृत्यु के बाद मैं अपनी पत्नी, अपनी माता और इकलौती बहन के साथ एक आनंदपूर्ण जीवन बिताने लगा, भले ही हमें अपनी जरूरतों को पूरा करने में कठिनाई का सामना करना पड़ता था।

मेरी माता अत्यधिक प्रतिभाशाली और संसाधनशील महिला थीं। उन्होंने घर में किराएदारों को रखकर और अच्छा खाना परोसकर हमारे घर की आमदनी को बढ़ाया था। मेरी बहन घर के एक कमरे में छोटे बच्चों का एक प्ले स्कूल चलाती थी। मेरी पत्नी भी सिलाई व कढ़ाई के द्वारा घर की आय में योगदान देती थी। वे बहुत खुशी भरे दिन थे। घर में मेरे अलावा कोई भी खर्चीला नहीं था। मुझे परिवार और दोस्तों के लिए उपहार देना पसंद था।

जब पहले शिशु के रूप में मेरे बेटे का जन्म हुआ तो हमारे घर में सभी यह सोचते थे कि स्वर्ग ने हमारे लिए अपने दरवाजे खोल दिए हैं। मेरी पत्नी के माता-पिता भी अब हमारी आर्थिक सहायता करने के लिए तैयार रहते थे। मेरे पास अधिक धन खर्च करने का मौका नहीं था, फिर भी वे दिन मेरे जीवन के सबसे खुशी के दिन थे।

मैं उस वक्त स्कूल में पढ़ाकर और अखबारों में लेख लिखकर कुछ पैसे कमा लेता था। मेरे बेटे के जन्म ने मुझे कुछ और पैसा कमाने के लिए प्रेरित किया। मैंने पढ़ाने और लिखने के अलावा किताबों को बेचने का काम शुरू कर दिया, जिससे मुझे कुछ अतिरिक्त धन मिलने लगा। आखिर में मैंने पढ़ाने का काम छोड़ दिया और अपना ध्यान पूरी तरह से किताबें बेचने और अखबार में लिखने पर लगा दिया। किताबें बेचने का काम मुझको न्यू जर्सी प्रांत के ब्रिजटन में ले आया। यहाँ आकर मैंने वास्तव में पहली बार पैसा कमाने की शुरुआत की थी। मैंने इस जगह आकर कुछ सप्ताह में ही काफी धन कमाया और घर पर भी पैसा भेजने लगा। मैं उस शहर से प्रकाशित होनेवाले अखबार 'मॉर्निंग स्टार' में रुचि रखता था। मुझे पता चला कि उस अखबार के प्रकाशक और संपादक को एक सहायक की जरूरत थी। मैंने उनसे संपर्क किया तो उन्होंने जवाब दिया कि "नौजवान, मैं तुम्हें कैसे काम पर रख सकता हूँ? मैं अपनी खुद की आजीविका चलाने लायक भी नहीं कमा पा रहा हूँ।"

मैंने कहा कि मुझे विश्वास है कि हम दोनों साथ मिलकर सफलता की नींव बना सकते हैं। मैं आपके लिए 1 डॉलर प्रतिदिन के बदले में एक सप्ताह तक कार्य करूँगा। सप्ताह की समाप्ति के बाद यदि मेरा काम अच्छा रहा तो मैं दूसरे सप्ताह के लिए 3 डॉलर प्रतिदिन पाने की अपेक्षा करूँगा।

मैंने कहा कि मुझे विश्वास है कि हम दोनों साथ मिलकर सफलता की नींव बना सकते हैं। मैं आपके लिए 1 डॉलर प्रतिदिन के बदले में एक सप्ताह तक कार्य करूँगा। सप्ताह की समाप्ति के बाद यदि मेरा काम अच्छा रहा तो मैं दूसरे सप्ताह के लिए 3 डॉलर प्रतिदिन पाने की अपेक्षा करूँगा। दूसरे सप्ताह की समाप्ति पर यदि मेरा काम अच्छा रहता है तो मैं तीसरे सप्ताह में 6 डॉलर प्रतिदिन आपसे लूँगा और आगे अच्छा काम चलते रहने पर यदि अखबार द्वारा पर्याप्त धन की कमाई होने लगेगी तो मैं आखिर में आपसे 50 डॉलर प्रति सप्ताह का वेतन लूँगा।

अखबार के मालिक ने मेरी शर्त को स्वीकार कर लिया। दो महीनों के बाद मुझे एक सप्ताह में 50 डॉलर का भुगतान प्राप्त होने लगा था, जो कि एक बड़ा वेतन माना जाता था। इसके साथ ही मैंने 'न्यूयॉर्क सन', 'फिलाडेल्फिया रिकॉर्ड' और 'टेंटन टाइम्स' जैसे अखबारों में संवाददाता का काम भी शुरू कर दिया, जिसके कारण मुझे एक महीने में 150 डॉलर अतिरिक्त रूप से प्राप्त हो जाते थे। 'मॉर्निंग स्टार' में काम करते हुए मैंने एक सबक सीखा कि अखबार में लिखने की बजाय अखबार के लिए विज्ञापन बेचकर अधिक पैसा कमाया जा सकता है। मैंने साउथ जर्सी के एक उद्योगपति का विज्ञापन प्रकाशित करवाया, जिसके बदल में हमारे अखबार को 3,000 डॉलर की नकद राशि प्राप्त हुई, जिसे मैंने और प्रकाशक ने आधा-आधा बाँट लिया। मैंने इतने ज्यादा पैसे अपने जीवन में कभी नहीं देखे थे।

क्या मैंने उस धन को या उसके कुछ हिस्से को बचाया? मैंने ऐसा नहीं किया। मैं उस धन को बचाकर कठिनाई के दिनों में इस्तेमाल कर सकता था। पर ऐसा नहीं हो सका।

ब्रिजटन में मेरे काम ने 'फिलाडेल्फिया रिकॉर्ड' के संवाददाता सैम हडसन को आकर्षित किया। सैम ने मुझे बताया कि मेरे लिए एक बड़े शहर में जाकर काम करना अधिक फायदेमंद होगा। उन्होंने मुझे फिलाडेल्फिया में काम दिलवा दिया। मैं अपनी पत्नी एवं बच्चे को लेकर जर्मनटाउन आ गया और एक साप्ताहिक अखबार 'जर्मनटाउन गैजेट' के विज्ञापन विभाग का प्रभार सँभालने लगा।

यहाँ आकर शुरुआत में उतने पैसे नहीं मिलते थे, जितने मैं ब्रिजटाउन में कमाता था; लेकिन मैं शीघ्र ही 25 प्रतिशत अधिक धन कमाने लग गया। गैजेट ने विज्ञापनों के लिए अपने आकार को तीन गुना बढ़ा लिया था, जिसके फलस्वरूप मेरा वेतन भी बढ़ने लगा था। इसके अलावा, मैं फिलाडेल्फिया के 'संडे एडिसन' के लिए सामाजिक खबरें इकट्ठी करने का काम भी करने लगा था, जिससे मुझे प्रति सप्ताह 35 डॉलर अतिरिक्त प्राप्त होते थे।

खर्च करने के लिए वह पर्याप्त धन था और मैंने उसे खर्च किया। मैं अपने खर्चों

का बजट बनाने जैसी किसी चीज के बारे में नहीं जानता था। जैसे-जैसे धन मेरे पास आता था, मैं उसे साथ-के-साथ खर्च करता चला गया।

एक वर्ष के बाद मुझे 'फिलाडेल्फिया प्रेस' के विज्ञापन विभाग में काम करने के लिए आमंत्रित किया गया, जो कि एक नौजवान के लिए बहुत बड़ा अवसर था। इसके बाद मेरी आय में एक बड़ी वृद्धि हो गई थी। इसके तुरंत बाद ही मेरे परिवार में मेरी एक पुत्री का जन्म हुआ। मैं एक ही घर में अपनी पत्नी, दो बच्चों, अपनी माँ और बहन के साथ पुनः रहने लगा था। मैं अपनी माँ को वह हर खुशी और सुविधा देना चाहता था, जिनसे वे अपने जीवन में वंचित रही थीं। मेरी माँ की मृत्यु 81 वर्ष की उम्र में मेरे पिता की मृत्यु के पच्चीस वर्ष बाद हुई थी। उनके द्वारा मुझसे कहे गए अंतिम शब्द थे—"तुमने अपने जन्म के बाद से एक क्षण के लिए भी मुझे परेशान नहीं किया है। यदि मैं इंग्लैंड की महारानी भी होती तो भी मैं उतना हासिल नहीं कर सकती थी, जितना तुमने मुझे दिया है।"

एक वर्ष के बाद मुझे 'फिलाडेल्फिया प्रेस' के विज्ञापन विभाग में काम करने के लिए आमंत्रित किया गया, जो कि एक नौजवान के लिए बहुत बड़ा अवसर था। इसके बाद मेरी आय में एक बड़ी वृद्धि हो गई थी। इसके तुरंत बाद ही मेरे परिवार में मेरी एक पुत्री का जन्म हुआ। मैं एक ही घर में अपनी पत्नी, दो बच्चों, अपनी माँ और बहन के साथ पुनः रहने लगा था। मैं अपनी माँ को वह हर खुशी और सुविधा देना चाहता था, जिनसे वे अपने जीवन में वंचित रही थीं।

मैं इस बात के लिए खुद को धन्यवाद देता हूँ कि मैं एक गरीब परिवार में जनमा था और अपने गले में सोने की थैली का भार लटकाकर या अमीर माता-पिता के पंखों का सहारा लेकर इस दुनिया में नहीं आया था।

फिर भी, मेरे द्वारा की गई कमाई मेरी जेबों से पानी की तरह बहते हुए खर्च हो रही थी। मेरी आय में वृद्धि के साथ-साथ मेरे खर्चों में भी वृद्धि होती चली गई। धीरे-धीरे मैं अपने खर्चों को पूरा करने के लिए कर्ज का सहारा लेने लगा। मुझे उधार या कर्जों का डर नहीं था, क्योंकि मैं किसी भी समय आसानी से उन्हें चुका सकता था। लेकिन मैं ऐसा नहीं कर पाया और मैं अपने कर्जों से आनेवाले पच्चीस वर्षों में भी मुक्त नहीं हो पाया था। क़र्ज ने मुझे चिड़चिड़ा और नाखुश बना दिया था। मेरे दोस्त मेरा साथ छोड़ चुके थे और मेरी साख भी खत्म हो चुकी थी।

लेकिन मेरे साथ एक चीज अच्छी थी कि मैंने अपने काम को कभी संकुचित नहीं

किया था। मैं हमेशा अधिक-से-अधिक काम करने और नई चीजें खोजने की कोशिश करता रहता था। मैं अब अपने परिवार के साथ बहुत ही कम समय बिता पाता था।

कुछ साल बीतने पर मेरी एक और बेटी का जन्म हुआ। मैं अपने बच्चों को हर सुख-सुविधा देना चाहता था। मैंने उनके लिए कई नौकर भी रखे। बच्चों के खेल-खिलौनों और उनकी देखभाल करनेवाले लोगों पर मेरी वार्षिक आय का लगभग एक-चौथाई भाग खर्च हो जाता था।

जब मैं 41 वर्ष का था, तब मैंने गोल्फ खेलना शुरू किया। मेरा बेटा एवं मेरी बड़ी बेटी भी मेरे साथ गोल्फ खेलते थे और इस खेल को वे अच्छी तरह से सीख गए थे। मेरी पत्नी और बच्चे प्रत्येक शीतकाल के दौरान छुट्टियाँ बिताने के लिए नॉर्थ कैरोलिना के मनोरंजन स्थलों पर महँगे रिजोर्ट्स में जाकर ठहरते थे या फिर गरमियों में न्यू हैंपशायर घूमने जाते थे। इन सब चीजों पर काफी अधिक पैसा खर्च होता था। मैंने और मेरे दोनों बच्चों ने गोल्फ की कई प्रतियोगिताएँ जीतीं और लगभग 80 पुरस्कार हासिल किए थे, जो कि मेरे पास आज भी जमा हैं। एक दिन मैंने प्रत्येक ट्रॉफी के बदले खर्च किए गए धन का हिसाब लगाया तो मुझे पता चला कि मैंने पंद्रह वर्षों में गोल्फ पर 45,000 डॉलर खर्च किए थे और इस प्रकार मुझे प्रत्येक ट्रॉफी लगभग 250 डॉलर की लागत पर हासिल हुई थी। कितना हास्यापद था यह सब!

जब मैं 41 वर्ष का था, तब मैंने गोल्फ खेलना शुरू किया। मेरा बेटा एवं मेरी बड़ी बेटी भी मेरे साथ गोल्फ खेलते थे और इस खेल को वे अच्छी तरह से सीख गए थे। मेरी पत्नी और बच्चे प्रत्येक शीतकाल के दौरान छुट्टियाँ बिताने के लिए नॉर्थ कैरोलिना के मनोरंजन स्थलों पर महँगे रिजोर्ट्स में जाकर ठहरते थे या फिर गरमियों में न्यू हैंपशायर घूमने जाते थे। इन सब चीजों पर काफी अधिक पैसा खर्च होता था। मैंने और मेरे दोनों बच्चों ने गोल्फ की कई प्रतियोगिताएँ जीतीं और लगभग 80 पुरस्कार हासिल किए थे, जो कि मेरे पास आज भी जमा हैं।

मैं अपने घर पर भी एक करोड़पति की तरह विलासिता का जीवन जीता था। मैं गोल्फ क्लब में उद्योगपतियों और प्रतिष्ठित लोगों को नियमित रूप से रात के खाने पर आमंत्रित करता था। मैं उन्हें अपने घर पर सादा भोजन भी करवा सकता था, लेकिन मैं उन्हें विख्यात कैटरर के द्वारा तैयार डिनर ही पेश करता था। ऐसे डिनर में खाने की एक प्लेट की कीमत 10 डॉलर से कम नहीं होती थी। इसमें डिनर के समय आयोजित संगीत कार्यक्रमों का खर्च शामिल नहीं था।

मुझे रुककर कभी यह देखने की फुरसत नहीं मिली कि मैं कितनी तेजी के साथ कर्ज के बोझ से लदा जा रहा हूँ! इस बात पर मेरा ध्यान पहली बार तब गया, जब मैंने गोल्फ क्लब में मेहमानों की आवभगत पर खर्च किए जानेवाले मासिक बिल का भुगतान किया। 450 डॉलर के इस बिल को देखकर क्लब के निदेशकों में शामिल मेरे कुछ शुभचिंतक मित्रों ने मुझे इस बात के प्रति चेताया कि मैं इन सब चीजों पर हद से ज्यादा खर्च कर रहा हूँ। उन्होंने मुझे अपने खर्च को नियंत्रित करने की सलाह दी।

इस घटना ने मुझे एक छोटा सा झटका दिया। अब मैं अपने घोड़ों और गाड़ियों से छुटकारा पाने के लिए गंभीरतापूर्वक सोचने लगा था। मैंने अपना घर छोड़ दिया और वापस शहर आ गया। लेकिन मैंने कोई भी बिल बिना भुगतान किए हुए नहीं छोड़ा था। मैंने इसके लिए भी कर्ज लिया था। अपने आर्थिक संकट के बावजूद मेरे लिए अपनी जरूरत के अनुसार धन कमाना हमेशा आसान रहा था।

मैं उन लोगों से भी ज्यादा खर्च करता था, जो मुझसे कई गुना अधिक कमाते थे। मेरे उद्योगपति मित्रों में से एक ने मुझसे कहा था कि "बिली, तुम मुझ पर काफी पैसा खर्च कर चुके हो और बदले में मैं तुम्हारे साथ अधिक खर्च करना जारी नहीं रख सकता हूँ। इसलिए अब मैं तुम्हारे साथ बाहर पार्टियों में जाना बंद कर रहा हूँ।" इस सलाह ने भी मुझ पर कोई असर नहीं डाला था।

सन् 1908 में मैंने 'न्यूयॉर्क ईवनिंग' मेल में विज्ञापन प्रबंधक का काम सँभाल लिया। कर्ज में डूबे होने के बावजूद 'ईवनिंग मेल' में मैंने अपने जीवन का सबसे अच्छा काम निष्पादित किया था और पाँच वर्षों के दौरान जीवन की सबसे अधिक कमाई की थी। इस दौरान भी मैं कर्ज में डूबा ही रहा, क्योंकि मैं चीजों को आसान बनाने के लिए यथासंभव कर्ज लेने से नहीं चूकता था। सन् 1915 में मैंने विज्ञापन उद्योग में खुद का काम शुरू किया। सन् 1922 तक मेरी फीस काफी बड़े स्तर तक पहुँच चुकी थी और मैं पहले की तुलना में काफी पैसा कमा रहा था; लेकिन मेरे खर्च की रफ्तार तब तक काफी

सन् 1908 में मैंने 'न्यूयॉर्क ईवनिंग' मेल में विज्ञापन प्रबंधक का काम सँभाल लिया। कर्ज में डूबे होने के बावजूद 'ईवनिंग मेल' में मैंने अपने जीवन का सबसे अच्छा काम निष्पादित किया था और पाँच वर्षों के दौरान जीवन की सबसे अधिक कमाई की थी। इस दौरान भी मैं कर्ज में डूबा ही रहा, क्योंकि मैं चीजों को आसान बनाने के लिए यथासंभव कर्ज लेने से नहीं चूकता था। सन् 1915 में मैंने विज्ञापन उद्योग में खुद का काम शुरू किया।

तेज बनी रही, जब तक कि मेरे मित्र मुझे कर्ज देने से तंग नहीं आ गए।

आखिरकार मेरे दो निष्ठावान् मित्रों का धैर्य टूट ही गया और उन्होंने मुझसे स्पष्ट कह दिया कि मुझे एक कठोर सबक सीखने की जरूरत है। मैं दिवालिया घोषित कर दिया गया, जिससे मेरा दिल टूट-सा गया था। दिवालिएपन के कारण मेरी गरिमा को ठेस पहुँची थी और मैंने फ्लोरिडा जाकर काम करने का फैसला किया। जैसे ही वहाँ मेरे काम का विस्तार शुरू हुआ, मुझे एक बड़ी रियल एस्टेट गिरावट का सामना करना पड़ा। अब मैं अपने पुराने शहर में वापस लौट आया हूँ, जहाँ कभी मैं अपनी धन अर्जित करने की बड़ी क्षमता रखता था और जहाँ मेरे कई सारे मित्र और शुभचिंतक मौजूद हैं।

यह मेरे लिए एक नया अनुभव रहा है; लेकिन एक चीज अब सुनिश्चित है कि अंत में मैंने अपना सबक सीख लिया है। मैं विश्वास के साथ यह महसूस करता हूँ कि अवसर मेरे सामने फिर से आएँगे और मैं अपने आप को कर्ज के दुष्चक्र से बाहर निकाल लूँगा। अब मैंने तय कर लिया है कि मैं जैसे ही अपनी धनार्जन क्षमता को पुनः हासिल कर लूँगा, अपनी आय के 40 प्रतिशत पर ही गुजारा करूँगा। शेष 60 प्रतिशत में से 30 प्रतिशत हिस्सा कर्ज चुकाने में और शेष 30 प्रतिशत को बीमा और बचत के लिए रखूँगा।

यदि मैं अवसाद या चिंता से ग्रस्त रहा होता तो मैं खुद को ऐसी संकटपूर्ण स्थिति से निकालने के लिए संघर्ष करने में सक्षम नहीं होता। मैं ईश्वर का आभारी हूँ कि उसने मुझे पूरे जीवनकाल के दौरान एक अच्छा स्वास्थ्य प्रदान किया। मैं अपने अभिभावकों के प्रति भी आभारी हूँ, जिन्होंने मेरे भीतर नैतिकता के मानदंडों को स्थापित करने के लिए मुझे पर्याप्त रूप से प्रशिक्षित किया था। मैं अपने कई अच्छे मित्रों और सैकड़ों उद्योगपतियों का भी धन्यवाद करता हूँ, जिन्होंने मेरे व्यावसायिक जीवन में मुझे एक अच्छी प्रतिष्ठा हासिल करने में सहायता की थी। ये स्मृतियाँ मेरे जीवन के कुछ सुनहरे पल हैं और मैं इनका उपयोग अपनी भविष्य की उपलब्धियों का रास्ता तैयार करने में करूँगा। अच्छे स्वास्थ्य, अटूट आस्था, असीम ऊर्जा, आशावाद और दृढ़ विश्वास के साथ एक व्यक्ति अपनी लड़ाई को जीत सकता है, भले ही उसने अपने जीवनकाल के विलंबित चरण में इस बात का एहसास किया हो कि उसे

मि. फ्रीमैन की कहानी उन हजारों लोगों की कहानी से समानता रखती है, जो कुछ भी बचत नहीं करते हैं। लेखक ने 16,000 परिवारों की आय और खर्चों का एक हिसाब-किताब तैयार किया है और इस सांख्यिकी के विश्लेषण द्वारा लेखक ने कुछ ऐसे तथ्यों को उजागर किया है, जो व्यक्ति को अपनी आय और खर्च को संतुलित करने में मदद करेंगे।

किस प्रकार की लड़ाई लड़नी चाहिए!"

मि. फ्रीमैन की कहानी उन हजारों लोगों की कहानी से समानता रखती है, जो कुछ भी बचत नहीं करते हैं। लेखक ने 16,000 परिवारों की आय और खर्चों का एक हिसाब-किताब तैयार किया है और इस सांख्यिकी के विश्लेषण द्वारा लेखक ने कुछ ऐसे तथ्यों को उजागर किया है, जो व्यक्ति को अपनी आय और खर्च को संतुलित करने में मदद करेंगे।

यदि दो व्यक्तियोंवाले एक परिवार की आय 100 डॉलर प्रतिमाह है तो उन्हें 10-12 डॉलर बचत खाते में डालना चाहिए। रहने और किराए का खर्चा 25 या 30 डॉलर से अधिक नहीं होना चाहिए। भोजन का औसत खर्च 25 से 30 डॉलर के बीच होना चाहिए। कपड़ों पर 15-20 डॉलर खर्च किए जा सकते हैं। मनोरंजन और आकस्मिक खर्च के लिए 8 से 10 डॉलर की राशि पर्याप्त होगी।

200 डॉलर प्रतिमाह की आयवाले परिवार को बचत पर 50 डॉलर, घर या किराए पर 40 से 50 डॉलर, भोजन पर 35 से 45 डॉलर, कपड़ों पर 30 से 35 डॉलर और मनोरंजन पर 15 से 20 डॉलर खर्च करने चाहिए।

300 डॉलर प्रतिमाह की आयवाले एक परिवार को बचत पर 55 से 65 डॉलर, घर के किराए पर 45 से 60 डॉलर, भोजन पर 45 से 60 डॉलर, कपड़ों पर 35 से 45 डॉलर, मनोरंजन और शिक्षा पर 50 से 75 डॉलर खर्च करने चाहिए।

कुछ लोग यह तर्क भी दे सकते हैं कि 300 डॉलर की आयवाला परिवार 100 या 125 डॉलर कमानेवाले परिवार की तरह भी किफायती ढंग से रह सकता है। यह पूर्णतः सही नहीं है, क्योंकि जो व्यक्ति एक महीने में 300 डॉलर कमाने की योग्यता और क्षमता रखता है, उसे अपनी अर्जन क्षमता को बनाए रखने के लिए बेहतर परिधान और मनोरंजन की अधिक जरूरत होती है।

चीजों को किस्तों पर खरीदने का प्रचलन बढ़ता जा रहा है, इसलिए अपनी इच्छानुसार चीजों को खरीदना आसान हो गया है। इसके कारण आय के अनुपात में अधिक खर्च करने की प्रवृत्ति तेजी से बढ़ रही है। इस प्रवृत्ति को त्यागकर ही कोई व्यक्ति अपने मन को वित्तीय आत्मनिर्भरता हासिल करने के लिए तैयार कर सकता है। युवावस्था में त्याग करना बेहतर होता है, क्योंकि वृद्धावस्था के दौरान जरूरी चीजों और सुविधाओं का अभाव सहना काफी कष्टकारी होता है। बुढ़ापे में गरीबी से बड़ा कष्ट और अपमान कुछ नहीं होता है। आप चाहे विवाहित हों या अविवाहित, आपको एक बजट प्रणाली का अनुसरण अवश्य करना चाहिए।

कोई भी उद्योगपति एक ऐसे व्यक्ति को काम पर रखना पसंद करता है, जो कि नियमित रूप से धन की बचत करता है। इसका कारण यह नहीं है कि ऐसा व्यक्ति धन

कोई भी उद्योगपति एक ऐसे व्यक्ति को काम पर रखना पसंद करता है, जो कि नियमित रूप से धन की बचत करता है। इसका कारण यह नहीं है कि ऐसा व्यक्ति धन की बचत करता है, बल्कि इसका कारण उस व्यक्ति द्वारा धारण किए गए चरित्र में निहित है, जो उसे अधिक क्षमतावान् और प्रभावी बनाता है।

की बचत करता है, बल्कि इसका कारण उस व्यक्ति द्वारा धारण किए गए चरित्र में निहित है, जो उसे अधिक क्षमतावान् और प्रभावी बनाता है। हेनरी फोर्ड जैसे उद्योगपति अपने कर्मचारियों को न सिर्फ धन की बचत के लिए प्रेरित करते हैं, बल्कि उन्हें किफायती ढंग से जीवन जीने और विवेकपूर्ण तरीके से खर्च करने के लिए भी प्रेरित करते हैं। अपने कर्मचारियों में बचत की आदत का निर्माण करने की प्रेरणा देनेवाला व्यक्ति ही एक वास्तविक परोपकारी होता है।

ऐसे अवसर, जो कि धन की बचत करनेवाले लोगों के पास आते हैं

कुछ वर्ष पहले एक नौजवान पेनसिल्वेनिया के ग्रामीण इलाके से फिलाडेल्फिया आया था और उसने एक प्रिंटिंग प्लांट में काम करना शुरू कर दिया था। अपने एक साथी कर्मचारी की एक सप्ताह में 5 डॉलर बचाने की आदत से प्रेरित होकर उस नौजवान ने भी एक बचत खाता खोल लिया था। तीन वर्ष के बाद उसके पास 900 डॉलर की बचत राशि जमा हो गई। जिस प्रिंटिंग प्लांट में वह काम करता था, वह वित्तीय संकट का सामना कर रहा था। उसने अपने 900 डॉलर की राशि को प्लांट चलाने में मदद करने के लिए निवेशित कर दिया और बदले में उसे व्यापार का आधा लाभांश मिलना था। अब उसी आधे लाभांश की बदौलत वह एक वर्ष में 25,000 डॉलर से अधिक की कमाई कर रहा है।

यह अवसर उसके पास कभी नहीं आया होता या इस अवसर को वह कभी नहीं भुना पाता, यदि उसने बचत की आदत नहीं डाली होती।

कोई भी सफल उद्योगपति किसी ऐसे व्यक्ति पर विश्वास नहीं करेगा, जो कि अपने खुद के धन की देखभाल और विवेकपूर्ण प्रयोग नहीं कर पाता है। अवसर प्रत्येक कोने पर मौजूद हैं; लेकिन वे केवल उन लोगों के लिए हैं, जिनके पास पहले से जमा धन उपलब्ध है या जो बचत की आदत को विकसित करके धन पर नियंत्रण करना सीख चुके हैं। धन की बचत के साथ ही चरित्र का निर्माण जुड़ा हुआ है। स्व. जे.पी. मॉर्गन का कहना था कि वे सुदृढ़ चरित्र और धन की बचत करनेवाले व्यक्ति को 10 लाख डॉलर का ऋण दे सकते हैं, लेकिन वे एक खर्चीले और चरित्रहीन व्यक्ति को 1,000 डॉलर का ऋण भी नहीं देंगे।

सामान्य भाषा में यह एक मनोदशा है, जो कि संसार धन की बचत करनेवाले सभी लोगों के लिए अपनाता है।

जीवन में सबसे महान् चीज स्वतंत्रता है!

वित्तीय आत्म-निर्भरता की एक उचित मात्रा के बिना कोई वास्तविक आजादी नहीं हो सकती है। वित्तीय आत्म-निर्भरता के बिना व्यक्ति जीवन भर उस काम को नियमित रूप से करने के लिए विवश हो जाता है, जो कि उसे पसंद नहीं है। यह जेल की कैद की तरह है, जहाँ कैदी की गतिविधियाँ सीमित हो जाती हैं। वित्तीय स्वतंत्रता के बिना आप अपनी पसंद का भोजन नहीं कर सकते, अपनी पसंद के कपड़े नहीं पहन सकते और अपनी पसंद के घर में नहीं रह सकते।

वित्तीय आत्म-निर्भरता की एक उचित मात्रा के बिना कोई वास्तविक आजादी नहीं हो सकती है। वित्तीय आत्म-निर्भरता के बिना व्यक्ति जीवन भर उस काम को नियमित रूप से करने के लिए विवश हो जाता है, जो कि उसे पसंद नहीं है। यह जेल की कैद की तरह है, जहाँ कैदी की गतिविधियाँ सीमित हो जाती हैं।

इस आजीवन कैद से निकलने की एकमात्र आशा धन की बचत करने की आदत से ही पैदा होती है। इस आदत के लिए आपको कुछ चीजों का परित्याग भी करना पड़ता है; लेकिन यह परित्याग आपकी स्वतंत्रता से बढ़कर नहीं है। गरीबी और कर्ज की त्रासदी झेलनेवाले लाखों लोगों के लिए इसके अलावा कोई दूसरा रास्ता नहीं है। भले ही आप इस पाठ और इसके वक्तव्यों का अपवाद हों, फिर भी यह अध्याय आपके लिए अर्थपूर्ण है और आप पर भी समान रूप से लागू होता है। □

5

पहल और नेतृत्व

***"आप यह कर सकते हैं,
यदि आपको विश्वास है कि आप कर सकते हो!"***

पहल और नेतृत्व का यह पाठ आत्मविश्वास के पाठ का अनुसरण करता है, क्योंकि कोई भी व्यक्ति खुद में विश्वास रखे बिना प्रभावी नेता या पहलकर्ता नहीं बन सकता है। इस अध्याय में 'पहल' और 'नेतृत्व' आपस में जुड़े हुए शब्द हैं, क्योंकि सफलता हासिल करने के लिए नेतृत्व अनिवार्य है तथा पहल वह आधारशिला है, जिस पर नेतृत्व का यह अनिवार्य गुण निर्मित होता है। पहल सफलता के लिए उसी तरह जरूरी है, जिस तरह गाड़ी के पहिए के लिए एक धुरी का होना जरूरी होता है।

पहल क्या है ? यह एक दुर्लभ गुण है, जो कि एक व्यक्ति को बिना कहे ऐसा कार्य करने के लिए प्रेरित करता है, जो उसे करना चाहिए। यह किसी सही चीज को बिना कहे ही करना है।

नेतृत्व का एक विशेष लक्षण यह तथ्य है कि यह उन लोगों में कभी नहीं पाया जाता है, जो पहल करने की आदत नहीं सीखते हैं। नेतृत्व एक ऐसी चीज है, जो आपको खुद ही अनिवार्य रूप से अपने लिए आमंत्रित करनी है। यह अपने आप कभी आपके पास नहीं आ सकती। यदि आप उन सभी नेताओं का विश्लेषण करेंगे, जिन्हें आप जानते हैं तो आप देखेंगे कि उन्होंने न केवल पहल को अंजाम दिया था, बल्कि उन्होंने अपना कार्य एक सुनिश्चित लक्ष्य को दिमाग में रखकर किया था। आप यह भी देखेंगे कि उन नेताओं में आत्मविश्वास का वह गुण भी प्रचुरता में मौजूद था, जिसका वर्णन इस पाठ्यक्रम के अध्याय-3 में किया गया है।

यहाँ यह कहना उचित होगा कि यह पाठ्यक्रम सफलता के शॉर्टकट के तरीके के रूप में तैयार नहीं किया गया है और न ही यह एक ऐसा यांत्रिक फॉर्मूला है, जिसे अपनाकर कोई बिना प्रयास किए उल्लेखनीय उपलब्धि हासिल कर सकता हो। इस पाठ्यक्रम का

मुख्य प्रयोजन आपके भीतर 16 अध्यायों में वर्णित 15 गुणों को विकसित करना है, जिनमें से एक महत्त्वपूर्ण गुण पहल है, जो कि इस अध्याय का विषय है। एक महान् दार्शनिक ने कहा था, "पहल वह चाबी है, जो कि अवसर के द्वार को खोलती है।" अब हम उस सटीक प्रक्रिया की ओर बढ़ते हैं, जिसका आपको अनिवार्य रूप से अनुसरण करना है, यदि आप एक पहलकारी नेतृत्वकर्ता बनना चाहते हैं।

पहला : आपको टाल-मटोल की आदत पर नियंत्रण पाना होगा और इसे अपनी मानसिक वृत्ति से हटाना होगा। किसी काम को कल या परसों पर टालने की आदत को मनोविज्ञान की उस प्रमाणित सिद्धांत पर आधारित विधि के द्वारा खत्म किया जा सकता है, जिसे पिछले दो अध्यायों में स्व-परामर्श के रूप में वर्णित किया गया है।

निम्नलिखित सूत्र को कॉपी करके अपने कमरे में चिपकाकर लगाएँ, ताकि आप उसे सोते और जागते समय देख सकें—

पहल और नेतृत्व

एक सुनिश्चित लक्ष्य को अपने जीवन-कार्य के रूप में चयनित करते हुए मैं अब यह बात समझता हूँ कि इस लक्ष्य को वास्तविकता में बदलना मेरा कर्तव्य है।

इसलिए मैं प्रत्येक दिन कुछ सुनिश्चित कार्य करने की आदत का निर्माण करूँगा और अपने सुनिश्चित मुख्य लक्ष्य की उपलब्धि की ओर प्रतिदिन एक कदम अवश्य बढ़ाऊँगा।

प्रतिदिन मैं एक ऐसा कार्य करूँगा, जो कि सही हो और जिसे करने के लिए मुझे किसी ने न कहा हो। मैं प्रतिदिन एक ऐसा कार्य करूँगा, जो कि अन्य लोगों के लिए मूल्यवान् हो और इस कार्य के लिए मैं किसी पारिश्रमिक की अपेक्षा नहीं करूँगा। मैं ऐसा एक अच्छा काम करने की आदत के महत्त्व के बारे में कम-से-कम एक व्यक्ति को प्रतिदिन अवश्य बताऊँगा।

मैं जानता हूँ कि टाल-मटोल की आदत उन सभी लोगों की घातक शत्रु है, जो कि किसी भी क्षेत्र में उन्नत होना चाहते हैं और मैं इस आदत को निम्नलिखित के द्वारा अपने मानसिक पटल से हटाऊँगा—

(क) प्रतिदिन मैं एक ऐसा कार्य करूँगा, जो कि सही हो और जिसे करने के लिए मुझे किसी ने न कहा हो।

(ख) मैं प्रतिदिन एक ऐसा कार्य करूँगा, जो कि अन्य लोगों के लिए मूल्यवान् हो और इस कार्य के लिए मैं किसी पारिश्रमिक की अपेक्षा नहीं करूँगा।

(ग) मैं ऐसा एक अच्छा काम करने की आदत के महत्त्व के बारे में कम-से-कम एक व्यक्ति को प्रतिदिन अवश्य बताऊँगा।

मैं देख सकता हूँ कि शरीर की मांसपेशियाँ उसी अनुपात में मजबूत होती हैं, जिस अनुपात में उनका प्रयोग किया जाता है। इसलिए मैं समझता हूँ कि पहल की आदत भी उसी अनुपात में स्थिर बन जाती है, जिस अनुपात में इसे लागू किया जाता है।

मैं यह महसूस करता हूँ कि पहल की आदत को विकसित करने की शुरुआत मेरे दैनिक कार्य से जुड़ी छोटी-छोटी और सामान्य चीजों से हो सकती है, इसलिए मैं प्रतिदिन अपना कार्य करूँगा और पहल की इस अपरिहार्य आदत को विकसित करने के प्रयोजन से दूसरों की मदद न मिलने पर भी अकेले ही अपने कार्यों को निष्पादित करूँगा; लेकिन मैं उन लोगों का ध्यान अपनी ओर आकर्षित करूँगा, जो कि इस आदत के परिणामस्वरूप मेरे द्वारा प्रस्तुत की जानेवाली सेवाओं को उच्चतर महत्त्व देते हैं।

हस्ताक्षरित...

इस बात का कोई मतलब नहीं है कि आप अभी क्या कर रहे हैं! प्रत्येक दिन आपको एक ऐसा अवसर अवश्य मिलता है, जिसके द्वारा आप अपने नियमित कर्तव्यों से इतर कुछ सेवाएँ प्रदान कर सकें। इस अतिरिक्त सेवा को प्रदान करके आपको कोई पारिश्रमिक प्राप्त नहीं होगा; लेकिन यह सेवा आपको वे तरीके और साधन उपलब्ध कराएगी, जिनके द्वारा आप पहल की एक मजबूत और आक्रामक भावना को अपने भीतर विकसित कर सकते हैं।

प्रत्येक सामान्य व्यक्ति ऐसी कोई चीज निर्मित करना चाहता है, जो कि औसत से बेहतर हो। एक अद्वितीय कलाकृति का निर्माण करने पर एक ऐसे आनंद की अनुभूति होती है, जिसे धन या किसी अन्य भौतिक उपलब्धि के द्वारा हासिल नहीं किया जा सकता।

> ***प्रत्येक सामान्य व्यक्ति ऐसी कोई चीज निर्मित करना चाहता है, जो कि औसत से बेहतर हो। एक अद्वितीय कलाकृति का निर्माण करने पर एक ऐसे आनंद की अनुभूति होती है, जिसे धन या किसी अन्य भौतिक उपलब्धि के द्वारा हासिल नहीं किया जा सकता।***

मेरे स्टाफ में एक युवती है, जो कि मेरे निजी पत्रों को छाँटने, खोलने और उनके उत्तर देने का कार्य करती है। उसने मेरे ऑफिस में तीन वर्ष पहले काम करना शुरू किया था। उसका वेतन अन्य ऐसे कर्मचारियों के समान है, जो कि इस प्रकार की समान सेवाएँ प्रदान करते हैं। एक दिन मैंने उसे टाइपराइटर पर निम्नलिखित ध्येय वाक्य लिखने को कहा—

'याद रखो कि तुम्हारी एकमात्र सीमा वह है, जिसे तुम अपने खुद के मन में निर्धारित कर लेते हो।'

उसने टाइप किए हुए पेज को मुझे वापस करते हुए कहा, "आपके ध्येय वाक्य ने मुझे एक विचार दिया है, जो कि मेरे और आपके—दोनों के लिए मूल्यवान् होगा। मैंने उस घटना को खास महत्त्व नहीं दिया; लेकिन उसी दिन से मैं यह देख सकता था कि उस घटना ने उस युवती के दिमाग पर एक गहरी छाप छोड़ दी थी। वह रात के खाने के बाद ऑफिस में वापस लौट आती थी और ऑफिस के ऐसे कामों को निपटाती थी, जिनके लिए उसे कोई अतिरिक्त भुगतान नहीं किया जाता था। उसने मेरी शैली का अध्ययन किया और मेरे बिना कहे ही उन पत्रों के उत्तर लिखकर मेरी डेस्क पर रख देती थी। उसने मेरे निजी सचिव के इस्तीफा देने तक अपनी इस आदत को बनाए रखा। मैंने जब नए निजी सचिव की खोज शुरू की तो वह युवती उस काम के लिए मेरी पहली स्वाभाविक पसंद बन गई। बिना किसी भुगतान के कुछ घंटों की अतिरिक्त सेवाएँ प्रदान करके उसने खुद को मेरे स्टाफ की सबसे अच्छी पोस्ट के लिए तैयार कर लिया था।

लेकिन बात यहीं खत्म नहीं हुई। यह युवती उन लोगों का भी ध्यान आकर्षित करने लगी, जो कि मेरे ऑफिस में आकर उसका काम देखते थे। उन्होंने उसे आकर्षक वेतन पर रखने के प्रस्ताव पेश किए। इस कारण मुझे भी उसके वेतन में कई गुना वृद्धि करनी पड़ी। मैं इस मामले में असहाय था, क्योंकि वह खुद को मेरे लिए इतना मूल्यवान् बना चुकी थी कि कोई और उसकी जगह नहीं ले सकता था। उसका काम केवल काम नहीं है—यह एक रोचक खेल है, जो कि वह खेल रही है। श्रम के घंटे उन लोगों के हाथों को नहीं घसीटते हैं, जो कि अपने काम में खुश होते हैं।

यह उदाहरण हमें पहल और नेतृत्व की आदत को विकसित करने की सटीक प्रक्रिया के अगले चरण में ले जाता है।

दूसरा : आपको यह समझना है कि खुशी हासिल करने का एकमात्र तरीका इसे दूसरों को प्रदान करने में है। यही बात पहल के विकास पर लागू होती है। आप इस अनिवार्य गुण को अपने भीतर तभी सर्वोत्तम रूप से विकसित कर सकते हैं, जब आप अपने जैसा काम करनेवाले दूसरे लोगों के कामों में भी गहन रुचि रखते हों। यह एक विख्यात तथ्य है कि व्यक्ति तभी सर्वोत्तम रूप से सीखता है, जब वह दूसरों को सिखाने का प्रयास करता है।

एक व्यक्ति द्वारा बार-बार दोहराया गया कोई भी वक्तव्य दूसरे लोगों को इसमें विश्वास करने के लिए प्रेरित करता है, भले ही वह वक्तव्य सच हो या झूठ। अब आप अपने कामकाज में बात करने की पहल, सोचने की पहल, खाने की पहल, सोने की पहल

एक व्यक्ति द्वारा बार-बार दोहराया गया कोई भी वक्तव्य दूसरे लोगों को इसमें विश्वास करने के लिए प्रेरित करता है, भले ही वह वक्तव्य सच हो या झूठ। अब आप अपने कामकाज में बात करने की पहल, सोचने की पहल, खाने की पहल, सोने की पहल और व्यवहार की पहल के द्वारा लाभान्वित हो सकते हैं। ऐसा करके आप पहल करनेवाले नेता बन जाएँगे, क्योंकि यह एक जाना-पहचाना तथ्य है कि जो व्यक्ति अपने कामों से यह दरशाता है कि वह पहल करनेवाला एक व्यक्ति है तो लोग उसका स्वेच्छा से अनुसरण करने के लिए तत्पर रहते हैं।

और व्यवहार की पहल के द्वारा लाभान्वित हो सकते हैं। ऐसा करके आप पहल करनेवाले नेता बन जाएँगे, क्योंकि यह एक जाना-पहचाना तथ्य है कि जो व्यक्ति अपने कामों से यह दरशाता है कि वह पहल करनेवाला एक व्यक्ति है तो लोग उसका स्वेच्छा से अनुसरण करने के लिए तत्पर रहते हैं।

आप दूसरों से पहल के बारे में तब तक बात नहीं कर सकते, जब तक कि आप खुद उसे व्यवहार में लाने की इच्छा का विकास न कर लें। स्व-परामर्श के सिद्धांत को लागू करके आप अपने प्रत्येक कथन को दूसरों तक पहुँचाने से पहले अपने खुद के अवचेतन मन में स्थापित करते हैं और यह अवचेतन मन आपके कथनों को सही या गलत होने पर भी धारण किए रहता है।

आपने अकसर यह कहावत सुनी होगी कि 'जो लोग तलवार के बल पर जीते हैं, वे तलवार के द्वारा ही मरेंगे।'

यहाँ इसका सीधा-सा अर्थ यह है कि यदि हम पहल की आदत को दूसरों के भीतर विकसित करने में सहायता करेंगे तो बदले में यही आदत हमारे भीतर भी विकसित होगी। यदि हम दूसरों में घृणा, ईर्ष्या और हतोत्साहन के बीज बोते हैं तो बदले में ये दुर्गुण हमारे भीतर भी विकसित होते हैं। कला, साहित्य, संगीत, उद्योग में पुरस्कार और दंड हमेशा ही समान होते हैं। पुरस्कार को व्यापक रूप से मान्यता और सराहना मिलती है; जबकि दंड स्वीकार्यता और निंदा को प्रकट करते हैं। जब एक व्यक्ति का कार्य पूरे संसार के लिए एक मानदंड बन जाता है तो वह कार्य कुछ लोगों के लिए ईर्ष्या करने का लक्ष्य भी बन जाता है। आप जो भी लिखते हैं, चित्रित करते हैं, खेलते हैं, गाते हैं या निर्मित करते हैं, उसे कोई भी नकार नहीं सकता और न ही उसकी निंदा कर सकता है, अगर आपके कार्य पर मेधाविता की मुहर लगी है।

नेता पर ही हमेशा हमला किया जाता है, क्योंकि वह एक नेता होता है और उसे अपने बराबर लाने के प्रयास उसके नेतृत्व का सबूत सामने ला देते हैं। उसके बराबर

आने या उसे पीछे छोड़ने में असफल होने पर अनुयायी उसे नीचे घसीटने या नष्ट करने की कोशिश करते हैं; लेकिन यह केवल नेता की सर्वोच्चता को ही सुनिश्चित करता है।

यदि नेता वास्तव में नेतृत्व करता है तो वह नेता बना रहता है। महान् कवि, महान् चित्रकार, महान् कार्मिक—इनमें से प्रत्येक पर हमला किया जाता है; लेकिन प्रत्येक अपने गौरव और सम्मान को युगों तक बनाए रखता है। अच्छी और महान् चीजें अपनी पहचान खुद बना लेती हैं, भले ही उन्हें नकारने की आवाजें कितनी भी तेज क्यों न हों!

इसमें नया कुछ नहीं है।

यह उतना ही पुराना है, जितना कि हमारी दुनिया और इनसानों के ईर्ष्या, भय, लालच, महत्त्वाकांक्षा, लालसा जैसे भाव।

लेकिन इन सबसे कुछ भी हासिल नहीं होता है।

यदि नेता वास्तव में नेतृत्व करता है तो वह नेता बना रहता है। महान् कवि, महान् चित्रकार, महान् कार्मिक—इनमें से प्रत्येक पर हमला किया जाता है; लेकिन प्रत्येक अपने गौरव और सम्मान को युगों तक बनाए रखता है। अच्छी और महान् चीजें अपनी पहचान खुद बना लेती हैं, भले ही उन्हें नकारने की आवाजें कितनी भी तेज क्यों न हों!

एक वास्तविक नेता को द्वेष या घृणा के द्वारा नुकसान नहीं पहुँचाया जा सकता, क्योंकि इस प्रकार के प्रयास उसकी योग्यता को प्रकाश में ला देते हैं और वास्तविक योग्यता हमेशा ही एक बड़ा अनुयायी वर्ग खोज लेती है।

अब हम वापस प्रक्रिया के तीसरे चरण पर आते हैं, जिसका अनुसरण पहल और नेतृत्व को विकसित करने के लिए अपरिहार्य है। तीसरा चरण हमें इस पाठ्यक्रम के पिछले अध्यायों में वर्णित संगठित प्रयास के सिद्धांत की समीक्षा के लिए वापस ले जाता है। 'सहयोग' को अंग्रेजी भाषा में सबसे महत्त्वपूर्ण शब्द कहा जाता है। यह घर के मामलों में तथा पति-पत्नी के बीच और अभिभावकों एवं बच्चों के बीच संबंध में महत्त्वपूर्ण भूमिका निभाता है। यह राज्य के मामलों में भी महत्त्वपूर्ण भूमिका निभाता है। सहयोग का सिद्धांत इतना महत्त्वपूर्ण है कि कोई भी नेता तब तक खुद को शक्तिशाली और महान् नहीं बना सकता, जब तक कि वह अपने नेतृत्व में इस सिद्धांत की समझ और अनुप्रयोग को शामिल न करे। सहयोग के अभाव में अधिकांश उद्यम नष्ट हो जाते हैं। इसके साथ ही 'सेवा', 'त्याग' और 'आत्म-नियंत्रण' वे तीन शब्द हैं, जिन्हें हर उस व्यक्ति को अच्छी तरह से समझ लेना चाहिए, जो कि विश्व की सहायता करने के लिए किसी काम को सफलतापूर्वक करना चाहता है।

प्रथम विश्व युद्ध के दौरान मुझे एक महान् सैनिक के विश्लेषण को सुनने का सौभाग्य मिला, जो कि इस बात पर आधारित था कि एक नेतृत्वकर्ता कैसे बनें? यह विश्लेषण मेजर सी.ए. बाक ने अपने प्रशिक्षु अधिकारियों के सामने प्रस्तुत किया था। मैंने इसे अपने पाठ्यक्रम में स्थान दिया है, क्योंकि मुझे विश्वास है कि यह नेतृत्व पर सिखाए गए सबसे अच्छे पाठों में से एक है। मेजर बाक के भाषण को व्यापारी-उद्योगपति से लेकर स्टेनोग्राफर, फोरमैन जैसे निचले कर्मचारियों तक को प्रेरित करने के लिए सुनाया जा सकता है।

यही नियम आधुनिक उद्योग और व्यापार के प्रभावी संचालन में लागू किया जा सकता है। जब एक उद्योग असंगठित हो जाता है, हड़तालों या अन्य प्रकार की असहमतियों-विवादों से ग्रस्त होता है तो कर्मचारी और नियोक्ता दोनों ही बड़ी क्षति उठाते हैं। लेकिन यह क्षति यहीं नहीं रुकती है; यह क्षति जनता पर भी एक बोझ बन जाती है और उसे भी जीवन की मूलभूत जरूरत की चीजों में अभाव तथा महँगाई का सामना करना पड़ता है। यदि आपने सहयोगी प्रयास के मूलभूत सिद्धांत को पूरी तरह से नहीं समझा है तो आपको किसी सार्वजनिक पुस्तकालय में जाकर बेंजामिन किड की पुस्तक 'द साइंस ऑफ पॉवर' को पढ़ना चाहिए। इस पुस्तक ने मुझे सहकारी प्रयास की संभावनाओं को पूर्ण रूप से समझने में मदद की है। यह पुस्तक (कॉमन कमांडो) आपके भीतर चिंतन को प्रेरित करेगी।

प्रथम विश्व युद्ध के दौरान मुझे एक महान् सैनिक के विश्लेषण को सुनने का सौभाग्य मिला, जो कि इस बात पर आधारित था कि एक नेतृत्वकर्ता कैसे बनें? यह विश्लेषण मेजर सी.ए. बाक ने अपने प्रशिक्षु अधिकारियों के सामने प्रस्तुत किया था। मैंने इसे अपने पाठ्यक्रम में स्थान दिया है, क्योंकि मुझे विश्वास है कि यह नेतृत्व पर सिखाए गए सबसे अच्छे पाठों में से एक है। मेजर बाक के भाषण को व्यापारी-उद्योगपति से लेकर स्टेनोग्राफर, फोरमैन जैसे निचले कर्मचारियों तक को प्रेरित करने के लिए सुनाया जा सकता है।

संक्षेप में, मेजर बाक के भाषण का सार इस प्रकार था—

"कुछ समय बाद आप में से हर व्यक्ति कुछ दूसरे व्यक्तियों की जिंदगियों पर नियंत्रण करेगा। आपके अधिभार में निष्ठावान्, किंतु अप्रशिक्षित नागरिक होंगे, जो आपके निर्देश और मार्गदर्शन की अपेक्षा करेंगे। आपके शब्द ही उनका कानून होंगे। आपके रहन-सहन के तौर-तरीकों की नकल की जाएगी। आपके पहनावे, आपके भाषा, आपके

नियंत्रण के तरीके का अनुसरण किया जाएगा। जब आप हमारे संगठन में शामिल होंगे तो आप पाएँगे कि व्यक्तियों का एक निकाय आपसे उन गुणों की अपेक्षा करेगा, जो कि उनके सम्मान, उनकी निष्ठा और उनके आज्ञा-पालन पर नियंत्रण करेंगे। वे लोग तुम्हारा अनुसरण करने के लिए पूरी तरह से तैयार और उत्साहित हैं। आपको बस, उन्हें इस बात के प्रति आश्वस्त बनाए रखना है कि आपके भीतर नेतृत्व के ये गुण मौजूद हैं। जब कभी भी लोग इस बात से संतुष्ट हो जाएँगे कि आप उन गुणों को धारण नहीं करते हैं तो उसी समय इस संगठन के लिए आपकी उपयोगिता समाप्त हो जाएगी।"

समाज के दृष्टिकोण से विश्व को नेताओं और अनुयायियों में बाँटा जा सकता है। व्यवसायों के अपने नेता हैं और वित्तीय जगत् के पास अपने नेता हैं। इन सभी नेतृत्व में व्यक्तिगत लाभ के स्वार्थी तत्त्व वाले नेताओं को विशुद्ध नेतृत्व करनेवाले नेताओं से अलग कर पाना काफी कठिन होतां है। महान् परिणाम निस्तेज, निष्क्रिय और गैर-जिम्मेदार सैनिकों द्वारा हासिल नहीं किए जा सकते। नेतृत्व दूसरे लोगों की स्वेच्छा, अबाध निष्ठा और आज्ञा-पालन की केवल माँग ही नहीं करता, बल्कि उन्हें प्राप्त भी करता है।

नेतृत्व कई गुणों का एक सम्मिश्रण है। इन गुणों में सबसे महत्त्वपूर्ण हैं—आत्मविश्वास, नैतिक़ सर्वोच्चता, आत्म-बलिदान, पितृत्व भाव, निष्पक्षता, पहल, निर्णय, गरिमा और साहस।

आत्मविश्वास सटीक ज्ञान प्राप्त करने, उस ज्ञान को प्रदान करने की योग्यता तथा स्वाभाविक रूप से अनुसरण करनेवाले लोगों पर सर्वोच्चता की भावना के परिणामस्वरूप पैदा होता है। जहाँ आत्मविश्वास अपने लोगों से अधिक जानने की भावना से पैदा होता है, वहीं नैतिक सर्वोच्चता इस विश्वास पर आधारित होती है कि आप बेहतर आदमी हैं। इस नैतिक सर्वोच्चता को बनाए रखने के लिए आपके पास आत्मनियंत्रण, शारीरिक दक्षता, सहनशीलता और नैतिक बल अवश्य होना चाहिए।

आत्मविश्वास सटीक ज्ञान प्राप्त करने, उस ज्ञान को प्रदान करने की योग्यता तथा स्वाभाविक रूप से अनुसरण करनेवाले लोगों पर सर्वोच्चता की भावना के परिणामस्वरूप पैदा होता है। जहाँ आत्मविश्वास अपने लोगों से अधिक जानने की भावना से पैदा होता है, वहीं नैतिक सर्वोच्चता इस विश्वास पर आधारित होती है कि आप बेहतर आदमी हैं। इस नैतिक सर्वोच्चता को बनाए रखने के लिए आपके पास आत्मनियंत्रण, शारीरिक दक्षता, सहनशीलता और नैतिक बल अवश्य होना चाहिए।

आत्म-बलिदान नेतृत्व का एक अनिवार्य गुण है। आपको देना है और लगातार देते रहना है। आपको अपने आपको लंबे समय तक शारीरिक रूप से कठिन कार्यों और महान् जिम्मेदारियों के लिए झोंकना होगा। आपको अपने लोगों के संकटों और छोटी-छोटी समस्याओं का समाधान करने के लिए खुद को हर समय उपलब्ध कराना होगा।

जब मैं कहता हूँ कि पितृत्व-भाव नेतृत्व के लिए आवश्यक है तो मैं इस शब्द का प्रयोग बेहतर अर्थ में करता हूँ। मेरे लिए इसका अर्थ केवल इतना है कि आप उन लोगों की सुविधा और कल्याण के लिए सतत निगरानी व देखभाल करें, जिन्हें आपके अधिभार में रखा गया है। निष्पक्ष होने का तात्पर्य यह है कि आप सजा और पुरस्कार दोनों को देते समय निष्पक्ष रहें। किसी भी व्यक्ति के उत्कृष्ट कार्य या उपलब्धि का श्रेय खुद न लें। जो व्यक्ति हमेशा लेता है और कभी देता नहीं है, वह नेतृत्वकर्ता नहीं होता है, वह एक परजीवी होता है।

इसके बाद मैं साहस का उल्लेख करूँगा। आपको नैतिक साहस के साथ-साथ मानसिक साहस का प्रदर्शन भी करना है। नैतिक साहस आपसे यह अपेक्षा करता है कि आप अपने कृत्यों के लिए खुद को जिम्मेदार मानें; जबकि मानसिक साहस आपको कठिन परिस्थितियों में सही निर्णय लेने की क्षमता प्रदान करता है। बहादुरी की तुलना में साहस एक बड़ी चीज है। बहादुरी का अर्थ भय-रहित होना है। कोई भी तुच्छतम प्राणी बहादुर हो सकता है, क्योंकि वह नहीं जानता कि किस चीज से उसे खतरा है या किस चीज से उसे भयग्रस्त होना चाहिए ? साहस खतरे को जानते हुए भी उसका सामना करने की दृढ़ भावना को प्रकट करता है। बहादुरी शारीरिक होती है, जबकि साहस मानसिक और नैतिक होता है।

और अंत में, यदि आप नेतृत्व करने के इच्छुक हैं तो मैं आपसे लोगों का अध्ययन करने की अपील करूँगा। अपने लोगों के तन व मन में प्रवेश करना सीखें। कुछ व्यक्ति अपने दिखाई देनेवाले रूप से पूरी तरह भिन्न होते हैं। उनके मस्तिष्क की कार्य-प्रणाली का अध्ययन करें।

अपने लोगों को जानो, अपने काम को जानो, अपने आपको जानो!

संपूर्ण साहित्य में आपको नेतृत्व का इससे बेहतर विश्लेषण और वर्णन नहीं मिलेगा। इसे अपने व्यापार, अपने व्यवसाय या अपने कार्यस्थल पर लागू करें। कुछ समय बाद ही आप यह देखेंगे कि यह मार्गदर्शक के रूप में कितना सहायक सिद्ध हो रहा है ! मेजर बाक के भाषण को हाई स्कूल में पढ़नेवाले प्रत्येक छात्र और छात्रा को सुनाया जाना चाहिए। यह किसी भी व्यापार या व्यवसाय में दूसरे लोगों का नेतृत्व करनेवाले पद पर स्थित प्रत्येक व्यक्ति के लिए नियम-पुस्तिका बन सकता है।

पहलकर्ता बनने के लिए आपको अपने सुनिश्चित मुख्य लक्ष्य का आक्रामक और निरंतर अनुसरण करने की आदत निर्मित करनी होगी। भले ही यह लक्ष्य आपको एक साल में प्राप्त हो या बीस साल में।

तीव्र और दृढ़ फैसला करने की शक्ति नेतृत्वशीलता की एक प्रमुख पूर्व आवश्यकता है। 16,000 से ज्यादा लोगों का विश्लेषण करने पर यह तथ्य उजागर हुआ है कि नेता हमेशा ऐसे लोग ही बनते हैं, जो कि निर्णय लेने के लिए तैयार और तत्पर होते हैं। अनुयायी कभी त्वरित निर्णय नहीं ले पाते हैं। अनुयायी किसी निर्णय पर इसलिए नहीं पहुँचते हैं, क्योंकि उनमें आत्मविश्वास का अभाव होता है। प्रत्येक नेता सुनिश्चित लक्ष्य के नियम, आत्मविश्वास के नियम और पहल एवं नेतृत्व के नियम का प्रयोग करता है। यदि वह एक असाधारण और सफल नेतृत्वकर्ता है तो वह कल्पना-शक्ति, उत्साह, आत्म-नियंत्रण, सुखद व्यक्तित्व, सटीक चिंतन, एकाग्रता और सहनशीलता के नियमों का भी उपयोग करता है। इन सभी नियमों का संयुक्त प्रयोग किए बिना कोई भी व्यक्ति एक वास्तविक महान् नेता नहीं बन सकता। इनमें से किसी भी एक नियम की भूल नेतृत्वकर्ता की शक्ति को आनुपातिक रूप से घटा देती है।

प्रत्येक नेता सुनिश्चित लक्ष्य के नियम, आत्मविश्वास के नियम और पहल एवं नेतृत्व के नियम का प्रयोग करता है। यदि वह एक असाधारण और सफल नेतृत्वकर्ता है तो वह कल्पना-शक्ति, उत्साह, आत्म-नियंत्रण, सुखद व्यक्तित्व, सटीक चिंतन, एकाग्रता और सहनशीलता के नियमों का भी उपयोग करता है। इन सभी नियमों का संयुक्त प्रयोग किए बिना कोई भी व्यक्ति एक वास्तविक महान् नेता नहीं बन सकता।

एक बार लासले यूनिवर्सिटी का एक सेल्समैन सेल्समैनशिप और बिजनेस मैनेजमेंट पर एक कोर्स को बेचने के लिए एक छोटे से कस्बे में एक रियल एस्टेट डीलर के पास गया। जब सेल्समैन उसके ऑफिस में पहुँचा तो उसने देखा कि वह डीलर एक पुराने टाइपराइटर पर दो उँगलियों से एक पत्र टाइप कर रहा था। सेल्समैन ने अपना परिचय दिया और उसे कोर्स के बारे में बताना शुरू किया।

वह डीलर उसकी बातें रुचि के साथ सुनता रहा। सेल्समैन ने अपनी बात खत्म करने के बाद अपने संभावित ग्राहक से 'हाँ' या 'न' में उत्तर पाने के लिए थोड़ा इंतजार किया। कोई प्रत्युत्तर न मिलने पर उसने कोर्स की विशेषताओं के बारे में दोबारा संक्षेप से बताया। फिर भी संभावित ग्राहक से कोई प्रतिक्रिया नहीं आई।

"अपने ऑफिस पर एक नजर डालो। फर्श गंदा है, दीवारें धूल से ढकी हुई हैं। तुम्हारा टाइपराइटर अति प्राचीन है। तुम्हारी पैंट घुटनों पर फटी हुई है। तुम्हारी कमीज का कॉलर गंदा है। तुम्हारे चेहरे पर दाढ़ी बढ़ी हुई है और तुम्हारी आँखों में देखकर मुझे पता चलता है कि तुम एक हारे हुए व्यक्ति हो।"

अब सेल्समैन ने सीधे प्रश्न किया, "आप इस पाठ्यक्रम को लेना चाहते हैं या नहीं?"

डीलर ने धीमी और ठंडी आवाज में उत्तर दिया, "मैं नहीं जानता कि मुझे क्या करना चाहिए!"

निस्संदेह वह सत्य बोल रहा था, क्योंकि वह उन लाखों लोगों में से ही एक था, जो कि किसी निर्णय पर कठिनता से पहुँच पाते हैं। मानव प्रकृति का योग्य परीक्षक होने के कारण सेल्समैन उठा और उसने अपना कोर्स ब्रीफकेस में रखा तथा उठकर ऑफिस से बाहर जाने लगा। जाते समय ही उसने डीलर से कहा, "मैं तुमसे कुछ कहने जा रहा हूँ, जो तुम्हें पसंद नहीं आएगा; लेकिन यह तुम्हारे लिए सहायक हो सकता है।"

"अपने ऑफिस पर एक नजर डालो। फर्श गंदा है, दीवारें धूल से ढकी हुई हैं। तुम्हारा टाइपराइटर अति प्राचीन है। तुम्हारी पैंट घुटनों पर फटी हुई है। तुम्हारी कमीज का कॉलर गंदा है। तुम्हारे चेहरे पर दाढ़ी बढ़ी हुई है और तुम्हारी आँखों में देखकर मुझे पता चलता है कि तुम एक हारे हुए व्यक्ति हो।"

"मैं उस घर की कल्पना कर सकता हूँ, जिसमें तुम रहते हो। बहुत सारे छोटे बच्चे, जिनमें से किसी के पास अच्छे कपड़े नहीं हैं और जिन्हें अच्छा खाना भी नहीं मिल पाता है। एक माँ, जो कि पुरानी शैली के परिधान पहनती है और जिसकी आँखों में वही नजर आता है, जो तुम्हारी नजरों में है। यह छोटी सी महिला तुमसे शादी करने के बाद ऊब चुकी है और तुमने उसकी आशाओं के अनुरूप जीवन में कुछ भी अच्छा नहीं किया है।"

"कृपया याद रखो कि अब मैं एक संभावित ग्राहक से बात नहीं कर रहा हूँ, क्योंकि अब मैं इस मौके पर तुम्हें नकद भुगतान करने पर भी यह कोर्स नहीं बेचूँगा। यदि मैंने यह कोर्स अब तुम्हें बेच भी दिया तो तुम इसे पूरा करने की पहल नहीं कर पाओगे और हम अपने छात्रों की सूची में विफल लोगों को जोड़ना नहीं चाहते। अब मैं तुम्हें बहुत ही कम शब्दों में सही तरीके से बताऊँगा कि तुम क्यों असफल हुए हो? तुम क्यों एक छोटे से कस्बे में स्थित एक पुराने गंदे ऑफिस में एक पुराने टाइपराइटर पर पत्र लिख रहे हो? इसका केवल एक कारण है कि तुम्हारे पास एक निर्णय तक पहुँचने की शक्ति नहीं है।"

"मैं अपने क्षेत्र में सफल हूँ, लेकिन मैं हमेशा ऐसा नहीं रहा हूँ। मैं भी उन परिस्थितियों से गुजरा हूँ, जिनसे तुम अभी गुजर रहे हो। लेकिन सबसे महत्त्वपूर्ण बात यह है कि मैं उनसे बाहर निकल आया, और तुम भी अपने संकट से बाहर आ सकते हो, यदि तुम मेरी सलाह मानोगे।

"क्या तुम मेरे साथ आओगे?"

रियल एस्टेट डीलर अपनी कुरसी से चिपककर रह गया। उसके जबड़े खुले थे और उसकी आँखें विस्मित थीं; लेकिन उसने सेल्समैन की बात का कोई उत्तर नहीं दिया।

सेल्समैन ने उसे 'गुडबाय' कहा और दरवाजे से बाहर निकल गया। दरवाजा बंद होने के बाद वह पुनः वापस लौटा और दरवाजा खोलकर उस डीलर के सामने जा पहुँचा और बोला, "मुझे पता है कि मेरी बातों से तुम्हें चोट पहुँची होगी; लेकिन मैं मानता हूँ कि तुम्हारे पास बुद्धिमत्ता है और मैं इस बात के प्रति सुनिश्चित हूँ कि तुम एक योग्य व्यक्ति हो; लेकिन एक आदत ने तुम्हें जकड़ लिया है। तुम अस्थायी रूप से नीचे गिर सकते हो। लेकिन तुम दोबारा ऊपर उठ सकते हो। मैं एक खिलाड़ी की तरह तुम्हें अपना हाथ देता हूँ। यदि तुम मेरी बातों के लिए मुझे माफ कर सको तो तुम मेरा हाथ पकड़कर उठ सकते हो।

"तुम इस कस्बे से संबंध नहीं रखते हो। तुम इस जगह पर रियल एस्टेट व्यापार में अपनी एड़ियाँ घिस रहे हो, जबकि तुम अपने क्षेत्र में एक अग्रणी व्यक्ति हो सकते थे। अपने लिए एक नया सूट और कपड़े खरीदो, भले ही तुम्हें उसके लिए उधार लेना पड़े। इसके बाद मेरे साथ सेंट लुइस चलना, जहाँ मैं तुम्हें एक रियल एस्टेट दिग्गज से मिलवाऊँगा, जो तुम्हें कुछ धन कमाने का एक अवसर प्रदान करेगा। इसी दौरान तुम्हें वह दिग्गज ऐसी महत्त्वपूर्ण चीजें भी सिखाएगा, जो इस क्षेत्र में तुम्हारे काम आती रहेंगी।

"मैं अपने क्षेत्र में सफल हूँ, लेकिन मैं हमेशा ऐसा नहीं रहा हूँ। मैं भी उन परिस्थितियों से गुजरा हूँ, जिनसे तुम अभी गुजर रहे हो। लेकिन सबसे महत्त्वपूर्ण बात यह है कि मैं उनसे बाहर निकल आया, और तुम भी अपने संकट से बाहर आ सकते हो, यदि तुम मेरी सलाह मानोगे।

"क्या तुम मेरे साथ आओगे?"

डीलर ने उठना चाहा, लेकिन उसके पैर लड़खड़ा गए और वह फिर से अपनी कुरसी पर बैठ गया। वह दूसरे प्रयास में अपने पैरों पर खड़ा हुआ और उसने सेल्समैन से हाथ मिलाया। उसने सेल्समैन को धन्यवाद दिया और कहा कि वह उसकी सलाह

मानने जा रहा है, लेकिन वह ऐसा अपने तरीके से करेगा। उसने सेल्समैन से कोर्स भी खरीदा और सेल्समैन को बताया कि वह दोबारा उससे जरूर मिलेगा।

तीन वर्ष बाद इस रियल एस्टेट डीलर के पास एक संगठन था, जिसमें 60 सेल्समैन काम करते हैं और वह सेंट लुइस शहर के सर्वाधिक सफल रियल एस्टेट व्यापारियों में से एक है। वह अब अपने क्षेत्र में एक नेता है। वह अन्य सेल्समैनों के प्रयासों को दिशा दे रहा है और अधिक सक्षम बनने में उनकी सहायता कर रहा है। उसके दर्शन में होनेवाले एक बदलाव ने उसकी अस्थायी विफलता को सफलता में बदल दिया था।

संगठित प्रयास वास्तव में एक ऐसा प्रयास है, जो एक ऐसी योजना के अनुसार निर्देशित होता है, जो कि कल्पना-शक्ति की सहायता से तैयार की जाती है। एक सुनिश्चित मुख्य लक्ष्य द्वारा संगठित प्रयास को दिशा-निर्देशन दिया जाता है और पहल एवं आत्मविश्वास के साथ इसे गति प्रदान की जाती है। ये चारों नियम एक में मिश्रित हो जाते हैं और एक नेता के हाथों की शक्ति बन जाते हैं। इन नियमों की सहायता के बिना प्रभावी नेतृत्व असंभव है।

अपने ऑफिस में नियुक्त होनेवाले प्रत्येक नए सेल्समैन को वह लास्ले यूनिवर्सिटी के उस सेल्समैन की कहानी शब्दशः बताता है, जिसने उसके छोटे से ऑफिस में आकर उसकी जिंदगी को रूपांतरित कर दिया था।

कल्पना-शक्ति पर आधारित अगले अध्याय में आप नेतृत्व की कला के बारे में और भी बहुत कुछ जानेंगे। वास्तव में, नेतृत्व एवं कल्पना-शक्ति घनिष्ठ रूप से जुड़े हुए हैं और सफलता के लिए इतने अनिवार्य हैं कि एक के बिना दूसरे को सफलतापूर्वक लागू नहीं किया जा सकता। पहल वह प्रेरक बल है, जो नेता को आगे बढ़ाता है; लेकिन कल्पना-शक्ति वह मार्गदर्शक भावना है, जो उसे बताती है कि किस दिशा में आगे बढ़ना है।

संभवतः कल्पना-शक्ति के सबसे महत्त्वपूर्ण लाभों में से एक यह है कि यह व्यक्ति को ऐसी क्षमता प्रदान करती है, जिसके द्वारा वह सभी समस्याओं को उनके घटक अंगों से पृथक् कर सकता है और उन्हें अधिक अनुकूल संयोजनों में पुनः संघटित कर सकता है। हमारी जीत व हार हमारे द्वारा निर्मित और लागू की जानेवाली योजनाओं की प्रकृति पर निर्भर करती है। यह एक ऐसा तथ्य है, जो नेतृत्व और पहल, कल्पना-शक्ति, आत्मविश्वास और एक सुनिश्चित मुख्य लक्ष्य के नियमों की महत्ता को प्रकट करता है। इन चारों नियमों का बुद्धिमानी से प्रयोग करके यदि कोई व्यक्ति योजनाएँ बनाता है

तो उसे कोई भी ऐसा व्यक्ति या व्यक्तियों का समूह हरा नहीं सकता, जिसे इन नियमों की समझ न हो।

संगठित प्रयास वास्तव में एक ऐसा प्रयास है, जो एक ऐसी योजना के अनुसार निर्देशित होता है, जो कि कल्पना-शक्ति की सहायता से तैयार की जाती है। एक सुनिश्चित मुख्य लक्ष्य द्वारा संगठित प्रयास को दिशा-निर्देशन दिया जाता है और पहल एवं आत्मविश्वास के साथ इसे गति प्रदान की जाती है। ये चारों नियम एक में मिश्रित हो जाते हैं और एक नेता के हाथों की शक्ति बन जाते हैं। इन नियमों की सहायता के बिना प्रभावी नेतृत्व असंभव है।

अब आप कल्पना-शक्ति के पाठ हेतु तैयार हैं। इस अध्याय को यहाँ उल्लिखित सभी तथ्यों और संकल्पनाओं को दिमाग में रखकर पढ़ें।

असहनशीलता : अध्याय के उपरांत लेखक के साथ एक अवलोकन

असहनशीलता का सबसे कटु रूप धार्मिक, नस्लीय और आर्थिक पूर्वग्रहों एवं मतभेदों से विकसित होता है। हम बेचारे मनुष्य केवल धार्मिक विश्वासों और नस्लीय प्रवृत्तियों की भिन्नता के कारण एक-दूसरे को नष्ट करने की कोशिशों का परित्याग कब करेंगे? इस पृथ्वी पर हमें कुछ क्षण का समय आवंटित हुआ है। हम एक मोमबत्ती की तरह जलते हैं, कुछ क्षण के लिए चमकते हैं और बुझ जाते हैं। फिर हम इस बात को क्यों नहीं सीख सकते कि इस संक्षिप्त जीवन-चक्र के पूरा होने पर जब मौत का बुलावा आए तो हम बिना किसी डर और हिचकिचाहट के अपना बोरिया-बिस्तर समेटने के लिए तैयार रहें।

> *जब भी आप दो लोगों को एक-दूसरे के प्रति शत्रुता और लड़ाई में उलझा हुआ देखें तो अपनी आँखें बंद करें और एक क्षण के लिए विचार करें। आप उनकी रूपांतरित प्रकृति में देख सकते हैं। उन दोनों व्यक्तियों से दूर आप एक ऐसी चीज देख सकते हैं, जो उनकी लड़ाई का कारण होगी; जैसे कि एक सोने का टुकड़ा, एक धार्मिक प्रतीक या एक महिला।*

दो नर हिरण आपस में लड़ाई कर रहे हैं और प्रत्येक को लड़ाई जीतने का विश्वास है। दूर खड़ी होकर एक मादा विजेता का इंतजार कर रही है और एक छोटा सा स्वप्न देख रही है कि कल उन दोनों योद्धाओं की हड्डियाँ सूर्य की रोशनी में सूख रही होंगी। कोई कहेगा कि वे कितने बेचारे और मूर्ख जानवर हैं। शायद वे हैं, लेकिन वे मानव परिवार से बहुत अलग नहीं

हैं। इनसान अपने भाइयों से प्रतिस्पर्धा के कारण घातक लड़ाई लड़ता है। इस प्रतिस्पर्धा के तीन प्रमुख रूप—यौन, आर्थिक और धार्मिक प्रकृति के हैं।

बीस वर्ष पहले एक प्रतिष्ठित शैक्षिक संस्थान अच्छा-खासा व्यापार कर रहा था और हजारों छात्रों को अपनी बहुमूल्य सेवाएँ दे रहा था। उस संस्थान के दो मालिकों ने दो सुंदर और प्रतिभाशाली युवतियों से विवाह किया। दोनों की पत्नियाँ पियानो बजाने की कला में निपुण थीं। शीघ्र ही दोनों की पत्नियों के बीच इस बात को लेकर प्रतिस्पर्धा और बहस होने लगी कि उनमें से कौन पियानो बजाने की कला में अधिक प्रवीण है? यह मतभेद धीरे-धीरे उनके पतियों को भी प्रभावित करने लगा। वे दोनों एक-दूसरे के दुश्मन बन गए। अब उस प्रतिष्ठित संस्थान की हड्डियाँ सूरज की रोशनी में विरंजित हो रही हैं।

जब भी आप दो लोगों को एक-दूसरे के प्रति शत्रुता और लड़ाई में उलझा हुआ देखें तो अपनी आँखें बंद करें और एक क्षण के लिए विचार करें। आप उनकी रूपांतरित प्रकृति में देख सकते हैं। उन दोनों व्यक्तियों से दूर आप एक ऐसी चीज देख सकते हैं, जो उनकी लड़ाई का कारण होगी; जैसे कि एक सोने का टुकड़ा, एक धार्मिक प्रतीक या एक महिला।

सफलता की उपलब्धि के लिए 15 कारक जिम्मेदार होते हैं, जिनमें से सहनशीलता एक है। असहनशीलता व्यक्ति के पैरों को अज्ञानता की बेड़ियों से जकड़ देती है और उसकी आँखों पर भय एवं अंधविश्वास का परदा डाल देती है। असहनशीलता ज्ञान की पुस्तक को बंद कर देती है और उसके आवरण पृष्ठ पर लिख देती है—'इस पुस्तक को दोबारा न खोलें। अंतिम शब्द यहीं लिखा गया है।'

सहनशील होना तुम्हारा कर्तव्य नहीं है। यह तुम्हारा विशेषाधिकार है। इनसानों के सभी झगड़ों और युद्धों से कुछ लोगों को लाभ होता है। असहनशीलता को फैलाना कुछ लोगों का एकल और विशिष्ट व्यापार बन चुका है। यदि यह बात सही नहीं है तो संसार में कोई युद्ध नहीं हो सकता और न ही शत्रुता का कोई रूप प्रकट हो सकता है। जब आप खुद को किसी के साथ संघर्ष में उलझने के लिए तैयार कर रहे हों, तब इस बात को याद रखें कि किसी के साथ उलझने की बजाय उसके साथ हाथ मिलाना आपके लिए अधिक लाभकारी हो सकता है।

"प्रेम जीवन के अँधेरे बादल पर एकमात्र रोशनी है। यह सुबह और शाम का तारा है। यह कला की जननी है, कवि और दार्शनिक का प्रेरक है। यह प्रत्येक हृदय की वायु और प्रकाश है, प्रत्येक घर का निर्माता है। प्रेम ही था, ज़िसने पहली बार अमरता का स्वप्न देखा था। यह संसार को गीतों से भर देता है और संगीत प्रेम की ही एक ध्वनि है। प्रेम वह जादूगर है, जो मूल्यहीन चीजों को उल्लास और आनंद में बदल देता है।

यह मिट्टी से राजा और रानी बना देता है। प्रेम के बिना यह संसार नरक बन जाता है और हम निर्दयी जानवर बन जाते हैं; जबकि प्रेम के साथ पृथ्वी स्वर्ग बन जाती है और हम देवता हो जाते हैं।"

—इंगरसोल

अपने आसपास के लोगों के प्रति प्रेम पैदा करें। इसके बाद आप कभी भी किसी के साथ व्यर्थ की लड़ाई में उलझना नहीं चाहेंगे। प्रेम प्रत्येक व्यक्ति को उसके भाई का रखवाला बना देता है।

□

6

कल्पना-शक्ति

"आप यह कर सकते हैं,
यदि आपको विश्वास है कि आप कर सकते हो!"

कल्पना-शक्ति मानव मन की कार्यशाला है, जिसमें पुराने विचार और स्थापित तथ्य नए संयोजनों में पुनः समायोजित किए जा सकते हैं और नए प्रयोगों के लिए अपनाए जा सकते हैं। जैसे एक ओक का वृक्ष बीज में छिपे बीजाणु से विकसित होता है और एक पक्षी अंडे में छिपे जर्म से विकसित होता है, उसी प्रकार आपकी भौतिक उपलब्धियाँ भी उन संगठित योजनाओं से विकसित होती हैं, जिन्हें आप कल्पना-शक्ति द्वारा निर्मित करते हैं। पहले विचार आता है, इसके बाद उस विचार को योजनाओं में संगठित किया जाता है। इसके बाद उन योजनाओं को वास्तविकता में रूपांतरित किया जाता है। आरंभ आपकी कल्पना-शक्ति में देखा जा सकता है।

कल्पना-शक्ति अपनी प्रकृति में व्याख्यात्मक और रचनात्मक होती है। यह तथ्यों, अवधारणाओं एवं विचारों का परीक्षण कर सकती है और इनमें से नए संयोजन और योजनाएँ बना सकती है। कल्पना-शक्ति की एक अनोखी व्याख्यात्मक या संप्रेषणात्मक क्षमता को 'टेलीपैथी' कहा जाता है। इसके द्वारा एक मन से दूसरे मन की ओर लंबी या छोटी दूरियों पर संचार होता है, जिसमें किसी भी प्रकार के भौतिक या यांत्रिक उपकरण की मदद नहीं ली जाती है।

'टेलीपैथी' उस छात्र के लिए महत्त्वपूर्ण कारक है, जो कि कल्पना-शक्ति का प्रभावी उपयोग करने की तैयारी कर रहा है। मनोवैज्ञानिक अनुसंधान के द्वारा हमें इस बात के पर्याप्त सुबूत मिले हैं कि दो मन जब आपस में उचित रूप से संगति और साहचर्य रखते हैं तो वे दोनों मन बिना किसी यांत्रिक उपकरण की सहायता से लंबी दूरियों पर भी विचारों को एक-दूसरे के पास भेज सकते हैं और ग्रहण कर सकते हैं।

कल्पना-शक्ति इस पाठ्यक्रम का एक महत्त्वपूर्ण कारक ही नहीं है, बल्कि यह

सर्वाधिक रुचिकर विषयों में से एक है। जब आप इसका अध्ययन करेंगे तो आप आसानी से देख पाएँगे कि यह उन सब चीजों को किस प्रकार प्रभावित करती है, जिन्हें आप अपने सुनिश्चित मुख्य लक्ष्य की उपलब्धि के लिए करते हैं। कल्पना-शक्ति के महत्त्व को इस तथ्य से भी समझा जा सकता है क़ि यह दुनिया में एकमात्र ऐसी चीज है, जिस पर आप पूरा नियंत्रण रखते हैं। दूसरे लोग आपको आपकी भौतिक संपदा से वंचित कर सकते हैं, आपको हजारों तरीकों से ठग सकते हैं; लेकिन कोई भी व्यक्ति आपको आपकी कल्पना-शक्ति पर नियंत्रण करने और उसका प्रयोग करने से नहीं रोक सकता। लोग आपके साथ अन्याय कर सकते हैं, वे आपकी आजादी को छीन सकते हैं; लेकिन कोई भी आपको अपनी इच्छानुसार कल्पना करने के विशेषाधिकार से वंचित नहीं कर सकता।

वर्तमान संसार का सबसे प्रमुख संकट यह है कि हम कल्पना-शक्ति की समझ नहीं रखते हैं। यदि हम इस महान् शक्ति को समझ लें तो हम इसका प्रयोग गरीबी, अन्याय, अत्याचार और कष्ट को खत्म करने के हथियार के रूप में कर सकते हैं। कल्पना-शक्ति के द्वारा यह कार्य केवल एक पीढ़ी के दौरान ही किया जा सकता है। इस विवरण को समझने के लिए हमें 'टेलीपैथी' के सिद्धांत को एक वास्तविकता के रूप में स्वीकार करना होगा।

वर्तमान संसार का सबसे प्रमुख संकट यह है कि हम कल्पना-शक्ति की समझ नहीं रखते हैं। यदि हम इस महान् शक्ति को समझ लें तो हम इसका प्रयोग गरीबी, अन्याय, अत्याचार और कष्ट को खत्म करने के हथियार के रूप में कर सकते हैं। कल्पना-शक्ति के द्वारा यह कार्य केवल एक पीढ़ी के दौरान ही किया जा सकता है। इस विवरण को समझने के लिए हमें 'टेलीपैथी' के सिद्धांत को एक वास्तविकता के रूप में स्वीकार करना होगा। टेलीपैथी के द्वारा हमारा हरेक विचार अपने आप ही दूसरे लोगों के दिमागों में पंजीकृत हो जाता है। हमें टेलीपैथी को साबित करने में समय खर्च करने की बजाय इसे एक वास्तविकता के रूप में निष्ठा के साथ स्वीकार करना है; क्योंकि यह अध्याय उन छात्रों के लिए तनिक भी महत्त्वपूर्ण नहीं हो सकता, जो कि टेलीपैथी को एक स्थापित सिद्धांत के रूप में समझकर स्वीकार नहीं करते हैं। आप खुद को एक ऐसा व्यक्ति मानकर चलें, जो इस सिद्धांत को समझ चुका है और स्वीकार कर चुका है।

आपने भीड़ के मनोविज्ञान के बारे में अकसर सुना होगा, जो कि कुछ लोगों या किसी एक व्यक्ति के दिमाग में निर्मित होनेवाले प्रभावी विचार का खुद-ब-खुद टेलीपैथी

के सिद्धांत द्वारा दूसरे लोगों के दिमाग में पंजीकृत हो जाना है। भीड़ के मनोविज्ञान की ताकत इतनी अधिक होती है कि सड़क पर दो व्यक्तियों की लड़ाई में कई सारे लोग शामिल हो जाते हैं और एक-दूसरे से लड़ने लगते हैं; हालाँकि उन्हें यह पता भी नहीं होता कि वे क्यों और किसके लिए लड़ रहे हैं।

प्रत्येक व्यापार एक व्यक्ति की विस्तारित छाया है। जब एक व्यक्ति आत्मविश्वास, उत्साह, आशावाद और सामंजस्य की छाया को प्रतिबिंबित करता है तो ये गुण उस व्यापार से जुड़े सभी लोगों में अपने आप ही प्रतिबिंबित होने लगते हैं। कल्पना-शक्ति के अनुप्रयोग की दिशा में अगला कदम बढ़ाने के लिए हमें अपने दिमाग में यह बात बिठानी होगी कि 'सूर्य के नीचे कुछ भी नया नहीं है।'

सन् 1918 में 'आर्मिस्टिक दिवस' पर मैंने टेलीपैथी के सिद्धांत की असलियत का सबसे पुख्ता प्रमाण देखा था, जो कि विश्व व्यापी स्तर पर सामने आया था। मुझे याद है कि उस दिन सुबह के लगभग 3 बजे मैं अचानक इस तरह जाग गया था, जैसे कि किसी ने मुझे झकझोरकर जगाया हो। जैसे ही मैं बिस्तर से उठकर बैठा, मैं जान गया कि कुछ असाधारण घटित हुआ था। मैं कपड़े पहनकर तैयार हुआ और शिकागो की सड़कों पर घूमने निकल पड़ा, जहाँ मुझे हजारों अन्य ऐसे लोग मिले, जो कि इसी तरह के प्रभाव को महसूस करके नींद से जागे थे। प्रत्येक व्यक्ति पूछ रहा था, 'क्या हुआ है ?'

जो घटित हुआ था, वह यह था—

लाखों लोगों ने लड़ाई रोकने के निर्देशों को ग्रहण किया था और उनका मिला-जुला उल्लास एक वैचारिक लहर के रूप में पूरे विश्व में फैल गया था। प्रत्येक सामान्य मस्तिष्क इस वैचारिक लहर को पंजीकृत करने में सक्षम था। संभवत: इतिहास में ऐसा कभी नहीं हुआ था कि इतने सारे लोगों ने एक साथ, एक ही समय पर, एक ही चीज के बारे में सोचा था। इस संबंध में मैं आपको मास्टर माइंड के निर्माण की विधि को पुन: याद दिलाना चाहूँगा, जिसके माध्यम से दो या अधिक व्यक्तियों के विचारों का सामंजस्य किया जा सकता है।

प्रत्येक व्यापार एक व्यक्ति की विस्तारित छाया है। जब एक व्यक्ति आत्मविश्वास, उत्साह, आशावाद और सामंजस्य की छाया को प्रतिबिंबित करता है तो ये गुण उस व्यापार से जुड़े सभी लोगों में अपने आप ही प्रतिबिंबित होने लगते हैं। कल्पना-शक्ति के अनुप्रयोग की दिशा में अगला कदम बढ़ाने के लिए हमें अपने दिमाग में यह बात बिठानी होगी कि 'सूर्य के नीचे कुछ भी नया नहीं है।'

पृथ्वी पर हमारे सामने दृश्य, परिदृश्य, तथ्य और भौतिक पदार्थ निरंतर विस्थापित व रूपांतरित हो रहे हैं और प्रत्येक व्यक्ति इन बदलते हुए तथ्यों एवं पदार्थों को नए संयोजनों में फिर से व्यवस्थित कर सकता है। पुनः व्यवस्थापन की यह प्रक्रिया ही 'कल्पना' कहलाती है। हम पहले ही कह चुके हैं कि कल्पना अपनी प्रकृति में व्याख्यात्मक और रचनात्मक दोनों होती है। यह प्रभावों व विचारों को ग्रहण कर सकती है और इनमें से नए संयोजनों का निर्माण कर सकती है।

सांडर्स एक छोटे से रिटेल स्टोर में क्लर्क था। एक दिन वह एक कैफेटेरिया में खाना लेने के लिए अपनी एक छोटी सी ट्रे को पकड़कर पंक्ति में खड़ा था। उसने उस समय से पहले कभी भी एक सप्ताह में 20 डॉलर से अधिक नहीं कमाए थे और आज तक किसी ने भी उसमें कोई असाधारण योग्यता नहीं देखी थी; लेकिन उस समय उसके दिमाग में एक विचार आया और लाइन में खड़े लोगों को देखकर उसकी कल्पना-शक्ति काम करने लगी। अपनी कल्पना-शक्ति की सहायता से उसने कैफेटेरिया के सेल्फ-हेल्प विचार को एक किराना स्टोर में लागू करने के बारे में सोचा। उसने कोई नया विचार या चीज नहीं बनाई थी, केवल एक पुराने विचार को नए प्रयोग में ढाला था। तुरंत ही उसके दिमाग में 'पिगली-विगली किराना चेन स्टोर' की योजना बन गई। इस योजना को अमल में लाने के बाद शीघ्र ही एक सप्ताह में 20 डॉलर कमानेवाला सांडर्स अमेरिका का मिलियन डॉलर चेन स्टोर 'ग्रॉसरीमैन' बन गया।

इस प्रकार महान् विचार वास्तविकताओं में बदल जाते हैं।

जब थॉमस एडिसन ने विद्युत् बल्ब का आविष्कार किया तो उन्होंने केवल दो पुराने सिद्धांतों को एक नए संयोजन के साथ आपस में जोड़ दिया था। एडिसन के साथ-साथ विद्युत् के विषय में जानकारी रखनेवाले सभी लोग जानते थे कि प्रकाश को बिजली से एक छोटे तार को गरम करके उत्पन्न किया जा सकता है। लेकिन कठिन समस्या यह थी कि ऐसा तार को बिना जलाए हुए करना था। अपनी कल्पना में मौजूद पुराने विचारों का निरंतर संयोजन और हजारों बार परीक्षण करने के बाद एडिसन ने इस समस्या का समाधान ढूँढ़ लिया। भौतिक विज्ञान के अध्ययन से उन्हें इस बात की जानकारी थी कि ऑक्सीजन की उपस्थिति के बिना दहन नहीं हो सकता। यह बात भौतिक विज्ञान के अन्य छात्रों को भी पता थी, लेकिन एडिसन ने इसी के आधार पर एक ग्लास ग्लोब के भीतर अपने इलेक्ट्रिक प्रकाश उपकरण का एक छोटा सा तार जोड़ दिया और ऑक्सीजन का प्रवेश बंद कर दिया। इसी छोटे से संशोधन ने प्रकाश बल्ब को एक वास्तविकता में बदल दिया।

यदि आपकी कल्पना आपकी आत्मा का दर्पण है तो आपको इस दर्पण के सामने खड़े होने और अपनी इच्छानुसार खुद को देखने का पूरा अधिकार है। आप इस जादुई

> *यदि आपकी कल्पना आपकी आत्मा का दर्पण है तो आपको इस दर्पण के सामने खड़े होने और अपनी इच्छानुसार खुद को देखने का पूरा अधिकार है। आप इस जादुई दर्पण के सामने खड़े होकर अपनी इच्छा के महल को देख सकते हैं, अपनी इच्छा की फैक्टरी को देख सकते हैं या उस बैंक को देख सकते हैं, जिसके आप अध्यक्ष बनना चाहते हैं। आपकी कल्पना आपसे संबंध रखती है। इसका उपयोग करें। आप इसका जितना अधिक उपयोग करेंगे, यह उतने ही प्रभावी तरीके से आपकी सेवा करेगी।*

दर्पण के सामने खड़े होकर अपनी इच्छा के महल को देख सकते हैं, अपनी इच्छा की फैक्टरी को देख सकते हैं या उस बैंक को देख सकते हैं, जिसके आप अध्यक्ष बनना चाहते हैं। आपकी कल्पना आपसे संबंध रखती है। इसका उपयोग करें। आप इसका जितना अधिक उपयोग करेंगे, यह उतने ही प्रभावी तरीके से आपकी सेवा करेगी।

जब न्यूयॉर्क सिटी में पूर्वी छोर पर ब्रुकलिन पुल का निर्माण शुरू हुआ, तब वहाँ एक मोची अपनी दुकान चलाता था। जब इंजीनियरों ने नींव खोदना शुरू किया तो उस मोची ने अपना सिर हिलाया और कहा कि ऐसा हो ही नहीं सकता। जब पुल का निर्माण पूरा हो गया, तब उस मोची ने इस्पात की उस विशालकाय संरचना को देखकर स्वयं से कहा कि इन लोगों ने ऐसा कैसे कर लिया? मोची ने पुल के निर्माण को आरंभ से अंत तक देखा था; लेकिन उसने जो देखा था, उसका विश्लेषण करने में उसकी कल्पना असमर्थ थी। जिस इंजीनियर ने पुल के निर्माण की योजना बनाई थी, उसने पुल की नींव का एक पत्थर रखे जाने से बहुत समय पहले ही पुल को एक वास्तविकता के रूप में देख लिया था। पुल उसकी कल्पना में एक वास्तविकता बन गया था, क्योंकि वह इस बात को अच्छी तरह से सीख चुका था कि कल्पना के द्वारा पुराने विचारों में से नए संयोजनों को बुना जा सकता है।

रसायन विज्ञान के क्षेत्र में दो या अधिक रासायनिक अवयवों को ऐसे अनुपातों में मिश्रित किया जा सकता है कि इनमें से प्रत्येक अवयव ऊर्जा की एक विशाल मात्रा प्रदान कर सकता है; जबकि मूल रूप में यह ऊर्जा किसी अवयव में निहित नहीं होती है। हाइड्रोजन के दो भागों और ऑक्सीजन के एक भाग का मिश्रण पानी का निर्माण कर देता है। दो मूल्यहीन पदार्थों को मिलाकर एक अति मूल्यवान् पदार्थ बनाया जा सकता है; लेकिन इस रूपांतरण की प्रक्रिया में एक अवयव सबसे महत्त्वपूर्ण होता है और वह अवयव है—अमूर्त कल्पना।

यदि आप अपनी कल्पना-शक्ति का समुचित रूप से प्रयोग करते हैं तो यह आपकी असफलताओं और गलतियों को अमूल्य परिसंपत्तियों में बदल देगी। यह आपको उस सत्य की खोज के मार्ग पर ले जाएगी, जो केवल उन्हीं लोगों को ज्ञात होता है, जो अपनी कल्पना-शक्ति का प्रयोग करते हैं। जीवन की सबसे प्रतिकूल परिस्थितियाँ और दुर्भाग्य ही अकसर सुनहरे अवसरों का द्वार खोलते हैं।

आप कभी नहीं जान पाएँगे कि कोई उपलब्धि हासिल करने की आपकी क्षमता क्या है, जब तक कि आप यह न सीख लें कि अपने प्रयासों को किस प्रकार कल्पना के साथ मिश्रित करना है। कल्पना के बिना आपके हाथों से तैयार होनेवाला उत्पाद आपको बहुत मामूली लाभ देगा; लेकिन उन्हीं हाथों को जब कल्पना के द्वारा समुचित मार्गदर्शन मिलता है तो ये हाथ आपके लिए पर्याप्त और इच्छित भौतिक संपदा अर्जित कर लेते हैं।

> *आप कभी नहीं जान पाएँगे कि कोई उपलब्धि हासिल करने की आपकी क्षमता क्या है, जब तक कि आप यह न सीख लें कि अपने प्रयासों को किस प्रकार कल्पना के साथ मिश्रित करना है। कल्पना के बिना आपके हाथों से तैयार होनेवाला उत्पाद आपको बहुत मामूली लाभ देगा; लेकिन उन्हीं हाथों को जब कल्पना के द्वारा समुचित मार्गदर्शन मिलता है तो ये हाथ आपके लिए पर्याप्त और इच्छित भौतिक संपदा अर्जित कर लेते हैं।*

आप अपनी कल्पना के द्वारा दो तरीकों से लाभ प्राप्त कर सकते हैं। आप इस खासियत को अपने खुद के दिमाग में विकसित करें या ऐसे लोगों के साथ मित्रवत् गठजोड़ करें, जो पहले से ही इसका विकास कर चुके हैं। एंड्रयू कार्नेगी ने दोनों ही तरीकों को अपनाया था। उन्होंने न केवल अपनी खुद की उर्वर कल्पना का उपयोग किया, बल्कि अपने आसपास ऐसे लोगों का समूह एकत्रित किया, जो कि कल्पना-शक्ति से लैस थे और उनके सुनिश्चित लक्ष्य को हासिल करने के लिए अपनी कल्पनाओं को असंख्य दिशाओं में दौड़ा सकते थे।

यदि आप यह महसूस करते हैं कि आपकी कल्पना पर्याप्त है तो आपको किसी ऐसे व्यक्ति के साथ गठजोड़ करना चाहिए, जिसकी कल्पना आपकी कमी को पूरा करने के लिए पर्याप्त रूप से विकसित हो। ऐसे गठजोड़ के विभिन्न रूप हो सकते हैं, उदाहरण के लिए—शादी का गठजोड़, व्यापारिक भागीदारों का गठजोड़, मित्रता का गठजोड़, कर्मचारी और नियोक्ता का गठजोड़ इत्यादि।

सेल्समैनशिप में कल्पना सबसे महत्त्वपूर्ण भूमिका निभाती है। मास्टर सेल्समैन

अपनी कल्पना में अपने द्वारा बेची जानेवाली चीजों या पेश की जानेवाली सेवाओं के गुणों को देखता है और यदि वह ऐसा नहीं कर पाता है तो बिक्री करने में विफल रहेगा।

प्रत्येक समस्या के लिए अनगिनत समाधान के तरीके होते हैं, लेकिन एक समाधान का तरीका सर्वोत्तम होता है। उस सर्वोत्तम तरीके की खोज करें और आपकी समस्या आसानी से हल हो जाती है। आपके उत्पाद और सेवाएँ कितनी भी गुणवत्तापूर्ण क्यों न हों, ऐसे लाखों गलत तरीके हैं, जिनके द्वारा आप उन्हें बेच सकते हैं। आपकी कल्पना सही तरीके को खोजने में आपकी सहायता करेगी। अपने उत्पादों और सेवाओं को बेचने का सही तरीका खोजने में आपको इनसान का यह विशेष लक्षण हमेशा याद रखना है—

'इनसान ऐसे लोगों का पक्ष करते हैं, जो किसी तीसरे व्यक्ति के लाभ हेतु निवेदन करते हैं। जब आप अपने लाभ के लिए उनसे कोई निवेदन करेंगे तो वे आपकी सहायता नहीं करेंगे।'

"मैं देख रहा हूँ कि आप जोड़ों के दर्द से पीड़ित हैं। आपको एक अच्छे कुत्ते की जरूरत है, जो आपकी भाग-दौड़ को कम कर सके। मेरे पास एक कुत्ता है, जिसे गायों को घर लाने, जंगली जानवरों को खदेड़ने, भेड़ों को झुंड में रखने और अन्य उपयोगी सेवाओं के लिए प्रशिक्षित किया गया है। आप इस कुत्ते को 100 डॉलर में खरीद सकते हैं।"
उस लँगड़े व्यक्ति ने कहा, "ठीक है, मैं इसे खरीद लूँगा।"

एक किसान अपने सुप्रशिक्षित शेफर्ड कुत्ते को लेकर शहर गया। वहाँ जाकर उसने पाया कि शहर में कुत्ते का कोई उपयोग नहीं था, इसलिए उसने कुत्ते से छुटकारा पाने का निर्णय किया। वह कुत्ते को लेकर देहाती इलाके में गया और एक फार्म हाउस के दरवाजे को खटखटाने लगा। एक व्यक्ति ने बैसाखियों का सहारा लेकर दरवाजा खोला तो उस किसान ने कहा, "तुम्हें एक अच्छा शेफर्ड कुत्ता खरीदने की चिंता नहीं करनी है। मैं अपने इस कुत्ते से छुटकारा पाना चाहता हूँ। क्या तुम इसे लोगे?"

व्यक्ति ने उत्तर दिया, "नहीं।" और दरवाजा बंद कर दिया।

किसान ने आठ-दस घरों में जाकर यही सवाल पूछा और एक जैसा उत्तर प्राप्त किया। अब उसने अपने दिमाग में सोच लिया कि कोई भी उस कुत्ते को नहीं चाहता था और वह वापस शहर लौट आया। उसी शाम को वह एक कल्पनाशील व्यक्ति को अपनी दुर्भाग्य कथा सुना रहा था। उस व्यक्ति ने किसान से कहा कि मुझे अपना कुत्ता दो। मैं उसे ठिकाने पर पहुँचा दूँगा। अगली सुबह वह कल्पनाशील व्यक्ति उस कुत्ते को लेकर ग्रामीण इलाके में गया और उसी फार्म हाउस का दरवाजा खटखटाया, जहाँ किसान पहली

बार गया था। फार्म हाउस के लँगड़े मालिक ने दरवाजा खोला तो उस कल्पनाशील व्यक्ति ने उससे निवेदन किया—

"मैं देख रहा हूँ कि आप जोड़ों के दर्द से पीड़ित हैं। आपको एक अच्छे कुत्ते की जरूरत है, जो आपकी भाग-दौड़ को कम कर सके। मेरे पास एक कुत्ता है, जिसे गायों को घर लाने, जंगली जानवरों को खदेड़ने, भेड़ों को झुंड में रखने और अन्य उपयोगी सेवाओं के लिए प्रशिक्षित किया गया है। आप इस कुत्ते को 100 डॉलर में खरीद सकते हैं।"

उस लँगड़े व्यक्ति ने कहा, "ठीक है, मैं इसे खरीद लूँगा।"

यह कल्पना का ही तो कमाल था!

कोई भी व्यक्ति एक ऐसे कुत्ते को नहीं चाहता है, जिससे कोई दूसरा व्यक्ति छुटकारा पाना चाहता हो। अधिकांश लोग एक ऐसा कुत्ता लेना चाहते हैं, जो उनके लिए उपयोगी सेवाएँ प्रदान कर सके।

कल्पना के एक रूप के प्रति मैं आपको सचेत करूँगा। यह कल्पना का एक ऐसा रूप है, जो कुछ लोगों को बिना कुछ किए ही बहुत कुछ पाने का आश्वासन देता है। ऐसी निराधार कल्पनाएँ दूसरे लोगों के अधिकारों का हनन करके खुद को आगे बढ़ाने की लालसा से प्रेरित होती हैं। अमेरिकी जेल में सजा काट रहे 1,60,000 से अधिक कैदियों में से प्रत्येक के जेल में बंद रहने का कारण यही है कि उनमें से प्रत्येक ने यह कल्पना की थी कि वह अपने आसपास के लोगों के अधिकारों का हनन करके जीवन के खेल को खेल सकता है। इसके अलावा भी कुछ कोरी कल्पनाएँ हैं, जो व्यक्ति को मनोरोगी बनाकर पागलखाने तक पहुँचा सकती हैं। कल्पना का एक अन्य रूप भी है, जिसके कारण युवक और युवतियाँ यह मान लेते हैं कि वे जीवन के बारे में अपने माता-पिता से अधिक जानते हैं; लेकिन कल्पना का यह रूप समय के साथ संशोधित हो जाता है। मेरे खुद के लड़कों ने मुझे कई ऐसी चीजें सिखाई हैं, जो मेरे पिता मुझे युवावस्था में सिखाने का निष्फल प्रयास करते थे।

समय और कल्पना हमें कई चीजें सिखाती हैं, लेकिन इनमें निम्नलिखित से महत्त्वपूर्ण कुछ नहीं है—

सभी व्यक्ति कई तरीकों में काफी हद तक एक जैसे होते हैं।

यदि आप जानना चाहते हैं कि आपका ग्राहक क्या सोच रहा है तो मि. सेल्समैन, अपने आपका अध्ययन करो। यह खोजो कि यदि तुम ग्राहक की जगह पर होते तो क्या सोच रहे होते?

एक जासूस की सबसे बड़ी संपत्ति उसकी कल्पना होती है। जब किसी अपराध की गुत्थी को सुलझाने के लिए किसी जासूस को बुलाया जाता है तो उसका पहला सवाल यही

होता है कि "अपराध के पीछे प्रेरक तत्त्व क्या था?" यदि वह प्रेरक तत्त्व को खोज लेता है तो वह आसानी से अपराध की गुत्थी को सुलझा लेता है और अपराधी तक पहुँच जाता है।

प्रत्येक व्यक्ति को कुछ हद तक एक स्वप्नद्रष्टा होना चाहिए। प्रत्येक व्यापार को स्वप्नद्रष्टा की जरूरत होती है। प्रत्येक उद्योग और प्रत्येक व्यवसाय में सपने देखनेवाले लोगों की जरूरत होती है; लेकिन स्वप्नद्रष्टा को कर्मनिष्ठ होना चाहिए या फिर उसे एक ऐसे व्यक्ति के साथ गठबंधन करना चाहिए, जो उसके सपनों को वास्तविकता में बदलने के लिए काम कर सकता हो।

एक जासूस की सबसे बड़ी संपत्ति उसकी कल्पना होती है। जब किसी अपराध की गुत्थी को सुलझाने के लिए किसी जासूस को बुलाया जाता है तो उसका पहला सवाल यही होता है कि "अपराध के पीछे प्रेरक तत्त्व क्या था?" यदि वह प्रेरक तत्त्व को खोज लेता है तो वह आसानी से अपराध की गुत्थी को सुलझा लेता है और अपराधी तक पहुँच जाता है।

सफलता को हासिल करने की आधी लड़ाई तब जीत ली जाती है, जब व्यक्ति यह निश्चित रूप से जान जाता है कि वह चाहता क्या है? और इस चाह को किसी भी कीमत पर पूरा करने के लिए अपने दिमाग को तैयार कर लेता है।

एक सुनिश्चित मुख्य लक्ष्य के चयन हेतु कल्पना और निर्णय दोनों की जरूरत होती है। निर्णय की शक्ति प्रयोग के साथ विकसित होती है। एक सुनिश्चित मुख्य लक्ष्य के निर्माण की कल्पना को विवश करनेवाला त्वरित निर्णय दूसरों के मामले में निर्णयों तक पहुँचने की अधिक शक्तिशाली क्षमता प्रदान करता है।

प्रतिकूलताएँ और अस्थायी विफलता सामान्यत: छिपे हुए वरदान होते हैं, क्योंकि ये व्यक्ति को कल्पना और निर्णय—दोनों का प्रयोग करने के लिए बाध्य करते हैं। यही कारण है कि एक व्यक्ति उस समय एक बेहतर लड़ाई लड़ता है, जब उसके पीछे कोई दीवार होती है और वह जानता है कि भागने का कोई रास्ता नहीं है। इसके बाद ही वह भागने की बजाय लड़ाई करने के फैसले पर पहुँचता है।

कल्पना कभी भी इतनी सक्रिय नहीं होती, जितनी कि यह आपात-स्थितियों के दौरान होती है। आपात-स्थिति में लोग निर्णयों तक पहुँचते हैं, योजनाएँ बनाते हैं और अपनी कल्पनाओं का प्रयोग इस तरीके से करते हैं कि वे जीनियस के रूप में जाने जाते हैं। बहुत सारे प्रतिभाशाली लोग कल्पना के असामान्य प्रेरण की अनिवार्यता में से निकले हैं, क्योंकि उन्होंने ऐसी परिस्थितियों का सामना किया था, जिन्होंने उनको तीव्र विचार

और त्वरित निर्णय तक पहुँचने के लिए बाध्य कर दिया था।

जब 'सफलता का नियम' नामक यह दर्शन अपनी बीजावस्था में था, तब लेखक इस दर्शन पर आधारित एक व्याख्यान 'इलिनॉइस' के छोटे कस्बे में दे रहा था। श्रोताओं में एक नौजवान जीवन बीमा एजेंट भी शामिल था। कल्पना के विषय पर कही गई सारी बातों को सुनने के बाद उसने जीवन बीमा बेचने की अपनी समस्या के लिए इन बातों को अमल में लाने का निर्णय किया। उस व्याख्यान में मिले-जुले प्रयासों के महत्त्व पर प्रकाश डाला गया था, जिसके द्वारा व्यक्ति सहकारी प्रयासों द्वारा व्यापक सफलताएँ हासिल कर सकते हैं और एक कार्यशील प्रबंधन के अंतर्गत अन्य सभी शामिल लोगों के हितों का व्यापक संवर्धन किया जा सकता है।

इस सुझाव को एक सूत्र मानकर उस नौजवान ने तुरंत ही एक योजना बनाई, जिसके द्वारा उसने ऐसे व्यापारियों के एक समूह का सहयोग प्राप्त किया, जो जीवन बीमा व्यापार से किसी भी तरह से नहीं जुड़े थे।

सबसे पहले वह अपने कस्बे के अग्रणी किराना स्टोर मालिक के पास गया और उसके साथ मिलकर यह व्यवस्था की कि वह किराना स्टोर मालिक अपनी दुकान से प्रतिमाह 50 डॉलर से अधिक की चीजें खरीदनेवाले प्रत्येक ग्राहक को 1,000 डॉलर की जीवन बीमा पॉलिसी देगा। किराना स्टोर पर एक बोर्ड लगाकर इस मुफ्त बीमा के ऑफर के बारे में ग्राहकों को सूचित किया जाएगा। इस प्रकार उस जीवन बीमा एजेंट ने अपने व्यापार के बारे में अधिक-से-अधिक लोगों को सूचित करने का प्रबंध कर दिया।

इसके बाद यह नौजवान अपने कस्बे के अग्रणी पेट्रोल पंप मालिक के पास गया और उसके साथ यह समझौता किया कि वह अपने सभी गैस, तेल या अन्य उत्पाद खरीदनेवाले ग्राहकों को बीमा की सुविधा देगा।

इसके बाद वह कस्बे के सबसे प्रसिद्ध रेस्टोरेंट में गया और उसके मालिक के साथ इसी प्रकार का एक गठजोड़ किया। आकस्मिक रूप से यह गठजोड़ रेस्टोरेंट के मालिक के लिए काफी लाभदायक रहा। उस रेस्टोरेंट के मालिक ने एक विज्ञापन अभियान चलाया, जिसमें कहा गया कि उसका खाना इतना शुद्ध, स्वादिष्ट और स्वास्थ्यकर है कि जो लोग यहाँ नियमित रूप से खाना खाने आते हैं, वे दीर्घायु होने की आशा कर सकते हैं, इसलिए वह अपने प्रत्येक नियमित ग्राहक को 1,000 डॉलर की जीवन बीमा पॉलिसी प्रदान करेगा।

इसके बाद उस नौजवान बीमा एजेंट ने एक स्थानीय बिल्डर के साथ समझौता करके यह सुनिश्चित किया कि उस बिल्डर से संपत्ति खरीदनेवाले प्रत्येक व्यक्ति को उतनी राशि की बीमा पॉलिसी दी जाएगी, जो खरीदार की मृत्यु की स्थिति में संपत्ति के बचे हुए भुगतान को पूरा करने के लिए पर्याप्त हो।

रचनात्मक कल्पना के व्यावहारिक प्रयोग का तरीका जानने के बाद किसी व्यक्ति के लिए वित्तीय सफलता को हासिल करना आसान हो जाता है। बेचने की कला में कल्पना सबसे महत्त्वपूर्ण कारक है। मास्टर सेल्समैन हमेशा वही व्यक्ति बन पाता है, जो कल्पना का व्यवस्थित उपयोग करना जानता है। टाई, शर्ट, हौजरी इत्यादि जैसी छोटी-छोटी चीजों की बिक्री में भी कल्पना का प्रभावी रूप से प्रयोग किया जा सकता है।

वह कल्पनाशील नौजवान आज अमेरिका की सबसे बड़ी जीवन बीमा कंपनियों में से एक का जनरल एजेंट है और उसकी औसत आय 25,000 डॉलर प्रतिवर्ष से भी अधिक है।

उसके जीवन में बदलाव का क्षण उस समय आया, जब उसने यह खोज की कि वह कल्पना के नियम का व्यावहारिक प्रयोग कैसे कर सकता है ?

रचनात्मक कल्पना के व्यावहारिक प्रयोग का तरीका जानने के बाद किसी व्यक्ति के लिए वित्तीय सफलता को हासिल करना आसान हो जाता है। बेचने की कला में कल्पना सबसे महत्त्वपूर्ण कारक है। मास्टर सेल्समैन हमेशा वही व्यक्ति बन पाता है, जो कल्पना का व्यवस्थित उपयोग करना जानता है। टाई, शर्ट, हौजरी इत्यादि जैसी छोटी-छोटी चीजों की बिक्री में भी कल्पना का प्रभावी रूप से प्रयोग किया जा सकता है। इसका परीक्षण करने के लिए निम्नलिखित दृष्टांत पर्याप्त होगा।

मैं फिलाडेल्फिया शहर के सबसे विख्यात परिधान स्टोरों में से एक में गया था, ताकि कुछ शर्ट और टाइयाँ खरीद सकूँ।

जैसे ही मैं टाई काउंटर पर पहुँचा, एक नौजवान आगे आया और पूछने लगा, "क्या यहाँ ऐसा कुछ है, जो आप खरीदना चाहते हैं ?"

यदि मैं उस काउंटर के पीछे बैठा हुआ व्यक्ति होता तो मैं यह प्रश्न नहीं पूछ रहा होता! उस व्यक्ति को जानकारी होनी चाहिए कि मैं टाई काउंटर पर पहुँचा हूँ और टाई खरीदना चाहता हूँ!

इसके बाद मैंने कई टाइयाँ देखीं और एक हलके नीले रंग की टाई को अलग रखकर बाकी सारी टाइयों को वापस दे दिया और पुनः शेष टाइयों में से पसंद की टाई खोजने लगा। काउंटर पर बैठे सेल्समैन को तभी एक विचार सूझा। उसने पीले रंग की एक टाई उठाई और अपने हाथ में लेकर मुझे दिखाने लगा तथा पूछा, "क्या यह सुंदर नहीं है ?"

मैं पीली टाइयों को नापसंद करता हूँ, इसलिए मुझे उस सेल्समैन का सुझाव अच्छा नहीं लगा। यदि मैं उसकी जगह होता तो मैं नीले रंग की कोई टाई ग्राहक को दिखाता,

क्योंकि ग्राहक के रूप में पहले मैंने नीले रंग को वरीयता दी थीं। इसके बाद मैंने उस काउंटर से कुछ नहीं खरीदा और वापस चला आया।

इसके बाद मैं एक छोटी दुकान पर गया, जहाँ पर एक व्यक्ति शर्ट और टाई बेचता था।

वहाँ मेरे साथ कुछ अलग तरह से पेश आया गया।

काउंटर के पीछे बैठे व्यक्ति ने कोई अनावश्यक या रटा-रटाया प्रश्न नहीं पूछा। उसने मुझ पर नजर डाली और मेरे कपड़ों के आकार को सटीकता से भाँप लिया तथा उसके बाद मुसकराते हुए चेहरे के साथ बोला, "गुड मॉर्निंग, सर।"

इसके बाद उसने पूछा, "पहले मैं आपको शर्ट दिखाऊँ या टाई ?"

मैंने कहा कि मैं पहले शर्ट देखूँगा। उसने मेरी शर्ट की स्टाइल पर नजर डाली और मेरी शर्ट का साइज पूछकर कई रंगों तथा प्रकारों की शर्टें दिखाईं। वे सब शर्टें वास्तव में वैसी ही थीं, जैसी मैं खोज रहा था, जबकि मैंने उसके बारे में उस दुकान के मालिक को एक शब्द भी नहीं बताया था। एक शर्ट को मैं काफी देर तक हाथ में पकड़े रहा। उस सेल्समैन ने उसी शर्ट को उठाया और उसकी विशेषताओं के बारे में विस्तार से बताने लगा। उसके बाद वह टाई काउंटर पर गया और तीन बहुत सुंदर नीली टाइयों के साथ वापस लौटा। उसने प्रत्येक टाई को तीन अलग-अलग शर्टों के ऊपर रखा और टाई एवं शर्ट के रंगों के बीच का पूर्ण समायोजन करके मुझे दिखाया।

मैं उस स्टोर में केवल 5 मिनट ही रहा था और मैंने वहाँ से तीन शर्ट एवं तीन टाइयाँ खरीद ली थीं और उस स्टोर से बाहर निकलते समय मैं यह महसूस कर रहा था कि जब मुझे और अधिक शर्टों या टाइयों की जरूरत होगी तो मैं इसी स्टोर पर खरीदने वापस आऊँगा। मैंने बाद में जानकारी की तो पता चला कि उस छोटी सी दुकान का मालिक 500 डॉलर दुकान के किराए के रूप में चुकाता है और केवल शर्ट, टाई व कॉलर्स बेचकर ही अच्छी-खासी आय अर्जित कर लेता है।

मैं उस स्टोर में केवल 5 मिनट ही रहा था और मैंने वहाँ से तीन शर्ट एवं तीन टाइयाँ खरीद ली थीं और उस स्टोर से बाहर निकलते समय मैं यह महसूस कर रहा था कि जब मुझे और अधिक शर्टों या टाइयों की जरूरत होगी तो मैं इसी स्टोर पर खरीदने वापस आऊँगा।

मैंने बाद में जानकारी की तो पता चला कि उस छोटी सी दुकान का मालिक 500 डॉलर दुकान के किराए के रूप में चुकाता है और केवल शर्ट, टाई व कॉलर्स बेचकर

ही अच्छी-खासी आय अर्जित कर लेता है। वह अपने व्यापार से 500 डॉलर का मासिक किराया भी नहीं चुका पाता, यदि उसे मानव प्रकृति की जानकारी नहीं होती। इसी जानकारी के बल पर वह अपने स्टोर में आनेवाले ग्राहकों के एक उच्च प्रतिशत को अपने उत्पाद बेच पाता था।

एक बार मैं शिकागो की सड़कों पर घूम रहा था, तभी मेरी नजर कपड़ों के एक शोरूम पर पड़ी, जिसकी खिड़की में से मुझे एक सुंदर और आकर्षक ग्रे सूट दिखाई दे रहा था। मेरा उस सूट को खरीदने का कोई विचार नहीं था; लेकिन मैं उसकी कीमत जानने के लिए उत्सुक था, इसलिए मैंने दरवाजा खोला और बिना प्रवेश किए ही अपना सिर दरवाजे के भीतर करके अंदर बैठे एक सेल्समैन से उस सूट का मूल्य पूछा।

विश्व के सर्वाधिक प्रसिद्ध और अत्यधिक कमाई करनेवाले लेखकों में से एक ने अपनी ख्याति और भाग्य इस एकमात्र खोज के आधार पर निर्मित किया था कि केवल उन चीजों के बारे में लिखना ही लाभदायक होता है, जिन्हें लोग पहले से जानते हैं और जिनके प्रति वे पहले से ही अनुकूल होते हैं। यही नियम चीजों की बिक्री पर अच्छी तरह से लागू किया जा सकता है। सामान्यतः ग्राहक उस समय खुद को खुश महसूस करता है, जब एक सेल्समैन उसके व्यक्तित्व का अध्ययन करने में थोड़ा समय खर्च करता है और उस व्यक्तित्व के अनुकूल चीजों को उसके सामने पेश करता है।

एक बार मैं शिकागो की सड़कों पर घूम रहा था, तभी मेरी नजर कपड़ों के एक शोरूम पर पड़ी, जिसकी खिड़की में से मुझे एक सुंदर और आकर्षक ग्रे सूट दिखाई दे रहा था। मेरा उस सूट को खरीदने का कोई विचार नहीं था; लेकिन मैं उसकी कीमत जानने के लिए उत्सुक था, इसलिए मैंने दरवाजा खोला और बिना प्रवेश किए ही अपना सिर दरवाजे के भीतर करके अंदर बैठे एक सेल्समैन से उस सूट का मूल्य पूछा।

इसके बाद पहली बार मुझे एक चतुर सेल्समैन की युक्तियों का पता चला। वह सेल्समैन जानता था कि मुझे सूट नहीं खरीदना है, क्योंकि मैं स्टोर के भीतर नहीं गया था। उसने उत्तर दिया, "सर, क्या आप अंदर आएँगे? मैं अभी देखकर आपको इसकी कीमत बताता हूँ।"

हालाँकि वह सूट का मूल्य पहले से जानता था, लेकिन मुझे लगा कि वह अंदर बुलाकर मुझे सूट बेचने का प्रयास करेगा। मैंने भी उदारतापूर्वक उत्तर दिया, "हाँ, क्यों नहीं!" और मैं भीतर चला गया।

सेल्समैन ने कहा, "सर, आप मेरे साथ आइए, मैं आपके लिए सूट की कीमत पता करता हूँ।"

दो मिनट से भी कम समय के भीतर मैं एक शोकेस के सामने था, जिसमें उसी तरह का एक कोट तैयार टँगा था, जिसे मैंने खिड़की में देखा था।

उसने मुझे कोट को पहना दिया। वह कोट मुझ पर पूरी तरह से फिट था और उसका कपड़ा भी बहुत अच्छा तथा नरम स्पर्श देने वाला था। मैंने दोबारा उसकी कीमत पूछी तो मुझे बताया गया कि सूट की कीमत केवल 50 डॉलर थी। लेकिन मुझे यह विश्वास करने के लिए स्वेच्छापूर्वक बाध्य किया गया कि इस सूट की कीमत और अधिक हो सकती थी। हालाँकि मैंने पहली बार सूट को देखकर यह अनुमान लगाया था कि इसकी कीमत लगभग 35 डॉलर होगी। मुझे संदेह था कि मैं इतनी अधिक कीमत में सूट खरीदूँगा तो क्या मैं इस सेल्समैन के हाथों ठगा नहीं जाऊँगा, जो कि जानता था कि सूट को सर्वोत्तम लाभ के लिए किस प्रकार से दिखाना है! यदि मुझे दिखाया गया पहला कोट साइज में ज्यादा बड़ा या ज्यादा छोटा होता तो मैं शायद ही उसे खरीदता। लेकिन मैंने उस सूट को एक क्षणिक आवेग के बाद खरीद लिया। मनोवैज्ञानिकों के अनुसार, बहुत सारे ग्राहक चीजों को इसी तरह के क्षणिक आवेग में खरीदते हैं। यदि वह सेल्समैन पहली बार में ही मुझे उस सूट की कीमत बता देता तो मैं उस सूट को नहीं खरीदता और कीमत जानकर उसे धन्यवाद कहता और सूट को बिना देखे ही अपने रास्ते चला जाता।

उसी सीजन में मैंने उसी सेल्समैन से दो और सूट खरीदे। जब भी मुझे शिकागो में रहने का अवसर मिलता है, मैं उसी से सूट खरीदता हूँ; क्योंकि वह हमेशा मुझे ऐसे सूट दिखाता है, जो मेरे व्यक्तित्व से मेल खाते हैं।

जो सेल्समैन चीजों के समुचित डिस्प्ले, पैकिंग और आपूर्ति के मनोविज्ञान को समझता है और यह जानता है कि अपने ग्राहक की गुण-विशेषताओं के अनुकूल चीजों को किस प्रकार से दिखाना है, वह साधारण चीजों को भी अच्छे मूल्य पर बेच सकता है। इसके अलावा, वह अपने ग्राहकों का संरक्षण भी हासिल कर लेता है। एक शर्ट को एक सही बॉक्स में फीते के एक टुकड़े, टिश्यू पेपर की एक शीट के साथ पैक करके उस शर्ट की कीमत एक या डेढ़

जो सेल्समैन चीजों के समुचित डिस्प्ले, पैकिंग और आपूर्ति के मनोविज्ञान को समझता है और यह जानता है कि अपने ग्राहक की गुण-विशेषताओं के अनुकूल चीजों को किस प्रकार से दिखाना है, वह साधारण चीजों को भी अच्छे मूल्य पर बेच सकता है। इसके अलावा, वह अपने ग्राहकों का संरक्षण भी हासिल कर लेता है।

डॉलर ज्यादा ली जा सकती है। पैकिंग न होने पर किसी भी अच्छी-से-अच्छी शर्ट की कीमत आधी रह जाती है, जबकि एक घटिया शर्ट को अच्छी पैकिंग करके ज्यादा कीमत पर बेचा जा सकता है।

यही बात कारों की खरीद पर लागू होती है। अमेरिकी लोग कारों की दिखावट में स्टाइल की माँग करते हैं। कार के भीतर लगे उपकरणों की मजबूती या उत्कृष्टता से उन्हें ज्यादा मतलब नहीं होता है। वास्तविकता की तुलना में लोग दिखावे को ज्यादा खरीदते हैं। अगर यह बात सही नहीं होती तो हेनरी फोर्ड ने कभी भी अपनी नई कार का निर्माण नहीं किया होता। उनकी नई कार ही एक मनोवैज्ञानिक के सबसे अच्छे उदाहरण का एक प्रकार है, जो यह कहता है कि लोग दिखावे पर खरीदारी करने की प्रवृत्ति रखते हैं।

□

7

उत्साह

"आप यह कर सकते हैं,
यदि आपको विश्वास है कि आप कर सकते हो!"

उत्साह मन की एक अवस्था है, जो किसी व्यक्ति को हाथ में लिये गए एक कार्य को करने के लिए प्रेरित करती है और उकसाती है। यह संक्रामक होती है और न केवल उत्साही व्यक्ति को प्रभावित करती है, बल्कि उसके संपर्क में आनेवाले सभी लोगों पर असर डालती है।

उत्साह और मानव के बीच उसी प्रकार का संबंध होता है, जैसा कि भाप और इंजन के बीच पाया जाता है। महानतम नेता ऐसे लोग होते हैं, जो यह जानते हैं कि अपने अनुयायियों में कैसे उत्साह फूँकना है! उत्साह एक सेल्समैन के लिए भी सबसे महत्त्वपूर्ण कारक होता है। यह सार्वजनिक वक्ता के लिए भी सर्वाधिक महत्त्वपूर्ण कारक है।

उत्साह आपको कैसे प्रभावित करेगा ?

अपने कार्य के साथ उत्साह को मिश्रित करें तो कोई कार्य आपके लिए कठिन या उबाऊ नहीं रहेगा। उत्साह आपके पूरे शरीर को ऊर्जावान् करेगा और आप सामान्य से आधी नींद लेकर भी आसानी से काम करते रहेंगे। उत्साह आपको बिना थके हुए एक निश्चित समयावधि में सामान्य से दो या तीन गुना अधिक कार्य करने की क्षमता प्रदान करता है।

कुछ लोगों को स्वाभाविक रूप से उत्साह का वरदान मिला होता है, जबकि कुछ लोगों को इसे अर्जित करना पड़ता है। उत्साह को विकसित करने की प्रक्रिया सरल हो सकती है। यह किसी ऐसे कार्य को करने या किसी ऐसी सेवा को प्रस्तुत करने से आरंभ होती है, जो कर्ता या सेवा-प्रदाता के लिए सबसे ज्यादा पसंद हो।

पूँजी का अभाव या अन्य दूसरी परिस्थितियाँ आपको किसी ऐसे कार्य में संलग्न कर सकती हैं, जो आपकी पसंद का न हो; लेकिन कोई भी आपको अपने दिमाग में एक

सुनिश्चित मुख्य लक्ष्य निर्धारित करने से नहीं रोक सकता और न ही कोई आपको इस लक्ष्य को वास्तविकता में बदलने या अपनी योजनाओं में उत्साह को मिश्रित करने से रोकेगा।

सभी मानवीय प्रयासों का अंतिम उद्देश्य खुशी है। खुशी एक ऐसी मानसिक अवस्था है, जो भावी उपलब्धि की आशा के द्वारा ही बनाए रखी जा सकती है। खुशी हमेशा भविष्य में निहित होती है। यह कभी अतीत में नहीं होती। खुश व्यक्ति वह होता है, जो उपलब्धि की उन ऊँचाइयों के सपने देखता है, जिन्हें अभी हासिल किया जाना है। वह घर, जिसे आप खरीदना चाहते हैं; वह धन, जिसे आप कमाना चाहते हैं; वह यात्रा, जिसे आप करना चाहते हैं; वह पद, जिसे आप जीवन में पाना चाहते हैं और किसी चीज को पाने की आपकी तैयारी—ये सब चीजें खुशी उत्पन्न करती हैं। इसी प्रकार ये वे चीजें हैं, जिनमें से आप अपना सुनिश्चित मुख्य लक्ष्य निर्मित करते हैं। ये वे चीजें हैं, जिनके लिए आप उत्साही हो सकते हैं, भले ही वर्तमान में आपके जीवन की स्थिति कुछ भी क्यों न हो!

बीस वर्ष पहले मैं एक विचार को लेकर उत्साही बना था। यह विचार था कि मुझे एक मैगजीन का संपादक बनना है, ताकि मैं लोगों को लगातार उत्साहित रहने के लिए प्रेरित कर सकूँ। आखिर सन् 1918 में 'आर्मिस्टिक डे' को वह अवसर आ ही गया, जब मैंने अपना पहला संपादकीय लिखा। मैंने उस संपादकीय में बीस सालों से विकसित हो रहे अपने सभी भावों को उत्साह के साथ उड़ेल दिया था। एक राष्ट्रीय पत्रिका में मेरी संपादकीयता एक वास्तविकता बन चुकी थी। मैंने वह संपादकीय लेख लिखने के बाद एक परिचित को सबसे पहले दिखाया। मैंने अपने संपादकीय लेख को इन शब्दों के साथ पूरा किया था—"आखिरकार मेरा बीस वर्षों पुराना सपना पूरा होने को है। एक राष्ट्रीय पत्रिका में प्रकाशित होने के लिए काफी धन की जरूरत होती है और मुझे इसका तनिक भी विचार नहीं है कि मैं इस अनिवार्य जरूरत को कहाँ से पूरा करने जा रहा हूँ। लेकिन यह मेरे लिए चिंता की बात नहीं है, क्योंकि मैं जानता हूँ कि मैं कहीं-न-कहीं से इसे प्राप्त करने वाला

बीस वर्ष पहले मैं एक विचार को लेकर उत्साही बना था। यह विचार था कि मुझे एक मैगजीन का संपादक बनना है, ताकि मैं लोगों को लगातार उत्साहित रहने के लिए प्रेरित कर सकूँ। आखिर सन् 1918 में 'आर्मिस्टिक डे' को वह अवसर आ ही गया, जब मैंने अपना पहला संपादकीय लिखा। मैंने उस संपादकीय में बीस सालों से विकसित हो रहे अपने सभी भावों को उत्साह के साथ उड़ेल दिया था। एक राष्ट्रीय पत्रिका में मेरी संपादकीयता एक वास्तविकता बन चुकी थी।

हूँ।" जब मैंने इन लाइनों को लिखा तो मैंने इनमें अपना उत्साह और आस्था भी घोल दी थी।

मैंने अपने परिचित को अपना संपादकीय लेख पढ़कर सुनाया ही था कि वह पहला और एकमात्र व्यक्ति था, जिसने मुझसे कहा, "मैं तुम्हें बता सकता हूँ कि तुम कहाँ से धन प्राप्त करने जा रहे हो, क्योंकि मैं तुम्हें यह देने जा रहा हूँ।"

उसने ऐसा किया भी।

उत्साह एक महत्त्वपूर्ण शक्ति है, जिसके बिना कोई व्यक्ति उपलब्धि हासिल करने की अपनी ताकत का अनुमान भी नहीं लगा सकता है। आपको अपने सुनिश्चित मुख्य लक्ष्य को हासिल करने में लंबा रास्ता तय करना पड़ सकता है; लेकिन यदि आपके दिल में उत्साह की लौ जलती रहेगी तो आप सारी बाधाओं से निपटते हुए समय से पहले ही अपनी उपलब्धियों को हासिल कर लेंगे। उत्साह के द्वारा आप अपने भीतर की उन जादुई शक्तियों को जान लेते हैं, जिनसे आपका पहले परिचय नहीं हुआ था।

आपका उत्साह किस प्रकार से दूसरों को प्रभावित करता है?

अब हम इस कोर्स के सर्वाधिक महत्त्वपूर्ण विषयों में से एक, अर्थात् सुझाव के बारे में विचार-विमर्श करेंगे। आपने तीसरे अध्याय में देखा कि स्व-परामर्श कितनी महत्त्वपूर्ण भूमिका निभाता है। सुझाव वह सिद्धांत है, जिसके द्वारा आपके शब्द, आपके कार्य और आपकी मनोदशा दूसरे लोगों को प्रभावित करती है। यदि आप टेलीपैथी के सिद्धांत को एक वास्तविकता के रूप में समझते व स्वीकार करते हैं तो आप इस बात को समझ सकते हैं कि उत्साह संक्रामक होता है और यह अपनी परिधि में आनेवाले सभी लोगों को प्रभावित करता है।

जब एक सार्वजनिक वक्ता अपने श्रोता की भावनाओं को समझ लेता है तो वह इस तथ्य को मान्यता दे रहा होता है कि उसके खुद के उत्साह ने उस समय तक उसके श्रोताओं के दिमाग को प्रभावित किया, जब तक उसका खुद का दिमाग श्रोताओं के दिमागों के साथ सामंजस्यपूर्ण स्पंदन कर रहा था।

जब एक सार्वजनिक वक्ता अपने श्रोता की भावनाओं को समझ लेता है तो वह इस तथ्य को मान्यता दे रहा होता है कि उसके खुद के उत्साह ने उस समय तक उसके श्रोताओं के दिमाग को प्रभावित किया, जब तक उसका खुद का दिमाग श्रोताओं के दिमागों के साथ सामंजस्यपूर्ण स्पंदन कर रहा था।

जब एक सेल्समैन बिक्री के क्षणिक आवेग की मनोवैज्ञानिकता के तथ्य को महसूस कर लेता है तो वह अपने प्रयासों

में उत्साह घोल देता है और अपने भावी ग्राहक के दिमाग को प्रभावित करने लगता है।

इस अध्याय में सुझाव का विषय अति महत्त्वपूर्ण है और अब मैं उन तीन माध्यमों की चर्चा करूँगा, जिनके द्वारा सुझाव संचालित होता है—आप जो कहते हैं, आप जो करते हैं और आप जो सोचते हैं! जब आप किसी चीज को बेचते समय या किसी सेवा को प्रस्तुत करते समय या भाषण देते समय उत्साहित होते हैं तो आपके मस्तिष्क की अवस्था आपको सुननेवाले सभी लोगों के लिए आपकी आवाज की टोन द्वारा स्पष्ट हो जाती है।

इस प्रकार, आप जो कहते हैं और जिस तरीके से कहते हैं, वह आपकी इच्छा के विपरीत अर्थ को भी प्रकट कर सकता है। कई सेल्समैन पर्याप्त तर्क के साथ अपनी बात रखते हैं, लेकिन उनकी बात में वह आकर्षण और वजन नजर नहीं आता है, जो कि उनके द्वारा बेची जानेवाली चीजों में विश्वास और गंभीरता से पैदा होनेवाले उत्साह से आता है। यही उनकी असफलता का कारण होता है। उनके शब्द किसी एक चीज के बारे में बताते हैं, लेकिन उनकी आवाज की टोन किसी अलग चीज के बारे में बता रही होती है, इसलिए वे उस चीज को नहीं बेच पाते हैं।

आप क्या कहते हैं, यह सुझाव के सिद्धांत को लागू करने में एक महत्त्वपूर्ण कारक है; लेकिन यह आप जो करते हैं, उसके जितना महत्त्वपूर्ण नहीं है। आपके कार्य आपके शब्दों से अधिक महत्त्व रखते हैं।

आपके विचार सुझाव के सिद्धांत को लागू करने के तीन तरीकों में से सबसे महत्त्वपूर्ण हैं, क्योंकि वे आपके शब्दों की टोन को नियंत्रित करने के साथ-साथ कुछ सीमा तक आपके कृत्यों को भी नियंत्रित करते हैं। यदि आपके विचार, आपके शब्द और आपके कृत्य परस्पर साहचर्य स्थापित कर लेते हैं तो आप अपनी सोच के अनुसार अपने संपर्क में आनेवाले लोगों को प्रभावित कर सकते हैं।

सुझाव मनोविज्ञान का सबसे परिष्कृत और शक्तिशाली सिद्धांत है। आपको नकारात्मक सुझाव और सकारात्मक सुझाव के बीच का अंतर भी समझना होगा, तभी आप सुझाव का प्रयोग इस तरीके से कर सकते हैं कि यह आपके लिए विफलता की बजाय सफलता ला सके। विज्ञान ने इस तथ्य को स्थापित किया है कि सुझाव के नकारात्मक उपयोग से जीवन की आशा बुझ भी सकती है।

जब आप किसी व्यक्ति को सुझाव के द्वारा प्रभावित करने जा रहे हों तो इस बात का ध्यान रखें कि उस व्यक्ति का दिमाग उस समय तटस्थता की अवस्था में होना चाहिए। यह सुझाव के आपके तरीके के प्रति खुला और ग्राही होना चाहिए।

सुझाव मनोविज्ञान का सबसे परिष्कृत

और शक्तिशाली सिद्धांत है। आपको नकारात्मक सुझाव और सकारात्मक सुझाव के बीच का अंतर भी समझना होगा, तभी आप सुझाव का प्रयोग इस तरीके से कर सकते हैं कि यह आपके लिए विफलता की बजाय सफलता ला सके। विज्ञान ने इस तथ्य को स्थापित किया है कि सुझाव के नकारात्मक उपयोग से जीवन की आशा बुझ भी सकती है। कुछ समय पहले फ्रांस में एक अपराधी को मौत की सजा दी गई थी। जब उसे गिलोटिन पर ले जाया जा रहा था तो उस पर एक प्रयोगात्मक परीक्षण किया गया, जो निष्कर्ष रूप से यह साबित करता था कि सुझाव के सिद्धांत द्वारा किसी को मृत्यु भी दी जा सकती है। उस अपराधी को गिलोटिन पर लाया गया और उसके सिर को चाकू के नीचे रखा गया। उसकी आँखों पर पट्टी बाँध दी गई। एक भारी और पैना लकड़ी का पटरा उसकी गरदन पर इस तरह से रखा गया कि उसका दबाव एक पैने चाकू की भाँति महसूस हो। उसके तुरंत बाद ही उसकी गरदन पर हलका गरम पानी डाला गया, जो कि धीरे-धीरे बहकर उसके मेरुदंड पर से होकर बह रहा था। 7 मिनट में डॉक्टरों ने उस व्यक्ति को मृत घोषित कर दिया। सुझाव के सिद्धांत द्वारा उसकी कल्पना ने वास्तव में एक लकड़ी के पटरे को गिलोटिन के ब्लेड में बदल दिया और उसके हृदय को धड़कने से रोक दिया।

मैं जिस छोटे शहर में पला-बढ़ा था, वहाँ एक वृद्ध महिला रहती थी। वह निरंतर इस बात की शिकायत करती थी कि उसे कैंसर से होनेवाली मृत्यु से डर लगता है। उसने बचपन में एक कैंसर-पीड़ित महिला को देखा था और उस दृश्य ने उसके दिमाग पर इतनी अधिक गहरी छाप छोड़ दी थी कि उसने अपने खुद के शरीर में कैंसर के लक्षणों को खोजना शुरू कर दिया था। वह इस बात से सुनिश्चित थी कि प्रत्येक मामूली दर्द कैंसर के लक्षणों की शुरुआत है। मैंने उसे अपने सीने पर हाथ रखकर यह बोलते हुए देखा था कि हाँ, मुझे पता है कि यहाँ मुझे कैंसर विकसित हो रहा है। मैं इसे महसूस कर सकती हूँ। अपनी इस काल्पनिक बीमारी की शिकायत करते समय वह हमेशा अपने हाथ को अपने बाएँ स्तन पर रखती थी। उसे विश्वास था कि कैंसर उसके बाएँ स्तन पर ही आक्रमण करेगा।

वह बीस वर्षों से लगातार यही दोहराती आ रही थी

कुछ सप्ताह पहले ही वह कैंसर के कारण मर गई और उसे बाएँ स्तन में ही कैंसर हुआ था। यदि सुझाव वास्तव में एक लकड़ी के पटरे को गिलोटिन ब्लेड में बदल सकता है तो वह स्वस्थ शरीर की कोशिकाओं को भी ऐसे परजीवियों में रूपांतरित कर सकता है, जिनमें से कैंसर विकसित होगा। आपको अनुमान नहीं होगा कि बीमारी के कीटाणुओं को नष्ट करने में समुचित रूप से निर्देशित कल्पना कितनी बड़ी भूमिका निभा सकती है!

यदि आप दो या तीन घंटों के लिए बीमारी की कल्पना करके बिस्तर पर पड़े रहें और उसके बाद घर से बाहर निकलें। बाहर निकलने पर आपके नजदीकी तीन या चार व्यक्ति आपसे यह कह दें कि आप बीमार जैसे लग रहे हो, तो आप निश्चित रूप से डॉक्टर के पास जाने के लिए तैयार हो जाएँगे।

मानव का मस्तिष्क एक शानदार मशीन है

इसकी असाधारण विशेषताओं में से एक यह है कि यह बाहरी सुझाव या स्व-परामर्श के माध्यम से आनेवाले सभी प्रभावों को समूहों में एक साथ अभिलेखित कर लेता है और उनमें सामंजस्य स्थापित करता है। नकारात्मक प्रभावों को अलग जमा किया जाता है। ये सभी प्रभाव मस्तिष्क के एक हिस्से में होते हैं, जबकि सकारात्मक प्रभाव दिमाग के दूसरे हिस्से में जमा होते हैं। जब अवचेतन मन में इन प्रभावों या पुराने अनुभवों को स्मरण के सिद्धांत द्वारा लाया जाता है तो समान प्रकृति के सारे नकारात्मक प्रभाव एक साथ पुनः उभरकर आ जाते हैं। उदाहरण के लिए, यदि किसी चीज ने एक व्यक्ति के दिमाग में संदेह को जन्म दिया था तो उस चीज को पुनः याद करने पर वे सारे अनुभव दिमाग में पुनः उभर आते हैं, जिन्होंने उस व्यक्ति को संशयी बनाने में प्रमुख भूमिकाएँ निभाई थीं। इसी प्रकार, आप डर की किसी भावना को याद करें तो दिमाग में जमा डर से जुड़े सभी भाव आपके दिमाग में पुनः प्रकट होने लगेंगे।

यदि किसी चीज ने एक व्यक्ति के दिमाग में संदेह को जन्म दिया था तो उस चीज को पुनः याद करने पर वे सारे अनुभव दिमाग में पुनः उभर आते हैं, जिन्होंने उस व्यक्ति को संशयी बनाने में प्रमुख भूमिकाएँ निभाई थीं। इसी प्रकार, आप डर की किसी भावना को याद करें तो दिमाग में जमा डर से जुड़े सभी भाव आपके दिमाग में पुनः प्रकट होने लगेंगे।

आपको जानबूझकर स्व-परामर्श के सिद्धांत द्वारा अपने दिमाग में सफलता की महत्त्वाकांक्षा को स्थान देना चाहिए। एक सुनिश्चित मुख्य लक्ष्य की सहायता से हासिल होनेवाली सफलता की कामना करते ही आपके दिमाग में पिछले अनुभवों की प्रकृति में मौजूद सारी अविकसित या छिपी हुई योग्यताएँ अभिप्रेरित होने लगेंगी और आपको लक्ष्य की दिशा में कार्य करने के लिए उकसाने लगेंगी। किसी छोटे बच्चे के दिमाग में सुझाव के सिद्धांत द्वारा रोपित की गई महत्त्वाकांक्षा उस बच्चे को महत्त्वाकांक्षा की उपलब्धि की दिशा में ले जाने के लिए बार-बार प्रेरित करेगी। उत्साह सुझाव के रोपण के बाद एक उर्वरक का काम करता है और सुझाव की तीव्र वृद्धि को सुनिश्चित करता है।

आप किसी व्यक्ति को अपने मुँह से निकले शब्दों या अपने कृत्यों द्वारा कोई ऐसा सुझाव नहीं दे सकते, जिस पर आप खुद विश्वास नहीं करते हैं। यदि आप अपनी खुद की चेतना से समझौता कर लेते हैं तो आप शीघ्र ही अपनी चेतना से हाथ धो बैठेंगे और आपकी चेतना आपको मार्ग दिखाने में उसी प्रकार विफल हो जाएगी, जिस प्रकार आपकी अलार्म घड़ी चाभी न भरे जाने पर आपको जगाने में विफल होती है।

अब आप पूछेंगे कि मैं इस महत्त्वपूर्ण विषय पर अधिकार के साथ यह बात कैसे कर रहा हूँ?

मैं अधिकार के साथ इसलिए बता रहा हूँ, क्योंकि मैंने इस सिद्धांत का परीक्षण किया है और मैं जानता हूँ कि यह कैसे काम करता है।

लेकिन आप पूछ सकते हैं कि "मैं कैसे जानूँगा कि आप सत्य बता रहे हैं?"

इसका उत्तर यह है कि आप केवल तभी जान पाएँगे, जब आप खुद के लिए परीक्षण करेंगे और ऐसे लोगों का प्रेक्षण करेंगे, जो इस सिद्धांत को आस्थापूर्वक अपनाते हैं और जो इसे नहीं अपनाते हैं।

इस संसार में केवल एक चीज है, जो एक व्यक्ति को वास्तविक व स्थायी ताकत देती है और वह चीज है—चरित्र। इस बात का ध्यान रखें कि प्रतिष्ठा चरित्र नहीं है। प्रतिष्ठा वह है, जिसके होने में लोग विश्वास करते हैं। चरित्र वह है, जो लोग होते हैं। यदि आपको उच्च प्रभावशाली व्यक्ति बनना है तो इसके लिए आपको वास्तविक चरित्र का व्यक्ति बनना होगा।

इस संसार में केवल एक चीज है, जो एक व्यक्ति को वास्तविक व स्थायी ताकत देती है और वह चीज है—चरित्र। इस बात का ध्यान रखें कि प्रतिष्ठा चरित्र नहीं है। प्रतिष्ठा वह है, जिसके होने में लोग विश्वास करते हैं। चरित्र वह है, जो लोग होते हैं। यदि आपको उच्च प्रभावशाली व्यक्ति बनना है तो इसके लिए आपको वास्तविक चरित्र का व्यक्ति बनना होगा।

चरित्र दार्शनिक का पारस पत्थर है, जिसके द्वारा वास्तविक चरित्रवाले सभी व्यक्ति अपने जीवन की मूल धातुओं को विशुद्ध सोने में बदल सकते हैं। आपके पास चरित्र के बिना कुछ नहीं है, आप चरित्र के बिना कुछ नहीं हैं। चरित्र के बिना आप हड्डी, मांस और बाल के एक पुतले हो, जिसकी कीमत 25 डॉलर से अधिक नहीं होगी। चरित्र एक ऐसी चीज है, जिसे आप खरीद नहीं सकते, चुरा नहीं सकते और न ही किसी से माँग सकते हो। आपको यह तभी प्राप्त होगा, जब आप इसका निर्माण करेंगे। आप अपने विचारों और कार्यों के द्वारा चरित्र का निर्माण कर सकते हैं। इसके अलावा कोई दूसरा तरीका नहीं है।

स्व-परामर्श की सहायता से कोई भी व्यक्ति एक मजबूत चरित्र का निर्माण कर सकता है, भले ही उसका अतीत कुछ भी रहा हो।

अब मैं आपको उत्साह को विकसित करने की प्रक्रिया को आगे बढ़ाने के बारे में निर्देशित करूँगा।

ये निर्देश बहुत ही सरल होंगे, लेकिन यदि आप उनके महत्त्व को नहीं समझेंगे तो आप बहुत ही दुर्भाग्यशाली होंगे।

पहला : इस कोर्स के शेष अध्यायों को पूरा करें, क्योंकि अन्य महत्त्वपूर्ण निर्देश, जो कि इस अध्याय के साथ समन्वित किए जाने हैं, वे बाद के अध्यायों में ही आपको प्राप्त होंगे।

दूसरा : यदि आपने अभी तक ऐसा नहीं किया है तो अपने सुनिश्चित मुख्य लक्ष्य को सीधी व सरल भाषा में लिखें और अपने लक्ष्य को वास्तविकता में बदलने के लिए बनाई गई योजना को लिखकर उसका अनुसरण करें।

तीसरा : अपने सुनिश्चित मुख्य लक्ष्य का विवरण सोने से पहले प्रत्येक रात्रि को पढ़ें। ऐसा करते समय अपने मुख्य लक्ष्य को वास्तविकता में बदलने की अपनी क्षमता के बारे में पूर्ण आस्था रखें। उत्साह के साथ प्रत्येक शब्द पर जोर देते हुए तेज आवाज के साथ लक्ष्य को दोहराएँ। उस विवरण को बार-बार दोहराएँ, जब तक कि आपके भीतर की छोटी सी आवाज भी आपको यह न बताने लगे कि आपका लक्ष्य पूरा होगा। आप अपने सुनिश्चित मुख्य लक्ष्य को एक प्रार्थना के रूप में भी दोहरा सकते हैं।

इस धरती पर अच्छाई की सबसे बड़ी ताकतों में से एक है—आस्था। यह विलक्षण ताकत शानदार चमत्कारों को जन्म देती है। आस्था में एक ऐसा सिद्धांत निहित है, जिसके प्रभाव से कोई भी व्यक्ति यह नहीं कह सकता कि उसकी सीमाएँ क्या हैं या वह कुछ सीमाओं से बँधा है। इसलिए आप अपने सुनिश्चित मुख्य लक्ष्य, उसे पाने की योजनाओं और उसके वास्तविकता में बदलने के प्रति अटूट आस्था को बनाए रखें।

इस धरती पर अच्छाई की सबसे बड़ी ताकतों में से एक है—आस्था। यह विलक्षण ताकत शानदार चमत्कारों को जन्म देती है। आस्था में एक ऐसा सिद्धांत निहित है, जिसके प्रभाव से कोई भी व्यक्ति यह नहीं कह सकता कि उसकी सीमाएँ क्या हैं या वह कुछ सीमाओं से बँधा है। इसलिए आप अपने सुनिश्चित मुख्य लक्ष्य, उसे पाने की योजनाओं और उसके वास्तविकता में बदलने के प्रति अटूट आस्था को बनाए रखें।

निश्चित रूप से आप इस अध्याय में शामिल सुझाव की अनदेखी नहीं करेंगे।

सफल होने के लिए आपको एक कर्मठ व्यक्ति बनना होगा। केवल जानना ही पर्याप्त नहीं है, बल्कि जानना और करना दोनों ही अनिवार्य हैं।

उत्साह मन का मुख्य प्रेरक है, जो कि ज्ञान को प्रयोग में लाने के लिए व्यक्ति को उकसाता है। उत्साह एक सेल्समैन के लिए उसी तरह आवश्यक है, जैसे कि एक बत्तख के लिए पानी।

व्यावहारिक रूप में सभी विक्रय संगठन समय-समय पर ऐसी मीटिंगों का आयोजन करते हैं, जहाँ सेल्स से जुड़ी टीमों के सदस्यों के दिमागों को उत्साह की भावना से भरा जाता है। यह समूह-मनोविज्ञान के द्वारा किया जाता है। सेल्स मीटिंगों को 'पुनरुत्थान बैठकें' भी कहा जाता है, क्योंकि इनका उद्‌देश्य रुचि को पुनरुज्जीवित करना और उत्साह को ऊपर उठाना होता है, जो कि सेल्समैन को नई महत्त्वाकांक्षी ऊर्जा के साथ लड़ने के लिए सक्षम बना सके।

उत्साह कभी भी अकस्मात् नहीं होता है। ऐसे सुनिश्चित उत्प्रेरक होते हैं, जो कि उत्साह को पैदा करते हैं। इनमें से कुछ महत्त्वपूर्ण उत्प्रेरक या उद्‌दीपक निम्नलिखित हैं—

1. ऐसे व्यवसाय में कार्य करना, जिसे व्यक्ति सबसे ज्यादा पसंद करता है।
2. परिवेश, जहाँ व्यक्ति के संपर्क में ऐसे लोग आते हैं, जो कि उत्साही और आशावादी होते हैं।
3. वित्तीय सफलता।
4. सफलता के 15 नियमों में पूर्ण विशेषज्ञता और इनका अपने दैनिक काम-काज में अनुप्रयोग।
5. अच्छा स्वास्थ्य।
6. वह ज्ञान, जिसे व्यक्ति एक सहायतापूर्ण तरीके से दूसरों को दे चुका है।
7. अपने व्यवसाय की जरूरतों के उपयुक्त अच्छे परिधान।

उपर्युक्त सभी सात प्रेरक स्रोत स्व-व्याख्यात्मक हैं। केवल अंतिम इसका अपवाद है। कपड़ों का मनोविज्ञान बहुत ही कम लोग समझते हैं, इसलिए इसे यहाँ विस्तार में वर्णित किया जाएगा। कपड़े व्यक्ति को सुशोभित करते हैं तथा आत्मनिर्भर, आशान्वित और उत्साही महसूस करने के लिए प्रत्येक व्यक्ति का खुद को सुशोभित करना या सँवारना जरूरी है।

कपड़ों का मनोविज्ञान बहुत ही कम लोग समझते हैं, इसलिए इसे यहाँ विस्तार में वर्णित किया जाएगा। कपड़े व्यक्ति को सुशोभित करते हैं तथा आत्मनिर्भर, आशान्वित और उत्साही महसूस करने के लिए प्रत्येक व्यक्ति का खुद को सुशोभित करना या सँवारना जरूरी है।

अच्छे कपड़ों का मनोविज्ञान

प्रथम विश्वयुद्ध ने मेरे व्यापार को नष्ट कर दिया था। जब 11 नवंबर, 1918 को विश्वयुद्ध समाप्त होने की अच्छी खबरें सामने आईं, तब मेरे पास बहुत ही कम संसाधन बचे थे और मुझे जीवन में एक नई शुरुआत करना जरूरी हो गया था।

मेरे पास उस समय केवल तीन सूट और दो यूनिफॉर्म थीं, जिनकी मुझे जरूरत नहीं रही थी।

मैं जानता था कि व्यक्ति अपने कपड़ों से ही पहला और आखिरी प्रभाव दुनिया पर डालता है, इसलिए मैंने अपने टेलर के पास जाने का निश्चय किया।

मेरी जेब में 1 डॉलर से भी कम था और मैंने अपने पुराने परिचित टेलर से तीन महँगे सूट खरीदे। उन तीनों सूटों की कीमत 375 डॉलर थी। सौभाग्य से टेलर के साथ मेरा अच्छा तालमेल था, इसलिए उसने यह नहीं पूछा था कि मैं उन सूटों की कीमत कब चुकाने जा रहा हूँ? मुझे उसका उधार चुकाना जरूर था, लेकिन उस समय मैं उससे कोई वायदा नहीं करना चाहता था। इसके बाद मैं अपने परिचित स्टोर पर गया, जहाँ से मैंने तीन कम महँगे सूट, कुछ अच्छी शर्ट्स, कॉलर्स, टाई, हौजरी और अंडरवियर खरीदे। स्टोर पर खरीदारी का बिल लगभग 300 डॉलर था। उस उधार की खरीदारी के बाद मेरी आत्मनिर्भरता और सफलता की भावना पुनः उभर आई थी।

ऐसी दैनिक मुलाकातें लगभग एक सप्ताह तक चलती रहीं। इसके बाद एक दिन मैंने यह जानने का फैसला किया कि मैं उसे उपेक्षित करके निकलूँगा और यह देखूँगा कि वह मुझसे अपने आप बात करता है या नहीं।

मैं पलकों की आड़ से उसे देखते हुए सीधा चलता रहा। वह मेरे सामने से आ रहा था। उसके बाद वह रुका और उसने अपना हाथ मेरे कंधे पर रखा और मुझे सिर से पैर तक देखते हुए बोला, "आप एक समृद्ध व्यक्ति दिखते हैं। आपके कपड़े कौन तैयार करता है?"

युद्ध की छाया से मुक्त होने के 24 घंटों के भीतर ही मैं 675 डॉलर का कर्जदार हो गया था। मैंने जितने कपड़े खरीदे थे, वे सब उत्कृष्ट श्रेणी के थे। वे कपड़े मैंने उधार लिये थे, इस बात को मेरे, टेलर और स्टोर मालिक के अलावा कोई चौथा व्यक्ति नहीं जानता था।

प्रत्येक सुबह मैं खुद को नए कपड़ों में सँवारता था और एक निश्चित समय के दौरान एक निश्चित सड़क पर घूमने निकल जाता था। उस सड़क पर उस दौरान एक

धनी प्रकाशक सामान्य रूप से अपना लंच करने के लिए आता था।

मैंने प्रत्येक दिन उससे बात करने को अपना नियत कार्य बना लिया। मैं संयोग रूप से उसके पास एक मिनट रुकता था और बातचीत करता था।

ऐसी दैनिक मुलाकातें लगभग एक सप्ताह तक चलती रहीं। इसके बाद एक दिन मैंने यह जानने का फैसला किया कि मैं उसे उपेक्षित करके निकलूँगा और यह देखूँगा कि वह मुझसे अपने आप बात करता है या नहीं।

मैं पलकों की आड़ से उसे देखते हुए सीधा चलता रहा। वह मेरे सामने से आ रहा था। उसके बाद वह रुका और उसने अपना हाथ मेरे कंधे पर रखा और मुझे सिर से पैर तक देखते हुए बोला, "आप एक समृद्ध व्यक्ति दिखते हैं। आपके कपड़े कौन तैयार करता है?"

मैंने उत्तर दिया, "यह सूट विल्की एंड सेलरी ने तैयार किया है।"

इसके बाद उसने जानना चाहा कि मैं कौन से व्यापार में संलग्न हूँ? मेरे द्वारा प्रतिदिन पहने जानेवाले नए और अलग-अलग सूटों ने समृद्धि का एक हवाई वातावरण बना दिया था। इस वातावरण ने उस प्रकाशक के भीतर मुझे जानने की जिज्ञासा जगा दी थी और मैं भी यही चाहता था।

अपने 'हवाना परफेक्टो' सिगार का कश लेते हुए मैंने उत्तर दिया, "ओह! मैं एक नई मैगजीन के लिए कॉपी तैयार कर रहा हूँ। उस मैगजीन को मैं जल्दी ही प्रकाशित करने जा रहा हूँ।"

उसने कहा, "ओह, नई मैगजीन। आप उसे क्या नाम दे रहे हो?"

"उसका नाम 'हिल्स गोल्डन रूल' होगा।"

उस प्रकाशक मित्र ने मुझसे कहा, "यह मत भूलो कि मैं मैगजीन के मुद्रण और वितरण के व्यापार में हूँ। मैं शायद तुम्हारी कुछ मदद कर सकूँ।"

यह वो क्षण था, जिसका मैं इंतजार कर रहा था। इसी क्षण को ध्यान में रखते हुए मैंने वे तीन सूट खरीदे थे।

लेकिन यहाँ आपको याद दिलाना जरूरी है कि यह बातचीत कभी नहीं हो पाती, यदि मैं उस सड़क पर पुराने और अस्त-व्यस्त कपड़ों में घूम रहा होता और मेरी आँखों में से गरीबी झलक रही होती।

समृद्धि का दिखावा हमेशा लोगों का ध्यान खींचता है, क्योंकि प्रत्येक व्यक्ति के मन में समृद्ध होने की लालसा प्रभावी होती है।

मेरे प्रकाशक मित्र ने मुझे अपने क्लब में लंच करने के लिए आमंत्रित किया। सिगार और कॉफी पेश करने के बाद उसने मुझे मेरी मैगजीन के मुद्रण और वितरण हेतु

कॉण्ट्रेक्ट के बारे में बात की। उसने मुझे बिना किसी ब्याज के पूँजी उपलब्ध कराने का आश्वासन भी दे दिया था।

इतनी बड़ी पूँजी को बिना किसी सिक्योरिटी के हासिल करना काफी कठिन होता है। मेरी 'गोल्डन रूल' मैगजीन को प्रकाशित करने का खर्च 30,000 डॉलर से अधिक हो सकता था, लेकिन कपड़ों पर किए गए 675 डॉलर के निवेश ने मुझे वह पूँजी आसानी से उपलब्ध करवा दी थी।

इतनी बड़ी पूँजी को बिना किसी सिक्योरिटी के हासिल करना काफी कठिन होता है। मेरी 'गोल्डन रूल' मैगजीन को प्रकाशित करने का खर्च 30,000 डॉलर से अधिक हो सकता था, लेकिन कपड़ों पर किए गए 675 डॉलर के निवेश ने मुझे वह पूँजी आसानी से उपलब्ध करवा दी थी।

मैंने अच्छे कपड़ों के मनोविज्ञान के बारे में अपना पहला प्रशिक्षण अपने मित्र एडविन सी. बर्न्स से प्राप्त किया था, जो कि थॉमस एडिसन के घनिष्ठ व्यापारिक सहयोगी थे। मैं उनसे पहली बार तब परिचित हुआ था, जब उन्होंने एडिसन के साथ काम करना शुरू ही किया था।

उन दिनों उनके पास कपड़ों का सबसे बड़ा और सबसे महँगा संग्रह था, जिसे मैंने किसी और व्यक्ति के पास देखा और सुना नहीं था। उनके वार्डरोब में 31 सूट थे और वे महीने में प्रतिदिन एक अलग सूट पहनते थे। उन्होंने कोई भी सूट लगातार दो दिन नहीं पहना था।

एक दिन मजाक में मैंने उनसे पूछा, "यदि आपके पास कुछ ऐसे पुराने सूट हों, जिनकी आपको अब जरूरत न हो, तो वे सूट आप मुझे दे सकते हैं।"

उन्होंने मुझे बताया कि उनके पास ऐसा एक भी सूट नहीं है, जिसकी उन्हें जरूरत न हो।

इसके बाद उन्होंने मुझे कपड़ों के मनोविज्ञान पर एक पाठ पढ़ाया। उन्होंने कहा कि मैं अपने 31 सूटों को केवल इसलिए नहीं पहनता हूँ कि उनका दूसरों पर प्रभाव पड़ेगा, बल्कि मैं उन्हें इसलिए पहनता हूँ कि वे सूट मुझ पर प्रभाव डालते हैं।

मैं अब तक के जीवन में बहुत सारे सेल्समैनों से मिला हूँ। पिछले दस वर्षों के दौरान मैंने 3,000 से ज्यादा सेल्समैनों के प्रयासों को दिशा दी है और उन्हें निजी रूप से प्रशिक्षित किया है। मैंने निरपवाद रूप से यह देखा है कि इनमें स्टार सेल्समैन वे लोग थे, जिन्होंने कपड़ों के मनोविज्ञान को अच्छी तरह से समझा था और उसका अच्छा उपयोग किया था। मैंने कुछ लोग देखे हैं, जो कि अच्छे कपड़े पहनने के बाद भी असाधारण

सेल्समैन नहीं बन पाए थे; लेकिन मैंने ऐसा एक भी व्यक्ति नहीं देखा, जो कि खराब कपड़े पहनकर स्टार सेल्समैन बन गया हो।

एक विख्यात कवि ने शायद सत्य कहा है कि कपड़े व्यक्ति को नहीं बनाते हैं, लेकिन इस तथ्य को भी नहीं नकारा जा सकता कि अच्छे कपड़ों द्वारा किसी व्यक्ति को एक अनुकूल शुरुआत दी जा सकती है। एक बैंक सामान्यतः उसी व्यक्ति को ऋण देगा, जिसे उसकी जरूरत न हो—जब वह समृद्ध हो। लेकिन एक ऋण के लिए कभी भी फटेहाल कपड़ों और आँखों में गरीबी की झलक के साथ अपने बैंक न जाएँ, क्योंकि ऐसा करने पर आपको बाहर का रास्ता दिखा दिया जाएगा।

एक विख्यात कवि ने शायद सत्य कहा है कि कपड़े व्यक्ति को नहीं बनाते हैं, लेकिन इस तथ्य को भी नहीं नकारा जा सकता कि अच्छे कपड़ों द्वारा किसी व्यक्ति को एक अनुकूल शुरुआत दी जा सकती है। एक बैंक सामान्यतः उसी व्यक्ति को ऋण देगा, जिसे उसकी जरूरत न हो—जब वह समृद्ध हो। लेकिन एक ऋण के लिए कभी भी फटेहाल कपड़ों और आँखों में गरीबी की झलक के साथ अपने बैंक न जाएँ, क्योंकि ऐसा करने पर आपको बाहर का रास्ता दिखा दिया जाएगा।

कपड़ों के अलावा और भी ऐसे उत्प्रेरक हैं, जो आपके उत्साह को साधारण से ऊपर पहुँचा सकते हैं।

असाधारण प्रयास की ऊँचाइयाँ

विश्व के सर्वाधिक सफल लेखकों में से एक ने सुंदर और सजी-धजी युवतियों का एक ऑर्केस्ट्रा अपने यहाँ काम पर रखा था, जो कि उनके लेखन के समय अपना प्रदर्शन करता था। उनके शब्दों में, "इस परिवेश के प्रभाव में मुझे उत्साह का नशा चढ़ जाता है और मैं उन ऊँचाइयों पर पहुँच जाता हूँ, जिन्हें मैं किसी अन्य अवसर पर कभी महसूस नहीं कर सकता। इसके बाद मैं अपना काम करता हूँ। विचार मेरे दिमाग में इस प्रकार से उमड़ते हैं, जैसे कि कोई अदृश्य और अनजानी शक्ति उन विचारों को मेरे सामने व्यक्त कर रही हो।"

वह लेखक अपनी अधिकांश प्रेरणा संगीत और कला से प्राप्त करता है। वह सप्ताह में एक दिन कम-से-कम एक घंटा एक कला संग्रहालय में बिताता है और महान् कलाकारों की कृतियों पर नजर डालता है। उसके अनुसार, एक घंटे के इस भ्रमण से उसे दो दिनों तक के लिए पर्याप्त उत्साह मिल जाता है। कुछ महान् लेखक और साहित्यकार नशीले पदार्थों से भी अपने जोश को जगाते हैं।

हेनरी फोर्ड की प्रेरणा का स्रोत उनकी आकर्षक पत्नी का प्रेम था।

ये दृष्टांत इस बात के प्रमाण हैं कि असाधारण उपलब्धियोंवाले व्यक्ति आकस्मिक रूप से या खोजबीन करके अपने लिए ऐसे प्रेरक साधनों को खोज लेते हैं, जो उन्हें उत्साह की एक उच्च अवस्था में पहुँचा देते हैं।

जीवन में आपका संपूर्ण प्रयास इस बात के लिए है कि आप सफलता हासिल करें।

इस दर्शन के अध्ययन से अनुभव किए जानेवाले प्रेरकों और इस दर्शन से एकत्र किए गए विचारों की सहायता के साथ आप एक ऐसी सुनिश्चित योजना बनाने में सक्षम होने चाहिए, जो कि आपको उपलब्धियों की महान् ऊँचाइयों तक पहुँचा सके। हालाँकि ऐसी कोई भी योजना अपने भीतर उत्साह की भावना को जगाए बिना अपेक्षित परिणाम नहीं दे सकती। इसलिए आपको अपने भीतर के उत्साह को उस सीमा तक पहुँचाना है कि आप अपने दैनिक व्यवसाय में साधारण प्रयासों से ऊपर उठकर काम कर सकें।

अब आप आत्म-नियंत्रण पर अगले पाठ के लिए तैयार हैं। अगला अध्याय उस नियम को वर्णित करता है, जो कि इस पूरे दर्शन का संतुलन चक्र है।

सात घातक घुड़सवार

अध्याय के उपरांत लेखक के साथ अवलोकन

"असहनशीलता, लालच, प्रतिशोध, अहंकार, संदेह, ईर्ष्या और घृणा ?"

एक व्यक्ति का सबसे घातक शत्रु वह है, जो कि उसके खुद के हैट के भीतर छिपकर घूमता है। यदि आप खुद को उसी तरह से देख पाते हैं, जैसे दूसरे लोग आपको देखते हैं तो आप अपने खुद के व्यक्तित्व में छिपे शत्रुओं को खोज सकते हैं और उन्हें भगा सकते हैं। इस निबंध में उल्लिखित सात शत्रु ऐसे हैं, जो कि लाखों महिलाओं व पुरुषों पर सवारी करते हैं और उन्हें विफलता तक ले जाते हैं।

एक व्यक्ति का सबसे घातक शत्रु वह है, जो कि उसके खुद के हैट के भीतर छिपकर घूमता है। यदि आप खुद को उसी तरह से देख पाते हैं, जैसे दूसरे लोग आपको देखते हैं तो आप अपने खुद के व्यक्तित्व में छिपे शत्रुओं को खोज सकते हैं और उन्हें भगा सकते हैं। इस निबंध में उल्लिखित सात शत्रु ऐसे हैं, जो कि लाखों महिलाओं व पुरुषों पर सवारी करते हैं और उन्हें विफलता तक ले जाते हैं। अपने आपका सावधानी से अध्ययन करें और यह खोजें कि आप सात में से कितने शत्रुओं को आश्रय दे रहे हैं?

यदि वे शत्रु खुले में सवारी करें तो वे उतने खतरनाक नहीं होंगे, क्योंकि तब उन्हें

पकड़कर बाँधा जा सकता है; लेकिन वे अदृश्य रूप से इनसानों के दिमाग में सवारी करते हैं। वे इतनी मूकता और सटीकता से अपना काम करते हैं कि अधिकांश लोग उनकी उपस्थिति को कभी नहीं पहचान पाते हैं।

आप सौभाग्यशाली होंगे, यदि आपने इन शत्रुओं में से किसी को खोज लिया और उसके विरुद्ध खुद को सुरक्षित कर लिया। इनमें से एक क्रूर योद्धा असहनशीलता है, जिसने अधिकांश लोगों की हत्या की है, बहुत सारी मित्रताओं को नष्ट किया है, व्यापक कष्ट प्रदान किया है और अन्य छह घुड़सवारों की तुलना में विश्व को बड़ी लड़ाइयों में झोंका है।

यदि आपने असहनशीलता पर नियंत्रण नहीं किया तो आप कभी भी एक सटीक चिंतक नहीं बन सकते हैं। मानव जाति का यह शत्रु दिमाग को बंद कर देता है तथा तर्क, विवेक एवं तथ्यों को पृष्ठभूमि में धकेल देता है। यदि आप अपने से भिन्न धार्मिक दृष्टिकोण रखनेवाले लोगों से घृणा करते हैं तो आप इस बात से निश्चित हो सकते हैं कि सात घातक घुड़सवारों में से सबसे खतरनाक घुड़सवार अभी भी आपके दिमाग में सवारी कर रहा है।

लालच और प्रतिशोध ऐसे घुड़सवार हैं, जो साथ-साथ चलते हैं। लालच के वश में आनेवाले व्यक्ति का दिमाग पृथ्वी के चारों ओर एक बाड़ निर्मित करना चाहता है और प्रत्येक दूसरे व्यक्ति को उस बाड़ से बाहर रखना चाहता है। यह शत्रु व्यक्ति को लाखों डॉलर से करोड़ों डॉलर इकट्ठा करने के लिए उकसाता है, भले ही उसे इन डॉलरों की कोई जरूरत न हो और न ही वह उनका कभी उपयोग कर सके। यह व्यक्ति को अपने सहकर्मियों के खून की अंतिम बूँद तक चूस लेने के लिए विवश कर देता है।

प्रतिशोध नाम का घुड़सवार लालच के साथ-साथ चलता है और व्यक्ति के दिमाग में इन दोनों जुड़वाँ शत्रुओं के घुसने के बाद व्यक्ति अपने साथ के लोगों को उनकी भौतिक संपत्तियों से वंचित करने से ही संतुष्ट नहीं होता, बल्कि वह उनकी प्रतिष्ठा को भी नष्ट करना चाहता है।

द्वेष और लालच कितने घातक हैं, तो आप उस प्रत्येक व्यक्ति के इतिहास का अध्ययन करें, जो कि इस विश्व का शासक बनने की मंशा रखता था। जब प्रभावशाली लोगों के दिमागों में लालच और द्वेष सवारी करने लगते हैं तो व्यक्तियों एवं राष्ट्रों—दोनों का पतन हो जाता है। अहंकार और संदेह नाम के दो घुड़सवार भी साथ-साथ चलते हैं। यदि आपको दूसरे लोगों में आस्था नहीं है तो आप अपने भीतर सफलता के बीज उत्पन्न नहीं कर सकते हैं। संदेह एक फैलनेवाला कीटाणु है।

यदि आप जानना चाहते हैं कि द्वेष और लालच कितने घातक हैं, तो आप उस प्रत्येक व्यक्ति के इतिहास का अध्ययन करें, जो कि इस विश्व का शासक बनने की मंशा रखता था। जब प्रभावशाली लोगों के दिमागों में लालच और द्वेष सवारी करने लगते हैं तो व्यक्तियों एवं राष्ट्रों—दोनों का पतन हो जाता है। अहंकार और संदेह नाम के दो घुड़सवार भी साथ-साथ चलते हैं। यदि आपको दूसरे लोगों में आस्था नहीं है तो आप अपने भीतर सफलता के बीज उत्पन्न नहीं कर सकते हैं। संदेह एक फैलनेवाला कीटाणु है। यह आपकी अनुमति प्राप्त होते ही तेजी से खुद को बहुगुणित करना शुरू कर देता है और आस्था के लिए कोई जगह नहीं छोड़ता है। यदि आप चाहते हैं कि लोग आपके ऊपर विश्वास करें तो आपको भी लोगों में विश्वास करना होगा। यदि आपने संदेह को नहीं मारा तो यह आपको मार देगा। यदि आप में शक्ति है तो आप पूरी मानव जाति में आस्था को अपने भीतर उत्पन्न करें।

अहंकार वहीं पलता-पोषता है, जहाँ संदेह मौजूद रहता है। जो व्यक्ति दूसरे लोगों की उपयोगी सेवा में खुद को संलग्न करते हुए अपने आपको भुला देता है, उसे संदेह कभी नहीं घेर पाता है। इन सात घुड़सवारों के समूह में सबसे अंत में दो घुड़सवार आते हैं, जिनमें से एक ईर्ष्या है और दूसरे का नाम…… (जानबूझकर खाली छोड़ा गया है)।

इस लेख के प्रत्येक पाठक को अपनी खोज करनी है और उस सातवें घुड़सवार का नाम लिखना है, जो कि आपके दिमाग में सवारी करता है। कुछ लोग इसका नाम बेईमानी लिखेंगे, जबकि कुछ इसे टाल-मटोल के रूप में लिखेंगे। कुछ लोग इसे अनियंत्रित कामेच्छा का नाम भी देंगे। आप जो भी खोज करें, आपको इस सातवें घुड़सवार को नाम अवश्य देना है।

आपको यह ध्यान देना होगा कि ईर्ष्या भी संदेह के पीछे-पीछे चलती है। ईर्ष्या उन्माद का सर्वाधिक सामान्य रूप है। यह महिला और पुरुष दोनों के दिमागों में सवारी करती है। कभी-कभी इसके पीछे एक वास्तविक कारण होता है; लेकिन अधिकांशतः यह बिना किसी कारण के ही व्याप्त होती है।

यह घातक घुड़सवार तलाक के वकीलों का सबसे अच्छा मित्र है।

यह जासूसी करनेवाली एजेंसियों को रात-दिन व्यस्त रखता है। यह नियमित रूप से हत्या का कर वसूलता है। यह घरों को तोड़ता है तथा माताओं को विधवा और मासूम बच्चों को अनाथ बनाता है। जब तक आपके दिमाग में यह घुड़सवार सवारी करता है, तब तक आप खुशी और शांति को हासिल नहीं कर सकते।

ईर्ष्या कई रूपों में सवारी करती है।

जब यह पहली बार दिमाग में रेंगना शुरू करती है तो यह निम्नलिखित तरीके से खुद को प्रकट करती है—

"मुझे आश्चर्य है कि वह कहाँ है और मेरे घर से दूर होने पर वह क्या कर रही होगी?" या

"मुझे लगता है कि वह घर से बाहर होने पर किसी दूसरी महिला के साथ घूम रहा होगा।"

जब ये प्रश्न दिमाग में उभरते हैं तो आप किसी जासूस को न बुलाएँ, बल्कि किसी मनो-चिकित्सक से संपर्क करें, क्योंकि तब आप उन्माद के एक हलके रूप से पीड़ित होंगे।

ईर्ष्या कई रूपों में सवारी करती है।

जब यह पहली बार दिमाग में रेंगना शुरू करती है तो यह निम्नलिखित तरीके से खुद को प्रकट करती है–
"मुझे आश्चर्य है कि वह कहाँ है और मेरे घर से दूर होने पर वह क्या कर रही होगी?" या
"मुझे लगता है कि वह घर से बाहर होने पर किसी दूसरी महिला के साथ घूम रहा होगा।"

ईर्ष्या आपके गले तक पहुँचे, इससे पहले ही आप उस पर अपना पैर रख दें।

इस निबंध को पढ़ने के बाद अलग रख दें और इसके बारे में चिंतन करें।

पहली बार आप यह कह सकते हैं कि यह बात मुझ पर लागू नहीं होती है। मेरे दिमाग में कोई काल्पनिक घुड़सवार नहीं है। आप सही हो सकते हैं। 10 करोड़ लोगों में से प्रत्येक व्यक्ति यही कह सकता है और वह सही हो सकता है। बाकी सभी लोग गलत हो सकते हैं।

अपने आप को मूर्ख न बनाएँ। आप भी उस विशाल समूह में शामिल हो सकते हैं। इस लेख का प्रयोजन यह है कि आप खुद को उसी रूप में देखें, जो आप वास्तव में हैं। यदि आप असफलता, गरीबी और किसी भी प्रकार के कष्ट का सामना कर रहे हैं तो आपके दिमाग में इन सात घातक घुड़सवारों में से एक या अधिक का होना सुनिश्चित है।

इस निबंध को अब से एक महीने बाद पुनः पढ़ें और बीच के समय में खुद का सावधानी से विश्लेषण करें। इसे बार-बार पढ़ने पर आपके सामने धीरे-धीरे वे तथ्य प्रकट हो सकते हैं, जो कि आपको उन घातक शत्रुओं की पहचान करा सकते हैं, जो आपकी जानकारी के बिना आपके दिमाग में सवारी कर रहे हैं।

□

8

आत्म-नियंत्रण

"आप यह कर सकते हैं,
यदि आपको विश्वास है कि आप कर सकते हो!"

अब आप आत्म-नियंत्रण के अध्ययन पर आते हैं, जिसके माध्यम से आप अपने उत्साह को रचनात्मक लक्ष्यों की दिशा में निर्देशित कर सकते हैं। आत्म-नियंत्रण के बिना उत्साह एक तूफान में चमकनेवाली बिजली की तरह अनियंत्रित होता है, जो कहीं भी गिर सकती है और जान-माल का नुकसान कर सकती है।

उत्साह एक आवश्यक गुण है, जो कि आपको कार्य करने के लिए उकसाता है; जबकि आत्म-नियंत्रण वह संतुलनकारी पहिया है, जो आपके कार्यों को रचनात्मक निर्माण की दिशा में ले जाता है। एक अच्छी तरह से संतुलित व्यक्ति बनने के लिए आपको अपने भीतर के उत्साह एवं आत्म-नियंत्रण को परस्पर संतुलित करना होगा। यह एक तथ्य है कि अधिकांश लोगों के दुःख का कारण आत्म-नियंत्रण का अभाव है। सारे पवित्र ग्रंथ भी आत्म-नियंत्रण पर जोर देते हैं।

हालाँकि आत्म-नियंत्रण इस पाठ्यक्रम का एक महत्त्वपूर्ण कारक इसलिए नहीं है कि आत्म-नियंत्रण के अभाव के कारण व्यक्ति को कठिनाइयाँ झेलनी पड़ती हैं, बल्कि इसका कारण यह है कि जो लोग आत्म-नियंत्रण नहीं कर पाते हैं, वे उस महान् शक्ति से वंचित हो जाते हैं, जो उनके सुनिश्चित मुख्य लक्ष्य की उपलब्धि हेतु किए जानेवाले संघर्ष में जरूरी होती है।

आत्म-नियंत्रण का अभाव एक औसत दर्जे के सेल्समैन की सबसे विनाशकारी कमजोरी होती है। संभावित ग्राहक कुछ कहता है और सेल्समैन उसकी बात को सुनना नहीं चाहता है और आत्म-नियंत्रण का गुण न होने के कारण वह कठोर प्रतिक्रिया दरशाता है, जो कि उसकी बिक्री के लिए घातक होती है।

शिकागो के एक बड़े डिपार्टमेंटल स्टोर में मैंने देखा था कि वहाँ ग्राहकों की

शिकायतों को सुनने के लिए एक बहरी महिला को रखा गया था। एक सहायक महिला उसे आवश्यक तथ्यों को कागज पर लिखकर देती थी और वह महिला लगातार मुसकराते हुए ग्राहकों की बात को सुनती रहती थी। स्टोर के प्रबंधक ने मुझे बताया कि हमें इस महत्त्वपूर्ण काम के लिए इससे अधिक उपयुक्त व्यक्ति नहीं मिला था, जो कि इतने आत्म-नियंत्रण के साथ ग्राहकों से पेश आ सके। मैंने देखा कि वहाँ क्रोधित और झल्लाई हुई महिलाएँ भेड़ियों की तरह आती थीं और शांत होकर भेड़ की तरह वापस लौट जाती थीं।

जब कोई चालाक वकील केस लड़ता है तो वह उन गवाहों से भी कुछ ऐसी बातें बाहर निकलवा लेता है, जो अच्छी तरह से यह रटकर आते हैं कि उन्हें हर प्रश्न का जवाब 'मुझे याद नहीं' या 'मुझे नहीं पता' के रूप में देना है। चालाक वकील उन गवाहों को किसी-न-किसी तरीके से गुस्सा दिला देता है और वे अपने दिमाग पर नियंत्रण खोने लगते हैं और ऐस बयान दे जाते हैं, जो उन्हें नहीं देने के लिए कहा गया था।

दोपहर की बारिश के समय एक वृद्ध महिला पिट्सबर्ग के एक डिपार्टमेंटल स्टोर में घुसी और इधर-उधर घूमने लगी। अधिकांश सेल्समैन अपने काम में लगे रहे, क्योंकि उन्हें लगा कि वह महिला यहाँ कुछ खरीदने नहीं जा रही है। एक नौजवान सेल्समैन ने उस महिला को देखा और विनम्रतापूर्वक पूछा कि वह उसकी क्या मदद कर सकता है? महिला ने बताया कि वह केवल बारिश के रुकने का इंतजार कर रही है और उसकी कुछ भी खरीदने की इच्छा नहीं है। नौजवान सेल्समैन ने उसे 'वेलकम' कहा और उसके साथ सहज बातचीत की। बारिश धीमी होने पर वह छाता लेकर महिला को सड़क तक छोड़ने गया। महिला ने उसका कार्ड माँगा एवं अपने रास्ते चली गई।

इस घटना को उस नौजवान सेल्समैन ने लगभग भुला दिया था। एक दिन उसे एक फर्म के ऑफिस से बुलावा आया। वहाँ जाने पर उसे एक वृद्ध महिला का पत्र दिखाया गया, जिसमे उस सेल्समैन को स्कॉटलैंड जाने और वहाँ एक विशाल एवं भव्य घर की साज-सज्जा हेतु ऑर्डर लेने को कहा गया था।

वह महिल एंड्रयू कार्नेगी की माँ थी,

इस घटना को उस नौजवान सेल्समैन ने लगभग भुला दिया था। एक दिन उसे एक फर्म के ऑफिस से बुलावा आया। वहाँ जाने पर उसे एक वृद्ध महिला का पत्र दिखाया गया, जिसमें उस सेल्समैन को स्कॉटलैंड जाने और वहाँ एक विशाल एवं भव्य घर की साज-सज्जा हेतु ऑर्डर लेने को कहा गया था। वह महिला एंड्रयू कार्नेगी की माँ थी, जिसे उस नौजवान ने कई महीनों पहले सड़क तक छोड़ा था।

जिसे उस नौजवान ने कई महीनों पहले सड़क तक छोड़ा था।

वह ऑर्डर बहुत बड़ा था और इस घटना ने उस नौजवान सेल्समैन को आगे बढ़ने का एक ऐसा अवसर दिया था, जो कि उसके द्वारा वृद्ध महिला के साथ किए गए व्यवहार के बिना कभी संभव नहीं हो सकता था।

जीवन के महान् बुनियादी कानून रोजमर्रा के अनुभवों में लिपटे होते हैं, जिन्हें हम में से अधिकांश लोग कभी भी नोटिस नहीं कर पाते हैं। इस प्रकार, वास्तविक अवसर प्राय: जीवन के गैर-महत्त्वपूर्ण दिखनेवाले लेन-देन में छिपे होते हैं।

क्या अवसर आपके पास अपने आप आते हैं? संभवत: वे आते हैं, लेकिन आप उन्हें देख नहीं पाते। शायद आप उन्हें भविष्य में देखें; लेकिन इसके लिए आपको 'सफलता के नियम' पर इस कोर्स की सहायता के द्वारा खुद को तैयार रखना होगा, ताकि आप एक अवसर की पहचान कर सकें।

अब हम 'आत्म-नियंत्रण' शब्द के अर्थ की व्यापकता का परीक्षण करते हैं। एक अच्छे आत्म-नियंत्रणवाले व्यक्ति में घृणा, द्वेष, ईर्ष्या, भय, प्रतिशोध या कोई भी ऐसा विध्वंसक भाव नहीं होगा। आत्म-नियंत्रणवाला व्यक्ति कोरी कल्पनाओं में नहीं जीता है और न ही किसी चीज या किसी व्यक्ति के प्रति अनियंत्रित रूप से उत्साहित होता है। आत्म-नियंत्रित व्यक्ति किसी भी निराशावादी व्यक्ति से प्रभावित नहीं होता है। वह अपनी कल्पना और अपने उत्साह को तब तक उद्दीपित करता है, जब तक कि वे किसी गतिविधि को जन्म न दे दें। इसके बाद वह उस गतिविधि या कार्य को भी नियंत्रित करता है। एक आत्म-नियंत्रित व्यक्ति कभी भी, किसी भी परिस्थिति में, किसी दूसरे व्यक्ति को धोखा नहीं देगा और न ही किसी कारणवश प्रतिशोध की भावना पैदा करेगा।

हम नकल करनेवाले जीव हैं। हम खुद को उन कामों को करने से रोकने में कठिनाई महसूस करते हैं, जो हम अन्य लोगों को करता हुआ देखते हैं। यदि हमारा पड़ोसी एक कार खरीदता है तो हम निश्चित रूप से उसकी नकल करते हैं और उससे भी महँगा मॉडल खरीदने की लालसा रखते हैं। बरसात के दिनों के लिए अंडों को सेने की कहावत अब पुरानी हो चुकी है।

आत्म-नियंत्रणवाला व्यक्ति अपने से असहमति रखनेवाले लोगों से घृणा नहीं करेगा, बल्कि यह समझने का प्रयास करेगा कि उनकी असहमति का कारण क्या है?

आत्म-नियंत्रण के अभाव में व्यक्ति तथ्यों का अध्ययन करने से पहले ही अपनी राय निर्मित करने की आदत से ग्रस्त हो जाता है। आत्म-नियंत्रण के अभाव में खर्च करने की आदत भी विकसित होजाती है।

हम नकल करनेवाले जीव हैं। हम खुद को उन कामों को करने से रोकने में कठिनाई महसूस करते हैं, जो हम अन्य लोगों को करता हुआ देखते हैं। यदि हमारा पड़ोसी एक कार खरीदता है तो हम निश्चित रूप से उसकी नकल करते हैं और उससे भी महँगा मॉडल खरीदने की लालसा रखते हैं। बरसात के दिनों के लिए अंडों को सेने की कहावत अब पुरानी हो चुकी है। अब हम दिन-प्रतिदिन की जरूरतों पर जीते हैं। हम पाँच किलो के पैकेट में अपना आटा खरीदते हैं और उसकी एक-तिहाई कीमत अधिक चुकाते हैं, क्योंकि वह छोटी मात्रा में वितरित होता है।

हालाँकि यह चेतावनी आप पर लागू नहीं होती है। यह केवल उनके लिए है, जो गरीबी की बेड़ियों में केवल इस कारण से जकड़े हुए हैं, क्योंकि वे अपनी अर्जित क्षमता से ज्यादा खर्च करते हैं। कार विश्व के आधुनिक आश्चर्यों में से एक है, लेकिन यह एक जरूरत की बजाय एक विलासिता अधिक होती है। जब हमारे आसपास के लोग कारों में आ-जा रहे हों, तब यातायात के सार्वजनिक साधनों का प्रयोग करने के लिए उल्लेखनीय आत्म-नियंत्रण की जरूरत होती है; लेकिन आज आत्म-नियंत्रण करनेवाले सभी लोग यह सुनिश्चित रूप से व्यवहार में देख सकते हैं कि एक दिन ऐसा अवश्य आना है, जब आज कारों में सवारी करनेवाले लोग पैदल चल रहे होंगे या किसी सार्वजनिक यातायात के साधन का उपयोग कर रहे होंगे।

वर्तमान पीढ़ियों में आत्म-नियंत्रण के अभाव को उन अभिभावकों ने विकसित किया है, जो खर्च करने की आदत के शिकार बन चुके हैं। मैं आपको ध्यान दिला दूँ कि एक छोटा सा बचत खाता आपके लिए ऐसे कई अवसरों को आकर्षित कर सकता है, जो कि इस बचत खाते के बिना आपके पास कभी नहीं आएँगे। इस खाते का आकार महत्त्वपूर्ण नहीं है, बल्कि यह तथ्य महत्त्वपूर्ण है कि आपने बचत की आदत स्थापित कर ली है। यह आदत आपको एक ऐसा व्यक्ति बनाती है, जो कि आत्म-नियंत्रण के एक महत्त्वपूर्ण रूप को लागू करता है।

आत्म-अनुशासन निजी ताकत के विकास में सबसे महत्त्वपूर्ण कारक है, क्योंकि यह आपको आपकी भूख पर

> *आत्म-अनुशासन निजी ताकत के विकास में सबसे महत्त्वपूर्ण कारक है, क्योंकि यह आपको आपकी भूख पर नियंत्रण करने की क्षमता प्रदान करता है। यह आय से ज्यादा खर्च करने की आपकी आदत पर लगाम लगाता है। आत्म-अनुशासन आपकी उन सभी विनाशकारी आदतों को समाप्त करता है, जो कि आपकी ऊर्जा को गैर-उत्पादक प्रयासों में बेकार कर देती हैं।*

नियंत्रण करने की क्षमता प्रदान करता है। यह आय से ज्यादा खर्च करने की आपकी आदत पर लगाम लगाता है। आत्म-अनुशासन आपकी उन सभी विनाशकारी आदतों को समाप्त करता है, जो कि आपकी ऊर्जा को गैर-उत्पादक प्रयासों में बेकार कर देती हैं।

किसी भी बुद्धिमान व्यक्ति से पूछें कि उसकी सबसे प्रबल इच्छा क्या है, तो उसका सर्वाधिक संभव उत्तर होगा—'अधिक विवेक'।

आपको उस व्यक्ति के ऊपर एक बड़ा लाभ हासिल है, जिसने आपको कोई चोट पहुँचाई है। आपको यह लाभ उसे क्षमा करने की शक्ति से प्राप्त होता है। आप अपने कामों से पहचाने जाते हैं। यदि आपके कार्य रचनात्मक हैं और आप अपने हृदय में शांति रखते हैं तो आपको रुककर अपने प्रयोजनों के बारे में बताने की जरूरत नहीं होगी, क्योंकि वे प्रयोजन अपने आप खुद को स्पष्ट कर देंगे।

यह दुनिया अपने विनाशकों को बहुत जल्दी भूल जाती है। यह अपने निर्माताओं को सम्मान देती है और उनके स्मारक बनाती है। इस तथ्य को दिमाग में रखें और तब आप आसानी से खुद को उस नीति से अलग रख पाएँगे, जो आपकी ऊर्जा को बदले की आग में खर्च करने के लिए उकसाती है।

यह एक जाना-पहचाना तथ्य है कि कोई भी व्यक्ति अपने जीवन में एक ऊँचे स्थान पर तब तक नहीं पहुँच पाता है, जब तक कि उसका सामना द्वेष और ईर्ष्या रखनेवाले शत्रुओं के हिंसात्मक विरोध से न हुआ हो।

सार्वजनिक जीवन में उच्च स्थान रखनेवाले लोगों पर होनेवाले घृणास्पद, अन्यायपूर्ण और असत्य आक्रमण प्राय: एक अच्छे प्रयोजन को पूरा करते हैं। मैं जब कभी भी गुस्से और घृणा की भावना से भरता हूँ, तब मैं एकांत में जाकर अपने टाइपराइटर पर उन भावों को लिखने बैठ जाता हूँ और उन्हें पूरा लिखने के बाद उस कॉपी को कचरे की टोकरी में फेंक देता हूँ।

घृणा की भावना जैसी दमित भावनाएँ एक बम की तरह हैं, जो कि उच्च विस्फोटकों से निर्मित किया जाता है। उनकी प्रकृति को समझकर ही हम उनकी विनाशक शक्ति को कम कर सकते हैं। एक बम खुले मैदान में फोड़ने पर या एक पानी से भरे तालाब में डालने पर अहानिकर हो सकता है। इसी प्रकार से क्रोध और घृणा की भावनाएँ अहानिकर हो सकती हैं, यदि उन्हें मनोवैज्ञानिक विश्लेषण के सिद्धांत पर आधारित तरीके से अभिव्यक्त किया जाए।

आप लाखों वर्षों के विकास-क्रमिक बदलाव का परिणाम हैं। अनगिनत पीढ़ियों से प्रकृति उन पदार्थों को परिशोधित कर रही है, जो कि आपकी संरचना को बनाते हैं। प्रकृति ने क्रमिक रूप से आपके भीतर की पाशविक अभिवृत्तियों को कम किया है और

आपको जीवित प्राणियों का एक उत्कृष्टतम नमूना बनाया है। इस धीमी विकास-क्रमिक प्रक्रिया के द्वारा प्रकृति ने आपको विवेक, संतुलन और ठहराव का वरदान दिया है। इस वरदान के द्वारा आप अपनी इच्छा से खुद को नियंत्रित कर सकते हैं। कोई भी अन्य जंतु इस प्रकार के आत्म-नियंत्रण को नहीं दरशाता है। आपको विचार के रूप में ऊर्जा का सर्वाधिक संगठित रूप दिया गया है। विचार ही वह संपर्क सूत्र है, जो पदार्थों, भौतिक वस्तुओं एवं दैवीय जगत् को आपस में जोड़े रखता है।

आपके पास केवल चिंतन करने की शक्ति नहीं है, बल्कि इससे भी हजार गुना महत्त्वपूर्ण बात यह है कि आप अपने विचारों को नियंत्रित करने और उन्हें अपनी इच्छानुसार निर्देशित करने की ताकत रखते हैं।

आपका मस्तिष्क एक डायनेमो की तरह है, जो कि विचार नामक रहस्यमयी ऊर्जा को उत्पन्न करता है और गतिशील रखता है। आपके दिमाग के कार्य की शुरुआत दो प्रकार के उत्प्रेरक करते हैं—स्व-परामर्श और परामर्श। आपके चिंतन द्वारा उत्पादित सामग्री में से आप जो चयन करते हैं, वह स्व-परामर्श होता है। जब आप अपने चिंतन की सामग्री को चयन करने की अनुमति दूसरे लोगों को देते हैं, तब यह एक सुझाव होता है। यह एक अवमाननापूर्ण तथ्य है कि अधिकांश विचार दूसरे के बाहरी सुझावों से उत्पन्न होते हैं। इससे भी ज्यादा अपमानजनक बात यह है कि हम में से अधिकांश लोग ऐसे सुझावों को बिना किसी परीक्षण या उनकी मजबूती पर बिना कोई प्रश्न उठाए ही स्वीकार कर लेते हैं।

आपके पास केवल चिंतन करने की शक्ति नहीं है, बल्कि इससे भी हजार गुना महत्त्वपूर्ण बात यह है कि आप अपने विचारों को नियंत्रित करने और उन्हें अपनी इच्छानुसार निर्देशित करने की ताकत रखते हैं।

आपका मस्तिष्क एक डायनेमो की तरह है, जो कि विचार नामक रहस्यमयी ऊर्जा को उत्पन्न करता है और गतिशील रखता है।

आपके दिमाग पर प्रभावी विचारों को उत्पन्न करनेवाली सामग्री के चयन की शक्ति आपके भीतर से नियंत्रित होती है। आप इन पंक्तियों को पढ़ रहे हैं। इस समय आपके दिमाग में जो भी विचार प्रभावी होंगे, वे अपनी प्रकृति के अनुसार आपके लिए सफलता या विफलता लेकर आएँगे। विचार आपका सबसे महत्त्वपूर्ण औजार है, जिसके द्वारा आप अपनी पसंद के अनुसार अपनी सांसारिक नियति को आकार दे सकते हैं।

आत्म-नियंत्रण एकमात्र रूप से विचारों के नियंत्रण का ही विषय है।

स्व-परामर्श के सिद्धांत द्वारा अपने दिमाग में ऐसे रचनात्मक विचारों को स्थान दें,

जो कि जीवन में आपके द्वारा तय किए गए सुनिश्चित मुख्य लक्ष्य के साथ सामंजस्य स्थापित कर सकें। आपका दिमाग इन विचारों को एक भौतिक वास्तविकता में रूपांतरित करेगा और उन्हें आपके पास एक तैयार और परिष्कृत उत्पाद के रूप में वापस लौटा देगा।

यह विचार का नियंत्रण है। जब आप जानबूझकर अपने दिमाग पर प्रभावी होनेवाले विचारों का चयन करते हैं और दृढ़तापूर्वक बाहरी सुझावों को अस्वीकार कर देते हैं तो आप आत्म-नियंत्रण को उसके उच्चतम और सर्वाधिक प्रभावी रूप में लागू कर रहे होते हैं। मानव ही एकमात्र ऐसा जीव है, जो ऐसा कर सकता है।

यदि आप एक विशेषज्ञ सेल्समैन बनना चाहते हैं तो आपको सभी कुतर्कों और सुझावों को अस्वीकार करके पर्याप्त आत्म-नियंत्रण लागू करना होगा। अधिकांश सेल्समैनों का आत्म-नियंत्रण इतना कम होता है कि वे संभावित ग्राहक के कुछ कहने से पहले ही उसकी 'न' सुन लेते हैं।

यदि आप एक विशेषज्ञ सेल्समैन बनना चाहते हैं तो आपको सभी कुतर्कों और सुझावों को अस्वीकार करके पर्याप्त आत्म-नियंत्रण लागू करना होगा। अधिकांश सेल्समैनों का आत्म-नियंत्रण इतना कम होता है कि वे संभावित ग्राहक के कुछ कहने से पहले ही उसकी 'न' सुन लेते हैं।

आत्म-नियंत्रणवाला व्यक्ति कितना अलग होता है! वह अपने आप को यह सुझाव देता है कि उसका संभावित ग्राहक 'हाँ' कहेगा। यदि उसके द्वारा इच्छित 'हाँ' नहीं आती है तो वह तब तक अपने काम पर टिका रहता है, जब तक कि वह विरोधी स्वर को तोड़ न दे और अपने ग्राहक से 'हाँ' न कहलवा ले।

एक मास्टर सेल्समैन वह होता है, जो कि आक्रामकता को चुनता है और एक तर्क का रक्षात्मक पक्ष कभी नहीं लेता है। 'सेल्समैन' शब्द उन सभी लोगों पर लागू होता है, जो स्व-हित के लिए दिए जानेवाले तर्क द्वारा दूसरे लोगों को आश्वस्त करने की कोशिश करते हैं। दूसरे लोगों के साथ बिना किसी मतभेद और तर्क के साथ बातचीत करने की क्षमता सभी सफल लोगों का असाधारण गुण होती है। सफल बातचीत की कला धैर्य और आत्म-नियंत्रण से विकसित होती है। इस बात पर ध्यान दें कि एक सफल सेल्समैन कितनी आसानी से आत्म-नियंत्रण को लागू कर रहा होता है, जब वह एक अधीर ग्राहक को सँभाल रहा होता है! उसका दिल उबल रहा होता है; लेकिन आप देखेंगे कि उसके चेहरे, व्यवहार और शब्दों पर इसका कोई प्रमाण दिखाई नहीं देता है।

सफल बातचीत की कला में माहिर लोगों को सावधानीपूर्वक देखना भी उदार शिक्षा है। एक सार्वजनिक वक्ता को ध्यान से देखें, मंच पर चढ़ते समय उसके कदमों की

दृढ़ता पर ध्यान दें, भाषण शुरू करते समय उसकी आवाज की दृढ़ता का अवलोकन करें, उसके चेहरे के भावों का अध्ययन करें, अपने श्रोताओं के साथ उसके तार्किक संवाद का परीक्षण करें तो आप अपने आप को इस कला के बारे में काफी कुछ सिखा सकते हैं।

ऐसे चिकित्सक को देखें, जो यह कला सीख चुका है। जैसे ही वह रोगी के कक्ष में घुसता है, वह एक मुसकराहट के साथ अपने मरीज का स्वागत करता है। वह मृदु भाषा के साथ अपने चेहरे पर आश्वासन के भाव दरशाता है। उसके साथ संवाद करते ही मरीज खुद को पहले से बेहतर महसूस करने लगता है।

> *कामना एक ऐसी जादुई चीज है, जो कि सभी उपलब्धियों, सभी प्रकार के आत्म-नियंत्रण और सभी प्रकार के विचारों के नियंत्रण के पृष्ठ में मौजूद होती है। जब आपकी कामनाएँ पर्याप्त रूप से मजबूत हो जाती हैं, तब आपके पास महामानवीय शक्तियाँ आ जाती हैं। कोई भी दिमाग की इस अनोखी परिघटना को व्याख्यायित नहीं कर पाया है और न ही कोई इसे विश्लेषित कर पाएगा। यदि आपको इसके अस्तित्व पर संदेह है तो आप इसका परीक्षण करके खुद को आश्वस्त कर सकते हैं।*

इस कला में माहिर एक वकील को देखें और यह ध्यान दें कि वह किस प्रकार अदालत, ज्यूरी और अपने साथी वकीलों का सम्मान व ध्यान आकर्षित करता है। उसकी आवाज की दृढ़ता, उसके शरीर की मुद्रा और उसके चेहरे के भाव उसके विरोधी वकील को तुलनात्मक रूप से कमतर बना देते हैं। वह न केवल अपने केस के बारे में जानता है, बल्कि अपनी जानकारी के बारे में अदालत को भी आश्वस्त कर देता है। पुरस्कार के रूप में वह केस को जीतता है और एक बड़ी फीस प्राप्त करता है।

और ये सब आत्म-नियंत्रण पर पूर्वानुमानित है।

और आत्म-नियंत्रण विचारों के नियंत्रण का परिणाम है।

मेरी कक्षा के एक छात्र ने मुझसे पूछा कि तीव्र क्रोध की दशा में कोई अपने विचारों पर नियंत्रण कैसे कर सकता है? मैंने उत्तर दिया कि ठीक उसी तरीके से, जब आप अपने परिवार के एक सदस्य के साथ गरमागरम बहस कर रहे होते हैं और तभी आपको डोरबेल की आवाज सुनाई देती है और आपको याद आता है कि आपकी कंपनी के लोग आपसे मिलने को आने वाले थे। आप तुरंत ही अपने आप पर नियंत्रण कर लेते हैं और शांत हो जाते हैं, क्योंकि आप ऐसा करने की कामना करते हैं।

कामना एक ऐसी जादुई चीज है, जो कि सभी उपलब्धियों, सभी प्रकार के आत्म-

नियंत्रण और सभी प्रकार के विचारों के नियंत्रण के पृष्ठ में मौजूद होती है। जब आपकी कामनाएँ पर्याप्त रूप से मजबूत हो जाती हैं, तब आपके पास महामानवीय शक्तियाँ आ जाती हैं। कोई भी दिमाग की इस अनोखी परिघटना को व्याख्यायित नहीं कर पाया है और न ही कोई इसे विश्लेषित कर पाएगा। यदि आपको इसके अस्तित्व पर संदेह है तो आप इसका परीक्षण करके खुद को आश्वस्त कर सकते हैं।

यदि आप एक इमारत के भीतर हों और उस इमारत में आग लग जाती है, उसके सभी दरवाजे और खिड़कियाँ बंद हों, उस समय आपके पास इतनी पर्याप्त ताकत विकसित हो जाती है कि आप एक औसत दरवाजे को तोड़ सकते हैं, क्योंकि तब आपके भीतर खुद को आजाद करने की एक गहरी व तीव्र कामना होती है।

नेपोलियन बोनापार्ट ने फ्रांस का सम्राट् बनने की कामना की और वह बन गया। अब्राहम लिंकन ने दासों को मुक्त कराने की कामना की और वह कामना पूरी हुई। थॉमस अल्वा एडिसन ने बिजली से प्रकाश उत्पन्न करने की कामना की और उसने प्रकाश पैदा किया। शेक्सपियर एक छोटा-मोटा घुमक्कड़ कलाकार था, लेकिन उसने महान् नाटककार बनने की कामना की और अपनी कामना को यथार्थ में बदल दिया।

आत्म-नियंत्रण के अभाव का एक अति सामान्य और अति-विनाशक रूप अधिक बोलने की आदत है। विवेकशील लोग, जो अपनी इच्छाओं और उनकी पूर्ति के तरीकों के बारे में जानते हैं, वे अपनी बातचीत को बड़ी सावधानीपूर्वक अंजाम देते हैं। अनियंत्रित, अनामंत्रित और हलके शब्दों से कोई लाभ नहीं मिल सकता है।

कभी यह मत कहो कि 'यह नहीं किया जा सकता' या 'आप उन लोगों से अलग हैं', जिन्होंने ये उल्लेखनीय सफलताएँ अर्जित की थीं। आप उनसे केवल इस संदर्भ में अलग हैं कि उन लोगों ने अपनी उपलब्धियों को हासिल करने की कामना आपकी तुलना में अधिक गहराई और तीव्रता से की थी।

आत्म-नियंत्रण के अभाव का एक अति सामान्य और अति-विनाशक रूप अधिक बोलने की आदत है। विवेकशील लोग, जो अपनी इच्छाओं और उनकी पूर्ति के तरीकों के बारे में जानते हैं, वे अपनी बातचीत को बड़ी सावधानीपूर्वक अंजाम देते हैं। अनियंत्रित, अनामंत्रित और हलके शब्दों से कोई लाभ नहीं मिल सकता है।

बोलने की बजाय सुनना हमेशा अधिक लाभदायक होता है। एक अच्छा श्रोता बनने के लिए आत्म-नियंत्रण की जरूरत होती है और एक अच्छा श्रोता ही किसी बात को सुनकर अपने ज्ञान-भंडार में बढ़ा पाता है।

इस अध्याय को पूरा करने के बाद आपको परिचयात्मक अध्याय में दिए गए आत्म-विश्लेषण चार्ट पर वापस जाना चाहिए और आत्म-नियंत्रण के नियम पर खुद को पुनः ग्रेड प्रदान करना चाहिए। संभवतः आप अपनी पुरानी ग्रेडिंग को घटाने में कामयाब हों!

आत्म-नियंत्रण उन सभी सफल नेतृत्वकर्ताओं के उल्लेखनीय गुणों में से एक था, जिनका मैंने इस पाठ्यक्रम की सामग्री एकत्रित करने के दौरान विश्लेषण किया है। जो व्यक्ति पूर्ण आत्म-नियंत्रण कर लेता है, उसे स्थायी रूप से कभी भी पराजित नहीं किया जा सकता। पूर्ण आत्म-नियंत्रण के साथ एक सुनिश्चित लक्ष्य द्वारा निर्देशित एक प्रतिबद्ध दिमाग का सामना करने पर सारी बाधाएँ और विरोध मोम की तरह पिघलकर रास्ते से हट जाते हैं।

पूर्ण आत्म-नियंत्रण की आदत को विकसित करने से पहले आपको इस गुण की वास्तविक जरूरत को अनिवार्य रूप से समझना चाहिए। इसी के साथ आपको उन लाभों के बारे में समझना चाहिए, जिन्हें आत्म-नियंत्रण उन लोगों को उपलब्ध कराता है, जो इसका अनुपालन करना सीख चुके हैं।

आत्म-नियंत्रण उन सभी सफल नेतृत्वकर्ताओं के उल्लेखनीय गुणों में से एक था, जिनका मैंने इस पाठ्यक्रम की सामग्री एकत्रित करने के दौरान विश्लेषण किया है। जो व्यक्ति पूर्ण आत्म-नियंत्रण कर लेता है, उसे स्थायी रूप से कभी भी पराजित नहीं किया जा सकता। पूर्ण आत्म-नियंत्रण के साथ एक सुनिश्चित लक्ष्य द्वारा निर्देशित एक प्रतिबद्ध दिमाग का सामना करने पर सारी बाधाएँ और विरोध मोम की तरह पिघलकर रास्ते से हट जाते हैं।

आत्म-नियंत्रण को विकसित करके आप अन्य गुणों को भी विकसित करते हैं, जो कि आपकी व्यक्तिगत ताकत को बढ़ाते हैं।

आत्म-नियंत्रणवाले व्यक्ति को अन्य नियमों के साथ-साथ प्रतिकार का नियम भी उपलब्ध होता है।

आप जानते हैं कि प्रतिकार का अर्थ क्या है?

यहाँ प्रयुक्त किए गए अर्थ में प्रतिकार 'जैसे को तैसा व्यवहार करना' है, न कि किसी से प्रतिशोध या बदला लेना। यदि मैं आपको कोई चोट पहुँचाता हूँ तो आपको प्रतिकार करने का पहला अवसर मिलता है। यदि मैं आपके बारे में कोई अन्यायपूर्ण कृत्य करता हूँ तो आप अधिक व्यापक रूप में प्रतिकार करेंगे।

दूसरी ओर, यदि मैं आपके पक्ष में कोई काम करता हूँ तो आप और भी बड़े रूप में प्रतिकार करेंगे।

इस नियम के समुचित प्रयोग के द्वारा मैं आपसे वह काम करवा सकता हूँ, जिसे मैं आपसे करवाना चाहता हूँ। जब कोई व्यक्ति आपको अपने सुखद व्यक्तित्व से आकर्षित करता है तो वह केवल प्रतिकार के नियम या सामंजस्यपूर्ण आकर्षण के नियम अथवा दोनों ही नियमों का उपयोग कर रहा होता है।

जब एक क्रोधित व्यक्ति आपको गाली देना शुरू करता है तो केवल इतनी बात याद रखें कि यदि आप उसी व्यक्ति के तरीके से प्रतिकार करते हैं तो आप उस व्यक्ति के मानसिक स्तर पर नीचे खींचे जा रहे हैं और वह व्यक्ति आपके दिमाग को प्रभावित कर रहा है।

जब एक क्रोधित व्यक्ति आपको गाली देना शुरू करता है तो केवल इतनी बात याद रखें कि यदि आप उसी व्यक्ति के तरीके से प्रतिकार करते हैं तो आप उस व्यक्ति के मानसिक स्तर पर नीचे खींचे जा रहे हैं और वह व्यक्ति आपके दिमाग को प्रभावित कर रहा है।

दूसरी ओर, यदि आप क्रोध करने से अस्वीकार कर देते हैं और अपने आत्म-संयम को बनाए रखते हैं तथा शांत व गंभीर बने रहते हैं तो आप विवेक के द्वारा अपने सभी सामान्य गुणों को कायम रखते हैं। आप दूसरे गाली देनेवाले व्यक्ति को आश्चर्य में डाल देते हैं। आप एक ऐसे हथियार के साथ प्रतिकार करते हैं, जिससे वह परिचित नहीं होता और इसके बाद आप आसानी से उसके दिमाग पर प्रभावी हो जाते हैं।

हम सभी केवल विकसित होते हुए बच्चे ही हैं और आसानी से प्रतिकार के नियम द्वारा प्रभावित हो जाते हैं। दयालुता में प्रतिकार करने की आदत हमारे बीच सार्वभौमिक रूप से इतनी प्रचलित हो गई है कि हम इसे प्रतिकार के नियम की आदत कह सकते हैं। यदि कोई व्यक्ति हमें एक उपहार भेंट करता है तो हम तब तक संतुष्ट नहीं होते, जब तक कि हम बदले में उस व्यक्ति को कोई और बेहतर उपहार नहीं दे देते। यदि कोई हमसे अच्छी तरह बात करता है तो हम उस व्यक्ति की सराहना करते हैं और उसके साथ भी उतने ही अच्छे ढंग से बात करते हैं।

वास्तव में, हम प्रतिकार के सिद्धांत द्वारा अपने शत्रुओं को निष्ठावान् मित्रों में बदल सकते हैं।

यह निर्णय आपको करना है कि आप अपने साथ काम करनेवाले लोगों से क्या करवाना चाहते हैं और प्रतिकार के नियम के द्वारा उनसे क्या पाना चाहते हैं?

"दैवीय अर्थव्यवस्था स्वचालित और बहुत सरल है। हम केवल वही प्राप्त करते हैं, जो हम देते हैं।"

मैं इस नियम का प्रयोग करने के लिए इसलिए नहीं कह रहा हूँ कि यह आपको केवल भौतिक लाभ प्रदान करेगा, बल्कि यह आपको खुशी हासिल करने तथा लोगों के बीच अच्छी छवि निर्मित करने में भी सहायक होगा।

आखिरकार, यही वास्तविक सफलता है, जिसे हर कोई पाना चाहता है।

सार-संक्षेप

इस अध्याय में हमने एक महान् सिद्धांत सीखा है, जो कि संभवत: मनोविज्ञान का सबसे महत्त्वपूर्ण प्रमुख सिद्धांत है। हमने सीखा कि दूसरों के प्रति हमारे विचार और कर्म एक चुंबक की तरह काम करते हैं और यह चुंबक हमारी ओर समान प्रकार के विचारों और कर्मों को आकर्षित करता है। हम यह सीख चुके हैं कि विनम्रता द्वारा विनम्रता को और रूखेपन व अन्याय द्वारा रूखेपन व अन्याय को ही आकर्षित किया जाता है।

हम यह जान चुके हैं कि दूसरों के प्रति हमारा व्यवहार ही हमारे पास व्यापक रूप धारण करके वापस आता है। हम यह भी सीख चुके हैं कि अहंकार और जिद्दी स्वभाव को प्रतिकार के नियम का रचनात्मक तरीके से प्रयोग करके खुद से दूर किया जा सकता है। हम यह नहीं सीखे हैं कि बदले का नियम क्या है, लेकिन हम यह जान चुके हैं कि यह कैसे काम करता है और यह क्या करेगा। इसलिए हमारे पास यही एकमात्र रास्ता बचता है कि हम इस महान् सिद्धांत का बुद्धिमत्ता के साथ प्रयोग करें।

दूसरों के प्रति हमारा व्यवहार ही हमारे पास व्यापक रूप धारण करके वापस आता है। हम यह भी सीख चुके हैं कि अहंकार और जिद्दी स्वभाव को प्रतिकार के नियम का रचनात्मक तरीके से प्रयोग करके खुद से दूर किया जा सकता है। हम यह नहीं सीखे हैं कि बदले का नियम क्या है, लेकिन हम यह जान चुके हैं कि यह कैसे काम करता है और यह क्या करेगा। इसलिए हमारे पास यही एकमात्र रास्ता बचता है कि हम इस महान् सिद्धांत का बुद्धिमत्ता के साथ प्रयोग करें।

यातायात का विकास

अध्याय के उपरांत लेखक के साथ एक अवलोकन

परिवर्तन के सिवाय कुछ भी स्थायी नहीं है। जीवन एक महान् कैलेडियोस्कोप की तरह है, जिसके सामने समय हमेशा मंच की व्यवस्था और रंगकर्मियों को लगातार बदलता और पुनर्व्यवस्थित करता रहता है। नए दोस्त पुराने दोस्तों का स्थान ले रहे हैं।

प्रत्येक हृदय न्याय और अन्याय दोनों के बीच निहित है। प्रत्येक व्यक्ति एक अपराधी और एक संत दोनों है। ईमानदारी और बेईमानी सामान्य तौर पर व्यक्तिगत दृष्टिकोण से जुड़े मामले हैं। शक्तिशाली और कमजोर, अमीर और गरीब, शिक्षित और अशिक्षित निरंतर एक-दूसरे का स्थान ले रहे हैं।

अपने आप को जानें और आप संपूर्ण मानव जाति को जान जाएँगे। हमारी वास्तविक उपलब्धि सटीकता के साथ चिंतन करने की क्षमता हासिल करना है।

कुछ दिमाग असफलता से गुजरने के बाद ही विकसित होते हैं, जबकि कुछ दिमाग दंड के अलग-अलग रूपों द्वारा बड़े स्तर पर काम करने के लिए विवश होते हैं। बहुत से दिमाग दंड के अधीन ही निष्क्रिय हो जाते हैं, जबकि कुछ अवसर मिलने पर अविश्वसनीय ऊँचाइयों को छूने के लिए विकसित हो जाते हैं और अपनी कल्पना-शक्तियों का प्रयोग रचनात्मक तरीके से करते हैं।

वजन ढोने के लिए बैलगाड़ी के पहियों का आविष्कार करने में मानव को बहुत लंबा समय लगा था। उसके बाद यातायात के लगातार नए-नए साधन विकसित किए जाते रहे। आज भी मानव संतुष्ट नहीं है और लगातार नए यातायात के साधनों को विकसित करने में जुटा हुआ है।

आप वर्तमान के यातायात साधनों को देखकर उनकी तुलना प्राचीन काल के साधनों से करें तो आपको मानव के मस्तिष्क में होनेवाले व्यापक विस्तार की एक सही समझ प्राप्त हो सकती है। सैकड़ों मील प्रति घंटा की रफ्तार से चलनेवाले वाहनों के बाद भी मानव संतुष्ट नहीं है। स्थल, आकाश और पानी में चलनेवाले यातायात के साधनों की गति और सटीकता बढ़ाने के निरंतर प्रयास जारी हैं।

इस निबंध का प्रयोजन चिंतन के लिए खुराक उपलब्ध कराना है।

ऐसा कोई प्रभाव, जो किसी व्यक्ति को सोचने के लिए बाध्य करता है, वह उसे मानसिक रूप से मजबूत भी बनाता है। मानसिक उद्दीपक विकास के लिए आवश्यक होते हैं।

मानव के मस्तिष्क को विकसित करने में दो महान् प्रमुख प्रभाव रहे हैं—एक आवश्यकता और दूसरी निर्माण की अभिलाषा।

कुछ दिमाग असफलता से गुजरने के बाद ही विकसित होते हैं, जबकि कुछ दिमाग दंड के अलग-अलग रूपों द्वारा बड़े स्तर पर काम करने के लिए विवश होते हैं। बहुत से दिमाग दंड के अधीन ही निष्क्रिय हो जाते हैं, जबकि कुछ अवसर मिलने

पर अविश्वसनीय ऊँचाइयों को छूने के लिए विकसित हो जाते हैं और अपनी कल्पना-शक्तियों का प्रयोग रचनात्मक तरीके से करते हैं।

यातायात के साधनों में होनेवाले क्रमिक विकास ने मानव के लिए हल करने हेतु कई अन्य समस्याएँ भी निर्मित की हैं। कारों और बसों के विकास ने इनसान को बेहतर सड़कों को बनाने के लिए प्रेरित किया। यातायात के बढ़ते हुए दबाव ने परिवहन से जुड़ी असाधारण संरचनाओं को निर्मित करने के लिए बाध्य किया है।

यदि आप एक कल्पनाशील मस्तिष्क रखते हैं तो आप खुद का अध्ययन करें और यह पता करें कि आपके मस्तिष्क को जरूरत या रचनात्मक निर्माण की इच्छा में से कौन से प्रभाव द्वारा प्रेरित किया जा रहा है ? लाखों बच्चों की कल्पना-शक्ति को उनके अभिभावकों द्वारा जरूरतों की आसान पूर्ति द्वारा क्षीण कर दिया जाता है। अपने बच्चों को आसानी से चीजें उपलब्ध करवाकर आप विश्व को एक मेधावी इनसान से वंचित कर रहे होते हैं। इस बात को दिमाग में रखें कि मानव द्वारा की गई अधिकांश प्रगति कठिन, कठोर और कड़वी जरूरतों का परिणाम है।

विकास-क्रम का नियम हमेशा और हर जगह पर काम करता है। इस पृथ्वी पर और पूरे ब्रह्मांड में प्रत्येक भौतिक तत्त्व परिवर्तन, निर्माण, ध्वंस और पुनर्निर्माण से होकर गुजर रहा है। किसी भी ऐसे स्थान पर जाएँ, जहाँ आप बीस वर्ष पहले रहे थे, आप न तो उस स्थान को और न ही उन लोगों को पहचान पाएँगे।

मानव का मस्तिष्क भी निरंतर बदलाव से गुजर रहा है। प्रत्येक सात वर्षों के बाद एक सामान्य व्यक्ति का मस्तिष्क उल्लेखनीय रूप से विकसित और विस्तारित हो जाता है। मस्तिष्क के इन आवधिक परिवर्तनों के दौरान बुरी आदतों को छोड़ा जा सकता है और अच्छी आदतों को विकसित किया जा सकता है।

मानव का मस्तिष्क भी निरंतर बदलाव से गुजर रहा है। प्रत्येक सात वर्षों के बाद एक सामान्य व्यक्ति का मस्तिष्क उल्लेखनीय रूप से विकसित और विस्तारित हो जाता है। मस्तिष्क के इन आवधिक परिवर्तनों के दौरान बुरी आदतों को छोड़ा जा सकता है और अच्छी आदतों को विकसित किया जा सकता है।

मानव के मस्तिष्क का कल्पनात्मक गुण अब तक रची गई सबसे महान् मशीन है। विशाल उद्योग, ऊँची इमारतें, बड़े-बड़े संस्थान और आधार-संरचनाएँ कल्पना के इसी शक्तिशाली बल के आधार पर निर्मित हुई हैं। अपने मस्तिष्क को सोचने के लिए बाध्य करें। पुराने विचारों को नई योजनाओं के साथ संयोजित करने की दिशा में आगे

बढ़ें। प्रत्येक महान् आविष्कार और प्रत्येक असाधारण व्यापारिक या औद्योगिक उपलब्धि योजनाओं एवं ऐसे विचारों के एक संयोजन का अनुप्रयोग मात्र हैं, जिन्हें पहले किसी और तरीके से प्रयुक्त किया गया था।

आज से छह महीने या एक साल बाद इस निबंध को पुन: पढ़ें तो आप देख पाएँगे कि आपने उस समय की तुलना में इस निबंध से कितना अधिक हासिल किया है, जब आपने पहली बार इसे पढ़ा था!

समय आपके मस्तिष्क का विस्तार करने के लिए विकास-क्रम के नियम को एक अवसर प्रदान करता है, ताकि आपका मस्तिष्क बीते हुए समय की तुलना में अधिक देख और समझ सके।

□

9

पारिश्रमिक से ज्यादा करने की आदत

"आप यह कर सकते हैं,
यदि आपको विश्वास है कि आप कर सकते हो!"

कुछ ऐसा काम होता है, जिसे हम पसंद नहीं करते हैं; कुछ ऐसे काम भी होते हैं, जिन्हें हम कुछ सुनिश्चित परिस्थितियों के अधीन रहकर करना पसंद करते हैं और कुछ ऐसे कार्य भी हो सकते हैं, जिन्हें हम वास्तविक रूप से प्यार करते हैं।

उदाहरण के लिए, महान् कलाकार अपने कार्य को सामान्यत: प्रेम करते हैं। दूसरी ओर, दैनिक मजदूरी करनेवाला व्यक्ति न केवल अपने काम को नापसंद करता है, बल्कि वह वास्तव में उससे घृणा भी कर सकता है।

केवल आजीविका कमाने के लिए किया जानेवाला कार्य शायद ही किसी को पसंद होता है। जब हम किसी ऐसे काम को करते हैं, जिसे हम प्यार करते हैं तो हम उस कार्य को बिना थके हुए कई घंटों तक कर सकते हैं। नापसंद या नफरत वाले काम को करने पर हम बहुत जल्दी थक जाते हैं।

जैसे ही किसी कार्य में प्रेम का तत्त्व प्रवेश करता है, उस कार्य की गुणवत्ता तुरंत ही सुधर जाती है और उसकी मात्रा बढ़ जाती है। जब किसी व्यक्ति को ऐसे काम में लगाया जाता है, जिसे वह प्यार करता है तो उस व्यक्ति को अपने वेतन से अधिक काम करने और बेहतर काम करने में कोई कठिनाई महसूस नहीं होती है। यह पूरा अध्याय इस बात का प्रमाण देने के लिए समर्पित है कि किसी व्यक्ति को उसकी पसंद का काम देकर उस व्यक्ति से उसको दिए जानेवाले वेतन की तुलना में अधिक बेहतर काम और सेवाएँ ली जा सकती हैं।

अपनी पसंद का काम करने पर व्यक्ति को खुशी के साथ-साथ अधिक धन भी प्राप्त होता है; क्योंकि प्रेम की भावना से कार्य निष्पादित करने पर उसके कार्य की मात्रा और गुणवत्ता केवल धन के लिए काम करने की तुलना में काफी अधिक बढ़ जाती है।

मेरे अनुभव के शुरुआती वर्षों में मुझे कैंटन, ओहियो में एक भाषण देने के लिए

आमंत्रित किया गया था। मेरे आगमन को बहुत अच्छे तरीके से प्रचारित किया गया था और इस कारण मैं इस बात की उम्मीद कर रहा था कि वहाँ मुझे सुनने के लिए बहुत सारे लोग मौजूद होंगे। किंतु इसके विपरीत, दो बड़े उद्योपतियों द्वारा आयोजित बैठकों के साथ टकराव होने पर मेरे श्रोताओं की संख्या मात्र 13 रह गई थी। मेरा हमेशा से यह विश्वास रहा था कि व्यक्ति को अपनी सेवाओं या कार्यों के लिए प्राप्त पारिश्रमिक को ध्यान में रखे बिना अपना सर्वोत्तम प्रस्तुत करना चाहिए। मैंने अपना भाषण यही सोचकर दिया कि पूरा हॉल श्रोताओं से भरा हुआ है। मैंने उस दिन अपना सबसे प्रभावशाली भाषण दिया था; लेकिन फिर भी, मेरे हृदय में यह बात चुभ रही थी कि श्रोताओं की संख्या कम थी और मैं अपने काम में असफल हो गया था।

मुझे अगले दिन तक नहीं पता था कि मैं एक रात पहले इतिहास बना रहा था। क्योंकि उसी भाषण में पहली बार मैंने 'सफलता के नियम' नामक इस दर्शन को एक वास्तविक औजार के रूप में अभिव्यक्त किया था।

मेरे 13 श्रोताओं में से एक का नाम डॉन आर. मिलेट था, जो कि उस समय 'कैंटन डेली न्यूज' के प्रकाशक थे। मैं अपना भाषण समाप्त करके पिछले दरवाजे से होकर सीधा होटल वापस आ गया था, क्योंकि मैं उस समय अपने उन 13 श्रोताओं में से किसी का भी सामना नहीं करना चाहता था।

मेरे 13 श्रोताओं में से एक का नाम डॉन आर. मिलेट था, जो कि उस समय 'कैंटन डेली न्यूज' के प्रकाशक थे। मैं अपना भाषण समाप्त करके पिछले दरवाजे से होकर सीधा होटल वापस आ गया था, क्योंकि मैं उस समय अपने उन 13 श्रोताओं में से किसी का भी सामना नहीं करना चाहता था।

अगले दिन मुझे मि. मिलेट के ऑफिस में आने के लिए आमंत्रित किया गया।

मैं वहाँ गया तो उन्होंने अपनी बात कुछ इस अंदाज में शुरू की, "क्या आप मुझे अपने पूरे जीवन की कहानी बताना चाहेंगे, अपने बचपन से लेकर आज तक की?"

मैंने उनसे कहा, "यदि आपके पास इतनी लंबी कहानी सुनने का वक्त है तो मैं अवश्य सुनाऊँगा।"

उन्होंने मुझसे कहा, "मैं सुन सकता हूँ, लेकिन तुम्हें अपने जीवन के किसी भी पहलू को छिपाना नहीं है; क्योंकि मैं तुम्हारी आत्मा को हर पहलू से देखना चाहता हूँ।"

मैंने अपने जीवन की कहानी तीन घंटे तक उन्हें सुनाई और वे ध्यान देकर सुनते रहे।

मैंने कुछ भी छिपाने का प्रयास नहीं किया था। मैंने उन्हें अपने संघर्ष के बारे में, अपनी गलतियों के बारे में, दुर्भाग्य के दिनों में बेईमानी की ओर मेरे झुकाव के बारे में

और संकट के समय में लिये गए मेरे फैसलों के बारे में सबकुछ बताया। मैंने उन्हें बताया कि 'सफलता के नियम' का दर्शन किस प्रकार मेरे दिमाग में उपजा था और कैसे मैंने इस दर्शन को व्यवस्थित रूप दिया था।

मेरी कहानी समाप्त होने के बाद मिलेट ने मुझसे कहा, ''मैं तुमसे एक निजी प्रश्न पूछना चाहता हूँ और आशा करता हूँ कि तुम मुझे अपनी कहानी की तरह बेबाकी के साथ इस प्रश्न का उत्तर दोगे—

"क्या तुमने अपने प्रयासों से कोई धन इकट्ठा किया है? और यदि नहीं, तो क्या तुम जानते हो कि तुम्हारे पास धन क्यों नहीं है?"

"नहीं।" मैंने उत्तर दिया, "मैंने अनुभव, ज्ञान और कुछ ऋण के अलावा कुछ भी जमा नहीं किया है।"

निश्चित रूप से तुम जानते हो कि असफलता और अस्थायी पराजय के बीच क्या अंतर होता है? कोई भी ऐसा व्यक्ति असफल नहीं माना जा सकता, जो एक ऐसे दर्शन या उससे भी कम एकमात्र विचार का सृजन करता है, जिसके द्वारा आनेवाली पीढ़ियों की कठिनाइयों को न्यूनतम किया जा सके और उन्हें निराशा के घेरे से बाहर ला सके।

मिलेट ने मुझसे कहा कि मैं तुम्हारा उत्तर जानता था, लेकिन मैं यह जानना चाहता था कि तुम इस बात को जानते हो कि नहीं? तुम शायद जानते हो कि तुम ऐसे इकलौते इनसान नहीं हो, जिसने ज्ञान हासिल करने के लिए धन का परित्याग किया है। तुम्हारा अनुभव सुकरात से लेकर आज तक के हरेक दार्शनिक के अनुभव से मेल खाता है।

मिलेट के इन शब्दों ने मेरे कानों में संगीत-सा भर दिया था। मैंने आश्चर्य के साथ पूछा, "कौन सा अनुभव?"

मिलेट ने जवाब दिया, "असफलता।"

निश्चित रूप से तुम जानते हो कि असफलता और अस्थायी पराजय के बीच क्या अंतर होता है? कोई भी ऐसा व्यक्ति असफल नहीं माना जा सकता, जो एक ऐसे दर्शन या उससे भी कम एकमात्र विचार का सृजन करता है, जिसके द्वारा आनेवाली पीढ़ियों की कठिनाइयों को न्यूनतम किया जा सके और उन्हें निराशा के घेरे से बाहर ला सके।

मिलेट का ऑफिस छोड़ने से पहले हम व्यापारिक साझीदार बन चुके थे। उन्होंने 'कैंटन डेली न्यूज' के प्रकाशक का काम छोड़कर मेरे सभी मामलों को प्रबंधित करने का जिम्मा ले लिया था। लेकिन बीच की एक अवधि में मुझे सारी चीजों को व्यवस्थित करना था।

इसी बीच मैंने 'कैंटन डेली न्यूज' में संपादकीय लेखों की एक श्रृंखला लिखना शुरू किया, जो कि 'सफलता के नियम' के दर्शन पर आधारित थी।

इन्हीं संपादकीय लेखों में से एक का शीर्षक 'असफलता' था, जो कि बाद में इस पाठ्यक्रम का एक अध्याय बन गया। इस लेख ने यूनाइटेड स्टेट्स स्टील कॉरपोरेशन के अध्यक्ष जज एलबर्ट एच. गैरी का ध्यान आकर्षित किया था। मिलेट और जज गैरी के बीच हुई बातचीत के बाद जज गैरी ने स्टील कॉरपोरेशन के कर्मचारियों हेतु 'सफलता के नियम' पाठ्यक्रम को खरीदने का प्रस्ताव रखा था।

अब भाग्य की लहरें मेरे पक्ष में मुड़ना शुरू हो गई थीं।

पारिश्रमिक से अधिक काम करने की आदत के द्वारा जिस सेवा के बीजों को मैं कठिनाई के लंबे समय से बोता आ रहा था, उन्होंने आखिरकार अंकुरित होना शुरू कर दिया था।

हेनरी फोर्ड ने कुछ वर्षों पहले 5 डॉलर प्रतिदिन के न्यूनतम वेतन की शुरुआत की थी। जो लोग तथ्यों से परिचित हैं, उनका कहना था कि फोर्ड इस न्यूनतम वेतन को शुरू करके कोई परोपकार का काम नहीं कर रहे थे, बल्कि वे एक ऐसे मजबूत व्यापारिक सिद्धांत का लाभ उठा रहे थे, जो कि उनके लिए उच्चतर प्रतिलाभ पैदा कर सकता था।

अपने पारिश्रमिक से अधिक सेवाएँ अर्पित करने के पीछे और भी दो कारण हैं—

पहला, हमेशा पारिश्रमिक से अधिक काम करनेवाले व्यक्ति की प्रतिष्ठा अर्जित करने पर आपको अधिक वेतन का भुगतान किया जाने लगता है। आपकी तुलना ऐसे लोगों से होती है, जो कि अपने पारिश्रमिक की तुलना में कम सेवाएँ प्रदान करते हैं। ऐसी तुलना के बाद आपकी सेवाएँ प्राप्त करने के लिए एक होड़ पैदा हो जाती है।

दूसरा कारण प्रकृति में मूलभूत रूप से छिपा हुआ है। मान लीजिए कि आपको एक मजबूत दाईं भुजा विकसित करनी है तो आप अपने बाएँ हाथ को बाँधकर उससे काम लेना बंद कर दें और सीधी भुजा से लगातार काम करते रहें। अंततः कुछ ही दिनों में आप देखेंगे कि आपकी दाईं भुजा पहले से अधिक शक्तिशाली हो गई है, लेकिन आपकी बाईं भुजा की शक्ति काफी क्षीण हो गई है। प्रतिरोध से ही मजबूती आती है। किसी जंगल में सबसे ऊँचे और विशाल पेड़ वे होते हैं, जो कि हवा के तेज झोंकों, भारी बारिश और सूरज की तपिश का सामना करने के लिए तैयार रहते हैं। सूरज की रोशनी और आँधी-तूफान से सुरक्षित रहनेवाले पौधों की वृद्धि सीमित रह जाती है। इसलिए आप जितना अधिक काम करेंगे, आपकी क्षमताएँ और कौशल उतने ही बढ़ते चले जाएँगे।

पारिश्रमिक की तुलना में अधिक काम करने से आपको न केवल भौतिक लाभ में वृद्धि हासिल होती है, बल्कि आपको अपनी सेवाओं के बदले में मिलनेवाली खुशी और संतुष्टि का पुरस्कार भी मिलता है।

हेनरी फोर्ड ने कुछ वर्षों पहले 5 डॉलर प्रतिदिन के न्यूनतम वेतन की शुरुआत की थी। जो लोग तथ्यों से परिचित हैं, उनका कहना था कि फोर्ड इस न्यूनतम वेतन को शुरू करके कोई परोपकार का काम नहीं कर रहे थे, बल्कि वे एक ऐसे मजबूत व्यापारिक सिद्धांत का लाभ उठा रहे थे, जो कि उनके लिए उच्चतर प्रतिलाभ पैदा कर सकता था। यह प्रतिलाभ उन्हें डॉलर और छवि—दोनों के रूप में प्राप्त होना था। औसत से अधिक वेतन का भुगतान करके उन्होंने औसत से ज्यादा सेवा और बेहतर सेवा अपने कर्मचारियों से प्राप्त की थी।

सभी व्यक्ति अधिकांश मामलों में भिन्न होते हैं, लेकिन स्वार्थ के मामले में अधिकांश लोग समान ही होते हैं। यह स्वार्थपरता आपके लिए एक बहुमूल्य चीज का काम कर सकती है। यदि आप अपने आपको किसी ऐसे व्यक्ति के लिए इतना उपयोगी बना लेते हैं, जो आपकी सेवाएँ खरीदने के बाद खुद को लाभान्वित महसूस करता है तो आप अपनी सेवाओं का यथोचित मूल्य निर्धारित कर सकते हैं।

मैं पिछले पच्चीस वर्षों से भुगतान से अधिक सेवाएँ प्रदान करने के बारे में विचार करता आ रहा हूँ और मेरे चिंतन का निष्कर्ष यह है कि यदि हम प्रतिदिन मात्र 1 घंटा किसी को भी अपनी सेवाएँ बिना किसी पारिश्रमिक के प्रस्तुत करें तो हमें इतना बड़ा प्रतिलाभ प्राप्त हो सकता है, जो कि हमारी भुगतान-आधारित दिन भर की सेवाओं के बदले में मिलनेवाले पूरे लाभ से भी बड़ा हो।

इसके लिए हमें बढ़ते हुए प्रतिलाभ के नियम को समझना होगा और उसका परीक्षण करना होगा।

इस नियम का एक परीक्षण इस प्रकार कर सकते हैं।

अगले छह महीनों के दौरान प्रतिदिन किसी एक व्यक्ति को अपनी उपयोगी सेवा प्रदान करने का निश्चय करें और बदले में कोई पारिश्रमिक पाने की अपेक्षा न करें।

इस परीक्षण को इस आस्था के साथ अपनाएँ कि यह आपके लिए स्थायी सफलता की उपलब्धि तक पहुँचाएगा। उदाहरण के लिए, आप एक या अधिक व्यक्तियों को निजी रूप से इस प्रकार की सेवा प्रदान कर सकते हैं या अपने वर्तमान नियोक्ता को काम के निर्धारित घंटों के बाद अलग से अपनी सेवाएँ दे सकते हैं। आप ऐसे अजनबी लोगों को भी सेवाएँ दे सकते हैं, जो आपको दोबारा कभी नहीं मिलेंगे। इस प्रकार की सेवा का उद्देश्य केवल दूसरों को लाभ पहुँचाना ही होना चाहिए।

अधिकांश लोग पूरे जीवन भर इस मूर्खतापूर्ण अंधविश्वास को ढोते रहते हैं कि उन्हें धोखा दिया जा सकता है। हमारे हर सौदे में एक तीसरा मूक पक्ष हमेशा मौजूद रहता है। प्रकृति और चीजों की आत्मा खुद-ब-खुद प्रत्येक करार के पूर्ण होने की गारंटी ले लेती है, ताकि ईमानदार सेवाओं के फलस्वरूप कोई हानि न हो।

इमर्सन के अनुसार, कारण और प्रभाव, साधन और लक्ष्य, बीज और फल पृथक् नहीं हो सकते; क्योंकि प्रभाव कारण में ही पहले से मौजूद रहता है। लक्ष्य साधन में ही पहले से उपस्थित होता है और फल बीज में ही निहित होता है।

आप निस्स्वार्थ अपनी सेवाएँ प्रदान करके ईश्वर को अपना ऋणी बना लेते हैं। आप की सेवाओं का भुगतान जितने लंबे समय तक रुका रहेगा, आप के लिए उतना ही बेहतर होगा; क्योंकि आपका लाभ चक्रवृद्धि ब्याज की दर से निरंतर बढ़ता रहता है।

अधिकांश लोग पूरे जीवन भर इस मूर्खतापूर्ण अंधविश्वास को ढोते रहते हैं कि उन्हें धोखा दिया जा सकता है। हमारे हर सौदे में एक तीसरा मूक पक्ष हमेशा मौजूद रहता है। प्रकृति और चीजों की आत्मा खुद-ब-खुद प्रत्येक करार के पूर्ण होने की गारंटी ले लेती है, ताकि ईमानदार सेवाओं के फलस्वरूप कोई हानि न हो।

यह पूर्णरूप से सत्य है कि आप दूसरों को सफल बनाने में अपनी सहायता प्रदान करके सर्वोत्तम और तीव्रतम रूप में सफलता हासिल कर सकते हैं।

कई वर्ष पहले मुझे डेवनपोर्ट के पामर स्कूल के छात्रों को संबोधित करने के लिए आमंत्रित किया गया था। मेरे मैनेजर ने उस समय प्रभावी शर्तों के अनुसार इस पूरे आयोजन का प्रबंधन किया था, जिसके तहत मुझे व्याख्यान के बदले में 100 डॉलर एवं यात्रा भत्ता मिलना था।

जब मैं डेवनपोर्ट पहुँचा तो मैंने पाया कि स्वागत समिति मेरी प्रतीक्षा कर रही थी और उन्होंने काफी गर्मजोशी से मेरा स्वागत किया था। मैं कई ऐसे लोगों से मिला, जिनकी जानकारी और तथ्यों से मुझे काफी लाभ मिल सकता था। इसलिए जब मैं स्कूल में व्याख्यान देकर निकला तो मैंने अपनी फीस और यात्रा भत्ता लेना अस्वीकार कर दिया, क्योंकि मुझे यह महसूस हो रहा था कि मुझे इस यात्रा से काफी लाभ मिला है।

अगली सुबह डॉ. पॉमर ने अपने स्कूल के लगभग 2,000 छात्रों के सामने यह घोषणा की—

"बीस वर्षों से मैं इस स्कूल को संचालित कर रहा हूँ और इस दौरान यहाँ बहुत सारे अतिथि व्याख्याता आए; लेकिन पहली बार एक ऐसा व्यक्ति हमारे स्कूल में आया, जिसने

अपनी फीस को केवल इस कारण से नहीं लिया, क्योंकि वह महसूस करता था कि उसे अपनी सेवा का भुगतान दूसरे रूप में मिल चुका है। यह व्यक्ति एक राष्ट्रीय मैगजीन का संपादक है और मैं आप में से प्रत्येक छात्र को यह परामर्श देता हूँ कि आप उस मैगजीन को नियमित रूप से खरीदें, क्योंकि यह व्यक्ति वास्तव में यह चाहता है कि आप पढ़ाई करने के बाद जब अपने काम के क्षेत्र में जाएँ तो आप भी ऐसी सेवाएँ अर्पित करें।"

उस सप्ताह के मध्य तक मुझे अपनी मैगजीन की ग्राहक सदस्यता के बदले में 6,000 डॉलर से अधिक प्राप्त हो चुके थे। अगले दो वर्षों के दौरान उन 2,000 छात्रों तथा उनके मित्रों से मुझे लगभग 50,000 डॉलर की राशि हासिल हुई थी।

अब आप ये बताएँ कि मैं कहाँ और कैसे 100 डॉलर का निवेश करके इतना बड़ा लाभ हासिल कर सकता था? मैंने 100 डॉलर की फीस को अस्वीकार करके बढ़ते हुए प्रतिलाभ के नियम को अपने पक्ष में काम करने के लिए लागू कर लिया था।

हम जीवन में दो महत्त्वपूर्ण अवधियों से होकर गुजरते हैं। पहली अवधि के दौरान हम ज्ञान को संगृहीत, वर्गीकृत और संगठित करते हैं; जबकि दूसरी अवधि के दौरान हम पहचान के लिए संघर्ष करते हैं। इसके बाद हमारे सामने एक कठिनाई यह होती है कि हम जिन्हें अपनी सेवाएँ प्रस्तुत करने जा रहे हैं, वे लोग कैसे आश्वस्त हों कि हम उन सेवाओं को प्रदान करने में सक्षम हैं? जैसे-जैसे हम लोगों को अपनी योग्यता के बारे में आश्वस्त करते जाते हैं, वैसे-वैसे हम अपनी पहचान स्थापित करने की दिशा में एक कदम आगे बढ़ा रहे होते हैं।

हम जीवन में दो महत्त्वपूर्ण अवधियों से होकर गुजरते हैं। पहली अवधि के दौरान हम ज्ञान को संगृहीत, वर्गीकृत और संगठित करते हैं; जबकि दूसरी अवधि के दौरान हम पहचान के लिए संघर्ष करते हैं। इसके बाद हमारे सामने एक कठिनाई यह होती है कि हम जिन्हें अपनी सेवाएँ प्रस्तुत करने जा रहे हैं, वे लोग कैसे आश्वस्त हों कि हम उन सेवाओं को प्रदान करने में सक्षम हैं?

"आप मुझे अपने पैसे का रंग दिखाओ, तब मैं आपको दिखाऊँगा कि मैं क्या कर सकता हूँ।" दुनिया से यह कहने की बजाय आप इस नियम को उलटा कर दें और यह कहें, "मुझे अपनी सेवा का रंग आपको दिखाने की अनुमति दें, ताकि मेरी सेवा पसंद आने पर मुझे आपके पैसे का रंग देखने का अवसर मिल सके।"

आप इस अध्याय को पढ़ने के बाद अलग उठाकर रख सकते हैं। ऐसा करना आपका विशेषाधिकार है। यदि आप इस अध्याय से कोई लाभ उठाने का प्रयास नहीं करते

हैं तो आप अपने आप को इस एहसास के बिना कभी भी एक दर्पण में नहीं देख पाएँगे कि आपने खुद को जानबूझकर धोखा दिया है। यदि यह सरल भाषा आपको क्रोधित कर रही है तो मैं बहुत प्रफुल्लित हूँ, क्योंकि यह इस बात का संकेत है कि आपको गतिशील किया जा सकता है।

हम अपनी कमियों के समर्थन में बहाने खोजने के महारथी होते हैं। हम तथ्यों और सत्य को उनके वास्तविक रूप में देखने की बजाय अपनी इच्छा के अनुसार देखना चाहते हैं। हमें कठोर और निष्पक्ष सत्य की तुलना में चापलूसी के मीठे शब्दों से लगाव होता है।

आप अपनी असफलता के वास्तविक कारणों के बारे में न केवल अपने आप को मूर्ख बना रहे होते हैं, बल्कि इन कारणों को किसी दूसरे व्यक्ति के दरवाजे पर टाँगने का प्रयास भी कर रहे होते हैं। जब चीजें आपके अनुकूल नहीं होती हैं तो आप उसकी विफलता की पूर्ण जिम्मेदारी को स्वीकार करने की बजाय यह कहते हैं, 'यह काम कितना बेकार है! मैं उन लोगों के व्यवहार को पसंद नहीं करता हूँ, इसलिए मैं काम छोड़कर जा रहा हूँ।'

इसीलिए हम ऐसे लोगों के विरुद्ध हो जाते हैं, जो हमारे लाभ के लिए सत्य को प्रकट करने का साहस करते हैं। यदि आप किसी व्यक्ति को 100 डॉलर की फीस केवल उसकी इस बात की योग्यता और साहस के लिए देते हैं कि वह आपके पाखंड, चापलूसी, प्रेम और पूर्वग्रहों को आपके सामने पूरी तरह से प्रकट कर सकता है और आपको आपका सबसे कमजोर पक्ष दिखा सकता है, तो यह फीस तार्किक रूप से पर्याप्त होगी।

आपने मेरी पुस्तक के लिए भुगतान किया है, इसलिए आपके वास्तविक स्वरूप की गहराइयों में झाँकना और आपको अपने अंदर का एक पारदर्शी दृश्य प्रदान करना मेरा कर्तव्य है, जो कि मैं ठीक ढंग से कर रहा हूँ। आप अपनी असफलता के वास्तविक कारणों के बारे में न केवल अपने आप को मूर्ख बना रहे होते हैं, बल्कि इन कारणों को किसी दूसरे व्यक्ति के दरवाजे पर टाँगने का प्रयास भी कर रहे होते हैं। जब चीजें आपके अनुकूल नहीं होती हैं तो आप उसकी विफलता की पूर्ण जिम्मेदारी को स्वीकार करने की बजाय यह कहते हैं, 'यह काम कितना बेकार है! मैं उन लोगों के व्यवहार को पसंद नहीं करता हूँ, इसलिए मैं काम छोड़कर जा रहा हूँ।'

इस तथ्य से इनकार न करें।

काम को छोड़ने की बजाय आपको तथ्यों का सामना करना चाहिए और इसके

बाद ही आप यह जान पाएँगे कि जीवन बाधाओं व कठिनाइयों में पारंगत होने की एक लंबी श्रृंखला मात्र है।

मैं ईश्वर का इस बात के लिए धन्यवाद देता हूँ कि मेरे कई ऐसे शत्रु रहे हैं, जिन्होंने मेरे साथ बहुत ही कड़वा व्यवहार किया और मुझे ऐसी चीजें करने को बाध्य किया, जिनके द्वारा मैं अपनी कई गंभीर कमियों से खुद को बचा पाया। मैं इन शत्रुओं को कोई फीस दिए बिना ही उनकी आलोचना से लाभ प्राप्त करता रहा हूँ।

यह एक अभेद्य नियम है कि मजबूती का विकास प्रतिरोध से ही होता है। हम यदि एक गरीब लुहार को देखकर इस बात से तरस खाते हैं कि वह पूरे दिन 5 पौंड का हथौड़ा चलाता रहता है तो हमें इस बात की सराहना भी करनी चाहिए कि हथौड़ा चलाते हुए उसने अपनी बाँहों को कितना शक्तिशाली बना लिया है!

जब अन्य वाहन निर्माता अपने उत्पादों का मूल्य बढ़ाते थे, तब फोर्ड अपने उत्पादों का मूल्य कम कर देते थे। जहाँ दूसरे नियोक्ता अपने कर्मचारियों का वेतन घटाते थे, वहीं फोर्ड वेतन में वृद्धि करते थे। उनकी इस नीति ने बढ़ते हुए प्रतिलाभ के नियम को उनके पक्ष में इतना प्रभावी कर दिया कि वे विश्व के सर्वाधिक धनी और शक्तिशाली व्यक्ति बन गए।

एमर्सन के अनुसार, "सभी चीजों के दोहरे संघटन के कारण जीवन में कोई धोखाधड़ी नहीं हो सकती। श्रम का सबसे वास्तविक मूल्य ज्ञान और विवेक है, जबकि संपदा और साख इसके प्रतीक चिह्न हैं। कागजी मुद्रा जैसे प्रतीक चिह्नों को चुराया जा सकता है, लेकिन ज्ञान और विवेक को धोखाधड़ी या किसी अन्य तरीके से चुराया नहीं जा सकता।"

हेनरी फोर्ड के पास एक सप्ताह में 15,000 लोगों के पत्र आते थे, जो उनसे पैसे माँगने की याचना करते थे। वे बेचारे अज्ञानी लोग इस बात को नहीं समझ पाए कि फोर्ड की वास्तविक संपत्ति को डॉलर में या फैक्टरियों की संख्या के आधार पर नहीं मापा जा सकता था। उनकी संपत्ति उस प्रतिष्ठा के आधार पर आँकी जा सकती थी, जो उन्होंने एक उचित मूल्य पर उपयोगी सेवा प्रदान करने के माध्यम से हासिल की थी।

उन्होंने यह प्रतिष्ठा कैसे हासिल की थी?

फोर्ड के व्यापारिक दर्शन का मूल मंत्र था—

'लोगों को यथासंभव न्यूनतम मूल्य पर सर्वोत्तम उत्पाद उपलब्ध कराना।'

जब अन्य वाहन निर्माता अपने उत्पादों का मूल्य बढ़ाते थे, तब फोर्ड अपने उत्पादों

का मूल्य कम कर देते थे। जहाँ दूसरे नियोक्ता अपने कर्मचारियों का वेतन घटाते थे, वहीं फोर्ड वेतन में वृद्धि करते थे। उनकी इस नीति ने बढ़ते हुए प्रतिलाभ के नियम को उनके पक्ष में इतना प्रभावी कर दिया कि वे विश्व के सर्वाधिक धनी और शक्तिशाली व्यक्ति बन गए।

यह अध्याय आपको पढ़ाने के मकसद से नहीं लिखा गया था। यह एक ऐसे साधन के रूप में लिखा गया, जिसके द्वारा आप जीवन के महान् सत्यों को अपने आप सीखने के लिए प्रेरित हो सकें। जब आप अपनी योग्यता के अनुसार अपनी सर्वोत्तम सेवाएँ प्रदान करते हैं तो आप शिक्षा के उच्चतम रूप का उपयोग कर रहे होते हैं। इसलिए जब आप खुद को प्राप्त होनेवाले पारिश्रमिक के बदले में और अधिक सेवाएँ और बेहतर सेवाएँ प्रदान करते हैं तो आप अपने प्रयासों से किसी अन्य की तुलना में खुद को ज्यादा लाभ पहुँचा रहे होते हैं।

इस प्रकार की सेवाओं को प्रदान करके आप अपने चुने गए क्षेत्र में विशेषज्ञता हासिल कर सकते हैं। इसको अपनी दैनिक आदतों में शामिल कर लें और इस नियम का उसी नियमितता के साथ अनुसरण करें, जिस नियमितता के साथ आप अपना भोजन करते हैं। यह अध्याय आपके लिए महत्त्वहीन और मूल्यहीन हो सकता है, यदि आप इसमें उल्लिखित ज्ञान को स्वीकार करने और उसका अनुपयोग करने की दिशा में आगे नहीं बढ़ते हैं। ज्ञान को केवल संगठन और प्रयोग के द्वारा ही शक्ति में बदला जा सकता है। इस बात को कभी नहीं भूलें।

आप पारिश्रमिक से अधिक काम किए बिना कभी भी एक नेतृत्वकर्ता नहीं बन सकते और अपने चुने गए व्यवसाय में नेतृत्वशीलता का विकास किए बिना आप सफल नहीं हो सकते हैं।

□

10

सुखद व्यक्तित्व

"आप यह कर सकते हैं,
यदि आपको विश्वास है कि आप कर सकते हो!"

एक आकर्षक व्यक्तित्व क्या होता है?

इसका सीधा-सा उत्तर है—एक ऐसा व्यक्तित्व, जो आकर्षित करता है।

लेकिन एक व्यक्तित्व आकर्षित करने लायक कैसे बनता है?

इस बात की खोज करने के लिए आगे बढ़ते हैं। आपका व्यक्तित्व आपकी गुण-विशेषताओं और आपके बाहरी दिखावे का योगफल होता है, जिसके द्वारा आप दूसरे लोगों से भिन्न नजर आते हैं। आपके द्वारा पहने गए कपड़े, आपके चेहरे की रेखाएँ, आपकी आवाज का स्वर, आपके विचार, उन विचारों द्वारा विकसित आपका चरित्र—ये सभी मिलकर आपके व्यक्तित्व का निर्माण करते हैं।

आपका व्यक्तित्व आकर्षक है या नहीं, यह एक दूसरा विषय है।

आपके व्यक्तित्व का सबसे महत्त्वपूर्ण भाग आपके चरित्र द्वारा प्रदर्शित किया जाता है और इसलिए यह महत्त्वपूर्ण भाग अदृश्य होता है। आपके कपड़ों का स्टाइल और फैशन भी निस्संदेह रूप से आपके व्यक्तित्व का एक महत्त्वपूर्ण हिस्सा है, क्योंकि आपके बाहरी दिखावे से ही लोगों पर आपका पहला प्रभाव अंकित होता है।

आपके हाथ मिलाने का तरीका भी आपके व्यक्तित्व का एक महत्त्वपूर्ण हिस्सा है। आप हाथ मिलाने के सही तरीकों को सीखकर लोगों को अपनी ओर लंबे समय तक आकर्षित करने में सफल हो सकते हैं।

आपकी आँखें भी आपके व्यक्तित्व का महत्त्वपूर्ण हिस्सा हैं, क्योंकि बहुत से ऐसे लोग हैं, जो कि आपकी आँखों में झाँककर आपके हृदय को देख सकते हैं और आपके छिपे हुए विचारों की प्रकृति को पढ़ सकते हैं।

आपके शरीर की गतिशीलता और ऊर्जा को भी कभी-कभी व्यक्तिगत चुंबक कहा

जाता है और यह आपके व्यक्तित्व का एक महत्त्वपूर्ण हिस्सा होता है।

अब हम इन बाहरी माध्यमों को इस प्रकार से व्यवस्थित करने की दिशा में आगे बढ़ते हैं, जिनके द्वारा हमारे व्यक्तित्व की प्रकृति अभिव्यक्त होती है। इस प्रकार के व्यवस्थापन से हम अपने व्यक्तित्व को ऐसा बना सकते हैं कि वह लोगों को हमारी ओर खींचेगा, न कि हमसे परे धकेलेगा। यह एक तरीका है, जिसके द्वारा आप अपने व्यक्तित्व के समग्र रूप को इस प्रकार से अभिव्यक्त कर सकते हैं कि यह हमेशा दूसरे लोगों को आकर्षित करेगा, भले ही आप एक घरेलू मोटी महिला क्यों न हों! यह तरीका है दूसरे लोगों के जीवन के खेल में हृदय से गहन रुचि रखना।

जैसे ही मैं अपने निजी कक्ष से बाहर आया और मुख्य रिसेप्शन कक्ष तक पहुँचा, उस महिला ने मुझे देखकर मुसकराना शुरू कर दिया। वह एक तरह की संक्रामक मुसकराहट थी, जो कि सामनेवाले को भी मुसकराने के लिए मजबूर कर देती है। मेरे निकट पहुँचते ही उस महिला ने अपना हाथ मेरी ओर बढ़ाया और मुझसे हाथ मिलाया। मैंने इस बात पर ध्यान दिया कि उस महिला की केवल मुसकराहट ही आकर्षक नहीं थी, बल्कि उसका हाथ मिलाने का ढंग भी चुंबकीय था। मुझे विश्वास हो गया था कि वे हाथ के साथ-साथ दिल से भी मेरे प्रति आभार प्रकट कर रही थीं।

मैं कुछ वर्ष पहले का एक दृष्टांत सुनाता हूँ, जिसके द्वारा मैंने सेल्समैनशिप और आकर्षक व्यक्तित्व के बारे में एक पाठ सीखा था।

एक दिन एक वृद्ध महिला मेरे ऑफिस में आईं और उन्होंने मुझे एक कार्ड पर लिखकर भेजा कि वे मुझसे व्यक्तिगत मुलाकात करना चाहती हैं। मैंने अनुमान लगाया कि वह कोई गरीब महिला होगी, जो मुझे कुछ पुस्तकें बेचना चाहती होंगी। यह सोचकर कि मेरी माँ भी एक महिला थीं, मैं रिसेप्शन तक गया, ताकि उनकी पुस्तक खरीद लूँ।

जैसे ही मैं अपने निजी कक्ष से बाहर आया और मुख्य रिसेप्शन कक्ष तक पहुँचा, उस महिला ने मुझे देखकर मुसकराना शुरू कर दिया। वह एक तरह की संक्रामक मुसकराहट थी, जो कि सामनेवाले को भी मुसकराने के लिए मजबूर कर देती है। मेरे निकट पहुँचते ही उस महिला ने अपना हाथ मेरी ओर बढ़ाया और मुझसे हाथ मिलाया। मैंने इस बात पर ध्यान दिया कि उस महिला की केवल मुसकराहट ही आकर्षक नहीं थी, बल्कि उसका हाथ मिलाने का ढंग भी चुंबकीय था। मुझे विश्वास हो गया था कि वे हाथ

के साथ-साथ दिल से भी मेरे प्रति आभार प्रकट कर रही थीं।

मैंने उन महिला से कहा, "आइए, आप मेरे निजी कक्ष में चलिए।" मैं अभी भी इस बात के लिए तैयार नहीं था कि वह महिला मेरा ज्यादा वक्त खराब करे।

लेकिन पौने घंटे के वार्त्तालाप के दौरान मुझे अनुभव हुआ कि वह मेरे जीवन का सबसे विलक्षण और सुखद वार्त्तालाप था। अब आप समझ रहे होंगे कि वह इतने लंबे समय तक किस बारे में बात करती रही थीं। वह मुझे कोई पुस्तक बेचने की कोशिश नहीं कर रही थीं और न ही उन्होंने एक बार भी 'मैं' सर्वनाम का प्रयोग किया था।

फिर भी वह किसी चीज को बेचने की कोशिश कर रही थीं और वह चीज मैं खुद था।

उस महिला ने मेरे सामने बैठते ही एक पैकेट को खोलना शुरू किया और मैं उस पैकेट को एक पुस्तक समझने की गलती कर रहा था। असल में, उस पैकेट के भीतर उन मैगजीनों (नेपोलियन हिल का गोल्डन रूल) की पूरे वर्ष की एक फाइल थी, जिनका मैं संपादक था। उन्होंने उन मैगजीनों के पन्नों को पलटा और अपने द्वारा चिह्नित किए गए कुछ वाक्यों को पढ़कर बताया कि वह इस दर्शन में हमेशा से पूरा विश्वास रखती आ रही हैं।

कुछ वर्ष पहले शिकागो शहर में मैं एक सिक्योरिटीज हाउस के लिए सेल्समैनशिप का एक स्कूल चला रहा था। वहाँ 1,500 सेल्समैन नियुक्त थे। वहाँ एक व्यक्ति ऐसा भी था, जिसने कभी प्रतिभूतियाँ नहीं बेची थीं और वह स्वीकार करता था कि सेल्समैन की क्लास में प्रवेश लेने के बाद भी वह कोई प्रतिभूति नहीं बेच पाया था, क्योंकि वह खुद को एक सेल्समैन नहीं मानता था।

अपनी मुलाकात के आखिरी तीन मिनट के दौरान उन्होंने मुझे कुछ प्रतिभूतियों की खासियतें बताईं, जिन्हें वह बेच रही थीं। उन्होंने मुझसे खरीदने को नहीं कहा; लेकिन जिस तरीके से उन्होंने उन प्रतिभूतियों के गुणों को मुझे बताया, उसके मनोवैज्ञानिक प्रभाव ने मेरे भीतर खरीदने की इच्छा पैदा कर दी थी। हालाँकि मैंने उनसे प्रतिभूतियाँ नहीं खरीदीं, लेकिन मैंने अपने एक परिचित को फोन करके उन प्रतिभूतियों के बारे में बताया। बाद में उस व्यक्ति ने उस राशि से पाँच गुना अधिक की प्रतिभूतियाँ महिला से खरीदीं, जिसकी अपेक्षा वह महिला मुझसे कर रही थीं।

यदि इस प्रकार के व्यक्तित्व और चातुर्य से संपन्न कोई भी दूसरी महिला या पुरुष मुझसे मुलाकात करता है तो मैं पुनः उसके साथ बैठूँगा और पौना घंटा बातचीत करूँगा।

हम सभी इनसान हैं और हम एक मामले में समानता रखते हैं कि हम उन लोगों

को गहन रुचि के साथ सुनते हैं, जो ऐसी चीजों के बारे में बात करते हैं, जो हमारे दिल के सबसे करीब होती हैं।

कुछ वर्ष पहले शिकागो शहर में मैं एक सिक्योरिटीज हाउस के लिए सेल्समैनशिप का एक स्कूल चला रहा था। वहाँ 1,500 सेल्समैन नियुक्त थे। वहाँ एक व्यक्ति ऐसा भी था, जिसने कभी प्रतिभूतियाँ नहीं बेची थीं और वह स्वीकार करता था कि सेल्समैन की क्लास में प्रवेश लेने के बाद भी वह कोई प्रतिभूति नहीं बेच पाया था, क्योंकि वह खुद को एक सेल्समैन नहीं मानता था।

जब उसने अपना प्रशिक्षण पूरा कर लिया तो उस क्लास के कुछ स्टार या चतुर सेल्समैनों ने उसके साथ एक व्यावहारिक मजाक करने का निर्णय लिया। उन तथाकथित स्टार सेल्समैनों ने उसे एक संभावित खरीदार के बारे में बताया, जो एक साधारण कलाकार था और थोड़ा सा प्रयास करने पर ही प्रतिभूतियाँ खरीद सकता था।

वह नया सेल्समैन इस मदद को पाकर खुश हो गया और वह उस कलाकार के पास पहुँच गया। असल में, वह कलाकार एक बहुत ही संपन्न व्यक्ति था और उन स्टार सेल्समैनों ने कई बार उसे प्रतिभूतियाँ बेचने की कोशिश की थी, लेकिन वे सफल नहीं हो पाए थे। इसी कारण उन्होंने उस नए सेल्समैन को मूर्ख बनाने की योजना बनाई थी। वह नवनिर्मित सेल्समैन डेढ़ घंटे के भीतर वापस लौट आया। उसके चेहरे पर मुसकराहट थी। स्टार सेल्समैन एक-दूसरे की ओर देख रहे थे, क्योंकि उन्हें आशा थी कि वह एक दुःखी चेहरे के साथ वापस आएगा।

उनमें से मजाक के जन्मदाता सेल्समैन ने पूछा, "क्या तुम उस कलाकार को कुछ बेच पाए?"

"निश्चित रूप से।" नए सेल्समैन ने उत्तर दिया और कहा कि वह कलाकार तो आप लोगों ने जैसा बताया था, वैसा ही था—एक बहुत सज्जन और आकर्षक व्यक्ति।

उसके बाद उसने अपनी जेब में हाथ डालकर 2,000 डॉलर का एक चेक निकाला, जो कि उसे ऑर्डर के तौर पर मिला था।

अब वे स्टार जानना चाहते थे कि उसने यह कैसे किया?

नए सेल्समैन ने बताया कि यह बहुत कठिन नहीं था। मैं उसके पास गया और उससे कुछ मिनट बात की और वह कलाकार खुद ही प्रतिभूतियों के बारे में बात करने लगा और उसी ने मुझे बताया कि वह प्रतिभूति खरीदना चाहता है। मैंने वास्तव में उसे कुछ नहीं बेचा, उसने अपनी इच्छा से ही खरीदारी की।

जब मैंने उस लेन-देन के बारे में सुना तो मैंने उस नए सेल्समैन को अपने पास बुलाया और इस बारे में विस्तार से बताने को कहा। उसने मुझे पूरी बात इस प्रकार से बताई—

"जब मैं कलाकार के स्टूडियो पहुँचा तो वह एक चित्र बना रहा था। वह अपने काम में इतना तल्लीन था कि उसे मेरे वहाँ पहुँचने का पता ही नहीं चला था। मैं उसके पीछे जाकर खड़ा हो गया और बिना कुछ कहे उसकी चित्रकारी को देखता रहा। आखिरकार, उस कलाकार ने मुझे देखा और मैंने उससे इस तरह वहाँ आने के लिए माफी माँगी। मैंने उस चित्र के बारे में बात करना शुरू कर दिया, जिसे वह निर्मित कर रहा था। मैं कला के बारे में इतनी जानकारी जरूर रखता था कि उस चित्र के गुणों के बारे में कुछ विचार-विमर्श कर सकूँ। मैं उस कलाकार से कला के बारे में लगभग एक घंटे बात करता रहा। हमारी बातचीत खासकर उस चित्र पर केंद्रित रही, जो वह उस समय बना रहा था।

आखिरकार, उस कलाकार ने मुझे देखा और मैंने उससे इस तरह वहाँ आने के लिए माफी माँगी। मैंने उस चित्र के बारे में बात करना शुरू कर दिया, जिसे वह निर्मित कर रहा था। मैं कला के बारे में इतनी जानकारी जरूर रखता था कि उस चित्र के गुणों के बारे में कुछ विचार-विमर्श कर सकूँ। मैं उस कलाकार से कला के बारे में लगभग एक घंटे बात करता रहा। हमारी बातचीत खासकर उस चित्र पर केंद्रित रही, जो वह उस समय बना रहा था।

"अंत में, कलाकार ने मेरा नाम और व्यवसाय पूछा। मैंने उत्तर दिया कि मैं अपने व्यवसाय और नाम के बारे में ज्यादा परवाह नहीं करता। मैं आप में और आपकी कला में ज्यादा रुचि रखता हूँ। कलाकार का चेहरा एक उल्लासपूर्ण मुसकराहट से भर गया था। वह मुझसे स्टूडियो में आने का कारण पूछने लगा। उसके अधिक जोर देने पर मैंने व्यवसाय के बारे में बताया और उसे अपना पूरा परिचय दिया। मैंने संक्षेप में उसे उन प्रतिभूतियों के बारे में बताया, जिन्हें मैं बेचने की कोशिश कर रहा था। वह कलाकार मेरे प्रत्येक शब्द को बड़े आनंदित होकर सुन रहा था। जब मैंने अपनी बात खत्म की तो उस कलाकार ने मुझे बताया—मैं बहुत ही बेवकूफ रहा हूँ। तुम्हारी फर्म के दूसरे सेल्समैन भी इनमें से कुछ प्रतिभूतियों को मुझे बेचने का प्रयास करते आ रहे हैं। लेकिन वे व्यापार के अलावा किसी चीज के बारे में बात नहीं करते थे। मैं उनकी बातों से चिढ़ जाता था और उन्हें खाली हाथ वापस लौटा देता था। लेकिन तुमने अपनी बात को इतने अलग ढंग से रखा है और अब मैं महसूस कर रहा हूँ कि मैं कितना मूर्ख रहा हूँ! मैं तुमसे 2,000 डॉलर मूल्य की प्रतिभूतियाँ खरीदना चाहता हूँ।"

'तुमने अपनी बात को इतने अलग ढंग से रखा।'—इस वाक्य पर गौर करें।

और उस नवनिर्मित सेल्समैन ने बात को इतने अलग ढंग से कैसे पेश किया था?

इस प्रश्न को दूसरे रूप में देखें—क्या उस मास्टर सेल्समैन ने वास्तव में कलाकार को कुछ बेचा था? क्या उसने उसे प्रतिभूतियाँ बेची थीं?

नहीं, उसने उस कलाकार को उसका खुद का चित्र बेचा था, जिसे वह उस समय अपने खुद के कैनवास पर चित्रित कर रहा था।

प्रतिभूतियाँ तो मात्र एक संयोग थीं।

हम एक सफल व्यक्ति को उसके विजय के क्षण में देखते हैं और इस बात को देखकर चकित होते हैं कि उसने ऐसा कैसे किया? लेकिन हम उसकी विधियों को विश्लेषित करने के महत्त्व को नजरअंदाज कर देते हैं। हम यह भूल जाते हैं कि उसने अपनी विजय हासिल करने से पहले अपनी सजग और सुसंगठित तैयारी के लिए कितना मूल्य चुकाया था!

'सफलता के नियम' नामक इस पूरे पाठ्यक्रम में आपको कोई भी नया सिद्धांत नहीं मिलेगा। प्रत्येक सिद्धांत उतना ही पुराना है, जितनी कि हमारी सभ्यता। फिर भी, आप बहुत कम लोगों को खोज पाएँगे, जो यह समझते हैं कि इन सिद्धांतों को कैसे लागू करना है।

उस कलाकार को प्रतिभूतियाँ बेचनेवाला सेल्समैन न केवल एक मास्टर सेल्समैन था, बल्कि वह एक सुखद व्यक्तित्व का स्वामी भी था।

'सफलता के नियम' नामक इस पूरे पाठ्यक्रम में आपको कोई भी नया सिद्धांत नहीं मिलेगा। प्रत्येक सिद्धांत उतना ही पुराना है, जितनी कि हमारी सभ्यता। फिर भी, आप बहुत कम लोगों को खोज पाएँगे, जो यह समझते हैं कि इन सिद्धांतों को कैसे लागू करना है।

उस कलाकार को प्रतिभूतियाँ बेचनेवाला सेल्समैन न केवल एक मास्टर सेल्समैन था, बल्कि वह एक सुखद व्यक्तित्व का स्वामी भी था।

हालाँकि कुछ ऐसे भी लोग होंगे, जो यहाँ मेरे द्वारा स्पष्ट किए जा रहे सिद्धांत की गलत अवधारणा निर्मित कर रहे होंगे। ऐसे लोग यह निष्कर्ष निकाल लेते हैं कि किसी भी प्रकार की सस्ती चापलूसी मौलिक और हार्दिक रुचि का स्थान ले सकती है। मैं आशा करता हूँ कि आप ऐसे लोगों में से एक नहीं हैं। मैं आशा करता हूँ कि आप उन लोगों में से एक हैं, जो उस वास्तविक मनोविज्ञान को समझते हैं, जिस पर यह अध्याय आधारित है। आप दूसरे लोगों का इतनी निकटता से अध्ययन करें कि आप उनके या उनके काम के बारे में कुछ ऐसी चीजें खोज लें, जिनकी आप वास्तव में सराहना कर सकें। केवल यही एकमात्र तरीका है, जिसके द्वारा आप

दूसरों को निरंतर आकर्षित करनेवाला व्यक्तित्व विकसित कर सकते हैं।

सस्ती चापलूसी एक आकर्षक व्यक्तित्व के निर्माण की तुलना में विपरीत प्रभाव दरशाती है। यह लोगों को आकर्षित करने की बजाय आपसे दूर धकेल देती है। यह इतनी छिछली होती है कि एक अज्ञानी व्यक्ति भी इसे आसानी से पहचान सकता है।

यहाँ हम कुछ बहुत ही व्यावहारिक सुझावों के बारे में चर्चा करेंगे, ताकि हम जान सकें कि उपयोगी विचारों के निर्माण द्वारा कल्पना-शक्ति, सहयोग और सुखद व्यक्तित्व के नियमों को लाभकारी उद्देश्यों के लिए किस प्रकार से मिश्रित या समन्वित किया जा सकता है! प्रत्येक चिंतक जानता है कि विचार सभी सफल उपलब्धियों का आरंभ होते हैं। यह प्रश्न अकसर पूछा जाता है कि हम ऐसे विचारों को निर्मित करना कैसे सीख सकते हैं, जो धन का अर्जन कर सकें?

इस प्रश्न का उत्तर हम इस अध्याय में कुछ नए और अद्वितीय विचारों को वर्णित करते हुए खंडवार देंगे। इन विचारों में से किसी को भी किसी भी स्थान पर और किसी भी व्यक्ति के द्वारा लाभ अर्जित करने के लिए विकसित किया जा सकता है।

योजना संख्या-1

विश्व युद्ध ने जर्मनी के विशाल खिलौना बाजार को नष्ट कर दिया है। युद्ध से पहले हम में से अधिकांश लोग जर्मनी से खिलौने खरीदते थे। अब हम लंबे समय तक जर्मन निर्माताओं द्वारा बनाए गए खिलौनों को नहीं खरीद पाएँगे।

खिलौनों की माँग केवल संयुक्त राज्य अमेरिका में ही नहीं, बल्कि अन्य देशों में भी है। इनमें से अधिकांश देश हमारी तरह जर्मनी से खिलौने नहीं खरीदेंगे। इस व्यापार में हमारा एकमात्र प्रतिस्पर्धी जापान है; लेकिन उसके खिलौनों की गुणवत्ता इतनी खराब है कि उसके प्रतिस्पर्धी होने का हमारे लिए कोई अर्थ नहीं रह जाता है।

आप एक स्थानीय खिलौना विक्रेता के पास जाएँ और यह पता करें कि वह किस प्रकार के खिलौनों को सबसे ज्यादा तेजी से बेचता है। यदि आप बाजार में अभी चलनेवाले खिलौनों में कुछ सुधार करने की क्षमता नहीं रखते हैं तो एक ऐसे आविष्कारक को खोजें, जो कि आपके लिए एक बिकने योग्य खिलौने का डिजाइन तैयार कर सके। उस डिजाइन को लेकर आप किसी छोटे निर्माता के पास जाएँ और अपने खिलौनों के निर्माण की व्यवस्था करें।

लेकिन मुझे किस प्रकार के खिलौने बनाने चाहिए और इस व्यापार के लिए मुझे पूँजी कहाँ से प्राप्त होगी, आपके दिमाग में ये प्रश्न उभरेंगे।

पहले, आप एक स्थानीय खिलौना विक्रेता के पास जाएँ और यह पता करें कि वह किस प्रकार के खिलौनों को सबसे ज्यादा तेजी से बेचता है। यदि आप बाजार में अभी चलनेवाले खिलौनों में कुछ सुधार करने की क्षमता नहीं रखते हैं तो एक ऐसे आविष्कारक को खोजें, जो कि आपके लिए एक बिकने योग्य खिलौने का डिजाइन तैयार कर सके। उस डिजाइन को लेकर आप किसी छोटे निर्माता के पास जाएँ और अपने खिलौनों के निर्माण की व्यवस्था करें।

इसके बाद आपको पता चल जाता है कि आपके खिलौने की लागत क्या होगी और आप किसी बड़े थोक विक्रेता या वितरक के पास जाने के लिए तैयार होते हैं।

यदि आप एक योग्य सेल्समैन हैं तो आपको इस पूरी परियोजना के लिए कुछ डॉलर का वित्त आसानी से उपलब्ध हो सकता है। यह धन आप केवल अपने डिजाइन निर्माता को खोजने के विज्ञापन में खर्च कर सकते हैं। इसके बाद आप उस डिजाइनकर्ता या आविष्कारक को यह वादा कर सकते हैं कि वह केवल कुछ घंटे काम करके आपके लिए एक मॉडल तैयार करे और उसके बाद आप जब बड़े स्तर पर खिलौनों का निर्माण करेंगे तो उसे बेहतर और स्थायी रोजगार प्रदान करेंगे।

आप अपने खिलौने के विनिर्माता को भी भुगतान के लिए उस समय तक प्रतीक्षा करने के लिए राजी कर सकते हैं, जब तक कि आपको खिलौनों की बिक्री से आनेवाला धन प्राप्त न हो।

हम अपने बच्चों का मनोरंजन करने के लिए हर साल लाखों डॉलर खर्च करते हैं। इसलिए आप अपने खिलौनों को रोचक के साथ-साथ उपयोगी भी बनाएँ। इसे जहाँ तक संभव हो, शिक्षाप्रद बनाएँ। यदि आपके द्वारा बनाया गया खिलौना मनोरंजन करने के साथ-साथ कुछ सिखाता भी है तो वह तेजी से बिकेगा और हमेशा बिकता रहेगा। अपने खिलौने को एक ऐसे खेल की प्रकृति में ढालें, जो बच्चे को देश-दुनिया, भूगोल, गणित, अंग्रेजी और शरीर-शास्त्र के बारे में कुछ सिखाता हो।

यदि आप यह जानना चाहते हैं कि क्या बिकेगा, तो आप खेलते हुए बच्चों पर नजर रखें, उनकी पसंद व नापसंद पर ध्यान दें और यह पता लगाएँ कि उन्हें कौन से खिलौनों से खेलने में सबसे ज्यादा आनंद आता है? इसके बाद आपको अपने द्वारा बनाए जानेवाले खिलौने के बारे में एक विचार मिल जाता है। इस आविष्कार के लिए जीनियस होना जरूरी नहीं है। इसके लिए केवल सामान्य बोध ही जरूरी है। आप केवल लोगों की पसंद को जानें और उसके बाद अपना उत्पाद उन्हें पेश करें। अपने उत्पादन को अन्य उत्पादों की तुलना में बेहतर बनाने की कोशिश करें। उसे

अपनी निजता का स्पर्श दें और उसे विशिष्ट बनाएँ।

हम अपने बच्चों का मनोरंजन करने के लिए हर साल लाखों डॉलर खर्च करते हैं। इसलिए आप अपने खिलौनों को रोचक के साथ-साथ उपयोगी भी बनाएँ। इसे जहाँ तक संभव हो, शिक्षाप्रद बनाएँ। यदि आपके द्वारा बनाया गया खिलौना मनोरंजन करने के साथ-साथ कुछ सिखाता भी है तो वह तेजी से बिकेगा और हमेशा बिकता रहेगा। अपने खिलौने को एक ऐसे खेल की प्रकृति में ढालें, जो बच्चे को देश-दुनिया, भूगोल, गणित, अंग्रेजी और शरीर-शास्त्र के बारे में कुछ सिखाता हो। आप एक ऐसे खिलौने का भी उत्पादन कर सकते हैं, जो बच्चों को दौड़ने, कूदने या किसी अन्य प्रकार की शारीरिक कसरत के लिए प्रेरित करता हो।

विशेष रूप से शहरों में आप एक इनडोर बेसबॉल गेम को ज्यादा आसानी से बेच सकते हैं। एक ऐसे व्यवस्थापन पर कार्य करें, जिसमें छत से एक डोरी द्वारा बाँधकर लटकाई गई गेंद को एक बच्चा अपने हाथ से दीवार पर थ्रो कर सके और वापस लौटने पर अपने बैट से मार सके। दूसरे शब्दों में, यह एक अकेले बच्चे द्वारा खेला जानेवाला बेसबॉल गेम होगा।

योजना संख्या-2

यह योजना केवल ऐसे महिला या पुरुष के लिए आकर्षक हो सकती है, जो आत्मविश्वास से भरे हुए हैं और बड़ी आय अर्जित करने के लिए जोखिम उठाने की महत्त्वाकांक्षा रखते हैं। इस योजना को कम-से-कम 40 या 50 लोगों द्वारा अमेरिका के प्रत्येक बड़े शहर में व्यावहारिक रूप से लागू किया जा सकता है। छोटे शहरों में कम लोगों की जरूरत होगी।

यह उन लोगों के लिए है, जो विज्ञापन के लिए कॉपीराइटिंग, पत्र-लेखन, बिक्री साहित्य का लेखन, पत्रों के एकत्रीकरण जैसे कामों को कुशलता के साथ कर सकते हैं। इस सुझाव को व्यावहारिक और लाभप्रद बनाने के लिए आपको एक अच्छी विज्ञापन एजेंसी के सहयोग की जरूरत होगी। आप सबसे पहले ऐसी किसी एजेंसी के पास जाएँ और उसके साथ यह व्यवस्था करें कि वह आपको अपने यहाँ काम पर नियुक्त करे और आपके द्वारा एजेंसी को लाए गए सभी एकाउंट के कुल खर्च का 7 प्रतिशत भुगतान करे। कोई भी भरोसेमंद विज्ञापन एजेंसी आपके इस प्रस्ताव को अस्वीकार नहीं करेगी।

इसके बाद आप एक फर्म या व्यक्ति के पास जाएँ, जो अपना विज्ञापन एकाउंट आपके माध्यम से चलाना चाहता है और आप उसके काम को बिना किसी वेतन के करने को राजी होते हैं। आपको केवल उसे यह बताना है कि एक फर्म विशेष द्वारा उसके

यदि आप एक योग्य कॉपीराइटर हैं और अपने ग्राहकों के लिए नए व फायदेमंद विचारों का निर्माण कर सकते हैं तो आप इस पूरे काम को और भी प्रभावी ढंग से कर सकते हैं। आपको अपनी क्षमता से अधिक एकाउंट्स को स्वीकार नहीं करना है। आप थोड़ा समय अलग से निकालकर अपने ग्राहकों और अपनी एजेंसी के कामकाज के बारे में जरूरी जानकारी बनाए रखने के लिए अपना खुद का एक छोटा सा कार्यालय भी खोल सकते हैं।

सामान को अधिक मात्रा में बेचने के लिए सहायता मिल सकती है। यदि उस फर्म के पास कोई विज्ञापन मैनेजर है तो आप बिना वेतन के उसके सहायक के रूप में काम कर सकते हैं और इसके लिए आपको यह शर्त रखनी है कि फर्म के विज्ञापन का एक निश्चित या पूरा भाग उस विज्ञापन एजेंसी को सौंपा जाना चाहिए, जिसके साथ आपका पहले से अनुबंध है।

यदि आप एक योग्य कॉपीराइटर हैं और अपने ग्राहकों के लिए नए व फायदेमंद विचारों का निर्माण कर सकते हैं तो आप इस पूरे काम को और भी प्रभावी ढंग से कर सकते हैं। आपको अपनी क्षमता से अधिक एकाउंट्स को स्वीकार नहीं करना है। आप थोड़ा समय अलग से निकालकर अपने ग्राहकों और अपनी एजेंसी के कामकाज के बारे में जरूरी जानकारी बनाए रखने के लिए अपना खुद का एक छोटा सा कार्यालय भी खोल सकते हैं।

आप देख सकते हैं कि इस योजना में संभावनाएँ निहित हैं। इसके द्वारा आप स्वतंत्र रूप से काम करते हैं और अपनी अर्जित शक्ति का 100 प्रतिशत इस्तेमाल करते हैं। यह एक विज्ञापन मैनेजर के पद से कहीं बेहतर है, क्योंकि यह आपको अपने खुद के व्यापार में स्थापित करती है और आपके नाम की प्रतिष्ठा को लगातार विकसित करने में मदद करती है।

योजना संख्या-3

यह योजना किसी भी औसत बुद्धिमत्ता के व्यक्ति द्वारा मामूली सी तैयारी के साथ लागू की जा सकती है। किसी भी प्रथम श्रेणी के प्रिंटर के पास जाएँ और यह व्यवस्था करें कि आप उसके पास जो भी व्यापार लाएँगे, वह उसकी कुल राशि का 10 प्रतिशत आपको देगा। इसके बाद प्रकाशित सामग्री के सबसे बड़े प्रयोक्ता के पास जाएँ और उससे प्रत्येक प्रकार की सामग्री का सैंपल प्राप्त करें।

इसके बाद एक पेशेवर कलाकार के साथ कार्य अनुबंध या साझेदारी करें, जो कि

इस पूरी प्रकाशित सामग्री पर नजर डालेगा और इसमें यथासंभव सुधार करेगा। वह आपके लिए ऐसे चित्रित डिजाइन तैयार करेगा, जो कि पहले कभी प्रयुक्त न हुए हों। यदि आप एक कॉपीराइटर नहीं हैं तो किसी कॉपीराइटर के साथ भी कार्य अनुबंध करें, जो कि आपकी प्रकाशित सामग्री में सुधार कर सके। इस कार्य को पूरा करने के बाद आप प्रयोक्ता फर्म के पास जाकर अपने कार्य के लिए उचित मूल्य पेश कर सकते हैं। यदि आपने अपनी सेवाएँ समुचित रूप से निष्पादित कीं तो शीघ्र ही आपके पास एक पूरा व्यापार होगा, जिसे आप, आपका पेशेवर कलाकार और कॉपीराइटर—तीनों मिलकर चला सकते हैं।

उपर्युक्त में से किसी भी योजना को अपनाकर आप यदि कोई लाभ कमाते हैं तो आप अपने से जुड़े लोगों की प्रतिभा एवं योग्यता का भी सम्मान करते हैं और उन्हें लाभ के अवसर उपलब्ध कराते हैं।

आपकी योग्यता और आपका दिमाग जब आपके लिए या आपके साथ काम करनेवाले लोगों के साथ जुड़ जाता है तो उन लोगों की धनार्जन क्षमता भी व्यापक रूप से बढ़ जाती है और वे इस बात को जानकर भी कि आप उनके प्रयासों से लाभान्वित हो रहे हैं, आपके साथ जुड़े रहते हैं; क्योंकि वे उससे ज्यादा कमा रहे हैं, जितना वे आपसे जुड़ने से पहले कमाते थे।

> *आपकी योग्यता और आपका दिमाग जब आपके लिए या आपके साथ काम करनेवाले लोगों के साथ जुड़ जाता है तो उन लोगों की धनार्जन क्षमता भी व्यापक रूप से बढ़ जाती है और वे इस बात को जानकर भी कि आप उनके प्रयासों से लाभान्वित हो रहे हैं, आपके साथ जुड़े रहते हैं; क्योंकि वे उससे ज्यादा कमा रहे हैं, जितना वे आपसे जुड़ने से पहले कमाते थे।*

आप कर्मचारी वर्ग से निकलकर नियोक्ता बनना चाहते हैं। प्रत्येक सामान्य व्यक्ति यही चाहता है। इस दिशा में सबसे बेहतर पहला कदम यही है कि आप अभी जिस फर्म और व्यक्ति के लिए काम कर रहे हैं, तो अपने काम को इस तरह से निष्पादित करें, जैसे कि आप उस फर्म के मालिक हों।

व्यापार में उत्पादक और उपभोक्ता—दो वर्ग होते हैं। वर्तमान समय की प्रवृत्ति यह है कि इन दोनों वर्गों को किसी मध्यवर्ती या बिचौलिया वर्ग के बिना आपस में कैसे निकट लाया जाए? आप उत्पादक और उपभोक्ता के बीच के रास्ते को कम करने के तरीके खोजें। यदि आपने कोई ऐसी योजना बनाई है, जो कि इन दोनों वर्गों को सहायता प्रदान करती हो तो वह योजना आपके लिए भी निश्चित रूप से लाभकारी होगी।

हम में से अधिकांश लोग पैसा कमाना चाहते हैं; लेकिन 100 में से 99 लोग जब

धन कमाने के लिए कोई योजना बनाते हैं तो उनकी योजना में केवल पैसा कमाने पर जोर होता है, पैसे के बदले दी जानेवाली सेवा के बारे में कोई चिंतन नहीं किया जाता है। एक सुखद व्यक्तित्व वह होता है, जो कल्पना-शक्ति और सहयोग का उपयोग करता है।

अब हम उन तरीकों और साधनों का अध्ययन करेंगे, जिनके द्वारा कोई भी एक सुखद व्यक्तित्व का विकास कर सकता है।

सबसे पहली अनिवार्य चीज चरित्र है, क्योंकि एक सुदृढ़ और सकारात्मक चरित्र की आधारशिला के बिना एक सुखद व्यक्तित्व का निर्माण नहीं किया जा सकता। टेलीपैथी के सिद्धांत के द्वारा आप अपने चरित्र की प्रकृति को उन लोगों तक टेलीग्राफ कर सकते हैं, जो आपके संपर्क में आते हैं। आप अपने साफ-सुथरे कपड़ों से बाहरी तौर पर लोगों को आकर्षित कर सकते हैं। लेकिन यदि आपके हृदय में लालच, द्वेष, नफरत, ईर्ष्या और स्वार्थपरता भरी हुई है तो आप अपने जैसे चरित्र वाले लोगों को छोड़कर किसी को भी आकर्षित नहीं कर पाएँगे।

सबसे पहली अनिवार्य चीज चरित्र है, क्योंकि एक सुदृढ़ और सकारात्मक चरित्र की आधारशिला के बिना एक सुखद व्यक्तित्व का निर्माण नहीं किया जा सकता। टेलीपैथी के सिद्धांत के द्वारा आप अपने चरित्र की प्रकृति को उन लोगों तक टेलीग्राफ कर सकते हैं, जो आपके संपर्क में आते हैं। आप अपने साफ-सुथरे कपड़ों से बाहरी तौर पर लोगों को आकर्षित कर सकते हैं। लेकिन यदि आपके हृदय में लालच, द्वेष, नफरत, ईर्ष्या और स्वार्थपरता भरी हुई है तो आप अपने जैसे चरित्र वाले लोगों को छोड़कर किसी को भी आकर्षित नहीं कर पाएँगे।

आप अपनी कृत्रिम मुसकान के द्वारा अपने भावों को छिपा सकते हैं। आप हाथ मिलाने की कला से लोगों को रिझा सकते हैं; लेकिन यदि आप अपने व्यक्तित्व द्वारा ईमानदारी को प्रदर्शित करने में असफल रहते हैं तो लोग आपकी ओर आकर्षित होने की बजाय आपसे दूर ही जाएँगे।

तो कोई व्यक्ति चरित्र का निर्माण कैसे कर सकता है?

चरित्र-निर्माण में पहला कदम कठोर आत्म-अनुशासन है।

दूसरे और आठवें अध्याय में आपने उस सूत्र को पढ़ा था, जिसके द्वारा आप अपने चरित्र को आकार दे सकते हैं। मैं यहाँ इसे एक बार फिर से चरणबद्ध रूप में दोहराता हूँ—

पहले : आप उन चरित्रों का चयन करें, जिनकी गुण-विशेषताओं को अपनाकर आप अपने चरित्र का निर्माण करना चाहते हैं। एक काउंसिल मेज के चारों ओर उन व्यक्तित्वों

के बैठने की कल्पना करें। इसके बाद जोर-जोर से बोलकर अपने आप को यह सुझाव दें कि आप खुद में इन महान् चरित्रों के गुणों को विकसित कर रहे हैं।

दूसरे : अध्याय में वर्णित सिद्धांतों के अनुसार अपने विचारों को नियंत्रित करें और अपने दिमाग को सकारात्मक विचारों से जीवंत करें। अपने दिमाग में एक ऐसे व्यक्तित्ववाले व्यक्ति का चित्र अंकित करें, जिसे आप इस पूरी प्रक्रिया के माध्यम से निर्मित करना चाहते हैं।

तीसरे : प्रतिदिन कम-से-कम एक ऐसे व्यक्ति को खोजें, जिसमें आप कुछ सराहनीय गुण देखते हैं। आप उसके गुणों की सराहना करें; लेकिन याद रखें, आपकी सराहना या प्रशंसा चापलूसी के रूप में नहीं होनी चाहिए। यह मौलिक होनी चाहिए। अपने प्रशंसा के शब्दों को इतनी ईमानदारी और मृदुता के साथ कहें कि आपसे प्रशंसा पानेवाला व्यक्ति आपसे प्रभावित हो जाए। इसके बाद देखें कि क्या घटित होता है ? मैं प्रशंसा या सराहना करने की आदत के दूरगामी प्रभावों के बारे में बहुत ज्यादा जोर देकर नहीं कह सकता हूँ; लेकिन मैं इतना जानता हूँ कि यह आदत शीघ्र ही आपको दूसरे लोगों का सम्मान दिलाने लगेगी और आप आत्म-सम्मानित महसूस करेंगे। यह आत्म-सम्मान और दूसरों से प्राप्त सम्मान आपके पूरे व्यक्तित्व को बदलकर रख देगा। यहाँ आकर्षण का नियम पुनः काम करने लगता है; क्योंकि आप जिन लोगों की प्रशंसा करेंगे, वे लोग भी आपके भीतर उन गुणों को देखना शुरू कर देंगे, जिन गुणों के आधार पर आपने उनकी प्रशंसा की थी।

आप जीवन के किसी भी कार्यक्षेत्र में संलग्न हों, आपको अपने पैरों पर खड़ा होने के लिए आत्मविश्वास और दृढ़ता के साथ अपनी बात रखनी आवश्यक होती है। बोलने के दौरान अपने शब्दों में भावना को शामिल करें और अपनी आवाज को एक गहरा व समृद्ध स्वर प्रदान करने का अभ्यास करें। आपको यह सुनिश्चित करना चाहिए कि आपकी आवाज किसी श्रोता के लिए लयबद्ध और सुखद हो।

मैं एक आकर्षक व्यक्तित्व के विकास के लिए जरूरी और इच्छित गुणों को अर्जित करने हेतु आपको जोर से बोलने के लिए कह रहा हूँ, क्योंकि इस प्रक्रिया के दो प्रभाव पैदा होते हैं—पहला, यह उस स्पंदन को गतिशील कर देता है, जिसके द्वारा आपके विचार आपके शब्दों के माध्यम से अवचेतन मन में पहुँचते हैं। अवचेतन मन में पहुँचकर ये विचार एक महान् संचारक बल बन जाते हैं और आपकी शारीरिक गतिविधियों को विचार के भौतिक रूपांतरण की दिशा में ले जाते हैं।

दूसरे, यह आपके भीतर आत्मविश्वास और दृढ़ता से बोलने की क्षमता विकसित करता है। आप जीवन के किसी भी कार्यक्षेत्र में संलग्न हों, आपको अपने पैरों पर खड़ा होने के लिए आत्मविश्वास और दृढ़ता के साथ अपनी बात रखनी आवश्यक होती है। बोलने के दौरान अपने शब्दों में भावना को शामिल करें और अपनी आवाज को एक गहरा व समृद्ध स्वर प्रदान करने का अभ्यास करें। आपको यह सुनिश्चित करना चाहिए कि आपकी आवाज किसी श्रोता के लिए लयबद्ध और सुखद हो।

राजनीति, व्यापार और उद्योग जैसे अलग-अलग क्षेत्रों में भी सर्वाधिक प्रभावशाली नेतृत्वकर्ता के रूप में आपको ऐसे लोग मिलेंगे, जो कि सार्वजनिक रूप से एक अच्छे वक्ता माने जाते हैं।

अब हम एक आकर्षक व्यक्तित्व के विकास में आवश्यक मुख्य कारकों को संक्षिप्त रूप से सामने रखते हैं—

पहला : दूसरे लोगों में अपनी रुचि रखने की आदत निर्मित करें। उनके अच्छे गुणों को खोजें और उन गुणों की खुले तौर पर प्रशंसा करें।

दूसरा : दृढ़ता और विश्वास के साथ बोलने की योग्यता विकसित करें। साधारण बातचीत और सार्वजनिक संभाषण में आपको अपनी आवाज के स्वर में जरूरत के अनुसार बदलाव करना चाहिए।

तीसरे : ऐसी स्टाइल के कपड़े पहनें, जो कि आपके शारीरिक गठन और कार्यक्षेत्र के अनुकूल हों।

चौथा : इस अध्याय में रेखांकित सूत्र की सहायता से एक सकारात्मक चरित्र का विकास करें।

पाँचवाँ : आभार प्रकट करने या अभिवादन करने के लिए हाथ मिलाने का एक ऐसा तरीका सीखें, जो आपकी भावनाओं और उत्साह की गरमाहट को अभिव्यक्त कर सके।

छठा : दूसरे लोगों को अपनी ओर आकर्षित करने से पहले आप खुद को उनकी ओर आकर्षित करें।

सातवाँ : यह बात याद रखें कि आपकी एकमात्र सीमा वह है, जो आपने अपने खुद के दिमाग में निर्धारित करके रखी है।

आपने इस पूरे अध्याय के दौरान यह अवलोकन किया है कि मैंने इस बात को कितने विस्तार से वर्णित किया है कि दूसरे लोगों के प्रति सहमत होने के कितने व्यापक भौतिक लाभ हो सकते हैं! खुद को दूसरों के प्रति सहमत करने की आदत विकसित करें। इससे आपको भौतिक और मानसिक—दोनों प्रकार का लाभ प्राप्त होगा। आप कभी भी उतना खुश नहीं हो सकते, जितना खुश आप यह जानकर होते हैं कि आप दूसरे लोगों

को खुशी प्रदान कर रहे हैं।

शिकायत का भाव रखनेवाला व्यक्ति एक आकर्षक व्यक्तित्व का स्वामी नहीं हो सकता। सहमत होने की कला एक साधारण-सा गुण है, जो कि सभी प्रकार की सफल सेल्समैनशिप का आधार है।

मैं अपनी कार को शहर के बाहर 5 मील दूर चलाकर ले जाता हूँ, ताकि मैं उस व्यक्ति से पेट्रोल खरीद सकूँ, जिसका व्यक्तित्व मुझे आकर्षित करता है और मैं उसके व्यक्तित्व के जीवंत प्रभाव से खुद को आनंदित महसूस करता हूँ। मेरे घर के बहुत पास ही और भी पेट्रोल पंप हैं तथा मैं जिस व्यक्ति के पास पेट्रोल खरीदने जाता हूँ, वह मुझे सस्ता पेट्रोल भी नहीं देता है, फिर भी मैं उसके पास नियमित रूप से जाता हूँ, क्योंकि वह एक कलाकार है, जो कि सहमत होने की कला जानता है।

खुद को दूसरों के प्रति सहमत करने की आदत विकसित करें। इससे आपको भौतिक और मानसिक–दोनों प्रकार का लाभ प्राप्त होगा। आप कभी भी उतना खुश नहीं हो सकते, जितना खुश आप यह जानकर होते हैं कि आप दूसरे लोगों को खुशी प्रदान कर रहे हैं। शिकायत का भाव रखनेवाला व्यक्ति एक आकर्षक व्यक्तित्व का स्वामी नहीं हो सकता। सहमत होने की कला एक साधारण-सा गुण है, जो कि सभी प्रकार की सफल सेल्समैनशिप का आधार है।

मैं जूते खरीदने के लिए न्यूयॉर्क में रीगल स्टोर पर ही जाता हूँ, क्योंकि वहाँ के मैनेजर मि. कॉब का व्यक्तित्व बहुत ही आकर्षक है। जब वे मुझे जूते पहना रहे होते हैं तो वे उस समय मुझसे जूतों के बारे में नहीं, उन विषयों के बारे में बात कर रहे होते हैं, जो मेरे हृदय के निकट हैं।

मैं यह कभी नहीं सोचता कि शक्ति, पद और संपदा को बलपूर्वक हासिल किया जा सकता है। मैं इस अध्याय का समापन नेपोलियन बोनापार्ट के उदाहरण से करना चाहूँगा, जिसने तलवार के बल पर अपना साम्राज्य निर्मित किया; लेकिन उसकी मृत्यु बदनामी के साथ हुई। वह अपने अनुयायियों की नजरों में गिर गया था। उसे सभ्यता की एक कड़वी स्मृति के रूप में देखा जाता है। यह एक असफलता थी, क्योंकि उसने सहमत होने की कला नहीं सीखी थी। वह अपने अनुयायियों की भलाई या अच्छाई के लिए अपने अहंकार को दबाकर नहीं रख पाया था।

□

11

सटीक चिंतन

"आप यह कर सकते हैं,
यदि आपको विश्वास है कि आप कर सकते हो!"

यह अध्याय इस पूरे पाठ्यक्रम का सबसे महत्त्वपूर्ण और सर्वाधिक रुचिकर अध्याय है। यह अध्याय इसलिए भी महत्त्वपूर्ण है कि यह एक ऐसे सिद्धांत से सरोकार रखता है, जो कि इस पूरे पाठ्यक्रम की आधारशिला है। यदि आप इस अध्याय का अध्ययन खुले दिमाग से नहीं करते हैं तो आप इस पाठ्यक्रम के मेहराब की नींव का पत्थर नहीं खोज पाएँगे। और इस नींव के पत्थर को खोजे बिना आप कभी भी अपनी सफलता के मंदिर का निर्माण पूरा नहीं कर पाएँगे।

हजारों सालों तक इनसान ने लकड़ी के जहाज बनाए थे। वे यह मानते थे कि लकड़ी ही एकमात्र पदार्थ है, जो कि पानी में तैर सकता है। उनके इस विश्वास का कारण यह था कि वे चिंतन की प्रक्रिया में इतना आगे नहीं बढ़ पाए थे कि उन्हें यह बात समझ में आती कि स्टील का प्रयोग करके भी जहाज बनाए जा सकते हैं और इस्पात से निर्मित जहाज लकड़ी की तुलना में ज्यादा बेहतर हो सकते हैं। वे इस बात को नहीं जानते थे कि कोई ऐसी चीज पानी में तैर सकती है, जो कि विस्थापित किए गए पानी की मात्रा से हलकी हो। जब तक उन्होंने इस सच्चाई को नहीं समझा, तब तक वे लकड़ी से ही जहाजों का निर्माण करते रहे।

इस अध्याय का उद्देश्य आपके दिमाग को खोलने और उसका विस्तार करने में सहायता प्रदान करना है, ताकि आप सटीकता के साथ चिंतन करने में सक्षम हो सकें। दिमाग का यह खुलापन और विस्तार आपके लिए उस दरवाजे को खोल देगा, जो आपको उन सभी शक्तियों तक ले जाता है, जिनकी जरूरत आपकी सफलता की मंजिल को पूरा करने में होगी।

सटीक चिंतन में दो मूलभूत बातें शामिल हैं। पहली, सटीक रूप से सोचने के लिए

आपको तुच्छ सूचना से तथ्यों को अनिवार्य रूप से अलग करना होगा। आपके पास ऐसी बहुत सारी सूचनाएँ उपलब्ध होती हैं, जो कि तथ्यों पर आधारित नहीं होतीं। दूसरी बात, आपको तथ्यों को दो वर्गों में बाँटना है—महत्त्वपूर्ण और अमहत्त्वपूर्ण या प्रासंगिक और अप्रासंगिक।

ऐसा करने के बाद ही आप स्पष्ट रूप से सोच सकते हैं। आपके सुनिश्चित मुख्य लक्ष्य को हासिल करने में प्रयुक्त किए जा सकनेवाले सभी तथ्य महत्त्वपूर्ण और प्रासंगिक हैं। जिन तथ्यों का आप उपयोग नहीं कर सकते, वे अमहत्त्वपूर्ण और अप्रासंगिक हो सकते हैं। आपके चिर-परिचित लोगों के दायरे में आपको एक या कई ऐसे लोग मिल जाएँगे, जिन्हें आपकी तुलना में कोई बड़ा अवसर नहीं मिला था और जिनकी योग्यता भी आपसे कम थी, लेकिन फिर भी वे लोग आपसे अधिक सफलता अर्जित कर रहे हैं।

आप आश्चर्यचकित हो जाते हैं कि ऐसा कैसे संभव होता है!

यदि आप गंभीरता से खोजेंगे तो आपको पता चल जाएगा कि इस प्रकार के सभी लोगों ने उन महत्त्वपूर्ण तथ्यों के संयोजन और प्रयोग की आदत विकसित कर ली है, जो कि उनके कार्य को प्रभावित करते हैं। वे लोग आपकी तुलना में कम मेहनत के साथ आसानी से अपना कार्य करते हैं। उन लोगों ने महत्त्वपूर्ण तथ्यों को गैर-जरूरी तथ्यों से अलग करने का रहस्य जान लिया है।

आपको तथ्यों और तुच्छ सूचनाओं के बीच अंतर का महत्त्व समझना होगा। आप किसी ऐसे व्यक्ति का अध्ययन करें, जो कि पूरी तरह से सुनी-सुनाई बातों द्वारा मार्ग निर्देशित होता है। आप किसी ऐसे व्यक्ति को देखें, जो गप्पों या अफवाहों से प्रभावित होता है और उन्हें बिना किसी विश्लेषण के स्वीकार कर लेता है। ऐसे व्यक्ति अखबारों में खबरों को पढ़कर ही अपने आसपास के लोगों के बारे में राय बना लेते हैं।

आपको तथ्यों और तुच्छ सूचनाओं के बीच अंतर का महत्त्व समझना होगा। आप किसी ऐसे व्यक्ति का अध्ययन करें, जो कि पूरी तरह से सुनी-सुनाई बातों द्वारा मार्ग निर्देशित होता है। आप किसी ऐसे व्यक्ति को देखें, जो गप्पों या अफवाहों से प्रभावित होता है और उन्हें बिना किसी विश्लेषण के स्वीकार कर लेता है। ऐसे व्यक्ति अखबारों में खबरों को पढ़कर ही अपने आसपास के लोगों के बारे में राय बना लेते हैं। इस बात पर ध्यान दें कि ऐसा व्यक्ति सामान्यत: अपनी बातचीत को इस बात के साथ शुरू करता है कि मैंने अखबार में देखा था या लोग ऐसा

कहते हैं। सटीक चिंतक इस बात को जानता है कि अखबार अपनी खबरों के बारे में हमेशा सटीक नहीं होते हैं। वह इस बात को भी जानता है कि लोग जो कहते हैं, उसमें सत्य की तुलना में झूठ अधिक होता है।

वैधानिक प्रक्रिया में 'साक्ष्य का नियम' सिद्धांत लागू होता है। इस नियम का उद्‌देश्य तथ्यों को हासिल करना होता है। कोई भी न्यायाधीश लोगों को तभी न्याय प्रदान कर सकता है, जब उसके निर्णय तथ्यों पर आधारित हों। यदि वह सुनी-सुनाई बातों के आधार पर कोई निष्कर्ष निकालता है या अपना निर्णय करता है तो वह मासूम लोगों के साथ अन्याय भी कर सकता है।

एक सटीक चिंतन करनेवाला व्यक्ति तथ्यों से सरोकार रखता है। वह इस बात से मतलब नहीं रखता कि ये तथ्य उसके खुद के हितों को कितना प्रभावित करते हैं! वह जानता है कि उसकी यह नीति अंतिम तौर पर उसे जीवन के सुनिश्चित मुख्य लक्ष्य की पूर्ण उपलब्धि तक पहुँचाएगी।

राजनीति अकेला ऐसा क्षेत्र नहीं है, जिसमें सटीक चिंतक को लोगों की अफवाहों के विरुद्ध रक्षा-कवच पहनने की जरूरत होती है। उद्योग और व्यापार के क्षेत्र में भी जो लोग सफलता की सीढ़ियाँ चढ़ना शुरू करते हैं, उन्हें भी इन आलोचनाओं और अफवाहों का सामना करना पड़ता है।

तथ्यों की खोज में यह बात अनिवार्य रूप से लागू होती है कि तथ्यों को ज्ञान के एकल स्रोत तथा अन्य लोगों के अनुभवों द्वारा एकत्रित किया जाए। इसके बाद जमा किए गए तथ्यों और उस व्यक्ति का सावधानी से परीक्षण करना होता है, जिससे ये तथ्य या प्रमाण प्राप्त किए जाते हैं।

एक सटीक चिंतक बनने से पहले आपको यह बात जरूरी तौर पर समझनी होगी कि जिस क्षण कोई व्यक्ति किसी भी क्षेत्र में नेतृत्व का भार उठाता है, आलोचक उसके बारे में अफवाहें फैलाना शुरू कर देते हैं और उसके चरित्र के बारे में तमाम तरह की चर्चाएँ शुरू कर देते हैं। किसी का चरित्र कितना भी अच्छा क्यों न हो, या कोई विश्व के लिए कितनी भी महत्त्वपूर्ण सेवाएँ अर्पित क्यों न कर रहा हो, लेकिन वह उन दिग्भ्रमित लोगों की नजरों से नहीं बच सकता, जो कि निर्माण की बजाय विध्वंस में आनंदित होते हैं।

राजनीति अकेला ऐसा क्षेत्र नहीं है, जिसमें सटीक चिंतक को लोगों की अफवाहों के विरुद्ध रक्षा-कवच पहनने की जरूरत होती है। उद्योग और व्यापार के क्षेत्र में भी जो लोग सफलता की सीढ़ियाँ चढ़ना शुरू करते हैं, उन्हें भी इन आलोचनाओं और अफवाहों का सामना करना पड़ता है।

कई लोग केवल अपने पूर्वग्रह और घृणा के कारण पराजय का सामना करते हैं। वे अपने शत्रुओं या प्रतिस्पर्धियों के गुणों को कम करके आँकते हैं। एक सटीक चिंतक की आँखें केवल तथ्यों को देखती हैं, न कि पूर्वग्रह, घृणा और द्वेष के भ्रामक मोह को।

एक सटीक चिंतक को एक अच्छे खिलाड़ी जैसा होना चाहिए, जो स्पष्ट रूप से यह जानता है कि दूसरे लोगों में खूबियों के साथ-साथ क्या कमियाँ हैं।

"मैं इस बात में विश्वास नहीं करता कि मैं दूसरे लोगों को धोखा दे सकता हूँ। मैं जानता हूँ कि मैं खुद को भी धोखा नहीं दे सकता।"

यह एक सटीक चिंतक का ध्येय वाक्य होना चाहिए।

जो व्यक्ति यह जानता है कि वह तथ्यों के साथ काम कर रहा है, वह अपने कार्य को करने में आत्मविश्वास का अनुभव करता है, जिसके कारण वह पहले ही जान लेता है कि उसके प्रयासों का परिणाम क्या होगा! इसलिए वह बिना किसी हिचकिचाहट के तेजी से आगे बढ़ता है और अपने काम को अन्य लोगों की तुलना में बेहतर ढंग से पूरा कर लेता है।

जो व्यक्ति अपने चिंतन की बुनियाद के रूप में तथ्यों की खोज के लाभों को सीख चुका है, वह सटीक चिंतन के विकास की दिशा में लंबी दूरी तय कर लेता है। लेकिन जो व्यक्ति तथ्यों को जरूरी और गैर-जरूरी में अलग करना सीख जाता है, वह और भी आगे बढ़ जाता है।

आइए, कुछ ऐसे व्यक्तियों का संक्षेप में विश्लेषण करें, जिन्होंने अपने जीवन के कार्य में महत्त्वपूर्ण या प्रासंगिक तथ्यों से सरोकार रखने पर अपना फोकस किया है।

हालाँकि यह पाठ्यक्रम वर्तमान कामकाजी जगत् के स्त्री व पुरुषों की व्यावहारिक जरूरतों को ध्यान में रखकर तैयार किया गया है, फिर भी हम अतीत के ऐसे लोगों पर नजर डाल सकते हैं, जिन्होंने तथ्यों के साथ सरोकार रखा था और तथ्यों को अलग-अलग करने की आदत विकसित की थी। इनमें प्लेटो, अरस्तू, सुकरात, सोलोमन, क्राइस्ट इत्यादि महान् लोग शामिल हैं।

थॉमस एडिसन भी एक ऐसे व्यक्ति थे, जिन्होंने प्रासंगिक तथ्यों का संघटन, वर्गीकरण और उपयोग करके महानता हासिल की थी। आप जब भी एक बटन दबाकर एक बिजली के बल्ब को चालू करते हैं, उस समय याद रखें कि यह एडिसन की प्रासंगिक तथ्यों को एकत्रित करने की क्षमता ही थी, जिसने इसे संभव बनाया। जब भी आप एक फोनोग्राफ सुनते हैं तो याद रखें कि एडिसन ही वह व्यक्ति थे, जिन्होंने प्रासंगिक तथ्यों के साथ सरोकार रखने की अपनी स्थायी आदत के द्वारा इसे एक वास्तविकता में बदल दिया था। जब भी आप एक चलचित्र देखते हों, उस समय याद रखें कि यह एडिसन की

विज्ञान के क्षेत्र में प्रासंगिक तथ्य ऐसे औजार हैं, जिनके साथ महिला व पुरुष काम करते हैं। एडिसन के लिए गौण सूचनाओं और सुने-सुनाए प्रमाणों का कोई मूल्य नहीं था। यदि उन्होंने ऐसे बेकार तथ्यों पर महत्त्व दिया होता तो उनका जीवन भी ऐसे कार्यों में व्यर्थ चला जाता, जिन कार्यों में दूसरे लाखों लोग अपना जीवन खपा रहे हैं।

महत्त्वपूर्ण और प्रासंगिक तथ्यों से सरोकार रखने की आदत का परिणाम है।

विज्ञान के क्षेत्र में प्रासंगिक तथ्य ऐसे औजार हैं, जिनके साथ महिला व पुरुष काम करते हैं। एडिसन के लिए गौण सूचनाओं और सुने-सुनाए प्रमाणों का कोई मूल्य नहीं था। यदि उन्होंने ऐसे बेकार तथ्यों पर महत्त्व दिया होता तो उनका जीवन भी ऐसे कार्यों में व्यर्थ चला जाता, जिन कार्यों में दूसरे लाखों लोग अपना जीवन खपा रहे हैं।

अब प्रश्न यह उठता है कि एक महत्त्वपूर्ण और प्रासंगिक तथ्य को किसके द्वारा संगठित किया जाता है?

इस प्रश्न का उत्तर पूरी तरह से आपके जीवन के मुख्य सुनिश्चित लक्ष्य पर निर्भर करता है। एक महत्त्वपूर्ण और प्रासंगिक तथ्य कोई भी ऐसा तथ्य हो सकता है, जिसका प्रयोग आप अपने सुनिश्चित लक्ष्य को हासिल करने में दूसरे लोगों के अधिकारों का अतिक्रमण किए बिना कर सकते हैं। अन्य सभी तथ्य आपके लिए व्यर्थ और गौण महत्त्व के होते हैं।

संभवत: यही वह बिंदु है, जहाँ पर इस कोर्स के कुछ विद्यार्थी उन दिशाओं में सोचना शुरू करेंगे, जिनसे वे अभी तक परिचित नहीं हैं। अब हम चिंतन या विचार के बारे में बात करेंगे, जिसका महत्त्व तथ्यों को एकत्रित, संगठित और संयोजित करने की तुलना में कहीं ज्यादा होता है।

इसे हम 'रचनात्मक चिंतन' कहते हैं।

इसे 'रचनात्मक चिंतन' क्यों कहा जाता है, इस बात को समझने के लिए हमें उस विकास-क्रमिक प्रक्रिया का संक्षिप्त अध्ययन करना होगा, जिसके द्वारा चिंतनशील मानव का निर्माण हुआ है।

चिंतनशील व्यक्ति लंबे समय तक विकास-क्रम के मार्ग पर चलता रहा है और उसने एक बहुत ही लंबा रास्ता तय किया है। चिंतनशील व्यक्ति की यात्रा को हम पाँच विकास-क्रमिक चरणों में बाँट सकते हैं—

1. **खनिज युग**—इस युग में जीवन अपने सबसे निम्नतम रूप में मौजूद था। यह एक गतिहीनता और जड़ता का दौर था। उस समय खनिज पदार्थों का ढेर था,

लेकिन उनमें गति करने के लिए कोई शक्ति नहीं थी।

2. **वनस्पति युग**—इस युग में जीवन का एक अधिक सक्रिय रूप सामने आया। इस युग में भोजन एकत्रित करने, उगाने और पुनरुत्पादन करने के लिए पर्याप्त बुद्धिमत्ता थी; लेकिन एक जगह से दूसरी जगह संचरण करना संभव नहीं था।
3. **जंतु युग**—इस युग में जीवन का एक उच्चतर और पहले से अधिक बुद्धिमत्तापूर्ण रूप सामने आया और एक स्थान से दूसरे स्थान पर जाने की योग्यता अर्जित की गई।
4. **मानव या चिंतनशील मानव युग**—इस युग में हम जीवन को उसके उच्चतम ज्ञात रूप में पाते हैं। यह उच्चतम इसलिए है, क्योंकि मानव सोच सकता है तथा विचार संगठित ऊर्जा का सर्वोच्च ज्ञात रूप है। चिंतन के प्रवाह में मनुष्य किसी भी सीमा को नहीं जानता है। वह अपने विचारों को प्रकाश की चमक के साथ तारों तक भेज सकता है। वह चिंतन के द्वारा परिकल्पनाएँ निर्मित कर सकता है और उन परिकल्पनाओं को भौतिक वास्तविकता में बदल सकता है। वह आगमनात्मक और निगमनात्मक दोनों रूपों में तर्क-परीक्षण कर सकता है।

इस युग में हम जीवन को उसके उच्चतम ज्ञात रूप में पाते हैं। यह उच्चतम इसलिए है, क्योंकि मानव सोच सकता है तथा विचार संगठित ऊर्जा का सर्वोच्च ज्ञात रूप है। चिंतन के प्रवाह में मनुष्य किसी भी सीमा को नहीं जानता है। वह अपने विचारों को प्रकाश की चमक के साथ तारों तक भेज सकता है।

5. **आध्यात्मिक युग**—इस युग में जीवन के निम्न रूप, जिनका उल्लेख पिछले चार युगों में किया गया है, अभिसरण करते हैं और अपनी प्रकृति में असीमित बन जाते हैं। इस बिंदु पर चिंतनशील मानव ने खुद को इतना विस्तारित और विकसित कर लिया है कि उसकी चिंतन क्षमता अनंत बुद्धिमत्ता के रूप में प्रक्षेपित होने लगी है। इस पाँचवें युग में अभी मानव एक शिशु है, क्योंकि उसने अभी तक यह नहीं सीखा है कि उसे अपनी अनंत बुद्धिमत्ता या आत्म-चेतना का प्रयोग उपयुक्त रूप से कैसे करना है? कुछ दुर्लभ अपवादों को छोड़कर मानव ने अभी तक विचार को एक ऐसे संपर्क सूत्र के रूप में मान्यता नहीं दी है, जो उसे अनंत बुद्धिमत्ता की शक्ति तक पहुँच प्रदान करता है। इन अपवादों में सोलोमन, क्राइस्ट, कन्फ्यूशियस, सुकरात, अरस्तू, बुद्ध जैसे

रचनात्मक चिंतन का प्रयोग करने के लिए व्यक्ति को बड़े स्तर पर आस्था के साथ काम करने की जरूरत होती है। यही वह कारण है, जो हम में से अधिकांश लोगों को इस प्रकार के चिंतन में शामिल होने से रोकता है। औसत आदमी देखने, सुनने, स्पर्श करने, सूँघने और चखने की पाँच शारीरिक इंद्रियों की सहायता से चीजों को समझता है। अनंत बुद्धिमत्ता इनमें से किसी भी कारक के द्वारा कार्य नहीं करती है और यह किसी भी इंद्रिय की सहायता से हासिल नहीं की जा सकती है।

व्यक्ति शामिल हैं। उनके समय के बाद से कई लोगों ने इस महान् सत्य को आंशिक रूप से अनावरित किया है, फिर भी यह सत्य अपने आप में अभी उसी रूप में हमारे सामने उपलब्ध है, जिस रूप में यह उस समय था।

रचनात्मक चिंतन का प्रयोग करने के लिए व्यक्ति को बड़े स्तर पर आस्था के साथ काम करने की जरूरत होती है। यही वह कारण है, जो हम में से अधिकांश लोगों को इस प्रकार के चिंतन में शामिल होने से रोकता है। औसत आदमी देखने, सुनने, स्पर्श करने, सूँघने और चखने की पाँच शारीरिक इंद्रियों की सहायता से चीजों को समझता है। अनंत बुद्धिमत्ता इनमें से किसी भी कारक के द्वारा कार्य नहीं करती है और यह किसी भी इंद्रिय की सहायता से हासिल नहीं की जा सकती है।

इसके बाद प्रश्न उठता है कि हम अनंत बुद्धिमत्ता की शक्ति को कैसे हासिल कर सकते हैं?

इसका उत्तर है—रचनात्मक चिंतन के द्वारा।

रचनात्मक चिंतन के सही तरीके को स्पष्ट करने के लिए मैं आपका ध्यान इस पाठ्यक्रम के पिछले कुछ अध्यायों की ओर खींचना चाहूँगा, ताकि आप 'रचनात्मक चिंतन' के अर्थ को समझने के लिए तैयार हो सकें।

दूसरे अध्याय में और कुछ सीमा तक प्रत्येक अध्याय में आपने 'स्व-परामर्श' शब्द का अवलोकन किया था। हम इस शब्द पर पुनः वापस आते हैं, क्योंकि स्व-परामर्श एक टेलीग्राफ लाइन है, जिसके द्वारा आप बोलकर एक ऐसे विवरण या योजना को अपने अवचेतन मन में पंजीकृत कर सकते हैं, जिसे आप निर्मित करने या भौतिक रूप में हासिल करने की इच्छा रखते हैं।

यह एक प्रक्रिया है, जिसे आप आसानी से प्रयोग करना सीख सकते हैं।

अवचेतन मन अनंत बुद्धिमत्ता एवं चेतन व विचारशील मन के बीच एक मध्यवर्ती है। आप अवचेतन मन के माध्यम से ही अनंत बुद्धिमत्ता की सहायता को प्राप्त कर सकते हैं। आप अवचेतन मन को उन सब चीजों के बारे में स्पष्ट रूप से दिशा-निर्देश दे सकते

हैं, जिन्हें आप चाहते हैं। यहाँ आप एक सुनिश्चित मुख्य लक्ष्य के मनोवैज्ञानिक तर्क से परिचित हो जाते हैं।

अवचेतन मन की एक असाधारण विशेषता यह है कि यह आपके द्वारा स्व-परामर्श के माध्यम से भेजे गए सुझावों को रिकॉर्ड कर लेता है और इन सुझावों को भौतिक रूप में बदलने के लिए अनंत बुद्धिमत्ता की सहायता का आह्वान करता है।

अवचेतन मन की दूसरी असाधारण विशेषता यह है कि यह खुद तक पहुँचने वाले सभी सुझावों को स्वीकार करता है और उन पर कार्य करता है, चाहे वे सुझाव रचनात्मक हों या विनाशात्मक, और ऐसे सुझाव आपके खुद के चेतन मस्तिष्क से आए हों या कहीं बाहर से।

इसलिए आप देख सकते हैं कि प्रमाण के नियम का पालन करना आपके लिए कितना महत्त्वपूर्ण है! आप देख सकते हैं कि तथ्यों को गंभीरता से खोजना इतना जरूरी क्यों होता है और यदि आप सुनी-सुनाई बातों एवं अफवाहों पर ध्यान देते हैं तो आपके अवचेतन मन को जहरीला भोजन मिल जाता है और रचनात्मक चिंतन की प्रक्रिया बाधित हो जाती है।

अवचेतन मन एक कैमरे की संवेदी प्लेट की तरह है, जिस पर किसी भी चीज के चित्र को कैमरे में रिकॉर्ड किए जाने से पहले रखा जाता है। कैमरे की प्लेट इसका चयन नहीं करती है कि किस प्रकार का चित्र उस पर रिकॉर्ड किया जाना है। यह किसी भी ऐसी चीज को रिकॉर्ड कर लेती है, जो कि लेंसों के द्वारा इस तक पहुँचती है। हमारा चेतन मन उस शटर की तरह है, जो कि प्रकाश को संवेदी प्लेट तक पहुँचने से रोकता है।

अवचेतन मन एक कैमरे की संवेदी प्लेट की तरह है, जिस पर किसी भी चीज के चित्र को कैमरे में रिकॉर्ड किए जाने से पहले रखा जाता है। कैमरे की प्लेट इसका चयन नहीं करती है कि किस प्रकार का चित्र उस पर रिकॉर्ड किया जाना है। यह किसी भी ऐसी चीज को रिकॉर्ड कर लेती है, जो कि लेंसों के द्वारा इस तक पहुँचती है। हमारा चेतन मन उस शटर की तरह है, जो कि प्रकाश को संवेदी प्लेट तक पहुँचने से रोकता है। यह शटर केवल उन्हीं चीजों को प्लेट तक पहुँचने देता है, जिन्हें कैमरा ऑपरेटर उस तक पहुँचाना चाहता है। कैमरे के लेंस स्व-परामर्श की भाँति काम करते हैं; क्योंकि यही वह माध्यम है, जो कि वस्तु के प्रतिबिंब को कैमरे की संवेदी प्लेट पर अंकित होने के लिए पहुँचाता है। अनंत बुद्धिमत्ता उस व्यक्ति की तरह है, जो प्लेट पर चित्र रिकॉर्ड होने के बाद संवेदी प्लेट को विकसित

करता है और चित्र को भौतिक वास्तविकता में बदलता है।

साधारण कैमरा एक शानदार उपकरण है, जिसकी तुलना करके आप रचनात्मक चिंतन की पूरी प्रक्रिया को समझ सकते हैं। पहले उस वस्तु का चयन आता है, जिसे कैमरे के सामने रखा जाना है। यह वस्तु आपके जीवन का सुनिश्चित मुख्य लक्ष्य हो सकती है। इसके बाद स्व-परामर्श के लेंसों द्वारा आपके उस परामर्श की स्पष्ट रूपरेखा को अवचेतन मन की संवेदी प्लेट पर रिकॉर्ड करने की वास्तविक काररवाई शुरू होती है। इसके बाद अनंत बुद्धिमत्ता आगे आती है और उस लक्ष्य की रूपरेखा को एक भौतिक रूप में लक्ष्य की प्रकृति के अनुसार विकसित करती है। आपको जो भूमिका अनिवार्य रूप से निभानी है, वह स्पष्ट है।

अनंत बुद्धिमत्ता आपके लिए एक घर का निर्माण नहीं करेगी और न ही आपके लिए एक तैयार घर उपलब्ध कराएगी, जिसमें आप तुरंत प्रवेश कर सकें। यह आपके लिए उन तरीकों को खोलेगी और ऐसे अनिवार्य साधनों को उपलब्ध कराएगी, जिनके द्वारा आप अपना घर खुद ही निर्मित कर सकते हैं। अनंत बुद्धिमत्ता आपके बैंक के कैशियर को नियंत्रित करके उसे यह आदेश नहीं देगी कि वह आपके खाते में एक निश्चित धनराशि डाल दे, क्योंकि आपने अपने अवचेतन मन को इस प्रकार का परामर्श दिया है। यह आपके लिए वे तरीके बताएगी, जिसके द्वारा आप उस धन को कमा सकते हैं या उधार ले सकते हैं और अपने खाते में जमा कर सकते हैं।

आपको रिकॉर्ड की जानेवाली पिक्चर (सुनिश्चित मुख्य लक्ष्य) का चयन करना है। इसके बाद आपको इस लक्ष्य पर अपने चेतन मन को इतनी गहनता के साथ स्थिर करना है कि यह स्व-परामर्श के द्वारा आपके अवचेतन मन में संचारित हो सके और आपका अवचेतन मन इस पिक्चर को रजिस्टर कर ले। इसके बाद आपको निगरानी शुरू करनी है और उस पिक्चर के विषय का भौतिक रूपांतरण सामने आने की उम्मीद रखनी है।

इस तथ्य को अपने दिमाग में रखें कि आपको बैठकर इंतजार नहीं करना है। आपको बिस्तर पर जाकर इस उम्मीद के साथ सोना नहीं है कि आपको जागने के बाद अनंत बुद्धिमत्ता अपने आप ही हासिल हो जाएगी। आपको अपना दैनिक कामकाज इस पाठ्यक्रम के नौवें अध्याय में दिए गए दिशा-निर्देशों के अनुसार नियमित रूप से पूरी आस्था और विश्वास के साथ करना है। धीरे-धीरे आप देखेंगे कि आपके सुनिश्चित मुख्य लक्ष्य की उपलब्धि के लिए उपयुक्त प्राकृतिक साधन और तरीके उचित समय एवं

उपयुक्त तरीके से आपके सामने उपस्थित होंगे।

अनंत बुद्धिमत्ता आपके लिए एक घर का निर्माण नहीं करेगी और न ही आपके लिए एक तैयार घर उपलब्ध कराएगी, जिसमें आप तुरंत प्रवेश कर सकें। यह आपके लिए उन तरीकों को खोलेगी और ऐसे अनिवार्य साधनों को उपलब्ध कराएगी, जिनके द्वारा आप अपना घर खुद ही निर्मित कर सकते हैं। अनंत बुद्धिमत्ता आपके बैंक के कैशियर को नियंत्रित करके उसे यह आदेश नहीं देगी कि वह आपके खाते में एक निश्चित धनराशि डाल दे, क्योंकि आपने अपने अवचेतन मन को इस प्रकार का परामर्श दिया है। यह आपके लिए वे तरीके बताएगी, जिसके द्वारा आप उस धन को कमा सकते हैं या उधार ले सकते हैं और अपने खाते में जमा कर सकते हैं।

अनंत बुद्धिमत्ता व्हाइट हाउस से वर्तमान राष्ट्रपति को बाहर निकालकर आपको उसका स्थान नहीं देगी; लेकिन अनंत बुद्धिमत्ता समुचित परिस्थितियों और उपयुक्त प्रक्रिया के द्वारा आपको इतना प्रभावित कर सकती है कि आप खुद को राष्ट्रपति पद पर बैठने के लिए तैयार कर सकें।

अपने सुनिश्चित मुख्य लक्ष्य की प्राप्ति के लिए चमत्कारों के घटित होने पर भरोसा न रखें। आप अनंत बुद्धिमत्ता की शक्ति पर भरोसा रखें, जो प्राकृतिक नियमों की सहायता से आपको मार्गदर्शन देगी, ताकि आप अपने लक्ष्य को हासिल कर सकें।

शुरुआत में आप यह अपेक्षा न करें कि अनंत बुद्धिमत्ता आपके पक्ष में बहुत तेजी से काम करेगी। लेकिन जैसे-जैसे आप स्व-परामर्श के सिद्धांत के प्रयोग में अधिक अनुकूलता हासिल करते चले जाएँगे और इसकी त्वरित सिद्धि के लिए जरूरी आस्था व समझ को विकसित कर लेंगे, तब आप एक सुनिश्चित मुख्य लक्ष्य का निर्धारण कर सकते हैं और इस लक्ष्य के शीघ्र ही वास्तविकता में बदलने के साक्षी बन सकते हैं। जब आपने पहली बार चलने की कोशिश की थी, तब आप चल नहीं पाए थे; लेकिन अब आप एक वयस्क के रूप में चलने के अभ्यस्त हो चुके हैं और बिना किसी प्रयास के चल सकते हैं।

मानव अपने आप में विकास-क्रम के सिद्धांत का सबसे उच्चतम और सर्वाधिक उल्लेखनीय उदाहरण है। आदिम प्राणी से एक सभ्य और विचारशील इनसान में तब्दील होने की प्रक्रिया चरणबद्ध रूप से संपन्न हुई है।

आपने यदि कभी खेती की है तो इस बात को समझ सकते हैं कि जमीन से एक फसल उत्पादित करने से पहले कुछ जरूरी तैयारियाँ करनी होती हैं। आप जानते हैं कि अनाज का दाना केवल पौधे पर ही विकसित नहीं हो सकता, उसकी वृद्धि के लिए सूरज की रोशनी और वर्षा की जरूरत भी होती है। खेती करने के लिए आपको मिट्टी में हल चलाना होता है और समुचित रूप से बीजारोपण करना होता है। इतना सब करने के बाद

आप प्रकृति का इंतजार करते हैं कि वह अपने हिस्से का काम करे। प्रकृति भी अपने निर्धारित समय पर बिना किसी बाहरी सहायता के अपना काम करती है।

इसलिए पहले आपको मिट्टी को तैयार करना पड़ता है, ताकि वह बीज को ग्रहण कर सके। यह काम आस्था, अनंत बुद्धिमत्ता और स्व-परामर्श के सिद्धांत की समझ के द्वारा होता है। इसके बाद आप अवचेतन मन के द्वारा सुनिश्चित मुख्य लक्ष्य का बीज बोते हैं। इसके बाद इंतजार का समय आता है और आप उस लक्ष्य की सिद्धि के लिए अपने प्रयास करते हैं। इस अवधि के दौरान गहरी आस्था का बने रहना बहुत जरूरी होता है। यह आस्था सूरज की रोशनी और वर्षा का काम करती है। इस आस्था के बिना आपके लक्ष्य का बीज मिट्टी में ही मर जाएगा। अंत में सिद्धीकरण या फसल-कटाई का समय आता है और आपको एक शानदार उपज प्राप्त होती है।

यहाँ एक बात ध्यान रखने योग्य है कि आपका अवचेतन मन आपके सुनिश्चित मुख्य लक्ष्य के बीज को अंकुरित नहीं करेगा और न ही आपकी अनंत बुद्धिमत्ता आपके लक्ष्य को एक भौतिक वास्तविकता में बदल पाएगी, यदि आपका मन घृणा, द्वेष, ईर्ष्या, स्वार्थ और लालच से भरा हुआ है। ये नकारात्मक और विनाशकारी विचार उस खरपतवार की तरह हैं, जो आपके सुनिश्चित मुख्य लक्ष्य के बीज को कभी उगने नहीं देगी।

आपका अवचेतन मन आपके सुनिश्चित मुख्य लक्ष्य के बीज को अंकुरित नहीं करेगा और न ही आपकी अनंत बुद्धिमत्ता आपके लक्ष्य को एक भौतिक वास्तविकता में बदल पाएगी, यदि आपका मन घृणा, द्वेष, ईर्ष्या, स्वार्थ और लालच से भरा हुआ है। ये नकारात्मक और विनाशकारी विचार उस खरपतवार की तरह हैं, जो आपके सुनिश्चित मुख्य लक्ष्य के बीज को कभी उगने नहीं देगी।

अग्रणी चिकित्सकों और मनोचिकित्सकों के अनुभवों की सावधानीपूर्वक तुलना करने के बाद यह चौंकानेवाली सूचना सामने आई है कि बीमारी का सामना करनेवाले लोगों में से लगभग 75 प्रतिशत लोग हाइपोकॉण्ड्रिया से पीड़ित होते हैं, जो कि दिमाग की एक दूषित या रुग्ण अवस्था है, जिसके कारण पीड़ित व्यक्ति अपने स्वास्थ्य के बारे में अनावश्यक रूप से चिंतित बना रहता है।

साधारण भाषा में हाइपोकॉण्ड्रिया से पीड़ित व्यक्ति यह मानता है कि वह किसी प्रकार की काल्पनिक बीमारी से ग्रस्त है। प्राय: ऐसे लोग खुद को ऐसी प्रत्येक बीमारी से ग्रस्त मानते हैं, जिनका नाम भी उन्होंने कभी सुना नहीं होता है। मस्तिष्क की यह अवस्था आँतों की कमजोरी के कारण स्वचालित रूप से पैदा होती है। आँतों की प्रणाली के सुचारु

रूप से काम न करने के कारण मल का निष्कासन समुचित रूप से नहीं हो पाता है। इस विकार से पीड़ित लोग सटीकता से सोचने में असमर्थ हो जाते हैं और हमेशा विध्वंसकारी एवं भ्रामक विचारों से घिरे रहते हैं।

हाइपोकॉण्ड्रिया अधिकांश मामलों में उन्मादीपन की शुरुआत होती है।

कई बार मन बीमार हो जाता है और वह शरीर को भी बीमार करने लगता है। ऐसे समय पर एक ऐसे अधिक मजबूत मन की आवश्यकता होती है, जो अपने निर्देशन द्वारा उपचार कर सके और मन को अपने आप में विश्वास एवं आस्था रखने के लिए प्रेरित कर सके। इसे 'सुझाव' कहा जाता है। यह आपके विश्वास एवं शक्ति को किसी दूसरे को पारेषित करना है और इस प्रकार की शक्ति के बाद दूसरे लोग आपकी इच्छानुसार कार्य करने लगते हैं। यह सम्मोहन करना नहीं है। तार्किक और सजग रूप से आप किसी भी मरीज से आश्चर्यजनक नतीजे हासिल कर सकते हैं, यदि मरीज आप में विश्वास करता है। मरीज के तर्कों और प्रश्नों को समझने के लिए मानव मन की कार्य-प्रणाली को समझना आवश्यक होता है। हममें से कोई भी इस प्रकार का उपचारकर्ता बन सकता है और अपने आसपास के लोगों की सहायता कर सकता है।

कई बार मन बीमार हो जाता है और वह शरीर को भी बीमार करने लगता है। ऐसे समय पर एक ऐसे अधिक मजबूत मन की आवश्यकता होती है, जो अपने निर्देशन द्वारा उपचार कर सके और मन को अपने आप में विश्वास एवं आस्था रखने के लिए प्रेरित कर सके। इसे 'सुझाव' कहा जाता है।

यह प्रत्येक व्यक्ति का कर्तव्य है कि वह मानव मन की शक्तियों के बारे में लिखी गई कुछ सर्वोत्तम पुस्तकों का अध्ययन करे और यह सीखे कि दिमाग की चौंकानेवाली चीजों का प्रयोग करके लोगों को कैसे स्वस्थ व प्रसन्न रखा जा सकता है!

मैं यह नहीं कहता कि दिमाग के द्वारा प्रत्येक चीज का इलाज किया जा सकता है। इस बात का कोई भरोसेमंद प्रमाण मौजूद नहीं है कि कुछ सुनिश्चित प्रकार के कैंसर किसी चिंतन, आस्था या किसी मानसिक व धार्मिक प्रक्रिया द्वारा उपचारित किए गए हैं। यदि आपको कैंसर का इलाज करना है तो आपको शुरुआत में ही उसे पहचानना होगा और शल्य-चिकित्सा द्वारा उसका उपचार करना होगा। इसका कोई अन्य तरीका नहीं है। यदि कोई अन्य तरीका सुझाता है तो यह एक अपराध ही होगा। लेकिन यह बात भी सत्य है कि मन द्वारा कई प्रकार की इनसानी व्याधियों और बीमारियों को सही करने में अति महत्त्वपूर्ण भूमिका निभाई जा सकती है।

मिस्र में अपने युद्ध अभियान के दौरान नेपोलियन बोनापार्ट अपने उन सैनिकों के बीच गया था, जो कि प्लेग के कारण मर रहे थे। उसने एक सैनिक को छुआ और एक सेकंड के लिए ऊपर उठाया। ऐसा करके उसने दूसरे सैनिकों को इस बात के लिए प्रेरित किया कि वे इस बीमारी से भयभीत न हों, क्योंकि बीमारी किसी भी अन्य तरीके की तुलना में कल्पना के द्वारा ज्यादा तेजी से फैलती है। नेपोलियन स्व-परामर्श की शक्ति को समझता था। इसका अर्थ यह है कि हम खुद में यह विश्वास पैदा करें कि कोई बीमारी हमें नहीं जकड़ सकती है।

आप कितने भी स्वस्थ क्यों न हों, यदि आप सुबह काम के लिए निकलें और रास्ते में मिलनेवाला प्रत्येक व्यक्ति आपसे यह कहने लगे कि "तुम कैसे बीमार जैसे दिख रहे हो? तुम्हें किसी डॉक्टर को दिखाना चाहिए।" इसके बाद आप खुद को बीमार महसूस करने में ज्यादा समय नहीं देंगे। जब आप शाम को घर लौटेंगे तो आप वास्तव में थके हुए तथा बीमार जैसे होंगे और डॉक्टर के पास जाने के लिए खुद को तैयार कर लेंगे। यह कल्पना या स्व-परामर्श की शक्ति है।

इनसान रासायनिक तुल्यमानों का एक संयोजन है, जिसका मूल्य लगभग 26 डॉलर माना जाता है। मानव के मन की शक्ति इसका एक अपवाद है। मानव मन एक ऐसी जटिल मशीन है, जो निरंतर गतिशील रहती है। जब हम सोते हैं, तब मन स्वचालित रूप से काम करता है। जब हम जागते हैं, तब यह स्वचालित के साथ-साथ हमारी इच्छाओं के अनुरूप कार्य भी करता है।

यदि मानव की कल्पना किसी काल्पनिक बीमारी को जन्म दे सकती है और उस बीमारी के साथ किसी व्यक्ति को बिस्तर पर भेज सकती है तो यह आसानी से उस बीमारी के कारण को भी खत्म कर सकती है। इनसान रासायनिक तुल्यमानों का एक संयोजन है, जिसका मूल्य लगभग 26 डॉलर माना जाता है। मानव के मन की शक्ति इसका एक अपवाद है। मानव मन एक ऐसी जटिल मशीन है, जो निरंतर गतिशील रहती है। जब हम सोते हैं, तब मन स्वचालित रूप से काम करता है। जब हम जागते हैं, तब यह स्वचालित के साथ-साथ हमारी इच्छाओं के अनुरूप कार्य भी करता है।

सटीक रूप से चिंतन कैसे करें, यह सीखने के लिए आपको निम्नलिखित बातें व्यापक रूप से समझनी होंगी—

पहली : दिमाग को रचनात्मक और मौलिक उद्देश्यों के लिए नियंत्रित व निर्देशित किया जा सकता है।

दूसरी : दिमाग को विनाशात्मक उद्‌देश्यों के लिए भी निर्देशित किया जा सकता है।

तीसरी : मानव दिमाग शरीर की प्रत्येक कोशिका पर अपना नियंत्रण रखता है और यह प्रत्येक कोशिका को अपना कार्य संपूर्णता के साथ करने के लिए निर्देशित करता है। गलत दिशा में निर्देशित किए जाने पर दिमाग किसी भी या सभी कोशिकाओं के सामान्य प्रचालन उद्‌देश्यों को नष्ट कर सकता है।

चौथी : मनुष्य की सभी उपलब्धियाँ विचार का परिणाम हैं। मानव का शरीर द्वितीयक महत्त्व की भूमिका निभाता है।

पाँचवीं : कला, साहित्य, वित्त, उद्योग, व्यापार, यातायात, धर्म, राजनीति या वैज्ञानिक खोज के क्षेत्र में हासिल की गई सभी महान् उपलब्धियाँ सामान्यतः एक ही व्यक्ति के दिमाग में उपजे विचारों का परिणाम होती हैं। इन विचारों को दूसरे व्यक्तियों द्वारा अपने दिमागों और शरीर का संयोजित उपयोग करके वास्तविक रूप दिया जाता है। इसका अर्थ यह है कि एक विचार का दिमाग में अंकुरित होना उस विचार के भौतिक रूप में बदलने से ज्यादा महत्त्व रखता है। कुछ गिने-चुने लोगों के दिमाग में ही उपयोगी विचार अंकुरित होते हैं और हजारों-लाखों लोग उन विचारों को विकसित करके उन्हें भौतिक रूप प्रदान करते हैं।

हम यह जान चुके हैं कि इन कोशिकाओं को मन की स्वचालित क्रिया या अवचेतना के द्वारा उनके संबंधित दायित्वों को निभाने के लिए निर्देशित किया जाता है। मन के अवचेतन भाग को एक बड़े स्तर पर मन के चेतन या ऐच्छिक हिस्से द्वारा नियंत्रित व निर्देशित किया जा सकता है।

छठी : इनसान के दिमाग में उपजनेवाले सभी विचारों में से अधिकांशतः सटीक नहीं होते हैं। अधिकांश विचारों की प्रकृति अभिमत या बिना सोचे-समझे किए गए निर्णय की होती है।

आरंभिक छात्रों से पहली बार में यह आशा नहीं की जाती है कि वे इस दर्शन में शामिल किए गए सभी तरीकों को आत्मसात् करके प्रयोग कर लेंगे। लेकिन यदि छात्र के दिमाग में रचनात्मक बीज रोपित हो जाता है तो लेखक का कार्य और उद्‌देश्य पूर्ण माना जाएगा। इसके बाद ज्ञान के लिए छात्र की खुद की इच्छा शेष बचा हुआ कार्य करेगी।

सटीक चिंतन में निहित सिद्धांतों का सार-संक्षेप

हम यह खोज कर चुके हैं कि मानव का शरीर एकल नहीं, बल्कि बाहुल्य है। इसमें अरबों जीवित और बुद्धिमान कोशिकाएँ मौजूद हैं, जो कि मानव शरीर के निर्माण,

विकास और रख-रखाव हेतु एक बहुत ही सुनिश्चित व सुसंगठित तरीके से कार्य करती हैं।

हम यह जान चुके हैं कि इन कोशिकाओं को मन की स्वचालित क्रिया या अवचेतना के द्वारा उनके संबंधित दायित्वों को निभाने के लिए निर्देशित किया जाता है। मन के अवचेतन भाग को एक बड़े स्तर पर मन के चेतन या ऐच्छिक हिस्से द्वारा नियंत्रित व निर्देशित किया जा सकता है।

हमें पता है कि मन में उपजा कोई भी विचार लगातार दोहराए जाने पर भौतिक शरीर को इस बात के लिए निर्देशित करने लगता है कि वह उस विचार को भौतिक या साकार रूप प्रदान करे। हमें यह भी ज्ञात है कि अवचेतन मन को इस बात से कोई फर्क नहीं पड़ता कि उस तक भेजे जा रहे आदेशों का स्रोत कहाँ है। वह उन आदेशों की प्रकृति पर भी कोई प्रश्नचिह्न नहीं लगाता। अवचेतन मन खुद को प्राप्त होनेवाले प्रत्येक आदेश को पूरा करने के लिए शरीर की पेशीय प्रणाली को निर्देशित करने लगता है।

उक्त जानकारी से इस बात की अनिवार्यता स्पष्ट हो जाती है कि हम उस परिवेश को किस प्रकार रक्षित करें, जहाँ से हमें सुझाव प्राप्त होते हैं। जब हम इस सिद्धांत को विस्तार से समझ लेते हैं तो इसके बाद हम यह भी जान जाते हैं कि हमारी कल्पना के द्वारा उपजनेवाले किसी विचार की शक्ति का प्रभाव कितना शक्तिशाली होता है! जब हम उस सिद्धांत को जान जाते हैं, जिसके द्वारा अवचेतन मन में किसी भी विचार को पहली बार रखा जाता है और उसके बाद तब तक धारण किया जाता है, जब तक कि अवचेतन हिस्सा उसे उपयुक्त रूप से ग्रहण करके उस विचार को साकार करने के लिए शरीर को निर्देशित करना शुरू न कर दे, तब हम एकाग्रता के नियम की व्यावहारिक जानकारी भी हासिल कर लेते हैं। एकाग्रता के नियम को अगले अध्याय में शामिल किया गया है।

एक मुख्य लक्ष्य को अंगीकार करने का महत्त्व

सटीक चिंतन से जुड़ा यह अध्याय न केवल एक सुनिश्चित मुख्य लक्ष्य के वास्तविक प्रयोजन को वर्णित करता है, बल्कि यह उन सिद्धांतों को सरल शब्दों में व्याख्यायित भी करता है, जिनके द्वारा ऐसे लक्ष्य या उद्‍देश्य को हासिल किया जाता है। पहले हम मन की कल्पना-शक्ति के द्वारा अपना मुख्य लक्ष्य निर्मित करते हैं, उसके बाद उस लक्ष्य को एक वक्तव्य के रूप में कागज पर लिख लेते हैं। इस लिखित वक्तव्य को रोजाना दोहराने पर यह चेतन मन द्वारा ग्रहण कर लिया जाता है और अवचेतन मन को हस्तांतरित कर दिया जाता है। एकाग्रता के साथ अवचेतन मन में धारण करने पर कुछ समय बाद ही अवचेतन मन शरीर की ऊर्जाओं को इस लक्ष्य या अभिलाषा की वास्तविक या भौतिक सिद्धि के लिए निर्देशित करने लगता है।

अभिलाषा

एक मजबूत और गहन अभिलाषा सारी उपलब्धियों का आरंभिक बिंदु होती है। यह सभी उपलब्धियों का बीज है। एक सुनिश्चित मुख्य लक्ष्य का दूसरा नाम ही अभिलाषा है। कई लोग कई चीजों की इच्छा करते हैं, लेकिन एक इच्छा एक मजबूत अभिलाषा की बराबरी नहीं कर सकती। इसलिए इच्छाओं का तब तक कोई मूल्य नहीं है, जब तक कि उन्हें अभिलाषा के एक अधिक सुनिश्चित रूप में परिष्कृत न किया जाए।

एक मजबूत और गहन अभिलाषा सारी उपलब्धियों का आरंभिक बिंदु होती है। यह सभी उपलब्धियों का बीज है। एक सुनिश्चित मुख्य लक्ष्य का दूसरा नाम ही अभिलाषा है। कई लोग कई चीजों की इच्छा करते हैं, लेकिन एक इच्छा एक मजबूत अभिलाषा की बराबरी नहीं कर सकती। इसलिए इच्छाओं का तब तक कोई मूल्य नहीं है, जब तक कि उन्हें अभिलाषा के एक अधिक सुनिश्चित रूप में परिष्कृत न किया जाए।

पूरे ब्रह्मांड में समस्त ऊर्जा और पदार्थ आकर्षण के नियम द्वारा नियंत्रित होते हैं। यह नियम एक समान प्रकृति के तत्त्वों और बलों को आकर्षण के सुनिश्चित केंद्रों के आसपास एकत्रित करने के लिए प्रेरित करता है। आकर्षण के इसी सार्वभौमिक नियम को लागू करके गहन और मजबूत अभिलाषा के द्वारा इच्छित चीजों और उन्हें हासिल करने के साधनों को भौतिक रूप में आकर्षित किया जा सकता है।

सुझाव और स्व-परामर्श

दूसरे लोगों या परिवेश से आनेवाले सारे सुझाव हमें तभी प्रभावित करते हैं, जब हम उन्हें स्वीकार करते हैं और उन्हें स्व-परामर्श के सिद्धांत द्वारा अवचेतन मन के लिए भेज देते हैं। इस प्रकार यह देखा गया है कि सुझाव अनिवार्य रूप से स्व-परामर्श बनने के बाद ही प्राप्तकर्ता के मन को प्रभावित कर पाता है।

दूसरे शब्दों में, हम किसी के मन को उसकी सहमति के बिना प्रभावित नहीं कर सकते हैं, क्योंकि प्रभावित होने की क्रिया प्राप्तकर्ता के खुद के स्व-परामर्श की शक्ति द्वारा ही संपन्न होती है।

चेतन मन जागते समय अवचेतन मन के प्रहरी के रूप में खड़ा रहता है और बाहर से आनेवाले सभी सुझावों की परीक्षा करके उन्हें स्वीकार तथा अस्वीकार करता है। यह इनसान को उन अतिक्रमणकर्ताओं से बचाने का प्रकृति का तरीका है, जो किसी भी मन

को अपनी इच्छा से नियंत्रित करने की मंशा रखते हैं।

वर्तमान पीढ़ी में यह देखा जा सकता है कि यांत्रिक आविष्कार के क्षेत्र में जीतने के लिए और अधिक संसार नहीं बचा है। लेकिन प्रत्येक चिंतक इस बात को स्वीकार करता है कि हम मानव मन की शक्तियों के क्षेत्र में विकास, परीक्षण और विश्लेषण के एक नए युग में अभी मात्र प्रवेश ही कर रहे हैं।

मानव जाति के इतिहास में अब 'असंभव' शब्द के मायने बहुत कम रह गए हैं। आज कुछ ऐसे लोग भी हैं, जिन्होंने इस शब्द को अपनी शब्दावली में से निकाल दिया है और वे यह विश्वास करते हैं कि मानव उस प्रत्येक चीज को कर सकता है, जिसकी वह कल्पना कर सकता है।

हम यह जानते हैं कि प्रत्येक भौतिक चीज की शुरुआत ऊर्जा है और उसका अंत भी ऊर्जा है। सभी पदार्थ ऊर्जा के एक या दूसरे रूप का नियंत्रण स्वीकार करते हैं। ऊर्जा का उच्चतम ज्ञात रूप वह है, जो कि मानव मन के रूप में कार्य करता है। इसलिए मानव मन मानव के द्वारा निर्मित की जानेवाली प्रत्येक चीज के लिए एकमात्र निर्देशक है।

मानव जाति के इतिहास में अब 'असंभव' शब्द के मायने बहुत कम रह गए हैं। आज कुछ ऐसे लोग भी हैं, जिन्होंने इस शब्द को अपनी शब्दावली में से निकाल दिया है और वे यह विश्वास करते हैं कि मानव उस प्रत्येक चीज को कर सकता है, जिसकी वह कल्पना कर सकता है।

हम जान चुके हैं कि मन में रोपा जानेवाला कोई भी विचार, लक्ष्य या उद्द्देश्य एक मजबूत अभिलाषा के साथ मन में ठहरने पर ऐसी शक्तियों को उत्पन्न करता है, जो कि उस लक्ष्य या विचार को साकार रूप दे देती हैं। यहाँ यह उल्लेख करना उचित होगा कि एक मजबूत अभिलाषा तभी वास्तविकता में बदल सकती है, जब उसे निरंतर रूप से अवचेतन मन द्वारा ग्रहण किया जाए। एक सुनिश्चित मुख्य लक्ष्य को पाने की अभिलाषा कुछ घंटों या कुछ दिनों के लिए नहीं होती है। यह तब तक आपके मन में रहनी चाहिए, जब तक कि आपका स्वचालित या अवचेतन मन इसे पूरी तरह से आत्मसात् न कर ले। निरंतरता की तुलना पानी की उन बूँदों से की जा सकती है, जो लगातार टपकते हुए एक कठोर पत्थर में भी छेद कर देती हैं। जब आपके जीवन का अंतिम अध्याय पूरा हो रहा होगा, तब आप यह जान पाएँगे कि आपकी निरंतरता या उसके अभाव ने आपकी सफलता या आपकी असफलता में एक महत्त्वपूर्ण भूमिका निभाई थी।

सटीक चिंतन एक ऐसा चिंतन है, जो कि दिमाग की सभी शक्तियों का बुद्धिमानी

पूर्ण प्रयोग करता है। यह विचारों के गौण परीक्षण, वर्गीकरण और क्रमबद्धता तक सीमित नहीं है। सटीक चिंतन में विचारों का निर्माण होता है और उन विचारों को उनके सर्वाधिक लाभकारी एवं रचनात्मक रूप में रूपांतरित किया जा सकता है।

सभी विचार मौलिक होते हैं। फिर भी, सभी विचार रचनात्मक या सकारात्मक नहीं होते हैं। यदि आप गरीबी और तंगहाली के बारे में ही विचार करते हैं तो आप इन अवस्थाओं से छुटकारा पाने का कोई तरीका नहीं देख पाते हैं। और इसके बाद आपके विचार इन दशाओं को निर्मित करेंगे और आपको इनका अभिशाप झेलने के लिए विवश होना पड़ेगा। अब इस क्रम को उलटा करके देखें और सकारात्मक रूप से विचार करें तो आपके विचार सकारात्मक और बेहतर परिस्थितियों को निर्मित करेंगे।

आपके सुनिश्चित मुख्य लक्ष्य की उपलब्धि में सकारात्मक विश्वास वह बीजाणु है, जिसके साथ आप अपने विचार के अंडे का निषेचन करते हैं। यदि आप इसका निषेचन करने में विफल रहते हैं तो आप अपने सुनिश्चित मुख्य लक्ष्य को पाने की आशा नहीं कर सकते; क्योंकि एक अनिषेचित मुरगी का अंडा मुरगी के बच्चे को जन्म नहीं दे पाएगा।

सोचने की शक्ति एकमात्र ऐसी शक्ति है, जिस पर आपका पूर्ण नियंत्रण होता है। आप अपने भाग्य के स्वामी हैं और अपनी आत्मा के कप्तान हैं। इसका कारण इस तथ्य में छिपा है कि आप अपने विचारों का नियंत्रण कर पाते हैं और अपने विचारों की सहायता से अपनी इच्छानुसार चीजों का निर्माण कर सकते हैं। विचार ध्वनि की तुलना में ऊर्जा का एक अधिक उच्चतर और अधिक परिपूर्ण संगठित रूप है।

सोचने की शक्ति एकमात्र ऐसी शक्ति है, जिस पर आपका पूर्ण नियंत्रण होता है। आप अपने भाग्य के स्वामी हैं और अपनी आत्मा के कप्तान हैं। इसका कारण इस तथ्य में छिपा है कि आप अपने विचारों का नियंत्रण कर पाते हैं और अपने विचारों की सहायता से अपनी इच्छानुसार चीजों का निर्माण कर सकते हैं। विचार ध्वनि की तुलना में ऊर्जा का एक अधिक उच्चतर और अधिक परिपूर्ण संगठित रूप है। इसलिए इस बात को मानने में कोई हिचक नहीं है कि वर्तमान में निर्मुक्त होनेवाला या अतीत में प्रकट किया गया प्रत्येक विचार ब्रह्मांड में मौजूद है और वे लोग इन विचारों की व्याख्या कर सकते हैं, जिनके पास ऐसा करने के उपकरण मौजूद हैं।

आप पूछेंगे कि कौन से प्रकार का उपकरण जरूरी है ?

इस प्रश्न का उत्तर आपको उस समय मिलेगा, जब आप उस दरवाजे में प्रवेश कर रहे होंगे, जो ज्ञान के गुप्त गलियारे तक ले जाता है। इससे पहले आपको उत्तर प्राप्त नहीं हो सकता। ज्ञान के उस गलियारे तक आप अपने खुद के विचारों के माध्यम से ही पहुँच सकते हैं। यही वह कारण है कि सभी महान् दार्शनिकों ने मानव को हमेशा यह मार्गदर्शन दिया है कि वह खुद को जाने। खुद को जानने की सलाह युगों-युगों से दी जा रही है। खुद की खोज ही हमेशा से महान् खोज रही है। जिस सत्य को मानव अनंत काल से खोजता आ रहा है, वह सत्य उसके खुद के अस्तित्व में छिपा हुआ है। इसलिए सत्य को दूसरी भौतिक चीजों या दूसरे लोगों के हृदय में खोजना व्यर्थ है।

इस अध्याय में निपुणता हासिल करने के बाद आप परिचयात्मक अध्याय के 'मास्टर माइंड सिद्धांत' की पूर्ण समझ हासिल कर लेंगे। अब आप निश्चित रूप से यह जान जाएँगे कि दो या अधिक लोगों के बीच मित्रवत् गठबंधन क्यों होना चाहिए? यह गठबंधन अपने से जुड़े लोगों के मनों को नजदीक लाता है और अनंत बुद्धिमत्ता के साथ उन मनों की विचार-शक्ति को परस्पर संपर्क करने की अनुमति देता है।

असफलता : अध्याय के उपरांत लेखक के साथ एक अवलोकन में

प्रकृति ने मानव जाति के मामलों को प्रबंधित और व्यवस्थित करने के लिए एक बुद्धिमत्तापूर्ण प्रावधान किया है, ताकि विवेक की आयु में प्रवेश करनेवाला प्रत्येक व्यक्ति अनिवार्य रूप से असफलता के एक या अन्य रूप का सामना करे।

गरीबी इनसान की सबसे बड़ी और क्रूर त्रासदी है। गरीबी को सहना मजाक नहीं है। लेकिन दुनिया के सबसे सफल और महान् व्यक्तियों ने अपनी सफलता पाने से पहले इस त्रासदी को अनिवार्य रूप से झेला है।

असफलता को सामान्यतः एक अभिशाप माना जाता है। लेकिन कुछ लोग ही यह समझ पाते हैं कि असफलता एक अभिशाप तभी बनती है, जब इसे अभिशाप के रूप में स्वीकार किया जाय। मात्र कुछ ही लोग यह सत्य जान पाते हैं कि असफलता कदाचित् ही स्थायी होती है।

असफलता को सामान्यतः एक अभिशाप माना जाता है। लेकिन कुछ लोग ही यह समझ पाते हैं कि असफलता एक अभिशाप तभी बनती है, जब इसे अभिशाप के रूप में स्वीकार किया जाय। मात्र कुछ ही लोग यह सत्य जान पाते हैं कि असफलता कदाचित् ही स्थायी होती है।

अपने खुद के अनुभव द्वारा पिछले कुछ वर्षों पर नजर डालें तो आप देख पाएँगे कि असफलताएँ सामान्यतः एक छिपा हुआ

वरदान साबित हुई हैं। असफलता इनसान को ऐसा पाठ पढ़ाती है, जो वह बिना असफल हुए कभी नहीं सीख पाता। इसके अलावा, यह एक ऐसी भाषा में सिखाती है, जो कि सार्वभौमिक होती है। असफलता द्वारा सिखाए जानेवाले महान् पाठों में से एक है—विनम्रता।

'असफलता' शब्द का प्रयोग लापरवाही से न करें। किसी संकट को अस्थायी रूप से झेलना असफलता नहीं है। यदि आपके भीतर सफलता के वास्तविक बीज छिपे हुए हैं तो एक छोटी सी प्रतिकूल स्थिति या अस्थायी असफलता मात्र उस बीज को पोषित करने का काम करेगी और उसके अंकुरण का कारण बनेगी। जब परम सत्ता किसी महान् पुरुष या महिला से संसार में कुछ जरूरी कार्य करवाना चाहती है तो उस भाग्यशाली व्यक्ति की परीक्षा असफलता के किसी रूप द्वारा ली जाती है। यदि आप असफलता से गुजर रहे हैं तो थोड़ा धैर्य बनाए रखें, क्योंकि यह आपकी परीक्षा का समय हो सकता है।

व्यक्ति सामान्यतः तभी जीत हासिल करता है, जब उसका मन जीतने के लिए तैयार हो जाता है। अपने पीछे छोड़े गए पुल को स्वयं तोड़ दें और इस बात का अवलोकन करें कि आप उस समय कितना अच्छा कार्य करते हैं, जब आपको यह मालूम होता है कि वापसी का कोई रास्ता नहीं है।

प्रकृति के तरीकों को आसानी से नहीं समझा जा सकता है। यदि ये तरीके आसानी से समझ में आ जाते तो किसी को भी महान् जिम्मेदारी के लिए असफलता के साथ परखा नहीं जा सकता था।

असफलता जैसी कोई चीज नहीं होती है। जिसे हम असफलता के रूप में देखते हैं, वह सामान्यतः अस्थायी पराजय के अलावा कुछ नहीं है। इस बात को सुनिश्चित करें कि आप इसे स्थायी हार के रूप में स्वीकार नहीं करेंगे।

□

12

एकाग्रता

"आप यह कर सकते हैं,
यदि आपको विश्वास है कि आप कर सकते हो!"

एकाग्रता मन को एक दी गई इच्छा पर तब तक संकेंद्रित करने की क्रिया है, जब तक कि इसकी सिद्धि के तरीकों और साधनों को खोजकर सफलतापूर्वक लागू न किया जाए।

एक दी गई इच्छा पर मन को केंद्रित करने की क्रिया में दो महत्त्वपूर्ण नियम प्रवेश करते हैं। पहला नियम स्व–परामर्श का है और दूसरा आदत का नियम है। स्व–परामर्श के बारे में हम पिछले अध्याय में पढ़ चुके हैं। अब हम आदत के नियम को संक्षिप्त रूप में वर्णित करेंगे।

आदत परिवेश में से विकसित होती है और एक ही चीज को एक ही तरीके से बार–बार दोहराने पर निर्मित होती है। आदत सभी प्रकार के स्मृति–वर्धक प्रशिक्षणों का आधार है।

हम सबसे पहले अपने परिवेश के चयन का महत्त्व सावधानीपूर्वक समझने का प्रयास करेंगे, क्योंकि परिवेश से ही मन को मानसिक पोषण प्राप्त होता है। पर्यावरण भोजन और सामग्री की आपूर्ति करता है, जिससे हम अपने विचारों का निर्माण करते हैं और आदत इन विचारों को सुनिश्चित रूप प्रदान करती है।

एक कहावत है कि सभी व्यक्ति अपनी आदतों से निर्मित होते हैं तथा आदत एक तार है। हम इसके प्रत्येक तंतु को रोज बुनते हैं और यह इतनी मजबूत तार बन जाती है कि हम इसे तोड़ नहीं पाते हैं। आदत एक मानसिक पथ है, जिस पर हमारी गतिविधियाँ कुछ समय के लिए यात्रा करती हैं। प्रत्येक यात्रा इस पथ को पहले से अधिक गहरा और चौड़ा बना देती है। आदतें दोहराव के द्वारा निर्मित होती हैं तथा ये एक ऐसे प्राकृतिक नियम के अनुसार निर्मित होती हैं, जो कि सभी जीवित और अजीवित वस्तुओं में देखा जा

सकता है। उदाहरण के लिए, कागज के एक टुकड़े को एक निश्चित तरीके से एक बार मोड़ने पर वह अगली बार समान रेखाओं पर ही मुड़ेगा। नदियाँ भूमि को काट-काटकर अपना प्रवाह बनाती हैं और उसके बाद उसी प्रवाह मार्ग के साथ-साथ बहती हैं। पुरानी आदत को त्यागकर एक नई आदत को निर्मित करने के लिए आपको निरंतर अभ्यास करने की जरूरत होती है।

नीचे नियमों की वह प्रक्रिया दी गई है, जिसके द्वारा आप अपनी इच्छानुसार आदतों का निर्माण कर सकते हैं—

पहला : एक नई आदत के निर्माण की शुरुआत में अपनी अभिव्यक्ति पर पूरा जोर और जोश केंद्रित करें। जो आप सोचते हैं, उसे महसूस करें। यह याद रखें कि आप एक नए मानसिक पथ को निर्मित करने की दिशा में पहला कदम रख रहे हैं। इसलिए शुरुआत में यह कठिन होगा, लेकिन बाद में आसान होता चला जाएगा। रास्ते को अपनी इच्छानुसार स्पष्ट और गहन बनाएँ, ताकि आप अगली बार उसे अधिक आसानी से देखकर अपनी यात्रा पूरी कर सकें।

आदत और स्व-परामर्श के बीच एक निकट संबंध होता है। आदत के माध्यम से किसी भी क्रिया को एक ही तरीके से लगातार दोहराकर आप उसे स्थायित्व दे सकते हैं। और अंत में, वह क्रिया स्वचालित या अचेतन रूप से संपन्न होने लगती है। स्व-परामर्श वह औजार है, जिसके द्वारा हम एक मानसिक या वैचारिक पथ को खोदते हैं। एकाग्रता वह हाथ है, जो इस औजार को थामे रखता है।

दूसरा : अपना ध्यान पूरी तरह से नए मार्ग के निर्माण पर केंद्रित करें और पुराने मार्गों को अपने दिमाग से बाहर रख दें।

तीसरा : अपने द्वारा तैयार किए गए नए मार्ग पर ज्यादा-से-ज्यादा बार यात्रा करें। ऐसा करने के अवसरों को निर्मित करें। इस बात की प्रतीक्षा न करें कि भाग्य या संयोगवश ऐसे अवसर अपने आप आपके सामने आएँगे।

चौथा : पुराने आसान रास्तों पर चलने की लालसा का प्रतिरोध करते रहें। आप जितनी बार ऐसी लालसा का प्रतिरोध करेंगे, खुद को उतना ही ज्यादा मजबूत बनाते जाएँगे। आपको शुरुआत में ही अपनी संकल्प-शक्ति, स्थायित्व और इच्छा-शक्ति को साबित करना है।

पाँचवाँ : इस बात को सुनिश्चित करें कि आपने नए रास्ते का मानचित्र अपने सुनिश्चित मुख्य लक्ष्य के अनुरूप तैयार किया है। इसके बाद बिना किसी डर और संदेह के नए मार्ग पर आगे बढ़ते रहें।

आप पहले ही देख चुके हैं कि आदत और स्व-परामर्श के बीच एक निकट संबंध होता है। आदत के माध्यम से किसी भी क्रिया को एक ही तरीके से लगातार दोहराकर आप उसे स्थायित्व दे सकते हैं। और अंत में, वह क्रिया स्वचालित या अचेतन रूप से संपन्न होने लगती है।

स्व-परामर्श वह औजार है, जिसके द्वारा हम एक मानसिक या वैचारिक पथ को खोदते हैं। एकाग्रता वह हाथ है, जो इस औजार को थामे रखता है। आदत उस मानसिक पथ का मानचित्र या रूपरेखा है, जिसका अनुसरण किया जाना है।

अब हम अपना ध्यान परिवेश की ओर आकर्षित करेंगे। हम पहले ही देख चुके हैं कि हमारे विचारों के लिए सामग्री हमें अपने आसपास के परिवेश से प्राप्त होती है। 'परिवेश' शब्द एक बहुत बड़े क्षेत्र में व्याप्त होता है। इसमें हमारे द्वारा पढ़ी जानेवाली पुस्तकें, हमारे सहयोगी, हमारा समुदाय और हमारे द्वारा किए जानेवाले कार्य की प्रकृति से लेकर हमारे कपड़े, हमारा देश, हमारे गीत, हमारा धार्मिक और बौद्धिक प्रशिक्षण तक सभी चीजें शामिल होती हैं।

इसलिए हमें जहाँ तक संभव हो सके, वहाँ तक अपने परिवेश का चयन अपने सुनिश्चित मुख्य लक्ष्य को ध्यान में रखकर करना चाहिए। यदि परिवेश आपकी पसंद का नहीं है तो उसे बदल दें।

इस दिशा में पहला कदम यह होगा कि आप उस परिवेश का एक स्पष्ट और सटीक चित्र अपने मन में निर्मित करें, जिसे आप अपने सुनिश्चित मुख्य लक्ष्य को पाने की दृष्टि से सर्वाधिक अनुकूल मानते हैं। इसके बाद अपने मन को उस चित्र पर तब तक केंद्रित करें, जब तक कि आप उसे एक वास्तविकता में न बदल दें।

जहाँ तक संभव हो, वहाँ तक आपको ऐसे सहयोगियों का चयन करना चाहिए, जो आपके सुनिश्चित मुख्य लक्ष्य के साथ सहानुभूति रखते हों। आपको ऐसे आदर्श लोगों का चुनाव करना चाहिए, जो आपके सुनिश्चित मुख्य लक्ष्य से मेल खाती हुई उपलब्धियाँ हासिल कर चुके हों तथा जिनकी मनोदशा आपके भीतर उत्साह, आत्मविश्वास, प्रतिबद्धता और महत्त्वाकांक्षा को निरंतर जगाती रहे।

जहाँ तक संभव हो, वहाँ तक आपको ऐसे सहयोगियों का चयन करना चाहिए, जो आपके सुनिश्चित मुख्य लक्ष्य के साथ सहानुभूति रखते हों। आपको ऐसे आदर्श लोगों का चुनाव करना चाहिए, जो आपके सुनिश्चित मुख्य लक्ष्य से मेल खाती हुई उपलब्धियाँ हासिल कर चुके हों तथा जिनकी मनोदशा आपके भीतर उत्साह, आत्मविश्वास,

प्रतिबद्धता और महत्त्वाकांक्षा को निरंतर जगाती रहे।

यह बात याद रखें कि आपके द्वारा सुना जानेवाला प्रत्येक शब्द, आपकी आँखों से देखा जानेवाला प्रत्येक दृश्य और पाँच इंद्रियों में से किसी के भी द्वारा ग्रहण किया जानेवाला प्रत्येक संवेदी प्रवाह आपके विचारों को उतनी ही सुनिश्चितता से प्रभावित करता है, जितनी सुनिश्चितता से सूरज पूर्व से उदय होकर पश्चिम में छिपता है।

आपके द्वारा पहने जानेवाले कपड़े आपको प्रभावित करते हैं, इसलिए वे आपके परिवेश का हिस्सा हैं। गंदे और फटेहाल कपड़े आपको अवसादग्रस्त करते हैं और आपके आत्मविश्वास को कम करते हैं। जबकि साफ-सुथरे और उपयुक्त शैली के कपड़े ठीक उलटा प्रभाव डालते हैं।

यह एक जाना-पहचाना तथ्य है कि एक अच्छा प्रेक्षक किसी भी व्यक्ति को उसके काम करने की मेज या डेस्क को देखकर ही विश्लेषित कर लेता है। एक सुव्यवस्थित डेस्क एक सुव्यवस्थित दिमाग की ओर संकेत करती है। आप मुझे किसी व्यापारी का माल रखने का गोदाम दिखा दें, मैं आपको यह बता दूँगा कि उस व्यापारी का दिमाग सुव्यवस्थित है या नहीं। किसी की मानसिक अभिवृत्ति और उसके भौतिक परिवेश के बीच में एक गहरा संबंध पाया जाता है। कारखानों, स्टोरों एवं ऑफिसों में काम करनेवाले लोगों को परिवेश व्यापक रूप से प्रभावित करता है। इसी कारण से नियोक्ता धीरे-धीरे इस बात को महसूस कर रहे हैं कि कर्मचारियों को प्रोत्साहित व प्रेरित करनेवाले परिवेश का निर्माण और रख-रखाव निरंतर कैसे किया जाए।

यह उसी तरह की चाबी है, जो नवचिंतन और उन सभी अन्य पंथों के अनुयायियों द्वारा प्रयुक्त की जाती है, जो आशावाद के सकारात्मक दर्शन पर स्थापित किए गए हैं। यह जादुई चाबी एक ऐसी अप्रतिरोध्य शक्ति को जन्म देती है, जिसका प्रयोग चाबी को अपनानेवाला प्रत्येक व्यक्ति कर सकता है।

अब हम उस विधि के बारे में बात करेंगे, जिसके द्वारा आप एकाग्रता के विषय से जुड़े सिद्धांतों को प्रत्यक्ष या अप्रत्यक्ष रूप से लागू कर सकते हैं।

इस विधि को हम 'सफलता की जादुई चाबी' कह सकते हैं।

इस 'जादुई चाबी' को आपके लिए उपलब्ध कराने से पहले मैं यह स्पष्ट करना चाहूँगा कि यह मेरी खोज या आविष्कार नहीं है।

यह उसी तरह की चाबी है, जो नवचिंतन और उन सभी अन्य पंथों के अनुयायियों द्वारा प्रयुक्त की जाती है, जो आशावाद के सकारात्मक दर्शन पर स्थापित किए गए हैं। यह जादुई चाबी एक ऐसी अप्रतिरोध्य शक्ति को जन्म देती है, जिसका प्रयोग चाबी को

अपनानेवाला प्रत्येक व्यक्ति कर सकता है।

यह समृद्धि के द्वार को खोलती है, यह प्रसिद्धि के द्वार को खोलती है और इस बात के कई उदाहरण हैं कि यह शारीरिक स्वास्थ्य के द्वार भी खोल देती है।

यह शिक्षा के लिए द्वार खोलती है और आपको उस भंडार गृह तक पहुँचा देती है, जहाँ आपकी छिपी हुई योग्यताएँ मौजूद रहती हैं। यह जीवन में किसी भी ऐसे पद को पाने की एक प्रवेश कुंजी है, जिसके लिए आप योग्य हैं। इस जादुई चाबी की सहायता से ही हमने विश्व के सभी महान् आविष्कारों तक पहुँचने के लिए गुप्त द्वारों को खोला है। इसकी जादुई शक्तियों का उपयोग करके ही अतीत के हमारे महान् मेधावी लोगों ने अपनी मेधा-शक्ति को विकसित किया था।

यह चाबी असफलता को सफलता में और बदहाली को प्रसन्नता में बदल देगी।

अब आप पूछेंगे—यह जादुई चाबी क्या है ?

मैं इसका उत्तर केवल एक शब्द में दूँगा और वह शब्द है—एकाग्रता।

यहाँ प्रयुक्त किए गए अर्थ में एकाग्रता का मतलब स्थिर आदत और व्यवहार के माध्यम से अपने मन को एक ही विषय पर तब तक केंद्रित रखने की योग्यता से है, जब तक कि आप खुद को उस विषय से पूर्णतः परिचित और पारंगत न बना लें। इसका तात्पर्य एक दी हुई समस्या पर अपने ध्यान और संकेंद्रण को तब तक नियंत्रित करने की योग्यता से है, जब तक कि आप उस समस्या को हल नहीं कर लेते।

इसका अर्थ पुरानी आदतों के प्रभाव से छुटकारा पाने की योग्यता और नई आदतों के निर्माण की शक्ति से है। इसका अर्थ स्वयं पर पूर्ण नियंत्रण पाना है। दूसरे शब्दों में, एकाग्रता अपनी इच्छा के अनुसार सोचने, अपने विचारों को नियंत्रित करने और उन्हें एक सुनिश्चित लक्ष्य की दिशा में निर्देशित करने की आपकी योग्यता को दरशाती है। यह आपके ज्ञान को एक ऐसी कार्य-योजना में संगठित करने की क्षमता है, जो कि सुदृढ़ और व्यावहारिक हो।

महत्त्वाकांक्षा और अभिलाषा ऐसे मुख्य कारक हैं, जो कि सफल एकाग्रता की क्रिया में प्रविष्ट होते हैं। इन कारकों के बिना जादुई चाबी बेकार हो जाती है। यही वह कारण है, जिसके फलस्वरूप कुछ ही लोग इस चाबी का प्रयोग कर पाते हैं; क्योंकि अधिकांश

महत्त्वाकांक्षा और अभिलाषा ऐसे मुख्य कारक हैं, जो कि सफल एकाग्रता की क्रिया में प्रविष्ट होते हैं। इन कारकों के बिना जादुई चाबी बेकार हो जाती है। यही वह कारण है, जिसके फलस्वरूप कुछ ही लोग इस चाबी का प्रयोग कर पाते हैं; क्योंकि अधिकांश लोगों में महत्त्वाकांक्षा और अभिलाषा का अभाव होता है।

लोगों में महत्त्वाकांक्षा और अभिलाषा का अभाव होता है।

आप चाहे जो अभिलाषा कर सकते हैं, और यदि आपकी अभिलाषा विवेकपूर्ण एवं मजबूत है तो एकाग्रता की जादुई चाबी आपकी अभिलाषा की पूर्ति में निश्चित रूप से सहायक सिद्ध होगी। कई विख्यात वैज्ञानिक भी इस बात को मानते हैं कि प्रार्थना की आश्चर्यजनक शक्ति एक गहरी अभिलाषा पर एकाग्रचित्त होने के सिद्धांत द्वारा काम करती है।

एक मानव के द्वारा कभी भी कोई ऐसी चीज निर्मित नहीं की गई थी, जो कि पहले उसकी कल्पना में अभिलाषा के माध्यम से निर्मित नहीं हुई हो और उसके बाद एकाग्रता के द्वारा वास्तविकता में रूपांतरित नहीं की गई हो।

अब इस जादुई चाबी का परीक्षण एक निश्चित सूत्र की सहायता से करते हैं—

एक साधारण पत्र के आकार का कागज लें और उस पर निम्नलिखित को लिखें—

"मैं एक शक्तिशाली सार्वजनिक वक्ता बनने जा रहा हूँ, क्योंकि यह मुझे विश्व को आवश्यक सेवा देने में समर्थ बनाएगा। क्योंकि इसके द्वारा मुझे वित्तीय प्रतिफल प्राप्त होगा, जो कि मेरे लिए जीवन की आवश्यक भौतिक चीजें उपलब्ध कराएगा।

"मैं अपने मन को इस अभिलाषा पर रोजाना दस मिनट के लिए एकाग्र करूँगा। मैं रात को सोने से ठीक पहले और सुबह जागने के तुरंत बाद ऐसा करूँगा, ताकि मैं प्रतिबद्धता के साथ अपनी अभिलाषा को वास्तविकता में बदलने के लिए आगे बढ़ता रहूँ।

''मैं जानता हूँ कि मैं एक शक्तिशाली और आकर्षक वक्ता बन सकता हूँ, इसलिए मैं किसी भी चीज को अपने इस लक्ष्य की पूर्ति में बाधक नहीं बनने दूँगा।"

हस्ताक्षरित...

इस शपथ-पत्र पर अपने हस्ताक्षर करें और उसके बाद अपने लक्ष्य की दिशा में निरंतर आगे बढ़ना शुरू करें। अपने प्रयासों को अपनी अभिलाषा के पूर्ण होने तक जारी रखें। अब अपनी एकाग्रता को इस तरीके से बनाए रखें। अगले तीन, पाँच या दस वर्षों में झाँककर देखें और खुद को अपने समय के सर्वाधिक शक्तिशाली वक्ता के रूप में देखने की कल्पना करें। अपनी कल्पना में अपनी उपयुक्त आय, अपने द्वारा खरीदे गए घर, अपने बैंक एकाउंट को भी निरंतर देखें। खुद को एक प्रभावशाली व्यक्ति के रूप में देखें, जिसे अपनी पद स्थिति को खोने का कोई डर नहीं है।

अपनी कल्पना-शक्ति के माध्यम से इस चित्र को स्पष्ट रूप से निर्मित करें। यह शीघ्र ही आपके अंदर बैठी गहन अभिलाषा के एक सुंदर चित्र में रूपांतरित हो जाएगा। इस अभिलाषा को अपनी एकाग्रता के मुख्य उद्देश्य के रूप में प्रयुक्त करें और इसके

बाद अवलोकन करें कि क्या घटित होता है!

अब आपके पास जादुई चाबी का रहस्य उपलब्ध है।

जादुई चाबी की शक्ति को केवल इस बात से कम करके न आँकें, क्योंकि यह आपके पास रहस्य के कपड़ों में छिपकर नहीं आई थी या इसे ऐसी सरल भाषा में वर्णित किया गया है, जिसे हर कोई समझ सकता है। सभी महान् सत्य अंतिमं विश्लेषण में सरल और साधारण ही होते हैं तथा आसानी से समझे जाते हैं। यदि वे ऐसे नहीं हैं तो वे महान् सत्य नहीं हैं।

एकाग्रता के सिद्धांत के माध्यम से अपनी चेतना में गहराई से जमी हुई अभिलाषा को धारण किए रहें और उसकी सिद्धि में पूर्ण आस्था रखें तो आपके कार्य ऐसी शक्तियों की सहायता को आकर्षित कर लेंगे, जिन्हें समझने और जिनकी व्याख्या करने में पूरा वैज्ञानिक जगत् अभी तक असफल रहा है।

एकाग्रता के सिद्धांत के माध्यम से अपनी चेतना में गहराई से जमी हुई अभिलाषा को धारण किए रहें और उसकी सिद्धि में पूर्ण आस्था रखें तो आपके कार्य ऐसी शक्तियों की सहायता को आकर्षित कर लेंगे, जिन्हें समझने और जिनकी व्याख्या करने में पूरा वैज्ञानिक जगत् अभी तक असफल रहा है।

आपको इस बात का प्रमाण देने की कोई आवश्यकता नहीं है कि कुछ लोगों की उपस्थिति आपको प्रेरित करती है, जबकि कुछ अन्य लोगों की उपस्थिति आपको हतोत्साहित करती है। जो व्यक्ति आपको प्रेरित करते हैं और आपके मन को उच्चतर गतिविधि की एक अवस्था तक पहुँचाते हैं, वे आपको आपका लक्ष्य हासिल करने की शक्ति प्रदान करते हैं; जबकि आपको हतोत्साहित करनेवाले व्यक्ति आपके मन पर ठीक उलटा प्रभाव डालते हैं और वे आपकी लक्ष्य पाने की क्षमता को घटाते हैं।

वृक्ष सूक्ष्म बीज में से बाहर नहीं आता है, बल्कि बीज वृक्ष की शुरुआत भर है।

जब दो या अधिक लोग खुद को पूर्ण साहचर्य की भावना के साथ एक सुनिश्चित लक्ष्य को हासिल करने के लिए मित्रवत् गठजोड़ में शामिल करते हैं तो उस लक्ष्य के पीछे मौजूद अभिलाषा वृक्ष के बीज से जुड़ जाती है और दो या अधिक मनों की ऊर्जा का मिश्रित बल वायु और मिट्टी से जुड़ जाता है तथा मिट्टी से प्राप्त होनेवाले तत्त्व उस अभिलाषा के भौतिक रूप का निर्माण करते हैं।

लेकिन एक वृक्ष के उगने के लिए सबसे महत्त्वपूर्ण बात यह है कि बीज को समुचित रूप से रोपा जाए।

हम देख चुके हैं कि परिवेश और आदत एकाग्रता के विषय में एक महत्त्वपूर्ण

भूमिका निभाते हैं। अब हम एकाग्रता से जुड़े तीसरे विषय पर चर्चा करेंगे, जिसका नाम है—स्मृति।

स्मृति धारण करने, पुनः दोहराने और पहचान करने के माध्यम से प्रशिक्षित की जा सकती है। ये तीनों क्रियाएँ या सिद्धांत याद करने की क्रिया में प्रवेश करते हैं। इन तीनों सिद्धांतों का प्रयोग करके हम स्मृति का प्रभावी उपयोग कर सकते हैं—

पहला : जब आप किसी देखे या सुने गए नाम, स्थान अथवा तारीख को याद करने की अपनी क्षमता को सुनिश्चित करना चाहते हैं तो इस बात पर जोर दें कि आपका ध्यान छोटे-से-छोटे विवरण पर भी केंद्रित रहे। याद रखने के लिए कई बार दोहराना एक प्रभावी तरीका है। अपने अवचेतन मन को सूचना रिकॉर्ड करने के लिए पर्याप्त समय अवश्य देना चाहिए, ताकि समय आने पर बाद में वह सूचना हमें तुरंत याद आ सके।

जिन चीजों को आप याद रखना चाहते हैं, उन्हें समय-समय पर दोहराते रहें। आप किसी व्यक्ति के नाम को याद रखना चाहते हैं तो उसके नाम को चार या पाँच बार दोहराएँ और इस बात को सुनिश्चित करें कि आप उसके नाम को सही तरीके से समझते हैं। यदि यह नाम आपके किसी परिचित व्यक्ति से मिलता-जुलता है तो आप दोनों नामों को एक साथ जोड़कर दोहराएँ।

दूसरा : जिस चीज को आप याद रखना चाहते हैं, उसे किसी ऐसी दूसरी चीज, नाम, स्थान या तारीख के साथ जोड़ दें, जिससे आप अच्छी तरह परिचित हों। उदाहरण के लिए, आप किसी नए तथ्य को अपने गृह नगर के नाम, अपने निकट मित्र के नाम या अपनी जन्मतिथि के साथ जोड़ सकते हैं।

तीसरा : जिन चीजों को आप याद रखना चाहते हैं, उन्हें समय-समय पर दोहराते रहें। आप किसी व्यक्ति के नाम को याद रखना चाहते हैं तो उसके नाम को चार या पाँच बार दोहराएँ और इस बात को सुनिश्चित करें कि आप उसके नाम को सही तरीके से समझते हैं। यदि यह नाम आपके किसी परिचित व्यक्ति से मिलता-जुलता है तो आप दोनों नामों को एक साथ जोड़कर दोहराएँ।

मान लीजिए, आपका परिचय एलिजाबेथ शेजर नामक एक महिला से हुआ है और आप उसका नाम अपनी स्मृति में रखना चाहते हैं, तो उसके नाम को दस फीट लंबी सीजर के एक बड़े जोड़े तथा क्वीन एलिजाबेथ के साथ जोड़कर दोहराएँ। जब भी आप उस महिला का नाम याद करना चाहेंगे तो सीजर या एलिजाबेथ ध्यान आते ही आप उसका पूरा नाम पुनः याद कर पाएँगे।

अपनी स्मृति को प्रशिक्षित करने या किसी भी इच्छित आदत को विकसित करने की आपकी योग्यता केवल इस बात पर निर्भर है कि आप दिए गए विषय पर अपनी सजगता या ध्यान को तब तक बनाए रखें, जब तक कि उस विषय की रूपरेखा विस्तारपूर्वक आपके मन की संवेदी प्लेट पर अंकित न हो जाए।

एकाग्रता अपने आप में ध्यान को नियंत्रित करने का ही मामला है।

बिना किसी ठोस प्रमाण के मेरा अपना मत है कि किसी व्यक्ति के लिए ऐसी क्षमता या योग्यता विकसित करना संभव है कि वह अपने ध्यान को स्थिर करके दूसरे व्यक्ति के दिमाग में मौजूद विचारों को समझ सके। लेकिन बात यहीं समाप्त नहीं होती है। कई वर्षों के सजग अनुसंधान के बाद मैं इस परिकल्पना पर पहुँचा हूँ कि व्यक्ति दूसरे का दिमाग पढ़ने की क्षमता से भी एक कदम आगे जाकर खुद को एक सार्वभौमिक या ब्रह्मांडीय दिमाग के साथ समायोजित कर सकता है। इस सार्वभौमिक दिमाग के साथ तारतम्य स्थापित करके व्यक्ति संपूर्ण ज्ञान के भंडार तक पहुँच सकता है और इस ज्ञान का उपयुक्त प्रयोग कर सकता है।

इस परिकल्पना का स्वयं परीक्षण करके देखें।

आप जीवन में अपने द्वारा चुने गए सुनिश्चित मुख्य लक्ष्य के संबंध में इस परिकल्पना का परीक्षण कर सकते हैं।

अपने सुनिश्चित मुख्य लक्ष्य को लगातार याद करते रहें और लिखित कागज को देखे बिना ही इसे दोहराते रहें। इसके बाद अपने ध्यान को कम-से-कम दिन में दो बार निम्नलिखित प्रकार से इस पर केंद्रित करें—

किसी शांत स्थान पर जाएँ, जहाँ आपको कोई भी न मिले। उस जगह पर बैठ जाएँ और अपने मन व शरीर को ढीला छोड़ दें। इसके बाद अपनी आँखों को बंद कर लें और अपने कानों को उँगलियों से बंद कर लें, ताकि बाहरी ध्वनि-तरंगें और प्रकाश आप तक न पहुँच सकें। इस अवस्था में आप अपने सुनिश्चित मुख्य लक्ष्य को दोहराएँ और खुद को अपना लक्ष्य हासिल करने के बाद की अवस्था में देखने की कल्पना करें। यदि आपका लक्ष्य धन कमाना है तो खुद को उस धन के स्वामी के रूप में देखें। यदि आपका लक्ष्य घर खरीदना है तो उस घर के चित्र को देखें और उसमें रहने की कल्पना करें।

अपने ध्यान को एक दिए हुए विषय पर स्थिर करना सीखें और अपनी इच्छानुसार एक निर्धारित अवधि तक ऐसा करते रहें। इसके बाद आप देखेंगे कि आपके लिए शक्ति और समृद्धि का गुप्त मार्ग खुल चुका है।

यही एकाग्रता है।

अनुसरण बनाम बल

बल के द्वारा कभी-कभी संतोषजनक परिणाम हासिल हो सकते हैं, लेकिन अकेले बल के आधार पर स्थायी सफलता हासिल नहीं की जा सकती है। मानव शरीर को शारीरिक बल द्वारा नियंत्रित या कैद किया जा सकता है, लेकिन मानव के मन के साथ ऐसा नहीं किया जा सकता। कोई भी व्यक्ति इस धरती पर किसी भी सामान्य और स्वस्थ व्यक्ति के मन को नियंत्रित नहीं कर सकता, यदि उस सामान्य व्यक्ति ने अपने खुद के मन को नियंत्रित करने का ईश्वर-प्रदत्त अधिकार प्रयुक्त करने की ठान ली है। अधिकांश लोग इस अधिकार का उपयोग ही नहीं करते हैं।

इतिहास ऐसे उल्लेखनीय मामलों से भरा है, जिनमें कानून का पालन करनेवाले, शांतिपूर्ण और रचनात्मक लोगों का रूपांतरण क्रूर व घृणित अपराधियों के रूप में हुआ था। ऐसे भी हजारों उदाहरण हैं, जब अपराधी प्रकार के लोग रचनात्मक और कानून के पालक नागरिकों के रूप में रूपांतरित हुए हैं। इनमें से प्रत्येक मामले में रूपांतरण मानव के मन में घटित हुआ था। रूपांतरित होनेवाले प्रत्येक व्यक्ति ने अपने द्वारा इच्छित चीजों का एक चित्र एक या अधिक कारण से अपने मन में निर्मित किया था और उस चित्र को वास्तविकता में बदलने के लिए कदम बढ़ाया था।

अपने खुद के मन को समझने और हस्त-साधित करने के तरीकों की खोज तथा अपने जीवन के मुख्य लक्ष्य को पाने की दिशा में इसे प्रेरित करने के लिए आपको यह बात ध्यान रखनी है कि आपको किसी भी ऐसी चीज को मन में पोषित नहीं करना है, जो कि आपके भीतर क्रोध, घृणा या संदेह को उभारती हो और आपके लिए खराब या विनाशात्मक हो। आप अपने मन पर नियंत्रण रखने की कला को सीखे बिना अपने मन की रचनात्मक क्षमता का औसत से अधिक उपयोग नहीं कर पाएँगे, इसलिए आपको इसे क्रोध या डर जैसे उद्दीपकों से बचाकर रखना है।

एकाग्रता का नियम उन प्रमुख सिद्धांतों में से एक है, जिसको बुद्धिमत्तापूर्ण तरीके से समझकर लागू करना चाहिए। तभी आप इस पाठ्यक्रम में वर्णित किए गए 'मास्टर माइंड' नामक सिद्धांत के साथ सफलतापूर्वक प्रयोग करने में सक्षम होंगे।

□

13

सहयोग

"आप यह कर सकते हैं,
यदि आपको विश्वास है कि आप कर सकते हो!"

सहयोग सभी संगठित प्रयासों की शुरुआत है।

इस अध्याय में आपका ध्यान सहयोग के दो रूपों की ओर केंद्रित किया जाएगा।

पहला : ऐसे लोगों के बीच सहयोग, जो कि खुद को 'मास्टर माइंड' सिद्धांत के अंतर्गत दिए गए लक्ष्य को हासिल करने के लिए मित्रवत् गठजोड़ में शामिल करते हैं या समूह में संगठित करते हैं।

दूसरा : चेतन और अवचेतन मन के बीच सहयोग, जो कि असीमित बुद्धिमत्ता के साथ संवाद और संपर्क करने की मानवीय योग्यता की तार्किक परिकल्पना को निर्मित करता है।

आइए, शरीर की शारीरिक संरचना की एक संक्षिप्त समीक्षा करते हैं।

हम जानते हैं कि हमारा पूरा शरीर तंत्रिकाओं के एक नेटवर्क द्वारा परिच्छेदित होता है। ये तंत्रिकाएँ मस्तिष्क और बाहरी अंगों के क्रिया-कलापों के बीच संवाद के चैनलों के रूप में काम करती हैं। यह तंत्रिका-तंत्र द्वैध होता है। एक प्रणाली को संवेदी तंत्र के रूप में जाना जाता है और यह उन सभी गतिविधियों के लिए एक चैनल के रूप में काम करता है, जो कि हमारी इच्छा-शक्ति द्वारा चेतन रूप से निर्देशित नहीं होती हैं, जैसे कि पाचन अंगों का कार्य-चालन, ऊतकों की दैनिक टूट-फूट की मरम्मत इत्यादि।

दूसरे तंत्र को ऐच्छिक या सेरीब्रोस्पाइनल तंत्र कहा जाता है। यह एक ऐसा चैनल है, जिसके माध्यम से हम शारीरिक इंद्रियों से सचेतन बोध ग्रहण करते हैं और शरीर के संचालन पर नियंत्रण लागू करते हैं। यह ऐच्छिक तंत्र हमारी इच्छा-शक्ति या सचेतन मानसिक क्रिया का एक चैनल है। संवेदी तंत्र एक ऐसा चैनल है, जिसके द्वारा मानसिक क्रिया अचेतन रूप से शरीर की महत्त्वपूर्ण क्रियाओं को समर्थन देती है।

चेतन और अवचेतन मनों की अंत:क्रिया के लिए तंत्रिकाओं के संगत तंत्रों के बीच एक समान अंत:क्रिया तथा एक विशिष्ट संयोजन की जरूरत होती है, जो एक अपरिष्कृत (वेगस) तंत्रिका द्वारा उपलब्ध कराया जाता है। यह तंत्रिका ऐच्छिक तंत्र के एक भाग के रूप में सेरीब्रल क्षेत्र से होकर गुजरती है और इसके द्वारा हम स्वर अंगों पर नियंत्रण करते हैं। इसके बाद यह गले से होकर हृदय और फेफड़ों तक जाती है। अंत में यह डायाफ्राम से होते हुए अपनी बाहरी परत को खो देती है और संवेदी तंत्र की तंत्रिकाओं से जाकर मिल जाती है। इस प्रकार यह दोनों तंत्रों के बीच एक संपर्क स्थापित करके मानव को शारीरिक रूप से एक अकेली सत्ता का रूप दे देती है।

इसी प्रकार, दिमाग के अलग-अलग क्षेत्र क्रमशः दिमाग की वस्तुनिष्ठ और विषयनिष्ठ गतिविधियों से जुड़े होने का संकेत देते हैं। दिमाग का अगला भाग वस्तुनिष्ठ तथा पिछला भाग विषयनिष्ठ गतिविधियों से जुड़ा रहता है, जबकि मध्यवर्ती भाग दोनों प्रकार की गतिविधियों से सरोकार रखता है। मस्तिष्क के ऊपरी भाग में अंतर्बोध से जुड़ी विशेषताएँ जन्म लेती हैं। यह भाग अग्र और पश्च भागों के बीच में होता है और यहीं अंतर्बोधात्मक विचार प्रविष्ट होते हैं।

सहयोगात्मक द्वैध तंत्रिका तंत्र मानव के लिए ज्ञात सहयोग का सबसे महत्त्वपूर्ण रूप है, क्योंकि इस तंत्र की सहायता के द्वारा विकास-क्रम का सिद्धांत सटीक चिंतन के विकास का अपना कार्य जारी रखता है। यह सहयोगी तंत्र आपके सामान्य चेतन मन और असीमित बुद्धिमत्ता के बीच संचार की एक सीधी संपर्क रेखा स्थापित करता है।

विषयनिष्ठ मन को अवचेतन मन का पर्याय माना जाता है, जबकि वस्तुनिष्ठ मन को चेतन मन के रूप में देखा जाता है।

इस दोहरे तंत्र का अध्ययन करके हम उन सटीक बिंदुओं को खोज सकते हैं, जहाँ पर दोनों तंत्र आपस में जुड़ते हैं और इसके बाद हम यह जान सकते हैं कि एक विचार किस प्रकार से चेतन मन से अवचेतन मन में पारेषित होता है।

यह सहयोगात्मक द्वैध तंत्रिका तंत्र मानव के लिए ज्ञात सहयोग का सबसे महत्त्वपूर्ण रूप है, क्योंकि इस तंत्र की सहायता के द्वारा विकास-क्रम का सिद्धांत सटीक चिंतन के विकास का अपना कार्य जारी रखता है।

यह सहयोगी तंत्र आपके सामान्य चेतन मन और असीमित बुद्धिमत्ता के बीच संचार की एक सीधी संपर्क रेखा स्थापित करता है।

अब हम ऐसे लोगों के बीच सहयोग के विषय पर विचार करेंगे, जो अपने आप को

किसी सुनिश्चित लक्ष्य की उपलब्धि हेतु संगठित या समूहबद्ध करते हैं।

हम सहयोगी प्रयास के एक ऐसे युग में रह रहे हैं, जहाँ लगभग सभी सफल उद्योग और व्यापार किसी-न-किसी प्रकार के सहयोग के अंतर्गत संचालित किए जा रहे हैं। अन्य पेशेवर क्षेत्रों में भी यही बात लागू होती है।

चिकित्सकों और वकीलों ने पारस्परिक सहायता एवं सुरक्षा के लिए क्रमश: चिकित्सक संघ और बार काउंसिल जैसे गठजोड़ स्थापित कर लिये हैं। बैंक कर्मियों के भी अपने संघ हैं। खुदरा व्यापारियों, वाहन निर्माताओं, सेवा-प्रदाताओं और अन्य पेशेवर लोगों ने भी अपने हितों की साझा-पूर्ति के लिए अपने संगठन स्थापित किए हैं।

इन सभी संघों और समूहों का उद्‌देश्य सहयोग है।

जैसा कि आप पहले से ही जान चुके हैं कि संगठित प्रयास ही शक्ति है। प्रयासों को संगठित करने की प्रक्रिया में तीन कारक सबसे महत्त्वपूर्ण होते हैं—

- एकाग्रता,
- सहयोग और
- समन्वय।

सहयोग के माध्यम से शक्ति किस प्रकार विकसित होती है ?

हम पहले ही देख चुके हैं कि शक्ति संगठित प्रयास या ऊर्जा का ही दूसरा रूप है। व्यक्तिगत शक्ति का विकास मन के गुणों को विकसित, संगठित और समन्वित करके होता है। इसे इस पाठ्यक्रम में दिए गए पंद्रह प्रमुख सिद्धांतों में पारंगत होकर इन सिद्धांतों को लागू करके हासिल किया जा सकता है।

व्यक्तिगत या निजी शक्ति का विकास स्थिर शक्ति को विकसित करने की दिशा में पहला कदम मात्र होता है। स्थायी शक्ति मिले-जुले प्रयास या सहयोग के माध्यम से उपलब्ध होती है और इसे 'सामूहिक शक्ति' भी कहा जा सकता है।

व्यक्तिगत या निजी शक्ति का विकास स्थिर शक्ति को विकसित करने की दिशा में पहला कदम मात्र होता है। स्थायी शक्ति मिले-जुले प्रयास या सहयोग के माध्यम से उपलब्ध होती है और इसे 'सामूहिक शक्ति' भी कहा जा सकता है।

इसलिए यह स्पष्ट है कि केवल संगठित प्रयास ही असाधारण सफलता को सुनिश्चित करने के लिए पर्याप्त नहीं होता है। संगठन में ऐसे व्यक्ति अनिवार्य रूप से शामिल होने चाहिए, जो व्यक्तिगत रूप से कुछ ऐसी विशेषीकृत प्रतिभा को दरशाते हों, जो संगठन के अन्य सदस्यों के पास न हो।

जेम्स जे. हिल अमेरिका के सर्वाधिक प्रभावशाली रेल मार्ग निर्माता थे। सभी को यह बात पता है कि वे न तो सिविल इंजीनियर थे, न एक पुल निर्माता थे, न कोई लोकोमोटिव इंजीनियर थे, न एक मेकैनिकल इंजीनियर थे और न ही एक रसायनविद् थे। हालाँकि रेल मार्ग के निर्माण में इन सभी पेशेवर लोगों की प्रतिभा का उपयोग आवश्यक होता है, फिर भी जेम्स हिल में ऐसी कोई भी प्रतिभा नहीं थी। उन्होंने केवल संगठित प्रयास और सहयोग के सिद्धांतों को अच्छी तरह से समझ लिया था और अपने आसपास ऐसे लोगों को आकर्षित कर लिया था, जो उन सभी अनिवार्य योग्यताओं से परिपूर्ण थे, जो जेम्स हिल में नहीं थीं।

आधुनिक डिपार्टमेंटल स्टोर संगठित और सहयोगी प्रयास का एक शानदार उदाहरण हैं।

किसी भी महान् विश्वविद्यालय को संगठित और सहयोगी प्रयास का उत्कृष्ट उदाहरण माना जा सकता है। गणित, साहित्य, अर्थशास्त्र, चिकित्सा, कानून, भौतिक विज्ञान इत्यादि से जुड़े विभिन्न विभागों में अलग-अलग उच्च प्रतिभावाले विशेषज्ञ प्रोफेसर होते हैं। विश्वविद्यालय अपने संपूर्ण रूप में कॉलेजों के एक समूह के समान होता है। प्रत्येक कॉलेज को विशेषज्ञों द्वारा अपने खुद के तरीकों से निर्देशित किया जाता है और उन विशेषज्ञों की दक्षता मित्रवत् या सहयोगी प्रयास के द्वारा व्यापक रूप से बढ़ जाती है। यह सहयोगी प्रयास एकमात्र शीर्ष प्रमुख द्वारा निर्देशित होता है।

आप शक्ति को कहीं भी और किसी भी रूप में विश्लेषित करें, आप यह पाएँगे कि शक्ति के पीछे मुख्य कारकों के रूप में संगठन और सहयोग हमेशा मौजूद रहते हैं। आप इन दोनों सिद्धांतों का प्रमाण छोटे से पौधे से लेकर मानव जैसे उच्चतम जीव रूप में स्पष्ट रूप से देख सकते हैं।

जीवन में सफलता शांतिपूर्ण, साहचर्यपूर्ण और सहयोगी प्रयास के बिना प्राप्त नहीं की जा सकती। यहाँ तक कि सभ्यता के सभी साधनों से दूर जंगल में एक झोंपड़ी बनाकर रहनेवाला व्यक्ति भी अपने अस्तित्व के लिए बाहरी शक्तियों पर निर्भर रहता है। जैसे-जैसे वह सभ्यता का एक हिस्सा बनता जाता है, वह संगठित प्रयास पर और अधिक निर्भर होने लगता है।

हम एक ऐसी दुनिया में रह रहे हैं, जहाँ योग्यतम की उत्तरजीविता का नियम प्रत्येक जगह लागू होते हुए देखा जा सकता है। जो योग्य हैं, उन्हीं के पास शक्ति है और शक्ति संगठित प्रयास है।

ऐसे लोग दुर्भाग्यशाली हैं, जो अज्ञानता या अहंकार के कारण यह कल्पना करते हैं कि वे जीवन के सागर को आजादी की

कमजोर पतवार के साथ पार कर सकते हैं। सभी प्राकृतिक नियम और प्रकृति की सभी योजनाएँ साहचर्यपूर्ण एवं सहयोगी प्रयास पर आधारित हैं।

जीवन में सफलता शांतिपूर्ण, साहचर्यपूर्ण और सहयोगी प्रयास के बिना प्राप्त नहीं की जा सकती। यहाँ तक कि सभ्यता के सभी साधनों से दूर जंगल में एक झोंपड़ी बनाकर रहनेवाला व्यक्ति भी अपने अस्तित्व के लिए बाहरी शक्तियों पर निर्भर रहता है। जैसे-जैसे वह सभ्यता का एक हिस्सा बनता जाता है, वह संगठित प्रयास पर और अधिक निर्भर होने लगता है।

जिस व्यक्ति का जीवन-दर्शन प्रतिस्पर्धा की बजाय सहयोग पर आधारित होता है, वह न केवल अपनी अनिवार्य जरूरतों को पूरा करेगा, बल्कि थोड़े प्रयासों से ही जीवन की सारी सुख-सुविधाओं को अर्जित कर लेगा। उसे अतिरिक्त पुरस्कार के रूप में खुशी भी हासिल होगी, जिसे बाकी लोग कभी महसूस नहीं कर पाएँगे।

अपने मन में इस तथ्य को रखें कि सभी प्रकार की सफलता शक्ति पर आधारित होती है और शक्ति का विकास ज्ञान से होता है। ज्ञान को कर्म के अर्थों में संगठित और अभिव्यक्त किया गया है। संसार केवल एक प्रकार के ज्ञान के लिए कीमत चुकाता है। इस प्रकार का ज्ञान रचनात्मक सेवा के अर्थों में व्यक्त होता है।

कल्पना-शक्ति के अध्याय में अपने सीखा कि पुराने विचारों को किस प्रकार नई योजनाओं में पुनः संयोजित किया जाता है; लेकिन आपकी योजनाएँ कितनी भी व्यावहारिक क्यों न हों, वे तब तक अनुपयोगी साबित होंगी, जब तक कि उन्हें कार्यरूप में परिणत न किया जाए।

कुछ लोग सपने देखते हैं, लेकिन उनके बारे में ज्यादा कुछ नहीं करते। कुछ लोग ऐसे होते हैं, जो कि सपने देखनेवालों की दूरदृष्टि को ग्रहण कर लेते हैं और उसे संगीत, पुस्तकों, पत्थर, संगमरमर, रेलमार्ग और वाष्प-चालित जहाजों में बदल देते हैं। इसके अलावा, कुछ ऐसे लोग भी होते हैं, जो सपने देखने के साथ-साथ उन्हें खुद ही वास्तविकता में बदल देते हैं।

आपको मनोवैज्ञानिक कारणों के साथ-साथ आर्थिक कारण से भी गहन रूप से काम करने की आदत निर्मित करनी चाहिए। आपका शरीर अरबों सूक्ष्म कोशिकाओं से बना है और ये कोशिकाएँ आपके मन के प्रभाव के प्रति अति संवेदी और आज्ञाकारी होती हैं। यदि आपका मन थका हुआ और निष्क्रिय प्रकार का है तो आपके शरीर की कोशिकाएँ भी आलसी और निष्क्रिय हो जाती हैं।

जिस प्रकार एक निष्क्रिय तालाब का ठहरा हुआ पानी अशुद्ध और अस्वास्थ्यकर हो जाता है, उसी प्रकार एक निष्क्रिय शरीर की कोशिकाएँ भी रोग-ग्रस्त हो जाएँगी।

आलस्य शरीर की कोशिकाओं पर एक निष्क्रिय मन का प्रभाव मात्र है। यदि आपको इस बात पर कोई संदेह है तो आप अगली बार जब भी आलस्य महसूस करें तो एक तुर्किश स्नान करें और अपने आप को अच्छी तरह से रगड़ें। इसके बाद आप देखेंगे कि आपके शरीर की कोशिकाएँ एक कृत्रिम साधन द्वारा किस प्रकार से उद्दीपित हो रही हैं और आपका आलस्य कितनी तेजी से गायब हो रहा है! इससे भी बेहतर एक तरीका यह है कि आप अपने मन को किसी ऐसे खेल की ओर मोड़ दें, जो आपको बहुत ही पसंद है। इसके बाद आप देखेंगे कि आपके शरीर की कोशिकाएँ अत्यंत तेजी के साथ प्रतिक्रिया व्यक्त करती हैं और आपके भीतर उत्साह भर जाता है तथा आपका आलस्य गायब हो जाता है।

आलस्य शरीर की कोशिकाओं पर एक निष्क्रिय मन का प्रभाव मात्र है। यदि आपको इस बात पर कोई संदेह है तो आप अगली बार जब भी आलस्य महसूस करें तो एक तुर्किश स्नान करें और अपने आप को अच्छी तरह से रगड़ें। इसके बाद आप देखेंगे कि आपके शरीर की कोशिकाएँ एक कृत्रिम साधन द्वारा किस प्रकार से उद्दीपित हो रही हैं और आपका आलस्य कितनी तेजी से गायब हो रहा है!

एक सक्रिय और गतिशील मन शरीर की घटक कोशिकाओं को सक्रियता की एक स्थिर अवस्था में बनाए रखता है।

मैं प्रतिदिन जितना काम करता हूँ और उतने काम के बाद भी खुद की शारीरिक सेहत को बनाए रखता हूँ, यह उन लोगों के लिए आश्चर्य और रहस्य का स्रोत है, जो मुझे नजदीक से जानते हैं। हालाँकि इसमें कोई रहस्य नहीं है, क्योंकि जिस जीवनशैली का मैं अनुसरण करता हूँ, उसे हर कोई बिना किसी अतिरिक्त लागत के अपना सकता है।

मेरी दिनचर्या के निम्नलिखित चरण होते हैं, जिन्हें आप चाहें तो अपना सकते हैं—

पहला : सुबह उठने के बाद मैं एक कप गरम पानी पीता हूँ और उसके बाद नाश्ता करता हूँ।

दूसरा : मेरे सुबह के नाश्ते में गेहूँ की चोकर-युक्त ब्रेड, मोटे अनाज, फल, उबले अंडे और कॉफी शामिल होती है। दोपहर के भोजन में सब्जियाँ, चोकर-युक्त रोटी तथा एक गिलास छाछ शामिल होती है। रात के खाने के दौरान मैं सब्जियाँ, सलाद, कॉफी और हफ्ते में एक या दो बार अच्छी तरह से पकाया हुआ टिक्का लेता हूँ।

तीसरा : मैं एक दिन में औसतन 10 मील पैदल चलता हूँ। मैं 5 मील देहात की ओर जाता हूँ और 5 मील चलकर वापस लौटता हूँ। इस पैदल सैर के दौरान मैं ध्यान

और चिंतन करता रहता हूँ। संभवत: पैदल चलने के साथ-साथ चिंतन करना भी स्वास्थ्य के लिए अति लाभप्रद होता है।

चौथा : मैं एक सीधे तले की कुरसी पर लेटता हूँ। इस कुरसी पर मेरा अधिकांश वजन मेरी पीठ के छोटे से भाग पर टिका रहता है और मेरे सिर व बाँहों को पूरी तरह से आराम मिलता है। इससे मेरे शरीर को तंत्रीय ऊर्जा मिलती है और यह ऊर्जा समुचित रूप से पूरे शरीर में वितरित हो जाती है। इस स्थिति में दस मिनट आराम करने के बाद थकान के सारे लक्षण गायब हो जाते हैं।

मैं एक सीधे तले की कुरसी पर लेटता हूँ। इस कुरसी पर मेरा अधिकांश वजन मेरी पीठ के छोटे से भाग पर टिका रहता है और मेरे सिर व बाँहों को पूरी तरह से आराम मिलता है। इससे मेरे शरीर को तंत्रीय ऊर्जा मिलती है और यह ऊर्जा समुचित रूप से पूरे शरीर में वितरित हो जाती है। इस स्थिति में दस मिनट आराम करने के बाद थकान के सारे लक्षण गायब हो जाते हैं।

पाँचवाँ : मैं प्रत्येक दस दिन के बाद एनिमा लेता हूँ और इसके लिए शरीर के तापमान से कुछ नीचे के तापमान का पानी और उसमें एक चम्मच नमक का प्रयोग करता हूँ।

छठा : मैं प्रतिदिन उठने के बाद पहले गरम पानी से स्नान करता हूँ और उसके तुरंत बाद ठंडा पानी शरीर पर डालता हूँ।

ये सारी आसान चीजें हैं, जो मैं स्वयं के लिए करता हूँ। मेरे स्वास्थ्य के लिए जो अन्य जरूरी चीजें हैं, उनका खयाल प्रकृति रखती है।

पिछले पंद्रह वर्षों के दौरान कोई ऐसा सप्ताह नहीं था, जिसमें मुझे सिर का दर्द नहीं महसूस हुआ हो। मैं सामान्य तौर पर इसके लिए एस्पिरिन की खुराक लेता था, जिससे मुझे अस्थायी राहत मिल जाती थी। जब मैंने अपनी परेशानियों के बारे में खोजबीन शुरू की तो मैंने दो चीजें कीं—एक तो मैंने एस्पिरिन का प्रयोग करना बंद कर दिया, दूसरे मैंने अपनी दैनिक खुराक को लगभग आधा कर दिया।

आप अपनी सेहत के संबंध में लापरवाही करते हुए गरिष्ठ और अनियमित भोजन ग्रहण करके तथा दवाओं की नियमित खुराक के सहारे कभी भी एक क्रियाशील इनसान नहीं बन सकते। यदि आप जरूरत से ज्यादा खाते हैं और जरूरत से कम शारीरिक श्रम करते हैं तो आप कभी सक्रिय नहीं रह सकते।

मैंने अपनी जीवनशैली में बदलाव करने के बाद पाँच वर्षों से अधिक का समय बीतने पर भी किसी दवा को नहीं छुआ है और न ही इस अवधि के दौरान मुझे किसी बीमारी ने घेरा है। मैं प्रत्येक दिन अपने पेशे से जुड़े अधिकांश लोगों की तुलना में काफी

अधिक काम करता हूँ। काम के दौरान मेरा उत्साह, सहनशीलता और क्रियाशीलता बनी रहती है; क्योंकि मैं ऐसा सादा भोजन करता हूँ, जिसमें मेरी जरूरत के शरीर निर्माण तत्त्व निहित रहते हैं।

एक कर्मशील व्यक्ति बनने से पहले आपको एक अन्य शत्रु पर भी विजय पानी होती है। वह शत्रु है—चिंता की आदत।

चिंता, द्वेष, ईर्ष्या, घृणा, संदेह और भय मन की अवस्थाएँ हैं, जो कि काम के लिए घातक होती हैं।

एक कर्मशील व्यक्ति बनने से पहले आपको एक अन्य शत्रु पर भी विजय पानी होती है। वह शत्रु है—चिंता की आदत। चिंता, द्वेष, ईर्ष्या, घृणा, संदेह और भय मन की अवस्थाएँ हैं, जो कि काम के लिए घातक होती हैं।

इनमें से मन की कोई भी अवस्था या कुछ उदाहरणों में सारी अवस्थाएँ मिलकर पाचन-क्रिया को बाधित करती हैं। पाचन-क्रिया के बाधित होने पर शरीर में पोषक तत्त्वों का वितरण भी बाधित होता है। यह हस्तक्षेप विशुद्ध रूप से शारीरिक होता है; लेकिन क्षति यहीं तक नहीं रुकती है, क्योंकि ये नकारात्मक मानसिक अवस्थाएँ सफलता की उपलब्धि में सर्वाधिक अनिवार्य कारक अर्थात् हासिल करने की अभिलाषा को ही नष्ट कर देती हैं। जब आप एक नकारात्मक मानसिक अवस्था में होते हैं, तब आपके भीतर उपलब्धि के लिए कोई ज्वलंत अभिलाषा नहीं हो सकती है, भले ही उस मानसिक अवस्था का कारण कुछ भी हो।

आपके मन द्वारा सक्रिय किया गया प्रत्येक विचार आपके शरीर की प्रत्येक कोशिका में पहुँचकर उसे प्रभावित करता है। जब आप डर के बारे में सोचते हैं तो आपका मन इस विचार को नीचे की कोशिकाओं तक तार से संचारित कर देता है और ये कोशिकाएँ आपके पैरों की मांसपेशियों को निर्मित करती हैं और उन मांसपेशियों को क्रियाशील होने के लिए कहती हैं। अब आपके पैर आपको तेजी से उस स्थान से दूर ले जाने के लिए सक्रिय हो जाते हैं। एक डरा हुआ व्यक्ति दूर भागता है, क्योंकि उसके पैर उसे ढोते हैं। पैरों को दिमाग में पैदा होनेवाले डर का विचार निर्देशित करता है और पैर उस निर्देश को तत्काल मानते हैं और अमल में लाते हैं, भले ही ऐसा निर्देश अचेतन रूप से दिया गया हो।

पहले अध्याय में आपने सीखा था कि विचार एक मन से दूसरे मन तक टेलीपैथी के माध्यम से किस प्रकार यात्रा करते हैं। इस अध्याय में आप एक कदम और आगे बढ़ेंगे और यह सीखेंगे कि आपके विचार न केवल खुद को अन्य लोगों के मनों में पंजीकृत करते हैं, बल्कि आपके खुद के शरीर की कोशिकाओं पर भी पंजीकृत होते हैं और उन

कोशिकाओं को विचारों की प्रकृति के अनुकूल कार्य करने के लिए प्रभावित करते हैं।

इस अध्याय में कर्म या क्रियाशीलता को दो अर्थों में प्रयुक्त किया गया है—पहला अर्थ शारीरिक है और दूसरा मानसिक।

आप अपने शरीर के पूर्णत: निष्क्रिय रहने पर भी अपने मन के साथ बहुत सक्रिय हो सकते हैं। अंगों की अनैच्छिक क्रिया इसका अपवाद हो सकती है। आप शरीर और मन दोनों के साथ भी सक्रिय हो सकते हैं।

इन दोनों प्रकार के अर्थों में कर्मशील व्यक्ति बात करते हुए लोगों को दो प्रकारों में बाँट सकते हैं। एक देखभाल करनेवाले व्यक्ति होते हैं तथा दूसरी प्रकार के लोग प्रोत्साहनकर्ता या सेल्समैन प्रकार के होते हैं। आधुनिक व्यापार, उद्योग और वित्त में इन दोनों प्रकार के लोगों का होना अनिवार्य है। एक प्रकार के व्यक्तियों को 'डायनेमो' और दूसरे प्रकार के लोगों को 'बैलेंस व्हील' के रूप में जाना जाता है। सर्वाधिक सफल और विशाल आकार के व्यापारिक व औद्योगिक संगठन इन दोनों प्रकार के लोगों से मिलकर बने होते हैं।

कर्मशील व्यक्ति बात करते हुए लोगों को दो प्रकारों में बाँट सकते हैं। एक देखभाल करनेवाले व्यक्ति होते हैं तथा दूसरी प्रकार के लोग प्रोत्साहनकर्ता या सेल्समैन प्रकार के होते हैं। आधुनिक व्यापार, उद्योग और वित्त में इन दोनों प्रकार के लोगों का होना अनिवार्य है। एक प्रकार के व्यक्तियों को 'डायनेमो' और दूसरे प्रकार के लोगों को 'बैलेंस व्हील' के रूप में जाना जाता है। सर्वाधिक सफल और विशाल आकार के व्यापारिक व औद्योगिक संगठन इन दोनों प्रकार के लोगों से मिलकर बने होते हैं।

संतुलन की धुरी या बैलेंस व्हील के रूप में काम करनेवाले लोग तथ्यों और आँकड़ों को व्यवस्थित तथा एकत्र करते हैं। दूसरी ओर 'डायनेमो' प्रकार के व्यक्ति अपनी सक्रियता के द्वारा एक विचार को खुले मंच पर जाकर हजारों लोगों को बेचते हैं।

दुनिया में अपना खुद का स्थान पाने के लिए आपको खुद का विश्लेषण करना चाहिए और यह पता लगाना चाहिए कि आप डायनेमो प्रकार के व्यक्ति हैं या एक बैलेंस व्हील प्रकार के व्यक्ति ? अपनी मूलभूत योग्यता के अनुरूप खुद के लिए एक सुनिश्चित लक्ष्य का चयन करें।

दूसरे शब्दों में, लोगों को प्रमोटर या केयरटेकर में भी बाँटा जा सकता है। प्रमोटर एक सक्षम सेल्समैन और संगठनकर्ता होता है, जबकि केयरटेकर सेल्समैनों द्वारा एकत्र की गई परिसंपत्तियों का उत्कृष्ट संरक्षक होता है।

केयरटेकर प्रकार के व्यक्ति को आप पुस्तकों के एक सेट का प्रभार सौंप दें तो वह खुश रहेगा, लेकिन यदि आपने उसे पुस्तकें बेचने के लिए बाहर भेज दिया तो वह असंतुष्ट रहेगा और अपने काम में असफल होगा। इसी प्रकार, यदि आप एक प्रमोटर को पुस्तकों के सेट का काम सौंपते हैं तो उसकी स्थिति दयनीय होगी। उसकी प्रकृति अधिक गहन कार्य की माँग करती है। निष्क्रिय प्रकार के काम उसकी महत्त्वाकांक्षा को संतुष्ट नहीं कर पाएँगे। यदि उसे किसी कम सक्रियतावाले कार्य में लगाया जाएगा तो वह कोई लाभकारी नतीजे नहीं दे पाएगा।

विश्व की असाधारण त्रासदियों में से एक यह तथ्य है कि अधिकांश लोगों को ऐसे कामों में कभी भी संलग्न नहीं किया जाता है, जो उनकी प्रकृति के सर्वोत्तम रूप से अनुकूल होते हैं। प्राय: जीवन के काम को चुनने में इसलिए गलती होती है कि हम किसी कार्य को मौद्रिक लाभ की दृष्टि से चुनते हैं, न कि अपनी मूलभूत योग्यता को ध्यान में रखकर। यदि धन ही सफलता का अकेला मापदंड होता तो यह चयन पूरी तरह से सही होता; लेकिन सफलता अपने उच्चतम और महानतम रूप में मानसिक शांति, आनंद एवं खुशी की माँग करती है और ऐसी सफलता उसी व्यक्ति को हासिल होती है, जो अपना सबसे पसंदीदा काम खोज लेता है और उसे संपन्न करता है।

अब हम उस सिद्धांत के बारे में चर्चा करेंगे, जिसके द्वारा क्रियाशीलता का विकास किया जा सकता है। सक्रिय बनने के लिए यह समझना जरूरी है कि हम इस बात को समझें कि टाल-मटोल की प्रवृत्ति को कैसे त्यागें?

निम्नलिखित सुझाव आपको इस बारे में आवश्यक दिशा-निर्देश प्रदान करेंगे—

पहला : प्रत्येक दिन सबसे पहले अपने सबसे कठिन कार्य को करने की आदत निर्मित करें। इस प्रक्रिया की शुरुआत में थोड़ी कठिनाई होगी; लेकिन जैसे ही आपको इसकी आदत हो जाएगी, आप अपने सबसे कठिन और अनैच्छिक कार्यों को सबसे पहले खत्म करने में गर्व महसूस करने लगेंगे।

प्रत्येक दिन सबसे पहले अपने सबसे कठिन कार्य को करने की आदत निर्मित करें। इस प्रक्रिया की शुरुआत में थोड़ी कठिनाई होगी; लेकिन जैसे ही आपको इसकी आदत हो जाएगी, आप अपने सबसे कठिन और अनैच्छिक कार्यों को सबसे पहले खत्म करने में गर्व महसूस करने लगेंगे।

दूसरा : अपने शयनकक्ष में अपने बेड के सामने एक साइनबोर्ड रख दें, ताकि आप प्रतिदिन सोते और जागते समय उस पर नजर डाल सकें। उस साइनबोर्ड पर लिखा होना चाहिए—'लोगों को यह मत बताओ कि आप क्या कर सकते हैं। उन्हें करके दिखाओ।'

तीसरा : रात को सोने से पहले प्रतिदिन निम्नलिखित शब्दों को बारह बार जोर से दोहराएँ—'कल मैं ऐसा प्रत्येक कार्य करूँगा, जो किया जाना चाहिए, सही वक्त पर और सही तरीके से किया जाना चाहिए। मैं सबसे कठिन कार्यों को पहले करूँगा, क्योंकि इसके द्वारा मेरी टाल-मटोल की आदत खत्म होगी और इसकी जगह काम करने की आदत विकसित होगी।'

चौथा : इन दिशा-निर्देशों का आस्था के साथ पालन करें और यह विश्वास रखें कि इनके द्वारा आपके शरीर एवं मन में सक्रियता का विकास होगा, जो आपको अपने सुनिश्चित मुख्य लक्ष्य को हासिल करने की पर्याप्त क्षमता देगी।

जब एक सुनिश्चित मुख्य लक्ष्य को पूरा करने के लिए दो या अधिक लोग मिलकर एक सहयोगी गठबंधन निर्मित करते हैं तो उनका सामूहिक प्रयास निजी प्रयास की तुलना में अधिक शक्तिशाली बन जाता है।

एक फुटबॉल टीम निरंतर रूप से जीत सकती है, यदि टीम के द्वारा एक अच्छी तरह से समन्वित सामूहिक प्रयास किया गया हो। हालाँकि इस टीम के सदस्य मैदान के बाहर आपस में मतभेद रख सकते हैं, लेकिन मैच जीतने के लिए उनका सामूहिक प्रयास पर्याप्त होता है।

किसी कंपनी के निदेशक बोर्ड में कई निदेशक एक-दूसरे से असहमत हो सकते हैं और एक-दूसरे के साथ कोई सहानुभूति नहीं दरशाते हैं, फिर भी एक बोर्ड के रूप में उनके द्वारा संचालित किया जानेवाला व्यापार अत्यधिक सफल हो सकता है।

साधारण सहयोगी प्रयास शक्ति उत्पन्न करते हैं, इसमें कोई संदेह नहीं है; लेकिन किसी लक्ष्य की सिद्धि के लिए पूर्ण साहचर्य पर आधारित सहयोगपूर्ण प्रयास महाशक्ति को विकसित करते हैं। व्यापार, वित्त, उद्योग या राजनीति में महान् नेता उसे माना जाता है, जो इस बात को समझता है कि एक ऐसे प्रेरणात्मक उद्‌देश्य को कैसे निर्मित करना है, जो उसके अनुयायी समूहों के प्रत्येक सदस्य द्वारा उत्साह के साथ स्वीकार किया जाए?

एक व्यक्ति और उसकी पत्नी आपसी साहचर्य के अभाव में भी अपने बच्चों का अच्छी तरह से लालन-पालन कर सकते हैं और अपने परिवार को शिक्षित बना सकते हैं।

लेकिन ये सभी मित्रवत् गठजोड़ तभी ज्यादा शक्तिशाली और प्रभावी हो सकते हैं, जब ये पूर्ण साहचर्य की नींव पर आधारित हों। यह साहचर्य ही एक अनुपूरक शक्ति के विकास को संभव बनाता है, जिसे 'मास्टर माइंड' के रूप में जाना जाता है।

साधारण सहयोगी प्रयास शक्ति उत्पन्न

करते हैं, इसमें कोई संदेह नहीं है; लेकिन किसी लक्ष्य की सिद्धि के लिए पूर्ण साहचर्य पर आधारित सहयोगपूर्ण प्रयास महाशक्ति को विकसित करते हैं।

व्यापार, वित्त, उद्योग या राजनीति में महान् नेता उसे माना जाता है, जो इस बात को समझता है कि एक ऐसे प्रेरणात्मक उद्देश्य को कैसे निर्मित करना है, जो उसके अनुयायी समूहों के प्रत्येक सदस्य द्वारा उत्साह के साथ स्वीकार किया जाए?

मानव एक विचित्र प्राणी है। यदि उसे कोई जीवंत उद्देश्य दे दिया जाए तो औसत योग्यतावाला इनसान भी साधारण परिस्थितियों में अचानक महाशक्ति विकसित कर लेगा।

ऐसी तीन प्रमुख प्रेरणात्मक शक्तियाँ हैं, जो इनसान के प्रयासों को संपूर्णता और तीव्रता प्रदान करती हैं—

1. स्व-संरक्षण की प्रेरणा।
2. यौन संपर्क की प्रेरणा।
3. वित्तीय और सामाजिक शक्ति की प्रेरणा।

संक्षेप में कहें तो धन, कामेच्छा और स्व-संरक्षण ऐसे मुख्य प्रेरक हैं, जो किसी व्यक्ति को क्रियाशील होने के लिए बाध्य कर देते हैं।

साहचर्य के साथ सहयोग करने के लिए तत्पर होने की सीमा व्यक्तियों को काम के लिए बाध्य करनेवाले प्रेरणात्मक बल पर निर्भर करती है। एक मास्टर माइंड को निर्मित करने के लिए पूर्ण साहचर्य का होना अति आवश्यक है और यह साहचर्य तभी प्राप्त किया जा सकता है, जब एक समूह का प्रेरक बल इतना पर्याप्त हो कि वह समूह के प्रत्येक सदस्य को अपना खुद का निजी हित भुलाकर समूह के हित में काम करने के लिए या किसी आदर्श, न्यासकारी अथवा परोपकारी उद्देश्य को हासिल करने के लिए सक्रिय कर सके।

हम उसी काम को अच्छी तरह से करते हैं, जिसे करना हमें अच्छा लगता है। वे नेता भाग्यशाली होते हैं, जो इस तथ्य को दिमाग में रखकर अपनी योजनाएँ बनाते हैं और अपने अनुयायियों को ऐसे कार्य व जिम्मेदारियाँ सौंपते हैं, जो इस नियम के साथ सामंजस्य रखते हैं।

आपकी स्थायी सेना

अध्याय के उपरांत लेखक के साथ एक अवलोकन

ऐसे पंद्रह बल हैं, जिन्हें अपनी सेना का अंग बनाकर आप जीवन में जो चाहें, वह कर सकते हैं। दूसरे लोग आपकी योजनाओं को विफल करने में लाचार होंगे। इन पंद्रह बलों को अपने भीतर तैनात रखें, आप शीघ्र ही एक सटीक चिंतक बन जाएँगे।

सफलता और शक्ति हमेशा साथ-साथ पाए जाते हैं। आपकी सफलता तब तक सुनिश्चित नहीं हो सकती, जब तक आपके पास शक्ति न हो। आप जब तक पंद्रह अनिवार्य गुणों को विकसित नहीं करेंगे, तब तक आप शक्ति को अर्जित नहीं कर सकते। इन पंद्रह में से प्रत्येक गुण सैनिकों की एक रेजीमेंट के कमांडिंग ऑफिसर की तरह है। इन पंद्रह गुणों को अपने खुद के मन में विकसित करें और तब आपके पास शक्ति होगी।

पंद्रह बलों की यह सेना आपको अपने सभी विरोधियों को हराने के लिए पर्याप्त शक्ति प्रदान करेगी।

सफलता और शक्ति हमेशा साथ-साथ पाए जाते हैं। आपकी सफलता तब तक सुनिश्चित नहीं हो सकती, जब तक आपके पास शक्ति न हो। आप जब तक पंद्रह अनिवार्य गुणों को विकसित नहीं करेंगे, तब तक आप शक्ति को अर्जित नहीं कर सकते। इन पंद्रह में से प्रत्येक गुण सैनिकों की एक रेजीमेंट के कमांडिंग ऑफिसर की तरह है। इन पंद्रह गुणों को अपने खुद के मन में विकसित करें और तब आपके पास शक्ति होगी।

इस सेना के पंद्रह कमांडिंग ऑफिसरों में से सबसे महत्त्वपूर्ण है—सुनिश्चित प्रयोजन। एक सुनिश्चित प्रयोजन की सहायता के बिना बाकी की सेना आपके लिए अनुपयोगी सिद्ध होगी। आप जितनी जल्दी संभव हो, अपने सुनिश्चित प्रयोजन को निर्धारित कर लें, अन्यथा आप हवा के झोंकों के द्वारा इधर से उधर उड़ाकर ले जानेवाले तिनके बनकर रह जाएँगे। सभी के पास प्रयोजन होता है, लेकिन केवल सौ में से दो लोगों के पास एक सुनिश्चित प्रयोजन होता है। जिस व्यक्ति के पास एक सुनिश्चित प्रयोजन होता है, उसके लिए कुछ भी असंभव नहीं होता है। जैसे ही आप अपने दिमाग को एक सुनिश्चित प्रयोजन के साथ जीवंत करते हैं, तुरंत ही आपका दिमाग एक चुंबक की तरह आपके प्रयोजन से सामंजस्य रखनेवाली प्रत्येक चीज को आकर्षित करने लगता है।

यदि आपके पास एक सुनिश्चित प्रयोजन है तो उस प्रयोजन को आधार-समर्थन देने के लिए आपके पास आत्मविश्वास भी अवश्य होना चाहिए। अपने आत्मविश्वास को प्रयोग में लाने के लिए आपके पास नेतृत्वशीलता और पहल के गुण होने चाहिए। अपने सुनिश्चित प्रयोजन को निर्मित करने के लिए आपके पास कल्पना-शक्ति का होना भी जरूरी है, ताकि आप अपने प्रयोजन को हासिल करने की योजनाएँ बना सकें और उन्हें कार्यरूप में परिणत कर सकें। आपको अपने कर्म के साथ उत्साह को जोड़ना होगा। आपको आत्म-नियंत्रण लागू करना होगा और पारिश्रमिक से अधिक काम करने की

आदत विकसित करनी होगी। आपको एक सुखद व्यक्तित्व का निर्माण भी अनिवार्य रूप से करना होगा। आपको बचत की आदत डालनी है। आपको एक सटीक चिंतक बनना है और इस बात का ध्यान रखना है कि आपका सटीक चिंतन हमेशा तथ्यों पर आधारित हो। आपको एक ही समय में एक काम पर ध्यान देते हुए एकाग्रता की आदत निर्मित करनी है। आपको अपनी सभी योजनाओं को लागू करने में सहयोग की आदत का विकास करना है। आपको अपनी और दूसरों की असफलता से लाभ उठाना है। आपके भीतर सहनशीलता का गुण होना भी जरूरी है। अंत में, आपको सुनहरे नियम की आधारशिला पर अपने उन सभी कामों को निष्पादित करना है, जो दूसरे लोगों को प्रभावित करते हैं।

एक दक्ष और प्रभावी सेना सुअनुशासित होती है। जो सेना आप अपने मन में बना रहे हैं, उसे अनिवार्य रूप से अनुशासित होना चाहिए। उस सेना को प्रत्येक कदम पर आपका आदेश मानना चाहिए।

इस दुनिया में उन्नति करने के लिए आप अकेले ही अपने मन के भीतर की इस सेना के बल पर आगे बढ़ने की शुरुआत कर सकते हैं। इस शुरुआत को करने के बाद आप यह देखकर आश्चर्यचकित रह जाएँगे कि कितने इच्छुक लोग आपकी सहायता करने के लिए स्वैच्छिक रूप से तत्पर होंगे!

> ***इस दुनिया में उन्नति करने के लिए आप अकेले ही अपने मन के भीतर की इस सेना के बल पर आगे बढ़ने की शुरुआत कर सकते हैं। इस शुरुआत को करने के बाद आप यह देखकर आश्चर्यचकित रह जाएँगे कि कितने इच्छुक लोग आपकी सहायता करने के लिए स्वैच्छिक रूप से तत्पर होंगे!***

लाखों में से किसी एक व्यक्ति के पास ये पंद्रह गुण आनुवंशिक विरासत या अर्जित ज्ञान के माध्यम से पाए जाते हैं। जो लोग इतने भाग्यशाली नहीं हैं, उन्हें सफलता पाने के लिए इन गुणों को अपने भीतर अनिवार्य रूप से विकसित करना होगा। इस विकास-प्रक्रिया में पहला कदम यह महसूस करना है कि इन गुणों में से कौन से गुण अपके भीतर प्राकृतिक रूप से मौजूद नहीं हैं? दूसरा कदम उन गुणों को विकसित करने की एक मजबूत अभिलाषा पैदा करना है, जो आपके भीतर नहीं हैं।

प्रार्थना कभी-कभी काम करती है, जबकि किसी समय यह काम नहीं भी करती है।

प्रार्थना को जब अगाध श्रद्धा के साथ किया जाता है तो यह हमेशा काम करती है। हम सभी जानते हैं कि प्रार्थना तभी कारगर होती है, जब हम विश्वास करते हैं कि यह कारगर होगी। आस्था के बिना की गई प्रार्थना शब्दों का एक खोखला संग्रह मात्र है।

एक सुनिश्चित प्रयोजन या लक्ष्य को वास्तविकता में तभी बदला जा सकता है, जब

हमें यह पूर्ण विश्वास हो कि ऐसा हो सकता है।

इस बात में कोई हानि नहीं है कि आप अपने जीवन के सुनिश्चित मुख्य लक्ष्य को अपनी दैनिक प्रार्थना का उद्देश्य बना लें।

एक सुनिश्चित प्रयोजन से लेकर सुनहरे नियम तक सभी पंद्रह गुणों को अपने मन में विकसित करने के बाद आप पाएँगे कि आस्था का अनुप्रयोग कठिन नहीं है।

खुद की जाँच-पड़ताल करें और यह पता लगाएँ कि इन पंद्रह गुणों में से आपके भीतर कितने गुण मौजूद हैं! अपने मन में पूरे पंद्रह गुणों को विकसित करने तक उन गुणों को अपने साथ जोड़ते रहें, जिन्हें आप खुद में नहीं पाते हैं।

इसके बाद आप अपनी अभिलाषा के अनुरूप अपनी सफलता को मापने के लिए तैयार होंगे।

इन पंद्रह गुणों को अपना अभिन्न अंग बना लें और तभी आप एक शिक्षित व्यक्ति बनेंगे; क्योंकि तभी आपके पास वह शक्ति होगी, जिसके द्वारा आप दूसरे लोगों के अधिकारों का उल्लंघन किए बिना अपने जीवन के सुनिश्चित लक्ष्य को प्राप्त कर सकते हैं।

सारा जगत् मानव के जीतने और शासन करने के लिए है। यह उसके जीवन की महिमा है।

लेकिन यह इसका शाश्वत नियम है कि पहले उसे खुद को अवश्य शिक्षित करना चाहिए। यहीं सारी बंदूकें और संघर्ष खत्म हो जाते हैं।

□

14

असफलता

"आप यह कर सकते हैं,
यदि आपको विश्वास है कि आप कर सकते हो!"

सामान्य परिस्थितियों में 'असफलता' एक नकारात्मक शब्द है। इस अध्याय में इस शब्द को एक नया अर्थ दिया जाएगा, क्योंकि इस शब्द का बहुत ही अधिक दुरुपयोग हुआ है और इसी कारण यह शब्द लाखों लोगों के लिए अनावश्यक दुःख और कठिनाइयाँ लाया है।

शुरुआत में हम असफलता और अस्थायी पराजय के बीच विभेद करेंगे। जो अकसर हमें असफलता नजर आती है, वह वास्तव में अस्थायी पराजय हो सकती है। हमें यह देखना है कि यह अस्थायी पराजय सामान्यतः एक छिपा हुआ वरदान तो नहीं है ! क्योंकि यह हमें एक झटका देकर रोकती है और हमारी ऊर्जा को अलग-अलग और अधिक इच्छित रेखाओं के साथ-साथ पुनः निर्देशित करती है।

न तो अस्थायी पराजय और न ही असफलता की हानिकारक मात्रा उस व्यक्ति के दिमाग पर कोई प्रभाव डाल पाती है, जो उसे एक शिक्षक के रूप में देखता है और यह मानता है कि यह शिक्षक उसे कुछ जरूरी पाठ पढ़ाएगा। प्रत्येक प्रतिकूलता में और प्रत्येक पराजय में एक महान् और अमिट पाठ निहित रहता है। सामान्यतः यह एक ऐसा पाठ होता है, जिसे पराजय के अलावा किसी और तरीके से नहीं सीखा जा सकता।

पराजय प्रायः हमसे मूक भाषा में बात करती है, जिसे हम समझ नहीं पाते हैं। यदि यह बात सत्य नहीं होती तो हम पराजय द्वारा सिखाए गए पाठों से लाभान्वित हुए बिना एक जैसी गलतियों को बार-बार नहीं दोहराते। अगर यह सत्य नहीं होता तो हम अन्य लोगों की गलतियों का गहरा अवलोकन करते और उन गलतियों से सबक लेकर खुद को लाभ पहुँचाते।

इस अध्याय का मुख्य उद्देश्य छात्रों को पराजय द्वारा बोली जानेवाली मूक भाषा

को समझने और उसका लाभ उठाने में सहायता प्रदान करना है।

संभवत: मैं पिछले तीस वर्षों के अपने खुद के अनुभवों को बताकर आपको पराजय का अर्थ अधिक स्पष्ट रूप से समझाने में आपकी सर्वोत्तम सहायता कर सकता हूँ। इस अवधि के दौरान सात ऐसे निर्णायक मोड़ आए, जब मेरा सामना अप्रत्याशित असफलता से हुआ। इनमें से प्रत्येक मोड़ पर मैं यही सोचता था कि मैं पूरी तरह से असफल हो गया हूँ। लेकिन अब मैं जानता हूँ कि जो मुझे उस समय असफलता दिखती थी, वह एक अदृश्य हाथ था, जो मुझे मेरे चुने गए जीवन-प्रवाह में बहने से रोक लेता था और महान् विवेक के द्वारा मेरे प्रयासों को अधिक लाभकारी रास्तों की ओर निर्देशित कर देता था।

मैं इस निर्णय पर तभी पहुँच पाया, जब मैंने कई वर्षों के गंभीर और एकाग्र चिंतन के प्रकाश में अपने अनुभवों का एक पारदर्शी मूल्यांकन किया था।

पहला निर्णायक मोड़

एक बिजनेस कॉलेज में एक पाठ्यक्रम को पूरा करने के बाद मैंने स्टेनोग्राफर और बुक कीपर की एक नौकरी प्राप्त कर ली थी। पारिश्रमिक से अधिक काम करने की आदत के कारण मैंने अपने काम को अधिक तीव्रता व बेहतरी के साथ निष्पादित किया और मुझे मेरी उम्र के हिसाब से काफी अधिक वेतन प्राप्त होने लगा था। मैंने धन की बचत की और कई हजार डॉलर आपने बैंक खाते में जमा कर लिये। मेरी प्रतिष्ठा तेजी से बढ़ रही थी और मेरी सेवाओं को प्राप्त करने के लिए मेरे पेशे से जुड़े लोगों के बीच प्रतिस्पर्धा होने लगी थी।

पारिश्रमिक से अधिक काम करने की आदत के कारण मैंने अपने काम को अधिक तीव्रता व बेहतरी के साथ निष्पादित किया और मुझे मेरी उम्र के हिसाब से काफी अधिक वेतन प्राप्त होने लगा था। मैंने धन की बचत की और कई हजार डॉलर आपने बैंक खाते में जमा कर लिये। मेरी प्रतिष्ठा तेजी से बढ़ रही थी और मेरी सेवाओं को प्राप्त करने के लिए मेरे पेशे से जुड़े लोगों के बीच प्रतिस्पर्धा होने लगी थी।

मेरे पास निरंतर आनेवाले नौकरी के प्रस्तावों को देखते हुए मेरे नियोक्ता ने मुझे खानों का महाप्रबंधक बना दिया। उस समय मैं खुद को सातवें आसमान पर महसूस कर रहा था।

लेकिन इसके बाद भाग्य ने अपना हाथ धीरे से खींच लिया। मेरे नियोक्ता को भारी नुकसान हुआ और उसने अपनी अधिकांश संपत्ति खो दी। अब मेरा पद भी जा चुका था। यह मेरी पहली वास्तविक पराजय थी। हालाँकि यह पराजय उन कारणों से थी, जो मेरे

नियंत्रण से बाहर थे। फिर भी, मुझे इससे एक पाठ सीखना चाहिए था, जो मैंने उस समय तो नहीं सीखा, लेकिन कई वर्षों के बाद जाकर सीखा।

दूसरा निर्णायक मोड़

मेरी दूसरी नौकरी एक बड़ी काष्ठ निर्माता कंपनी में शुरू हुई, जहाँ मुझे सेल्स मैनेजर के रूप में काम करना था। मैं इमारती लकड़ी के बारे में कुछ नहीं जानता था, लेकिन मैं बिक्री प्रबंधन के बारे में थोड़ी-बहुत जानकारी रखता था। बचत किए हुए धन और पिछली नौकरी में की गई उन्नति के कारण मुझमें आत्मविश्वास भरा हुआ था।

मैंने यहाँ भी तेजी से उन्नति की और पहले ही वर्ष के दौरान मेरा वेतन बढ़कर दो गुना हो गया था। मेरे कामकाज को देखकर मेरे नियोक्ता ने मुझे अपना व्यापारिक साझेदार बना लिया। हमने मिलकर धन कमाना शुरू कर दिया और मैं फिर से खुद को सातवें आसमान पर महसूस करने लगा था।

उस समय तक मैं इस बात को नहीं जान पाया था कि सफलता को धन और प्राधिकार से अलग अर्थों में भी मापा जा सकता है। संभवतः इसका कारण यह था कि उस समय मेरे पास मेरी जरूरत से ज्यादा धन था और मेरी सँभालने की क्षमता से अधिक प्राधिकार था।

मैं न केवल खुद को सफल मान रहा था, बल्कि जानता था कि ऐसे व्यापार में संलग्न हूँ, जो मेरे स्वभाव के अनुकूल है। अब कोई चीज मुझे अपने प्रयासों को किसी और दिशा में निर्देशित करने के लिए प्रेरित नहीं कर सकती थी।

एक साफ आकाश में कड़कनेवाली बिजली की तरह वर्ष 1907 के आर्थिक संकट ने मुझ पर वज्रपात किया। रातोरात मेरा व्यापार चौपट हो गया और मुझे अपनी सारी संपत्ति से हाथ धोना पड़ा।

यह मेरी पहली गंभीर पराजय थी, जिसे मैंने उस समय असफलता समझने की भूल की थी।

एक साफ आकाश में कड़कनेवाली बिजली की तरह वर्ष 1907 के आर्थिक संकट ने मुझ पर वज्रपात किया। रातोरात मेरा व्यापार चौपट हो गया और मुझे अपनी सारी संपत्ति से हाथ धोना पड़ा।

यह मेरी पहली गंभीर पराजय थी, जिसे मैंने उस समय असफलता समझने की भूल की थी।

तीसरा निर्णायक मोड़

काष्ठ व्यापार के चौपट होने पर मैंने कानून की पढ़ाई करने का निश्चय किया। पराजय के अलावा कोई भी चीज मुझे उस निर्णय तक नहीं पहुँचा सकती थी। मैं रात में कानून की पढ़ाई करता था और दिन में एक ऑटोमोबाइल सेल्समैन के रूप में काम करता था। मैंने ऑटोमोबाइल के क्षेत्र में काफी काम किया और तेजी के साथ प्रगति की, जिसके फलस्वरूप मुझे ऑटोमोबाइल विनिर्माण व्यापार में प्रवेश करने का मौका मिला। उस समय मैंने देखा कि प्रशिक्षित ऑटोमोबाइल मेकैनिकों की बहुत अधिक जरूरत थी, इसलिए मैंने मैन्युफैक्चरिंग प्लांट में एक शैक्षिक विभाग खोला और वहाँ साधारण मेकैनिकों को असेंबलिंग एवं रिपेयरिंग सिखाने लगा। वह स्कूल उन्नति करने लगा और उससे मुझे शुद्ध लाभ के रूप में प्रतिमाह 1,000 डॉलर से अधिक प्राप्त होने लगा।

अब मैं फिर से यही सोचने लगा था कि मुझे अपना मुकाम मिल चुका है और अब कोई भी चीज मुझे ऑटोमोबाइल व्यापार से अलग नहीं ले जा सकती थी।

मेरे बैंकर जानते थे कि मैं उन्नति कर रहा था, इसलिए उन्होंने मुझे लगातार ऋण उपलब्ध कराया। बैंकरों का एक मुख्य लक्षण यह होता है कि वे अपना धन हमें बेहिचक तभी कर्ज के रूप में देते हैं, जब हम समृद्ध होते हैं। मेरे बैंकर ने मुझे तब तक धन उधार दिया, जब तक कि मैं उसके कर्ज में लाचार न बन गया। इसके बाद उसने शांति के साथ मेरे व्यापार का अधिग्रहण कर लिया। महीने में 1,000 डॉलर से अधिक कमानेवाला व्यक्ति अचानक ही गरीबी की चपेट में आ गया था।

आज बीस वर्ष के बाद मैं भाग्य के उस हाथ को धन्यवाद कहता हूँ, जिसने इस बदलाव के लिए मजबूर कर दिया था; पर उस समय मैं उस बदलाव को एक असफलता ही मानता था।

जीवन में पहली बार मैंने खुद से पूछना शुरू किया था कि धन और शक्ति के अलावा कोई ऐसी महत्त्वपूर्ण चीज है, जिसे खोजना किसी व्यक्ति के लिए संभव हो?

लेकिन यह एक क्षणिक विचार के रूप में आया था और शीघ्र ही मेरे दिमाग से बाहर निकल गया। अपने जीवन की सबसे कठिन लड़ाई के बाद मेरे जीवन का चौथा निर्णायक मोड़ तब आया, जब मैंने अपने आप को यह मौका दिया कि मैं अपने कानूनी ज्ञान का उपयोग करूँ।

चौथा निर्णायक मोड़

क्योंकि मैं अपनी पत्नी का पति था और उसके पक्ष के लोग मेरे ऊपर प्रभाव रखते थे, इसलिए मैंने विश्व की सबसे बड़ी कोयला कंपनियों में से एक के मुख्य सलाहकार

का सहायक बनना स्वीकार कर लिया। मुझे मिलनेवाला वेतन नौकरी की शुरुआत करनेवाले नए लोगों को मिलनेवाले वेतन की तुलना में काफी अधिक था। मैं अपना पद बिना किसी कठिनाई के धारण किए हुए था।

क्योंकि मैं अपनी पत्नी का पति था और उसके पक्ष के लोग मेरे ऊपर प्रभाव रखते थे, इसलिए मैंने विश्व की सबसे बड़ी कोयला कंपनियों में से एक के मुख्य सलाहकार का सहायक बनना स्वीकार कर लिया। मुझे मिलनेवाला वेतन नौकरी की शुरुआत करनेवाले नए लोगों को मिलनेवाले वेतन की तुलना में काफी अधिक था। मैं अपना पद बिना किसी कठिनाई के धारण किए हुए था।

अचानक बिना किसी चेतावनी और सलाह-मशविरे के मैंने अपने पद से इस्तीफा दे दिया।

यह पहला निर्णायक मोड़ था, जो मैंने खुद चुना था।

मैंने यह पद इसलिए छोड़ा था, क्योंकि वहाँ का काम बहुत ही आसान था और मैं उस काम को बहुत ही कम प्रयास के साथ निष्पादित कर रहा था। मैंने देखा कि मैं जड़ता की आदत में डूबता जा रहा हूँ। मुझे वहाँ इतना वेतन मिलता था कि मेरी सारी मूलभूत जरूरतें तथा मोटरकार जैसी कुछ विलासितापूर्ण जरूरतें आसानी से पूरी हो जाती थीं।

इससे ज्यादा की मुझे क्या जरूरत थी?

'कुछ नहीं!' मैंने खुद से कहना शुरू किया था।

यह वह मनोवृत्ति थी, जिसकी ओर मैं खुद को खिसकता हुआ महसूस कर रहा था। मैं उस समय इस बात का बोध करने के लिए खुद को धन्यवाद देता हूँ कि मजबूती और वृद्धि केवल निरंतर प्रयास और संघर्ष के द्वारा आती है तथा अनुप्रयोग से अपंगता व क्षरण होता है।

अपनी नौकरी छोड़ने के बाद मैंने शिकागो शहर को अपने नए कार्यक्षेत्र के रूप में चुना। मैं अपने मन को इसके लिए पूरी तरह से तैयार कर चुका था कि यदि मैंने शिकागो जैसे प्रतिस्पर्धी शहर में किसी सम्मानजनक कार्य के द्वारा प्रतिष्ठा अर्जित कर ली तो यह साबित हो जाएगा कि मेरे दिमाग में वह सामग्री मौजूद है, जिसे वास्तविक योग्यता में विकसित किया जा सकता है।

मेरा विश्वास है कि हमारे सभी कार्य निर्देश देने की हमारी शक्ति से परे मौजूद कारणों द्वारा नियंत्रित किए जाते हैं। फिर भी, मैं आपसे आग्रह करूँगा कि आप उन कारणों का अध्ययन एवं सही व्याख्या करें, जो आपके जीवन के सर्वाधिक महत्त्वपूर्ण निर्णायक मोड़ों

को चिह्नित करते हैं। उन मोड़ों या बिंदुओं पर ही आपके प्रयास पुराने से नए चैनलों की ओर मुड़ते हैं। जब तक आपके पास अंतिम परिणाम को विश्लेषित करने के लिए समय है, तब तक किसी भी पराजय को असफलता के रूप में स्वीकार करने से परहेज रखें।

शिकागो में मेरी पहली नौकरी एक बड़े पत्राचार स्कूल के विज्ञापन प्रबंधक की थी। मैं विज्ञापन के बारे में कम जानकारी रखता था; लेकिन मेरे पिछले सेल्समैन के अनुभवों और पारिश्रमिक से अधिक काम करने की आदत ने मुझे एक असाधारण प्रदर्शन करने में समर्थ बना दिया था।

पहले वर्ष के दौरान मैंने 5,200 डॉलर कमाए थे।

इतिहास में इस बात के अनेक प्रमाण मौजूद हैं कि एक उत्सव के बाद अकाल की स्थिति पैदा होती है। मैं एक उत्सव का आनंद ले रहा था, लेकिन मुझे आनेवाले अकाल का कोई पूर्वानुमान नहीं था। मैं इतनी प्रगति कर रहा था कि मैं खुद का पूरी तरह से अनुमोदन करने लगा था।

स्व-अनुमोदन दिमाग की एक खतरनाक अवस्था है। यह मेरे लिए पाँचवाँ निर्णायक मोड़ लेकर आई। यह निर्णायक मोड़ भी मेरे खुद के चयन का परिणाम था।

पाँचवाँ निर्णायक मोड़

पत्राचार स्कूल के विज्ञापन प्रबंधक के रूप में मेरे अच्छे रिकॉर्ड को देखते हुए स्कूल के प्रेसीडेंट ने मुझे पद छोड़ने के लिए कहा और अपने साथ कैंडी विनिर्माण के व्यापार में शामिल होने के लिए प्रेरित किया। हमने मिलकर बेस्टी रोज कैंडी कंपनी बनाई और मैं उसका पहला अध्यक्ष बन गया। इस प्रकार, यह मेरे जीवन के सर्वाधिक महत्त्वपूर्ण निर्णायक मोड़ की शुरुआत थी।

हमारा व्यापार बहुत तेजी से फैलने लगा और हमने 18 अलग-अलग शहरों में अपने स्टोर खोल दिए थे। अब मैं एक बार फिर यही मानने लगा था कि आखिरकार मुझे एक ऐसा व्यापार मिल गया है, जिसे मैं अपने शेष जीवन में नहीं छोड़ सकता था। कैंडी व्यापार बहुत ही लाभदायक था और चूँकि उस समय मैं धन को सफलता का एकमात्र प्रमाण समझता था, इसलिए स्वाभाविक रूप से यह विश्वास करने लगा था कि मैं सफल होने के कगार पर खड़ा था।

सारी चीजें सहज रूप से चल रही थीं, तभी अचानक मेरे व्यापारिक साझेदार और हमारे द्वारा उस व्यापार में लाए गए एक तीसरे व्यक्ति के मन में मुझे व्यापार से अलग करने का विचार पैदा हो गया। वे मुझे मेरी हिस्सेदारी का भुगतान भी नहीं करना चाहते थे। उन दोनों ने मुझे एक झूठे आरोप में गिरफ्तार करवा दिया और इसके बाद मुझे आरोप

से मुक्त करने के लिए यह शर्त रखी कि मैं उनसे कोई व्यापारिक हिस्सेदारी की माँग न करूँ।

अब मैंने पहली बार यह सीखना शुरू किया था कि उस इनसान के दिल में मेरी उम्मीद से बहुत ही ज्यादा क्रूरता, अन्याय और बेईमानी भरी हुई है।

जब मामले की प्रारंभिक सुनवाई हुई तो शिकायत करनेवाले गवाह वहाँ मौजूद नहीं थे। मैंने उन गवाहों को खोजा और उन्हें अदालत में आकर सही बात बताने के लिए बाध्य किया। इसके बाद मैं दोष-मुक्त घोषित किया गया। मैंने अपने साथ अन्याय करनेवालों के विरुद्ध मानहानि का दावा ठोंक दिया।

नियत अवधि में अदालत ने मेरे पक्ष में एक भारी-भरकम फैसला सुनाया। उसके आधार पर मैं उन दोनों को जेल भिजवा सकता था। जीवन में मुझे पहली बार यह अवसर मिला था कि मैं अपने शत्रुओं पर उन्हीं के तरीकों से पलटवार कर सकूँ। उसी समय मेरे मन में यह विचार आया कि मैं अपने शत्रुओं को जेल भिजवाऊँ या इस अवसर का लाभ उठाकर उन्हें माफ कर दूँ और खुद को एक अलग प्रकार का व्यक्तित्व साबित करूँ?

इस घटना ने मेरे व्यापारिक साझीदारों और मेरे बीच एक कभी न भरनेवाली खाई पैदा कर दी। इसके बाद मुझे व्यापार में अपने हिस्से की पूँजी से हाथ धोना पड़ा; लेकिन वह नुकसान मेरे साझेदारों को होनेवाले नुकसान की तुलना में बहुत ही कम था।

नियत अवधि में अदालत ने मेरे पक्ष में एक भारी-भरकम फैसला सुनाया। उसके आधार पर मैं उन दोनों को जेल भिजवा सकता था। जीवन में मुझे पहली बार यह अवसर मिला था कि मैं अपने शत्रुओं पर उन्हीं के तरीकों से पलटवार कर सकूँ। उसी समय मेरे मन में यह विचार आया कि मैं अपने शत्रुओं को जेल भिजवाऊँ या इस अवसर का लाभ उठाकर उन्हें माफ कर दूँ और खुद को एक अलग प्रकार का व्यक्तित्व साबित करूँ?

मैंने अपने दुश्मनों को माफी देने का मन बना लिया।

लेकिन जैसे ही मैं अपने फैसले को लागू कर पाता, भाग्य के हाथ ने उन दिशा-भ्रमित लोगों को सबक सिखाना शुरू कर दिया था। मेरे पुराने व्यापारिक साझेदार को एक अन्य अपराध में लंबी सजा सुनाई गई तथा दूसरा व्यक्ति इसी बीच पूरी तरह से कंगाल हो चुका था।

हम कानून की किताबों में लिखे गए कानूनों के शिकंजे से तो बाहर निकल सकते हैं, लेकिन क्षतिपूर्ति के कानून से बच पाना असंभव है।

मैं इस तरह के अनुभव से दोबारा गुजरना नहीं चाहूँगा, लेकिन मैं स्वीकार करने के लिए बाध्य हूँ कि यह सारा दुःख और कष्ट मेरे लिए बहुमूल्य था; क्योंकि इसने मुझे यह जानने का अवसर दिया था कि प्रतिशोध मेरी मानसिकता का हिस्सा नहीं था।

प्रत्येक अस्थायी पराजय ने मेरे हृदय पर अपनी छाप छोड़ी थी और मुझे ऐसी सामग्री उपलब्ध कराई थी, जिसके आधार पर मैंने इस पाठ्यक्रम का निर्माण किया है। भाग्य का चक्र कई अलग-अलग तरीकों से उस धातु की परीक्षा करता है, जिससे हम बने हैं। इस परीक्षा को उत्तीर्ण करने के बाद ही भाग्य हमारे कंधों पर महान् जिम्मेदारी रखता है।

छठा निर्णायक मोड़

यह निर्णायक बिंदु कैंडी व्यापार में सफलता के मेरे सपनों को बिखरने के तुरंत बाद आ गया था, जब मैंने एक कॉलेज के विज्ञापन एवं विक्रय विभाग में पढ़ाने का काम शुरू किया था।

किसी बुद्धिमान दार्शनिक ने कहा है कि हम किसी विषय के बारे में तब तक बहुत ज्यादा नहीं सीख सकते, जब तक हम उस विषय को दूसरे लोगों को पढ़ाना शुरू न करें। वह स्कूल बहुत तेजी से वृद्धि कर रहा था और मैं शीघ्र ही अपने जीवन के सुनहरे मुकाम को फिर से देखने लगा था। इसके बाद दूसरा सैनिक विधेयक आया, जिसने मेरे स्कूल को व्यावहारिक तौर पर नष्ट कर दिया, क्योंकि हमारे स्कूल के अधिकांश छात्रों को सैन्य सेवाओं के लिए नामांकित कर लिया गया था। मुझे अपनी 75 हजार डॉलर की ट्यूशन फीस गँवानी पड़ी और साथ ही मैंने देश की सेवा के लिए अपनी सेवाओं का योगदान भी दिया।

किसी बुद्धिमान दार्शनिक ने कहा है कि हम किसी विषय के बारे में तब तक बहुत ज्यादा नहीं सीख सकते, जब तक हम उस विषय को दूसरे लोगों को पढ़ाना शुरू न करें। वह स्कूल बहुत तेजी से वृद्धि कर रहा था और मैं शीघ्र ही अपने जीवन के सुनहरे मुकाम को फिर से देखने लगा था। इसके बाद दूसरा सैनिक विधेयक आया, जिसने मेरे स्कूल को व्यावहारिक तौर पर नष्ट कर दिया, क्योंकि हमारे स्कूल के अधिकांश छात्रों को सैन्य सेवाओं के लिए नामांकित कर लिया गया था। मुझे अपनी 75 हजार डॉलर की ट्यूशन फीस गँवानी पड़ी और साथ ही मैंने देश की सेवा के लिए अपनी सेवाओं का योगदान भी दिया।

मैं एक बार फिर से धनहीन था।

गरीबी एक व्यक्ति के पास आनेवाला सबसे समृद्ध अनुभव है। यह एक ऐसा अनुभव है, जिसे अनुभवकर्ता यथासंभव

शीघ्रता के साथ अपने से दूर करना चाहता है।

अब मैं अपने कॅरियर के उस बिंदु पर पहुँच चुका था, जहाँ पर अधिकांश लोग स्थायी रूप से पराजित हो जाते हैं या फिर नई ऊर्जा के साथ नई ऊँचाइयाँ हासिल करने के लिए अपने पिछले अनुभवों के आधार पर नई कार्य-योजनाएँ बनाते हैं। यदि मेरी कहानी इसी बिंदु पर रुक जाती तो आपके लिए इस कहानी का कोई महत्त्व नहीं होता; लेकिन यहाँ एक और महत्त्वपूर्ण अध्याय अभी लिखा जाना था, जो कि मेरे जीवन के सातवें और सर्वाधिक महत्त्वपूर्ण निर्णायक मोड़ को शामिल करता है।

मेरी अस्थायी पराजयों का कारण मुख्यत: यह तथ्य था कि मैंने अभी तक उस कार्य को नहीं खोजा था, जिसके भीतर मैं अपनी आत्मा और हृदय को झोंक सकता। अपने सर्वोत्तम अनुकूल और सबसे पसंदीदा काम को खोजना ऐसे व्यक्ति को खोजने के समान है, जिसे आप सबसे अधिक प्यार करते हैं। इस खोज के लिए कोई नियम नहीं है; लेकिन जब सही कार्यक्षेत्र से आपका संपर्क होता है तो आप तुरंत ही इसे पहचान लेते हैं।

अवचेतन रूप से मैं अपने जीवन के सबसे महत्त्वपूर्ण निर्णायक मोड़ की नींव रख रहा था। जब मैंने अपना लेखन पूरा किया तो मैं एक दस्तावेज तैयार कर चुका था। उस दस्तावेज के द्वारा मैंने एक राष्ट्रीय पत्रिका के लिए वित्त की व्यवस्था की और उस पत्रिका के माध्यम से मैं पूरे अंग्रेजी-भाषी विश्व के लोगों के संपर्क में आया। उस दस्तावेज ने मेरे खुद के कॅरियर के साथ-साथ हजारों अन्य लोगों के जीवन को व्यापक रूप से प्रभावित किया था। वह दस्तावेज पहली बार नेपोलियन हिल की 'गोल्डन रूल्स' मैगजीन में प्रकाशित हुआ था।

सातवाँ निर्णायक मोड़

मुझे 11 नवंबर, 1918 का वह महत्त्वपूर्ण दिन हमेशा याद रहता है, जब मेरे जीवन का सातवाँ निर्णायक मोड़ आया था। यह 'आर्मिस्टिक डे' था। विश्वयुद्ध के बाद मेरे पास एक फूटी कौड़ी भी नहीं बची थी। मैं अपने ऑफिस की खिड़की के सामने खड़ा था और युद्ध की समाप्ति का जश्न मना रही भीड़ को देख रहा था। धीरे-धीरे मेरा पूरा अतीत मेरी आँखों के सामने उस खिड़की के शीशे में दिखाई देने लगा था। मेरे जीवन के सारे मीठे और कड़वे पल तथा उतार-चढ़ाव मेरे सामने दृश्यमान होकर गुजर रहे थे।

उसी पल समय ने एक अन्य निर्णायक मोड़ ले लिया था।

मैं अपने टाइपराइटर पर बैठ गया और मेरे हाथ की-बोर्ड पर चलना शुरू हो गए।

इससे पहले मैंने कभी इतनी आसानी और तीव्रता के साथ नहीं लिखा था। मैं क्या लिख रहा था, इसके बारे में मेरे पास कोई योजना या विचार नहीं था। जो मेरे दिमाग में आता गया, मैं उसे लिखता चला गया।

अवचेतन रूप से मैं अपने जीवन के सबसे महत्त्वपूर्ण निर्णायक मोड़ की नींव रख रहा था। जब मैंने अपना लेखन पूरा किया तो मैं एक दस्तावेज तैयार कर चुका था। उस दस्तावेज के द्वारा मैंने एक राष्ट्रीय पत्रिका के लिए वित्त की व्यवस्था की और उस पत्रिका के माध्यम से मैं पूरे अंग्रेजी-भाषी विश्व के लोगों के संपर्क में आया। उस दस्तावेज ने मेरे खुद के कॅरियर के साथ-साथ हजारों अन्य लोगों के जीवन को व्यापक रूप से प्रभावित किया था। वह दस्तावेज पहली बार नेपोलियन हिल की 'गोल्डन रूल्स' मैगजीन में प्रकाशित हुआ था।

लगभग बीस वर्षों से मेरे दिमाग में एक अभिलाषा सोई हुई पड़ी थी, जो इस नाटकीय बदलाव के बाद एक वास्तविकता में बदल गई थी। मैं काफी लंबे समय पहले से एक अखबार का संपादक बनना चाहता था। मेरे पिता एक छोटा साप्ताहिक अखबार प्रकाशित करते थे और मैं प्रिंटर की स्याही की गंध से प्यार करते हुए पला-बढ़ा था।

संभवतः यह अभिलाषा तैयारी के उन सभी वर्षों के दौरान अवचेतन रूप से गति हासिल कर रही थी, जिनमें मेरे जीवन के निर्णायक मोड़ आए थे और मैंने जीवन के बहुत सारे अनुभव प्राप्त किए थे। इसी अभिलाषा ने मुझे किसी और कार्य में स्थायी रूप से तब तक टिकने नहीं दिया, जब तक कि मैंने अपनी पहली पत्रिका का प्रकाशन शुरू नहीं कर दिया।

यह निर्णायक मोड़ भी गुजर सकता है; लेकिन सबसे महत्त्वपूर्ण बात यह है कि मैंने अपना समुचित कार्यक्षेत्र खोज लिया है और मैं अपने इस काम के साथ बहुत खुश हूँ।

मैंने पहली बार बिना किसी संदेह के यह महसूस किया कि जीवन में कुछ ऐसी चीजें भी खोजी जा सकती हैं, जो कि सोने व चाँदी से ज्यादा मूल्य रखती हैं। मैंने पूरी तरह से अपना विचार बना लिया कि मैं विश्व को अपनी क्षमता के अनुसार सर्वोत्तम सेवा प्रदान करता रहूँगा, चाहे मुझे अपने प्रयासों के बदले में एक फूटी कौड़ी न मिले।

नेपोलियन हिल की 'द गोल्डन रूल्स' पत्रिका के प्रकाशन के बाद मैं पूरे देश के चिंतनशील वर्ग के संपर्क में आ गया था। इसने मुझे खुद को अभिव्यक्त करने का एक बड़ा अवसर दिया था। वर्ष 1920 के शुरुआती भाग में मुझे देश भर से संभाषण हेतु आमंत्रण प्राप्त होने लगे थे। यह देश-भ्रमण मेरे लिए एक उदार शिक्षा थी, क्योंकि इसके द्वारा मैं जीवन के सभी क्षेत्रों से जुड़े लोगों के निकट संपर्क में आ गया था और मुझे यह देखने का अवसर मिला था कि संयुक्त राज्य अमेरिका एक सुंदर और विशाल देश था।

अब मेरे जीवन के सातवें निर्णायक मोड़ के चरम बिंदु के वर्णन पर आते हैं।

खिड़की से मूसलधार वर्षा को देखते हुए मेरे मन में एक विचार कौंधा था कि मैंने अपने जीवन के सात निर्णायक मोड़ों से जो कुछ भी सीखा है, उसे सुसंगठित करके यदि एक संभाषण का रूप दूँ तो यह बहुत शानदार होगा! इस सुंदर ज्ञान के साथ मैं उस अनुभव और जानकारी को भी जोड़ सकता था, जिसे मैंने सफल लोगों के जीवन का अध्ययन करके हासिल किया था। मैंने उसे 'सफलता की जादुई सीढ़ी' का शीर्षक देने का निश्चय कर लिया।

मैं अपने देश-भ्रमण के दौरान डलास (टेक्सास) के एक रेस्तराँ में बैठा हुआ था। उस समय बाहर बहुत भारी बारिश हो रही थी। खिड़की से मूसलधार वर्षा को देखते हुए मेरे मन में एक विचार कौंधा था कि मैंने अपने जीवन के सात निर्णायक मोड़ों से जो कुछ भी सीखा है, उसे सुसंगठित करके यदि एक संभाषण का रूप दूँ तो यह बहुत शानदार होगा! इस सुंदर ज्ञान के साथ मैं उस अनुभव और जानकारी को भी जोड़ सकता था, जिसे मैंने सफल लोगों के जीवन का अध्ययन करके हासिल किया था। मैंने उसे 'सफलता की जादुई सीढ़ी' का शीर्षक देने का निश्चय कर लिया।

मैंने एक लिफाफे के पीछे उन पंद्रह बिंदुओं को रेखांकित कर लिया, जिन पर वह पूरा संभाषण निर्मित था।

यह पूरा पाठ्यक्रम मेरी इन्हीं असफलताओं का योगफल है। यदि यह पाठ्यक्रम आपके लिए मूल्यवान् साबित होता है तो आप इसका श्रेय इस अध्याय में वर्णित मेरी उन असफलताओं को दे सकते हैं। इस पाठ्यक्रम की बिक्री और विभिन्न अखबारों में प्रकाशित होनेवाले संपादकीय लेखों के मानदेय द्वारा मेरी शुद्ध आय इतनी हो जाती है कि मैं अपनी जरूरतों को आसानी से पूरा कर लेता हूँ।

मेरे अनुभवों ने मुझे यह विश्वास दिलाया है कि पराजय की मूक भाषा को जब कोई समझना शुरू करता है तो यह विश्व की सबसे सरल और सर्वाधिक प्रभावी भाषा होती है। मेरे विश्वास के अनुसार, यह एक सार्वभौमिक भाषा है, जिसमें प्रकृति अपनी बात को उस समय हमारे सामने प्रकट करती है, जब हम किसी अन्य भाषा में उसकी बात को नहीं सुनते हैं।

मुझे गर्व है कि मैंने इतनी अधिक पराजय का अनुभव हासिल किया है।

पराजय एक विनाशात्मक बल तभी होती है, जब उसे असफलता के रूप में स्वीकार किया जाता है। जब उसे हम जीवन के एक जरूरी पाठ के रूप में स्वीकार करते हैं तो

वह एक वरदान बन जाती है। इसी बात को ध्यान में रखकर मैंने अपने शत्रुओं को महत्त्व देना सीखा है। यदि मेरे शत्रु न होते तो मुझे अपने चरित्र के कमजोर पक्षों को जानने का अवसर नहीं मिलता। अब मैं यह महसूस करता हूँ कि यदि आपका कोई शत्रु नहीं है तो आप कुछ शत्रुओं का निर्माण करें, क्योंकि वे ही आपकी कमियों को पहचानकर आपका ध्यान उन कमियों की ओर केंद्रित करेंगे। आपके मित्र आपकी कमियों को देखकर भी आपको उन कमियों के बारे में कुछ नहीं बताएँगे।

जो व्यक्ति लगातार संघर्ष में जुटा रहता है, उसके लिए कोई असफलता नहीं हो सकती। जिस व्यक्ति ने असफलता को एक अस्थायी पराजय के रूप में स्वीकार करना सीख लिया, वह कभी भी असफल नहीं हो सकता।

मैं इस बात पर पूरी तरह से विश्वास करता हूँ कि असफलता प्रकृति की योजना है, जिसके द्वारा वह मानव की नियति को बाधित करती है और उसे अपना कार्य कुशलतापूर्वक करने के लिए तैयार करती है। असफलता प्रकृति की महान् भट्ठी है, जिसमें वह मानवीय हृदय में मौजूद अशुद्धियों को जलाती है और मानव की धातु को इतना परिशुद्ध कर देती है कि वह कठिन उपयोग के परीक्षण में खरी उतर सके।

मैं इस बात पर पूरी तरह से विश्वास करता हूँ कि असफलता प्रकृति की योजना है, जिसके द्वारा वह मानव की नियति को बाधित करती है और उसे अपना कार्य कुशलतापूर्वक करने के लिए तैयार करती है। असफलता प्रकृति की महान् भट्ठी है, जिसमें वह मानवीय हृदय में मौजूद अशुद्धियों को जलाती है और मानव की धातु को इतना परिशुद्ध कर देती है कि वह कठिन उपयोग के परीक्षण में खरी उतर सके।

प्रत्येक व्यक्ति की सफलता उसकी कठिनाइयों और बाधाओं के सटीक अनुपात में होती है।

भय और असफलता का स्वीकरण ऐसी गाँठें हैं, जो हमें संकीर्णता और दरिद्रता में बाँध देती हैं। हम इन गाँठों को खोलकर फेंक सकते हैं। हम असफलता को अपने लाभ में बदल सकते हैं, यदि हम असफलता के द्वारा सिखाए जानेवाले पाठ को गहनता से सीखें और उस सीख का सहारा लेकर खुद को असफलता के भँवर से बाहर ले आएँ। जिसने दुःख और कष्ट नहीं भोगा है, उसने आधा जीवन ही जिया है। जो कभी असफल नहीं हुआ है, उसने कभी कुछ नहीं खोजा है। जो कभी नहीं रोया है, वह एक हँसी के लिए अजनबी होता है। और जिसने कभी संदेह नहीं किया, वह कभी चिंतन नहीं कर पाया है।

विश्व में जहाँ कहीं भी कार्य के लिए जगह है, वहाँ आपके लिए भी जगह मौजूद है।

आपका वैभव कार्य करने में है, न कि ट्रॉफी जीतने में।

आपके अलावा किसी भी व्यक्ति को यह अधिकार नहीं है कि वह आपके ऊपर असफल होने का ठप्पा लगाए। यदि निराशा के किसी क्षण में आप खुद को असफल महसूस करें तो क्रोएशस नामक महान् दार्शनिक, जो कि फारस के राजा साइरस के सलाहकार थे, के इन शब्दों को याद रखें—"हे राजा! मैं तुम्हें याद दिलाता हूँ और तुम इस सीख को अपने हृदय में रखना कि एक ऐसा चक्र मौजूद है, जिस पर मानव के सभी मामले घूमते हैं। इस पहिए का कार्यतंत्र ऐसा है कि यह किसी भी व्यक्ति को हमेशा भाग्यवान् बने रहने से रोकता है।"

हमें यह याद रखना है कि यह पहिया हमेशा घूमता रहता है। यदि यह आज हमारे लिए दुःख लाता है तो कल यह हमारे लिए सुख लाएगा। जीवन भाग्य और दुर्भाग्य की अलग-अलग घटनाओं का एक चक्र है।

हम भाग्य के इस चक्र को घूमने से नहीं रोक सकते, लेकिन हम इसके द्वारा लाए गए दुर्भाग्य को यह बात याद रखकर संशोधित कर सकते हैं कि यदि हम अपने आप में आस्था रखें और ईमानदारी से अपना सर्वोत्तम प्रयास करते रहें तो सौभाग्य इस दुर्भाग्य के बाद उतनी ही सुनिश्चितता के साथ आएगा, जितनी सुनिश्चितता के साथ रात के बाद दिन आता है।

□

15

सहनशीलता

"आप यह कर सकते हैं,
यदि आपको विश्वास है कि आप कर सकते हो!"

असहनशीलता की दो महत्त्वपूर्ण विशेषताएँ हैं, जिनकी ओर मैं आपका ध्यान अध्याय की शुरुआत में ही खींचना चाहूँगा। ये विशेषताएँ हैं—

पहली : असहनशीलता अज्ञानता का एक रूप है, जिसे स्थायी सफलता के किसी भी रूप को हासिल करने से पहले नियंत्रित करना आवश्यक होता है। यह सभी युद्धों का मुख्य कारण है। यह व्यापार और पेशे में दुश्मन बनाती है। यह हजारों रूपों में समाज की संगठनकारी शक्तियों को विघटित करती है। यह युद्ध की समाप्ति में एक विशालकाय बाधा की तरह खड़ी रहती है। यह विवेक को पद-स्थापित करके उसके स्थान पर भीड़ के मनोविज्ञान को बिठा देती है।

दूसरी : असहनशीलता विश्व के संगठित धर्मों में मुख्य विघटनकारी बल है। यह अच्छाई की सबसे बड़ी ताकत को छोटे-छोटे पंथों एवं मतों में विखंडित कर देती है और प्रत्येक पंथ या मत विश्व की बुराइयों को नष्ट करने में उतना प्रयत्नशील नहीं होता, जितना कि एक-दूसरे का विरोध करने में होता है।

लेकिन असहनशीलता के विरुद्ध यह अभियोग सामान्य तौर पर लगाया जाता है।

यह देखते हैं कि असहनशीलता एक व्यक्ति के रूप में आपको कैसे प्रभावित करती है? यह स्पष्ट है कि जो भी चीज सभ्यता की उन्नति में बाधा डालती है, वह प्रत्येक व्यक्ति के लिए भी बाधक ही होगी। इसी बात को उलट रूप में कहते हैं कि कोई भी चीज, जो व्यक्ति के दिमाग को दूषित करती है और उसके मानसिक, नैतिक एवं आध्यात्मिक विकास को अवरुद्ध करती है, वह सभ्यता की प्रगति को भी अवरुद्ध करेगी।

युद्ध को कैसे समाप्त करें ?

पृष्ठभूमि

शरीर का आकार और रूप, त्वचा की रंगत, आँखों का रंग, महत्त्वपूर्ण अंगों की कार्यक्षमता—ये सभी शारीरिक आनुवंशिकता के परिणाम हैं। ये स्थिर और सुनिश्चित हैं तथा इन्हें बदला नहीं जा सकता; क्योंकि इनका विकास लाखों वर्षों के दौरान हुआ है। जहाँ तक हमारे उस सर्वाधिक महत्त्वपूर्ण हिस्से का सवाल है, जो कि सामाजिक आनुवंशिकता का परिणाम है, वह हमारे परिवेश और शुरुआती शिक्षा का परिणाम होता है।

धर्म, राजनीति, अर्थव्यवस्था, दर्शन और युद्ध समेत इसी प्रकार के अन्य विषयों की अवधारणा पूरी तरह से हमारे परिवेश और प्रशिक्षण की प्रभावशाली शक्तियों का परिणाम है।

एक वयस्क इनसान का धर्म चार से चौदह वर्ष की उम्र के दौरान उसे दिए जानेवाले धार्मिक प्रशिक्षण का परिणाम होता है। यह धर्म उस पर उसके माता-पिता और आरंभिक शिक्षकों द्वारा थोपा जाता है। मानव के सर्वाधिक मजबूत और असाधारण विश्वास वे होते हैं, जो उस पर थोपे जाते हैं या जिन्हें उसने अपनी इच्छा से अति भावनात्मक स्थितियों में आत्मसात् किया था, जब उसका दिमाग ग्रहणशील था।

> *एक वयस्क इनसान का धर्म चार से चौदह वर्ष की उम्र के दौरान उसे दिए जानेवाले धार्मिक प्रशिक्षण का परिणाम होता है। यह धर्म उस पर उसके माता-पिता और आरंभिक शिक्षकों द्वारा थोपा जाता है। मानव के सर्वाधिक मजबूत और असाधारण विश्वास वे होते हैं, जो उस पर थोपे जाते हैं या जिन्हें उसने अपनी इच्छा से अति भावनात्मक स्थितियों में आत्मसात् किया था, जब उसका दिमाग ग्रहणशील था।*

वर्तमान में युद्ध की संभावना केवल एक ही कारण से बनी रहती है कि हम सामाजिक आनुवंशिकता के सिद्धांत का प्रयोग युद्ध के समर्थन की अनुमोदन शक्ति के रूप में करते हैं और साथ ही इसका प्रयोग ऐसे मुख्य अभिकरण के रूप में करते हैं, जो इनसान के दिमागों को जानबूझकर युद्ध के लिए तैयार कर रहा है।

उदाहरण के लिए, आप किसी भी राष्ट्रीय या विश्व इतिहास का परीक्षण करें तो आप देखेंगे कि कितने प्रभावी और रणनीतिक ढंग से युद्ध को महिमामंडित किया जाता है और इस प्रकार से वर्णित किया जाता है कि यह न केवल छात्र के दिमाग

पर आघात करता है, बल्कि यह वास्तव में युद्ध के एक संभाव्य औचित्य को भी स्थापित करता है।

हमारे शहरों के किसी भी सार्वजनिक चौक पर जाएँ तो आपको युद्ध नायकों की मूर्तियाँ और स्मारक खड़े मिलेंगे। उन मूर्तियों की मुद्रा पर ध्यान दें तो आप देखेंगे कि वे उन इनसानों को महिमामंडित करने के जीवंत प्रतीक हैं, जिन्होंने विनाश के अभियानों पर सेनाओं का नेतृत्व करने से ज्यादा कुछ नहीं किया था। इस बात पर ध्यान दें कि योद्धाओं की वे मूर्तियाँ किस प्रकार से ऐसे अभिकरणों के रूप में कार्य करती हैं, जो युवाओं के दिमाग को उद्दीपित करते हैं और उन्हें युद्ध की स्वीकार्यता के लिए तैयार करते हैं। युद्ध को एक क्षम्य कार्य के साथ-साथ गौरव, प्रसिद्धि और सम्मान हासिल करने का इच्छित स्रोत बना दिया गया है।

युद्ध का आदर्श संपदा की अभिलाषा से जुड़ा है।

हम जब किसी अजनबी से पहली बार मिलते हैं तो हम उससे यह नहीं पूछते कि आप कैसे हैं? बल्कि हम उससे पूछते हैं कि आपके पास क्या है? हमारा अगला प्रश्न यह होता है कि जो आपके पास है, उसे हम कैसे हासिल कर सकते हैं?

हमारा आदर्श युद्ध के अर्थों में नहीं मापा जाता है, बल्कि इसे वित्त, उद्योग और व्यापार के अर्थों में मापा जाता है। हम न सिर्फ दूसरे देशों को युद्ध में उलझते हुए देखना चाहते हैं, बल्कि हम में से जो लोग युद्ध-सामग्री की बिक्री से लाभान्वित होते हैं, वे वास्तव में देशों के बीच युद्ध को प्रोत्साहित करते हैं।

योजना

युद्ध का जन्म व्यक्ति की इस अभिलाषा में से होता है कि वह अपने आसपास के दूसरे व्यक्तियों की कीमत पर लाभ हासिल करे।

युद्ध को अचानक से नहीं रोका जा सकता। इसे केवल शिक्षा के द्वारा ही समाप्त किया जा सकता है। युद्ध को खत्म करने के लिए हमें अपनी शिक्षा में इस सिद्धांत को सर्वाधिक महत्त्व देना होगा कि व्यक्तिगत हित को मानव जाति के व्यापक हितों का अधीनस्थ होना चाहिए।

युद्ध को अचानक से नहीं रोका जा सकता। इसे केवल शिक्षा के द्वारा ही समाप्त किया जा सकता है। युद्ध को खत्म करने के लिए हमें अपनी शिक्षा में इस सिद्धांत को सर्वाधिक महत्त्व देना होगा कि व्यक्तिगत हित को मानव जाति के व्यापक हितों का अधीनस्थ होना चाहिए।

मानव की प्रवृत्तियाँ और गतिविधियाँ दो महान् बलों से उत्पन्न होती हैं। पहला, शारीरिक आनुवंशिकता और दूसरा बल है—सामाजिक आनुवंशिकता।

शारीरिक आनुवंशिकता के द्वारा मानव उन शुरुआती प्रवृत्तियों को दरशाता है, जो आदिम अवस्था में उसे आत्म-सुरक्षा के लिए अपने आसपास के मानवों को नष्ट करने के लिए प्रेरित करती थीं। यह प्रवृत्ति तब से अपनाई जा रही है, जब मानव का अस्तित्व के लिए संघर्ष इतना व्यापक था कि केवल शारीरिक रूप से शक्तिशाली इनसान ही जीवित रह पाते थे।

धीरे-धीरे मानव ने यह सीखना शुरू किया कि व्यक्ति खुद को दूसरों के साथ समूह में जोड़कर जीने की अधिक अनुकूल परिस्थितियाँ निर्मित कर सकता है। इसी खोज के द्वारा हमारे आधुनिक समाज विकसित हुए। इन समाजों के द्वारा लोगों के समूहों ने राज्य निर्मित किए और इन्हीं समूहों ने राष्ट्र बनाए।

एक राष्ट्र या समूह विशेष के व्यक्तियों के बीच युद्ध की प्रवृत्ति बहुत ही क्षीण होती है, क्योंकि वे सामाजिक आनुवंशिकता के सिद्धांत द्वारा यह सीख चुके हैं कि अपने व्यक्तिगत हितों को समूह या राष्ट्र के हितों के अधीन रहकर ही वे सर्वोत्तम रूप में जीवन जी सकते हैं।

युद्ध को समाप्त करने की कोई भी योजना तभी सफल हो सकती है, जब उसका आधार विश्व के सभी धार्मिक संगठनों और स्कूलों के बीच सफल समन्वित प्रयास पर टिका हो। इस समन्वित प्रयास के द्वारा युवाओं के दिमाग में युद्ध की समाप्ति के विचार को इस प्रकार से प्रभावी बनाने का लक्ष्य रखा जाना चाहिए कि 'युद्ध' शब्द को सुनते ही उनके हृदय में आतंक की लहर पैदा हो जाए।

अब समस्या इस समूह के सिद्धांत को विस्तारित करने की है, ताकि विश्व के राष्ट्र अपने अलग-अलग हितों को संपूर्ण मानव जाति के हितों के अधीन रख सकें। ऐसा केवल सामाजिक विरासत के सिद्धांत द्वारा ही किया जा सकता है। सभी नस्लों के युवाओं के दिमाग में यह तथ्य भरना होगा कि युद्ध भयानक होता है और इसके द्वारा युद्धरत राष्ट्रों या उन राष्ट्रों के लोगों का हित पूरा नहीं किया जा सकता।

अब यह प्रश्न उभरता है कि ऐसा कैसे किया जा सकता है?

इस प्रश्न का उत्तर देने से पहले हम पुनः 'सामाजिक विरासत' शब्द को परिभाषित करते हैं और यह खोजते हैं कि इसकी संभावनाएँ क्या हैं?

सामाजिक विरासत एक ऐसा सिद्धांत है, जिसके द्वारा युवा पीढ़ी अपने परिवेश से, विशेषत: अभिभावकों, शिक्षकों और धार्मिक नेताओं द्वारा दी गई आरंभिक शिक्षा के माध्यम से, ऐसे विश्वास और प्रवृत्तियाँ आत्मसात् करते हैं, जिनकी जड़ें उन पर प्रभाव रखनेवाले वयस्कों में मजबूती से जमी होती हैं।

युद्ध को समाप्त करने की कोई भी योजना तभी सफल हो सकती है, जब उसका आधार विश्व के सभी धार्मिक संगठनों और स्कूलों के बीच सफल समन्वित प्रयास पर टिका हो। इस समन्वित प्रयास के द्वारा युवाओं के दिमाग में युद्ध की समाप्ति के विचार को इस प्रकार से प्रभावी बनाने का लक्ष्य रखा जाना चाहिए कि 'युद्ध' शब्द को सुनते ही उनके हृदय में आतंक की लहर पैदा हो जाए।

युद्ध को समाप्त करने का कोई दूसरा तरीका नहीं है

अगला प्रश्न यह उभरता है कि स्कूलों और धार्मिक संस्थाओं को इस उच्च आदर्श के लिए किस प्रकार से संगठित किया जा सकता है? इसका उत्तर यह है कि इन सभी को एक ही समय पर इस प्रकार के गठजोड़ के लिए प्रेरित नहीं किया जा सकता, लेकिन कुछ अधिक प्रभावशाली संस्थाओं और स्कूलों को शुरुआत में इस लक्ष्य के साथ जोड़ा जा सकता है। ये अग्रणी संस्थान शेष संस्थानों को बाद में जनमत की माँग के अनुसार गठबंधन से जोड़ते चले जाएँगे।

अब प्रश्न आता है कि सर्वाधिक शक्तिशाली धार्मिक और शैक्षिक नेताओं को एकत्रित करने के लिए पर्याप्त रूप से प्रभावशाली कौन होगा?

अमेरिका के राष्ट्रपति और कांग्रेस मिलकर इस काम की शुरुआत कर सकते हैं। प्रेस के माध्यम से इस गठजोड़ के प्रचार-प्रसार को विश्व के प्रत्येक सभ्य देश के लोगों तक पहुँचाया जा सकता है।

कोई भी राष्ट्र संघ या समझौता युद्ध को तब तक समाप्त नहीं कर सकता, जब तक कि लोगों के हृदयों से युद्ध के अनुमोदन का छोटे-से-छोटा सबूत न मिटा दिया जाए। राष्ट्रों के बीच वैश्विक शांति एक ऐसे आंदोलन से स्थापित होगी, जो कि तुलनात्मक रूप से कुछ चुनिंदा चिंतकों द्वारा आरंभ किया जाएगा। धीरे-धीरे यह संख्या बढ़ती जाएगी और इसमें विश्व के अग्रणी शिक्षाविद्, धार्मिक नेता, लेखक शामिल होते चले जाएँगे।

यह आंदोलन ही एक वैश्विक आदर्श के रूप में शांति को गहराई और स्थायित्व के साथ एक वास्तविकता में बदल सकता है। यह लक्ष्य सही प्रकार के नेतृत्व

के अधीन एकमात्र पीढ़ी के द्वारा हासिल किया जा सकता है। लेकिन इस बात की संभावना अधिक है कि यह आनेवाली कई पीढ़ियों तक हासिल नहीं होगा; क्योंकि जिन लोगों के पास इस नेतृत्व को धारण करने की योग्यता है, वे आनेवाली पीढ़ियों की भलाई के लिए आवश्यक त्याग करने की बजाय सांसारिक संपत्ति को इकट्ठा करने में व्यस्त हैं।

युद्ध को तार्किक अपील के द्वारा नहीं, बल्कि मानवता के भावनात्मक पक्ष की अपील के द्वारा खत्म किया जा सकता है। धार्मिक संस्थाएँ जितनी ताकत और ऊर्जा एक-दूसरे का विरोध करने में खर्च करती हैं, यदि उसका आधा प्रयास वैश्विक शांति के आदर्श को प्राप्त करने के लिए करें तो युद्ध की संभावनाएँ समाप्त हो सकती हैं।

युद्ध को तार्किक अपील के द्वारा नहीं, बल्कि मानवता के भावनात्मक पक्ष की अपील के द्वारा खत्म किया जा सकता है। धार्मिक संस्थाएँ जितनी ताकत और ऊर्जा एक-दूसरे का विरोध करने में खर्च करती हैं, यदि उसका आधा प्रयास वैश्विक शांति के आदर्श को प्राप्त करने के लिए करें तो युद्ध की संभावनाएँ समाप्त हो सकती हैं।

इसके लिए विश्व के सभी संगठित धर्मों को अपने निजी हितों को वैश्विक शांति की स्थापना के लिए त्यागना होगा और एक ऐसा विश्व व्यापी धार्मिक संगठन खड़ा करना होगा, जो सभी इनसानों के माध्यम से विश्व व्यापी शांति के आदर्श को युवाओं के मनों में रोपित करने का एकमात्र प्रयोजन पूरा करेगा।

यदि विश्व की शैक्षणिक संस्थाएँ इस उच्च आदर्श के लिए परस्पर सहयोग नहीं करती हैं तो एक नई शैक्षिक प्रणाली विकसित करनी होगी, जो युवाओं के मस्तिष्क में वैश्विक शांति के आदर्श को रोपने का काम करेगी।

यदि विश्व का सार्वजनिक प्रेस वैश्विक शांति के आदर्श की स्थापना में सहयोग नहीं करता है तो एक स्वतंत्र प्रेस का निर्माण करना होगा, जो प्रिंट और रेडियो दोनों प्रकार के संचार माध्यमों के द्वारा इस उच्च आदर्श के लिए व्यापक जन-समर्थन जुटाने का प्रयास करेगा।

संक्षेप में, यदि विश्व के वर्तमान संगठन वैश्विक शांति की स्थापना के लिए अपना सहयोग और समर्थन नहीं देते हैं तो ऐसा करने के लिए अनिवार्य रूप से नए संगठनों का निर्माण करना होगा।

विश्व के अधिकांश लोग शांति चाहते हैं। लोगों की इसी चाह में इस उच्च

आदर्श को हासिल करने की संभावनाएँ छिपी हुई हैं।

विश्व-शांति के इस उच्च आदर्श को हासिल करने की प्रक्रिया में हमें महिलाओं को महत्त्वपूर्ण भागीदार बनाना होगा, क्योंकि विश्व के नैतिक मानदंडों को ऊपर उठाने में महिलाओं का बहुत बड़ा हाथ रहा है। महिलाएँ अपने स्वभाव से ही त्यागशील होती हैं और अपने निजी हितों को भावी पीढ़ी के हितों के लिए आसानी से त्याग देने की क्षमता रखती हैं। महिलाएँ बच्चों और युवाओं के मनों में उच्च आदर्शों के बीज रोपती हैं।

जो लोग शांति नहीं चाहते हैं, वे ऐसे लोग हैं, जो युद्ध से लाभ हासिल करते हैं। संख्या में यह वर्ग विश्व की शक्ति का एक बहुत ही छोटा भाग है और इसे आसानी के साथ परिदृश्य से बाहर किया जा सकता है, यदि युद्ध न चाहनेवाले लोग बहुत बड़ी संख्या में संगठित हों और वैश्विक शांति के आदर्श को अपने उद्‌देश्य के रूप में स्वीकार करें।

सभ्यता को यह स्मरण कराएँ

जो लोग शांति नहीं चाहते हैं, वे ऐसे लोग हैं, जो युद्ध से लाभ हासिल करते हैं। संख्या में यह वर्ग विश्व की शक्ति का एक बहुत ही छोटा भाग है और इसे आसानी के साथ परिदृश्य से बाहर किया जा सकता है, यदि युद्ध न चाहनेवाले लोग बहुत बड़ी संख्या में संगठित हों और वैश्विक शांति के आदर्श को अपने उद्‌देश्य के रूप में स्वीकार करें।

आइए, अब हम व्यापार अर्थव्यवस्था के क्षेत्र में सामाजिक विरासत के सिद्धांत को लागू करने की ओर बढ़ते हैं।

यदि मैं एक बैंकर होता तो अपने व्यापारिक स्थान के आसपास एक निश्चित दायरे में रहनेवाले परिवारों में जनमे बच्चों की एक सूची तैयार करता और प्रत्येक नवजात बच्चे के लिए एक शुभकामना संदेश भेजता। इसके बाद सूची में शामिल हर बच्चे के जन्मदिन पर बधाई-पत्र भेजना जारी रखता। जब वह बच्चा कहानी सुनने की आयु में पहुँचता तो उसे मेरे बैंक की ओर से रोचक कहानी की पुस्तकें भेजी जातीं, जिनमें बचत के लाभों को कहानी के रूप में बताया जाता। यदि वह बच्चा एक लड़की होती तो मैं उसे गुड़िया के आकार की पुस्तकें भेजता। प्रत्येक गुड़िया पर मेरे बैंक का नाम लिखा होता। यदि वह एक लड़का होता तो मैं उसे उपहार के रूप में बेसबॉल बैट भेजता। मेरे बैंक की इमारत में एक मंजिल का इस्तेमाल बच्चों के खेलने के कक्ष के रूप में किया जाता और उस कक्ष में बच्चों के ढेर सारे खिलौने

एवं खेल उपकरण रखे गए होते। बच्चों की देखभाल के लिए एक सुपरवाइजर को काम पर रखा जाता। मैं उस प्ले-रूम को समुदाय के बच्चों की लोकप्रिय आदत बना देता, जहाँ माताएँ अपने बच्चों को सुरक्षित रूप से छोड़कर घूमने या खरीदारी करने के लिए जा सकती थीं।

मैं इन बच्चों और युवाओं को इतने शाही तरीके से सुख-सुविधाएँ उपलब्ध कराता कि जब वे बड़े होते तो मेरे बैंक के ग्राहक बनने के लिए खुद ही तत्पर हो जाते। उनके माता-पिता भी मेरे ग्राहक बनते।

यदि मैं एक बिजनेस स्कूल का मालिक होता तो मैं अपने समुदाय के लड़के व लड़कियों को पाँचवीं कक्षा में पहुँचने के बाद से ही प्रशिक्षित करना शुरू कर देता। जब वे हाई स्कूल की परीक्षा पास करते और किसी व्यवसाय को चुनने के लिए फैसला करते तो उनके दिमाग में मेरे बिजनेस स्कूल का नाम सबसे पहली वरीयता के साथ आता।

ये कुछ ऐसे तरीके हैं, जिनके द्वारा सामाजिक विरासत के सिद्धांत को व्यापारिक लाभ के लिए प्रयुक्त किया जा सकता है। बच्चों को आकर्षित करें और उनके माता-पिता आपकी ओर खुद-ब-खुद आकर्षित होंगे। यदि राष्ट्रों द्वारा युवाओं के मस्तिष्कों को मोड़कर उन्हें युद्ध के लिए सैनिक बनने हेतु तैयार किया जा सकता है तो व्यापारी वर्ग इसी सिद्धांत के द्वारा ग्राहकों का निर्माण कर सकता है।

यदि मैं एक किराना स्टोर का मालिक होता तो मैं अपने स्टोर के भीतर एक छोटा सा प्ले-रूम अवश्य तैयार करवाता, ताकि बच्चों को अपने स्टोर की ओर आकर्षित कर सकूँ। बच्चों के हितों में रुचि लेकर आप उनके माता-पिता के हृदय में आसानी से अपना स्थान बना सकते हैं।

यदि मैं शहर के बाहरी हिस्से में किसी रेस्तराँ को चला रहा होता तो मैं ग्राहकों को घर के जैसा शुद्ध और सादा भोजन उपलब्ध कराने के साथ-साथ उन लोगों के लिए खाने की कीमत में कुछ रियायत अवश्य देता, जो अपने परिवार और बच्चों के साथ नियमित रूप से मेरे रेस्तराँ में भोजन करने के लिए आते। मैं उस स्थान को छोटे-छोटे फिशिंग पौंड तथा सभी प्रकार के पक्षियों से सजाता, ताकि बच्चों को वहाँ रुकना मजेदार लगता।

ये कुछ ऐसे तरीके हैं, जिनके द्वारा सामाजिक विरासत के सिद्धांत को व्यापारिक लाभ के लिए प्रयुक्त किया जा सकता है।

बच्चों को आकर्षित करें और उनके माता-पिता आपकी ओर खुद-ब-खुद आकर्षित होंगे।

यदि राष्ट्रों द्वारा युवाओं के मस्तिष्कों को मोड़कर उन्हें युद्ध के लिए सैनिक बनने हेतु तैयार किया जा सकता है तो व्यापारी वर्ग इसी सिद्धांत के द्वारा ग्राहकों का निर्माण कर सकता है।

अब हम इस अध्याय की एक अन्य महत्त्वपूर्ण विशेषता पर आते हैं, जिसके द्वारा हम एक अलग दृष्टिकोण से यह देख सकते हैं कि सहयोगी और संगठित प्रयास के द्वारा शक्ति को कैसे संचित किया जा सकता है।

युद्ध की समाप्ति के लिए योजना में आपने यह देखा कि विश्व की तीन महान् संगठित शक्तियों (स्कूल, धार्मिक संस्थाओं और प्रेस) के समन्वित प्रयास से किस प्रकार वैश्विक शांति को स्थापित किया जा सकता है।

यदि आपके शहर के सभी धार्मिक संगठन, स्कूल, अखबार, क्लब और सामाजिक संस्थाएँ एक साझा हित के लिए गठजोड़ स्थापित करते हैं तो आप खुद ही देख पाएँगे कि इस प्रकार का गठबंधन उस प्रयोजन या हित को पूरा करने के लिए पर्याप्त शक्ति को किस प्रकार संचित करेगा?

हम विश्व युद्ध से यह सीख चुके हैं कि हम संपूर्ण को कमजोर किए बिना किसी एक भाग को नष्ट नहीं कर सकते। यदि एक राष्ट्र या एक जन-समूह गरीबी और अभाव से ग्रस्त है तो शेष विश्व भी उसके प्रभाव से अछूता नहीं रहेगा।

इस अध्याय में आपको अवसर मिला है कि आप संगठित प्रयास, सहनशीलता और सामाजिक विरासत से जुड़े सिद्धांतों के अनुप्रयोग को उस सीमा तक देख पाएँ, जिससे आपको चिंतन के लिए पर्याप्त खुराक मिल सके। आपको इस चिंतन के द्वारा अपनी कल्पना-शक्ति के विस्तार तथा आर्थिक लाभ के लिए इसके अनुप्रयोग का अवसर भी अवश्य प्राप्त होगा।

मैंने आपको दरशाने का प्रयास किया है कि कैसे इन सिद्धांतों का उपयोग करके आप अपने निजी हितों के साथ-साथ पूरी मानवता के हितों का पोषण भी कर सकते हैं!

भले ही आप कोई धार्मिक उपदेशक हों, कोई विक्रेता हों, कोई वकील हों, कोई दैनिक मजदूर हों या किसी भी प्रकार की सेवाएँ प्रदान करते हों, मुझे इस बात की पूरी आशा है कि आप इस अध्याय को एक ऐसे विचारोत्तेजक के रूप में पाएँगे, जो आपको उच्चतर उपलब्धियों की दिशा में ले जा सकता है।

पुस्तकों और पाठों का अपने आप में अधिक महत्त्व नहीं होता। उनकी वास्तविक

कीमत या महत्त्व उनके छपे हुए पृष्ठों में नहीं, बल्कि उन संभावित कर्मों में निहित होती है, जिन्हें करने के लिए वे पाठक को उत्प्रेरित करती हैं।

इस पाठ्यक्रम और विशेष रूप से इस अध्याय का मुख्य उद्देश्य शिक्षित करना है। यहाँ शिक्षित करने के अर्थ में सीखने से भी ज्यादा अमल में लाना शामिल है। शिक्षा को अमल में लाकर ही आप अपने भीतर सोई हुई शक्तियों को जगा सकते हैं और अपने लक्ष्य को पाने के लिए निरंतर सक्रिय हो सकते हैं।

असहनशीलता का सबसे घृणित रूप नस्ली और धार्मिक मत-विभेदों से उत्पन्न होता है। ये मत-विभेद बच्चों की आरंभिक शिक्षा का परिणाम हैं। हे मानव भाग्य के विधाता! हम बेचारे नश्वर प्राणी कब तक रूढ़िगत मान्यताओं और सिद्धांतों की असहमति के कारण एक-दूसरे को नष्ट करने के प्रयासों की मूर्खता को समझ पाएँगे? इस पृथ्वी पर हमारा आवंटित समय मात्र कुछ क्षण का है। हम एक मोमबत्ती की तरह जलते हैं, कुछ क्षण के लिए चमकते हैं और बुझ जाते हैं।

सहनशीलता

जब प्रगति के पूर्वी क्षितिज से ज्ञान का सूर्योदय हो रहा होगा, तब अज्ञानता और अंधविश्वास समय की रेत पर से अपने आखिरी पद-चिह्नों को मिटा रहे होंगे। मानव के अपराधों और गलतियों की पुस्तक में यह अभिलेखित किया जाएगा कि मानव जाति का सबसे गंभीर अपराध असहनशीलता था।

असहनशीलता का सबसे घृणित रूप नस्ली और धार्मिक मत-विभेदों से उत्पन्न होता है। ये मत-विभेद बच्चों की आरंभिक शिक्षा का परिणाम हैं। हे मानव भाग्य के विधाता! हम बेचारे नश्वर प्राणी कब तक रूढ़िगत मान्यताओं और सिद्धांतों की असहमति के कारण एक-दूसरे को नष्ट करने के प्रयासों की मूर्खता को समझ पाएँगे?

इस पृथ्वी पर हमारा आवंटित समय मात्र कुछ क्षण का है।

हम एक मोमबत्ती की तरह जलते हैं, कुछ क्षण के लिए चमकते हैं और बुझ जाते हैं।

हम इस छोटी सी अवधि के दौरान पृथ्वी पर इस तरह से क्यों नहीं रह सकते कि जब मृत्यु का महान् काफिला आए और हमें अपना तंबू उखाड़ने के लिए आदेशित करे तो हेम चुपचाप उस काफिले के साथ, बिना किसी भय और घबराहट के, अज्ञात अंधकार में समा जाएँ?

मुझे आशा है कि जीवन के उस पार मुझे कोई यहूदी, ईसाई, जर्मन, अंग्रेज, श्वेत, अश्वेत या लाल-पीला नहीं मिलेगा!

मैं आशा कर रहा हूँ कि वहाँ मेरी मुलाकात केवल मानव आत्माओं के साथ होगी। वे सभी भाई और बहन होंगे, जो कि किसी नस्ल, मत या रंग से चिह्नित नहीं होंगे। मैं आशा करता हूँ कि मुझे वहाँ अज्ञानता, अंधविश्वास, तुच्छ नासमझी, कलह के द्वारा बाधित नहीं किया जाएगा, जो कि पृथ्वी पर मानव के अस्तित्व को शोक और अव्यवस्था का प्रतीक बना चुके हैं।

□

16

सुनहरा नियम

***"आप यह कर सकते हैं,
यदि आपको विश्वास है कि आप कर सकते हो!"***

इस अध्याय के साथ हम 'सफलता के नियम' नामक इस पाठ्यक्रम के पिरामिड शीर्ष पर पहुँचते हैं। यह अध्याय एक मार्गदर्शक तारा है, जो कि आपको पिछले अध्यायों में एकत्र की गई जानकारी के लाभपूर्ण और रचनात्मक प्रयोग करने की क्षमता प्रदान करेगा। इस पाठ्यक्रम के पिछले अध्यायों में उससे कहीं ज्यादा शक्ति निहित है, जितनी अधिकांश व्यक्ति अपने भीतर महसूस कर सकते हैं। इसलिए यह अध्याय एक नियंत्रणकर्ता की तरह है, जो आपको असफलता की चट्टानों और भित्तियों में से होकर अपने ज्ञान के जहाज को पार निकालने की क्षमता प्रदान करेगा।

मैं इस निष्कर्ष पर पहुँचा हूँ कि जो व्यक्ति चरणबद्ध एवं धीमी प्रक्रिया के बिना किसी और तरीके से शक्ति हासिल कर लेते हैं, वे खुद को और अपने द्वारा प्रभावित सभी लोगों को निरंतर विनाश के खतरे में डाल रहे होते हैं।

यदि आपको उन नियमों की मजबूती का सकारात्मक प्रमाण चाहिए, जिन पर यह पाठ्यक्रम टिका है, तो मैं आपको इसका केवल एक ही साक्षी या प्रमाण दिखा सकता हूँ, जो कि आप खुद हैं।

आप इन नियमों को खुद पर लागू करके और खुद के द्वारा इनका परीक्षण करके एक सकारात्मक प्रमाण प्राप्त कर सकते हैं।

यदि आपको और अधिक प्राधिकार-युक्त प्रमाण चाहिए तो मैं आपको क्राइस्ट, प्लेटो, सुकरात, कन्फ्यूशियस, एमर्सन के दर्शन और शिक्षाओं की ओर इंगित करूँगा। हमने 'सुनहरे नियम' के दर्शन को केवल नैतिक आचार के एक मजबूत नियम के रूप में स्वीकार किया है; लेकिन हम उस नियम को समझने में विफल रहे हैं, जिस पर यह आधारित है। 'सुनहरे नियम' का अर्थ यह है कि आप दूसरों के साथ ऐसा

व्यवहार न करें, जिसे आप दूसरों से अपने प्रति करवाना नहीं चाहते हैं।

लेकिन क्यों? दूसरे लोगों के प्रति इस दयालुतापूर्ण व्यवहार का वास्तविक कारण क्या है?

इसका वास्तविक कारण है—

प्रकृति में एक शाश्वत नियम मौजूद है, जिसके अंतर्गत हम जो फसल बोते हैं, वही काटते हैं। यह नियम आपको न केवल दूसरों के प्रति अन्याय और कठोर व्यवहार करने से रोकता है, बल्कि यह आपके द्वारा प्रकट किए गए प्रत्येक विचार के परिणामों को आपके पास वापस लौटा देता है। इसलिए आप दूसरों के बारे में वही सोचें, जो आप दूसरों से अपने बारे में सोचने की अपेक्षा करते हैं। इस सुनहरे नियम की सरलता के बावजूद अभी तक अधिकांश लोग यह नहीं सीख पाए हैं कि यह नियम मानव का स्थायी मूल्य है, क्योंकि यही वह माध्यम है, जिसके द्वारा हम अपनी नियति के निर्धारक बन सकते हैं।

प्रार्थना की शक्ति

यह एक दकियानूसी विचार हो सकता है, लेकिन मैं किसी भी तरह इस विश्वास से दूर नहीं जा सकता कि कोई व्यक्ति एक ईमानदारी से की गई प्रार्थना के बिना सफलता को उसके उच्चतम रूप में हासिल नहीं कर सकता। प्रार्थना की चाबी से कोई भी ज्ञान के गुप्त दरवाजे को खोल सकता है। मैं यह नहीं कह रहा हूँ कि आपको अपने दैनिक जीवन की छोटी-छोटी समस्याओं को हल करने के लिए प्रार्थना का सहारा लेना चाहिए। मैं धन या संपदा के रूप में अर्जित की जानेवाली सफलता के लिए प्रार्थना को साधन बनाने का पक्षधर नहीं हूँ, लेकिन मैं आपको यह सुझाव देता हूँ कि जब आप एक संतोषजनक सफलता को प्राप्त करने के सारे प्रयासों में विफल हो जाएँ तो प्रार्थना को कम-से-कम एक बार परीक्षण के तौर पर अवश्य अपनाएँ।

आपको अपने दैनिक जीवन की छोटी-छोटी समस्याओं को हल करने के लिए प्रार्थना का सहारा लेना चाहिए। मैं धन या संपदा के रूप में अर्जित की जानेवाली सफलता के लिए प्रार्थना को साधन बनाने का पक्षधर नहीं हूँ, लेकिन मैं आपको यह सुझाव देता हूँ कि जब आप एक संतोषजनक सफलता को प्राप्त करने के सारे प्रयासों में विफल हो जाएँ तो प्रार्थना को कम-से-कम एक बार परीक्षण के तौर पर अवश्य अपनाएँ।

यदि आप परिणाम चाहते हैं तो आपको

सुनहरे नियम के प्रति एक सक्रिय मनोवृत्ति को अपनाना होगा। एक निष्क्रिय मानसिकता के साथ इस नियम में विश्वास करने पर आपको कुछ भी हासिल नहीं होगा। यदि आप इस सार्वभौमिक नियम को अपनी स्वार्थी और धूर्त प्रकृति को ढकनेवाले चोगे के रूप में प्रयोग करेंगे तो आपको सुनहरे नियम का पालन करके कुछ भी हासिल नहीं होगा। मानव के चरित्र को छिपाया नहीं जा सकता। यह अँधेरे से घृणा करता है और प्रकाश की ओर भागता है। यही कारण है कि हम जिन चीजों में विश्वास नहीं करते हैं, उनके बारे में हम कितने भी दावे के साथ और मधुर शब्दों में कुछ कहें, लोग उस पर विश्वास नहीं करते हैं।

'सुनहरे नियम' के इस दर्शन का आधार एमर्सन के निम्नलिखित उद्धरण में देखा जा सकता है—

"सत्य का प्रत्येक उल्लंघन असत्य बोलनेवाले की आत्महत्या ही नहीं, बल्कि मानव समाज के स्वास्थ्य में छुरा घोंपने जैसा है।"

हम जो चाहते हैं, उसे प्राप्त करने का सबसे सरल तरीका यह नहीं है कि हम किसी दूसरे व्यक्ति से उसे छीन लें। हमें अपने खुद के तरीकों से अपनी इच्छाओं को पूरा करना होगा, क्योंकि विचार की कोई सीमा नहीं होती है; इसलिए प्रत्येक व्यक्ति अपना खुद का तरीका विकसित कर सकता है। यदि हम व्यक्तित्ववाद के सिद्धांत में विश्वास रखते हैं तो हमें समझना होगा कि यह सिद्धांत हर व्यक्ति में अभिव्यक्त होता है। यदि हम स्वतंत्रता के सिद्धांत में विश्वास रखते हैं तो हम अपनी रचनात्मक शक्ति का स्वतंत्र प्रयोग दूसरों के लिए कर सकते हैं और ऐसा करने पर हम कभी भी खुद को दूसरों के अधिकारों का अतिक्रमण करने के लिए प्रेरित नहीं करेंगे। हम अपनी खुद की इच्छाओं को अपने खुद के ज्ञान का प्रयोग करके पूरा कर सकते हैं।

ये सारी चीजें समझने के बाद सहयोग के द्वारा प्रतिस्पर्धा का स्थान ले लिया जाएगा और व्यक्तियों, वर्गों एवं राष्ट्रों के बीच शत्रुता के लिए कोई आधारभूत कारण ही नहीं बचेगा।

यदि आप जानना चाहते हैं कि एक ऐसे व्यक्ति के साथ क्या घटित होता है,

> *यदि आप जानना चाहते हैं कि एक ऐसे व्यक्ति के साथ क्या घटित होता है, जो सुनहरे नियम का पूर्ण रूप से अनादर करता है तो अपने समुदाय में किसी भी ऐसे व्यक्ति को चुनें, जो धन कमाने को ही अपने जीवन का एकमात्र प्रयोजन या लक्ष्य मानता है और धन कमाने के लिए किसी भी तरह के उचित-अनुचित साधन को अपनाने के लिए तत्पर रहता है।*

जो सुनहरे नियम का पूर्ण रूप से अनादर करता है तो अपने समुदाय में किसी भी ऐसे व्यक्ति को चुनें, जो धन कमाने को ही अपने जीवन का एकमात्र प्रयोजन या लक्ष्य मानता है और धन कमाने के लिए किसी भी तरह के उचित-अनुचित साधन को अपनाने के लिए तत्पर रहता है।

उस व्यक्ति का अध्ययन करें तो आप देखेंगे कि उसकी आत्मा में कोई गरमाहट नहीं है, उसके शब्दों में कोई विनम्रता नहीं है, उसके चेहरे पर स्वागत या आभार का कोई भाव नहीं है। वह संपत्ति कमाने की अपनी इच्छा का गुलाम बन चुका है। वह अपने जीवन का आनंद लेने के लिए भी समय नहीं निकाल पाता है। वह इतना स्वार्थी है कि वह दूसरे लोगों को जीवन का आनंद लेने में अपनी कोई सहायता नहीं देना चाहता है। वह चलता है, बोलता है और साँसें लेता है; लेकिन वह एक मानव मशीन के अलावा कुछ नहीं है। फिर भी, ऐसे बहुत से लोग हैं, जो इस प्रकार के व्यक्ति से द्वेष रखते हैं और उसका स्थान कब्जाने की इच्छा करते हैं। ऐसे लोग मूर्खतापूर्वक उसे सफल मान लेते हैं।

खुशी के बिना कोई कभी सफल नहीं हो सकता और व्यक्ति तभी खुश हो सकता है, जब वह अपनी खुशी को दूसरों में बाँटे। खुशी का यह वितरण स्वेच्छापूर्वक होना चाहिए और खुशी बाँटने के पीछे कोई अन्य उद्देश्य छिपा नहीं होना चाहिए।

संभवत: आप आश्चर्य करते हों कि मैंने इस पाठ्यक्रम में ईमानदारी के विषय को सफलता की पूर्व आवश्यकता के रूप में शामिल क्यों नहीं किया है ? यदि आप ऐसा सोचते हैं तो इसका उत्तर आप इसी अध्याय में प्राप्त करेंगे। सुनहरे नियम के दर्शन को जब ठीक ढंग से समझा जाता है और व्यवहार में लाया जाता है तो बेईमानी करना असंभव हो जाता है। यह दर्शन बेईमानी के साथ-साथ स्वार्थ, लालच, द्वेष, धूर्तता, घृणा और दुर्भावना जैसे अन्य सभी विनाशात्मक गुणों को भी असंभव बना देता है।

जो 'सुनहरे नियम' को समझते हैं और अपनाते हैं, वे हमेशा ईमानदार रहते हैं। वे केवल दूसरों को न्याय देने की अपनी अभिलाषा के कारण ऐसा नहीं करते हैं, बल्कि वे खुद के साथ न्याय करने की अपनी इच्छा के कारण ईमानदारी को ग्रहण करते हैं। वे जानते हैं कि उनके प्रत्येक विचार और कार्य का प्रतिफल किसी-न-किसी रूप में उनके पास लौटकर अवश्य आएगा।

जब आप सुनहरे नियम को अपनाते हैं तो आप एक ही समय पर न्यायाधीश और आरोपी—दोनों होते हैं। आप एक ऐसी स्थिति में पहुँच जाते हैं, जहाँ ईमानदारी आपके खुद के हृदय में शुरू होती है, आपके भीतर से होते हुए समान प्रभाव के साथ दूसरे लोगों तक पहुँचती है।

जो 'सुनहरे नियम' को समझते हैं और

अपनाते हैं, वे हमेशा ईमानदार रहते हैं। वे केवल दूसरों को न्याय देने की अपनी अभिलाषा के कारण ऐसा नहीं करते हैं, बल्कि वे खुद के साथ न्याय करने की अपनी इच्छा के कारण ईमानदारी को ग्रहण करते हैं। वे जानते हैं कि उनके प्रत्येक विचार और कार्य का प्रतिफल किसी-न-किसी रूप में उनके पास लौटकर अवश्य आएगा।

दूसरे शब्दों में, आपका प्रत्येक कार्य और विचार आपके खुद के चरित्र को आपके विचार या कार्य की प्रकृति के समरूप संशोधित करता है और आपका चरित्र एक चुंबकीय आकर्षण का केंद्र है, जो आपकी ओर ऐसे लोगों को खींचता है, जो आपके चरित्र से मेल खाते हैं।

इस सरल सिद्धांत को ग्रहण करने के बाद आप समझ जाएँगे कि आप किसी दूसरे व्यक्ति से घृणा या द्वेष करना क्यों वहन नहीं कर सकते! आप यह भी समझ जाएँगे कि जिन लोगों ने आपके साथ कोई अन्याय किया है, उनसे बदला लेना भी आप क्यों वहन नहीं कर सकते!

इस नियम को समझने के बाद आप जान जाएँगे कि आप ही अपने प्रत्येक गलत कार्य के लिए खुद को दंडित कर रहे हैं और अपने प्रत्येक अच्छे कार्य के लिए खुद को पुरस्कृत कर रहे हैं।

आप 'सुनहरे नियम' को अपने जीवन में पूर्णत: लागू करने के लिए इसे एक आचार-संहिता के रूप में अपना सकते हैं, जो इस प्रकार होगी—

मेरी आचार-संहिता

1. मैं संपूर्ण मानव आचरण के आधार के रूप में सुनहरे नियम में विश्वास करता हूँ। इसलिए मैं कभी दूसरे व्यक्ति के साथ ऐसा कुछ नहीं करूँगा, जो मैं दूसरे व्यक्ति से अपने लिए करने की अपेक्षा नहीं करता।
2. मैं दूसरों के साथ अपने सभी प्रकार के लेन-देन में पूरी तरह से ईमानदार रहूँगा। इसका कारण केवल यह नहीं होगा कि मैं दूसरे लोगों के प्रति निष्पक्ष रहने की अभिलाषा रखता हूँ, बल्कि मैं ईमानदारी के विचार को अपने खुद के अवचेतन मन पर अंकित करने की इच्छा से ईमानदार बनूँगा, ताकि यह अनिवार्य गुण मेरे खुद के चरित्र का हिस्सा बन जाए।
3. मैं उन लोगों को क्षमा कर दूँगा, जो मेरे प्रति अन्याय करते हैं, भले ही वे इसके पात्र हों या न हों; क्योंकि मैं समझता हूँ कि दूसरों के प्रति क्षमाशीलता के द्वारा हमारा खुद का चरित्र मजबूत होता है और मेरे खुद के अवचेतन मन में से नकारात्मकता साफ हो जाती है।

4. मैं दूसरों के प्रति हमेशा न्यायपूर्ण, उदार और निष्पक्ष रहूँगा, भले ही मेरे इन कार्यों को संज्ञान में न लिया जाए और इन कार्यों के बदले मुझे कोई पुरस्कार प्राप्त न हो।
5. जब कभी मैं दूसरों की कमजोरियों और गलतियों को खोजूँगा या उनका खुलासा करूँगा, उस समय मैं अपनी खुद की कमजोरियों और गलतियों को भी खोजने के लिए तत्पर रहूँगा और अपनी तथा दूसरों की गलतियों से खुद को लाभान्वित करूँगा।
6. मैं किसी भी व्यक्ति की आलोचना या तिरस्कार नहीं करूँगा, क्योंकि मैं अपने खुद के अवचेतन मन में किसी भी विनाशकारी सुझाव को रोपने की इच्छा नहीं रखता हूँ।
7. मैं विचार की शक्ति को एक ऐसी अंत:प्रवाही नलिका के रूप में मान्यता दूँगा, जो कि जीवन के वैश्विक महासागर से मेरे मस्तिष्क को जोड़ती है। मैं उस महासागर में कोई भी ऐसा विनाशकारी विचार प्रवाहित नहीं करूँगा, जो दूसरे लोगों के मनों को दूषित करता हो।
8. मैं घृणा, द्वेष, स्वार्थ, ईर्ष्या, दुर्भावना, निराशा, संदेह और भय की सामान्य मानवीय प्रवृत्तियों पर जीत हासिल करूँगा; क्योंकि मैं यह मानता हूँ कि ये ऐसे बीज हैं, जिनसे विश्व के अधिकांश संकट और समस्याएँ उपजती हैं।
9. जब मेरा दिमाग उन विचारों से भरा नहीं होगा, जो मेरे जीवन के सुनिश्चित मुख्य लक्ष्य को हासिल करने की दिशा में मुझे प्रवृत्त करते हों, मैं स्वैच्छिक रूप से अपने दिमाग को साहस, आत्मविश्वास और दूसरों के प्रति भलाई के विचारों से भरूँगा तथा आस्था, विनम्रता, निष्ठा, न्याय और सत्य के प्रति प्रेम जैसे गुणों को आत्मसात् करूँगा; क्योंकि मैं जानता हूँ कि यही वे बीज हैं, जिनसे प्रगतिशील बुद्धि की फसल उगाई जा सकती है।
10. मैं समझता हूँ कि सुनहरे नियम के दर्शन की मजबूती में मात्र निष्क्रिय विश्वास रखने से मुझे या दूसरे लोगों को कुछ हासिल नहीं होगा। इसलिए मैं सक्रिय रूप से इस सार्वभौमिक नियम को अपने जीवन के सभी लेन-देन में लागू करूँगा, ताकि मेरे साथ-साथ सबकी भलाई हो।
11. मैं उस नियम को समझता हूँ, जिसे अपनाकर मेरे कार्यों और विचारों से मेरा खुद का चरित्र विकसित हुआ है। इसलिए, मैं उन सभी चीजों पर ध्यान दूँगा, जो चरित्र के विकास में आवश्यक हैं।
12. मैं यह महसूस करता हूँ कि दूसरों की सहायता करके ही स्थायी खुशी

प्राप्त की जा सकती है। कोई भी परोपकारी कृत्य अपने पुरस्कार से वंचित नहीं हो सकता। भले ही मेरे काम का कोई सीधा फल प्राप्त न हो, लेकिन मैं अवसर मिलने पर दूसरों की सहायता करने के लिए अपना सर्वोत्तम योगदान दूँगा।

आपका चरित्र आपके विचारों और कार्यों का कुल योग मात्र है। इस सत्य को इस पाठ्यक्रम में कई प्रकार से वर्णित किया गया है। इस महान् सत्य के कारण यह असंभव है कि आपके द्वारा दूसरों की भलाई के लिए किया जानेवाला कोई कार्य या सेवा आपको लाभ न पहुँचाए। इसी तरह यह भी असंभव है कि आपके द्वारा किया गया कोई भी विनाशकारी कृत्य आपको किसी-न-किसी रूप में दंडित न करे।

सबसे महत्त्वपूर्ण बात यह है कि आपको यह तथ्य अपने दिमाग में हमेशा रखना चाहिए कि परिवर्तन की संपूर्ण प्रक्रिया विचार के माध्यम से शुरू होती है।

आपका चरित्र आपके विचारों और कार्यों का कुल योग मात्र है। इस सत्य को इस पाठ्यक्रम में कई प्रकार से वर्णित किया गया है। इस महान् सत्य के कारण यह असंभव है कि आपके द्वारा दूसरों की भलाई के लिए किया जानेवाला कोई कार्य या सेवा आपको लाभ न पहुँचाए। इसी तरह यह भी असंभव है कि आपके द्वारा किया गया कोई भी विनाशकारी कृत्य आपको किसी-न-किसी रूप में दंडित न करे।

सकारात्मक विचार एक गतिशील व्यक्तित्व को विकसित करते हैं।

नकारात्मक चिंतन से एक विपरीत प्रकृति का व्यक्तित्व विकसित होता है।

इसके लिए किसी प्रमाण की जरूरत नहीं है कि आपका दूसरों के प्रति कठोर या शत्रुतापूर्ण व्यवहार प्रतिकार के प्रभावों को लेकर वापस आता है। यह प्रतिकार सामान्यतः निश्चित और त्वरित होता है। इसी तरह आपको इस बात का प्रमाण देने की कोई जरूरत नहीं है कि आप दूसरों के साथ इस तरीके से व्यवहार कर सकते हैं कि वे आपके साथ सहयोग करने के इच्छुक हो जाएँ।

जो लोग उस सिद्धांत को नहीं समझते हैं, जिस पर यह सुनहरा नियम टिका हुआ है, वे यह तर्क देते हैं कि यह कारगर नहीं होगा; क्योंकि अधिकांश लोग आँख के बदले आँख और दाँत के बदले दाँत के प्रतिकार सिद्धांत की ओर झुकाव रखते हैं। यदि ऐसा तर्क देनेवाले लोग एक कदम आगे बढ़कर देखें तो वे समझ जाएँगे कि वे इस नियम के नकारात्मक प्रभावों को ही देख रहे हैं और प्रतिकार का वही समान नियम सकारात्मक प्रभावों को भी पैदा कर सकता है।

दूसरे शब्दों में, यदि आप अपनी आँखें निकलवाना नहीं चाहते हैं तो आप दूसरे लोगों की आँखों को निकालने के बारे में भी नहीं सोच सकते। यदि आप दूसरे लोगों के साथ विनम्रतापूर्ण व्यवहार करते हैं और उन्हें अपनी सेवाएँ सहायता के रूप में उपलब्ध कराते हैं तो दूसरे लोग भी आपको समान प्रकार की सेवाएँ बदले के सिद्धांत के आधार पर प्रदान करेंगे।

यदि कोई व्यक्ति आपकी दयालुता या विनम्रता का बदला नहीं चुकाता है तो फिर क्या होगा?

आप फिर भी लाभान्वित होंगे, क्योंकि आपके कामों का प्रभाव आपके खुद के अवचेतन मन पर पड़ता है। इस प्रकार, दयालुता के कार्यों में शामिल होकर आप अपने लिए एक ही समय पर लाभ का एक स्रोत सुनिश्चित करने के साथ-साथ लाभ के दूसरे अन्य स्रोतों तक पहुँचने का एक सुनहरा अवसर भी प्राप्त कर लेते हैं।

एक लंबे समय तक आपकी सेवाओं और कार्यों के बदले में आपको कोई फल प्राप्त नहीं होता है; लेकिन इस समय के दौरान आप अपने चरित्र में जीवंतता को लगातार मिश्रित कर रहे होते हैं और कुछ या लंबे समय के बाद यह सकारात्मक चरित्र खुद ही एक संपत्ति में बदल जाता है और आप देख पाएँगे कि आपको भलाई के उन कार्यों का लाभ चक्रवृद्धि ब्याज के साथ प्राप्त हो रहा है, जिन्हें बेकार समझकर लोगों ने न तो सराहा था और न ही उनका कोई प्रतिफल आपको दिया था।

आप चाहते हैं कि आपकी अच्छी प्रतिष्ठा निर्मित हो, लेकिन आप इस बारे में सुनिश्चित नहीं हो सकते, क्योंकि आपके नियंत्रण से कुछ चीजें बाहर होती हैं। ये चीजें दूसरे लोगों के दिमागों में होती हैं और यह एक ऐसी चीज है, जो दूसरे लोगों द्वारा अपने दिमाग में बनाई गई आपकी छवि पर आधारित है। आपका चरित्र इससे भिन्न होता है। आपका चरित्र वह है, जो आप हैं। यह आपके विचारों और कार्यों का परिणाम है। आप इसे नियंत्रित करते हैं।

याद रखें कि आपकी प्रतिष्ठा दूसरे लोगों द्वारा निर्मित होती है, लेकिन आपका चरित्र आपके खुद के द्वारा ही बनाया जाता है।

आप चाहते हैं कि आपकी अच्छी प्रतिष्ठा निर्मित हो, लेकिन आप इस बारे में सुनिश्चित नहीं हो सकते, क्योंकि आपके नियंत्रण से कुछ चीजें बाहर होती हैं। ये चीजें दूसरे लोगों के दिमागों में होती हैं और यह एक ऐसी चीज है, जो दूसरे लोगों द्वारा अपने दिमाग में बनाई गई आपकी छवि पर आधारित है। आपका चरित्र इससे भिन्न होता

है। आपका चरित्र वह है, जो आप हैं। यह आपके विचारों और कार्यों का परिणाम है। आप इसे नियंत्रित करते हैं। जब आप अपने दिमाग में यह जानकर संतुष्ट होते हैं कि आपका चरित्र मजबूत है तो आपको अपनी प्रतिष्ठा के बारे में चिंता करने की कोई जरूरत नहीं होती है; क्योंकि आपके चरित्र को आपके अलावा कोई और व्यक्ति नष्ट या क्षतिग्रस्त नहीं कर सकता।

एमर्सन ने एक बार कहा था, "एक राजनीतिक विजय, वेतन में एक वृद्धि, बीमारी से मुक्ति, एक बिछड़े हुए दोस्त से मिलना या अन्य बाहरी घटनाएँ आपकी भावनाओं को उभार दे सकती हैं और आप सोचने लगते हैं कि आपके अच्छे दिन आ चुके हैं। लेकिन इस पर विश्वास न करें, ऐसा कभी नहीं हो सकता। आपके खुद के अलावा आपके लिए कोई चीज शांति नहीं ला सकती। आपके लिए शांति सिद्धांतों की जीत के द्वारा ही हासिल हो सकती है।"

हम एक महान् औद्योगिक युग में रह रहे हैं। इस औद्योगिक युग ने दो तुलनात्मक नए शब्दों का निर्माण किया है। एक शब्द को 'पूँजी' तथा दूसरे को 'श्रम' कहा जाता है। पूँजी और श्रम के द्वारा संगठित प्रयास की मशीन के मुख्य पहियों का निर्माण होता है।

पूँजी और श्रम एक-दूसरे के लिए अनिवार्य हैं। इनके पारस्परिक हित इस प्रकार से आपस में गुँथे हुए हैं कि इन्हें पृथक् नहीं किया जा सकता। सभ्य और प्रबुद्ध समुदायों में वे परस्पर निर्भर हैं। यदि इनके बीच कोई अंतर है तो वह अंतर केवल इतना है कि पूँजी श्रम पर अधिक निर्भर रहती है। जीवन पूँजी के बिना कायम रह सकता है। अधिकांश लोग श्रम के बल पर जीवन का निर्वाह कर सकते हैं, लेकिन कोई भी व्यक्ति अपनी संपत्ति के ऊपर जीवित नहीं रह सकता। वह अपने सोने और चाँदी को खा नहीं सकता। पूँजी श्रम के बिना कुछ नहीं कर सकती है। पूँजी का महत्त्व केवल इतना है कि उसमें श्रम को और उसके उत्पादों को खरीदने की शक्ति निहित होती है। पूँजी अपने आप में श्रम का ही उत्पाद है।

जैसे ही मनुष्य ने गुलामी की अवस्था से निकलकर सभ्यता और आत्मनिर्भरता की

जैसे ही मनुष्य ने गुलामी की अवस्था से निकलकर सभ्यता और आत्मनिर्भरता की स्वतंत्र अवस्था में पहुँचना शुरू किया, पूँजी उसके लिए अनिवार्य बनती चली गई। मनुष्य ने दूसरे मनुष्यों के साथ अपने संपर्क का विस्तार होने पर खुद के लिए विशेष रोजगारों एवं पेशों का चयन कर लिया और खुद दूसरों के द्वारा तैयार की जानेवाली चीजों पर निर्भर हो गया। इस तरीके से श्रम का विविधीकरण हुआ।

स्वतंत्र अवस्था में पहुँचना शुरू किया, पूँजी उसके लिए अनिवार्य बनती चली गई। मनुष्य ने दूसरे मनुष्यों के साथ अपने संपर्क का विस्तार होने पर खुद के लिए विशेष रोजगारों एवं पेशों का चयन कर लिया और खुद दूसरों के द्वारा तैयार की जानेवाली चीजों पर निर्भर हो गया। इस तरीके से श्रम का विविधीकरण हुआ। इसके फलस्वरूप विनिमय की एक प्रणाली अस्तित्व में आई। जैसे-जैसे मानव की जनसंख्या बढ़ती गई, उसकी जरूरतें कई गुना अधिक बढ़ती गईं और विनिमय का व्यापार विस्तारित होता गया।

अब हम देख सकते हैं कि हम कैसे दूसरों पर अधिक निर्भर हो चुके हैं और हमारी जरूरतें एवं इच्छाएँ सभ्यता की प्रगति के साथ-साथ तीव्र गति से बढ़ती जा रही हैं। अपने विशेष रोजगार में प्रत्येक व्यक्ति बेहतर कार्य करता है, क्योंकि वह अपने पूरे चिंतन और समय को उस कार्य के लिए प्रयुक्त और समर्पित कर रहा होता है, जिसके लिए वह सर्वाधिक अनुकूल होता है। जहाँ व्यक्ति दूसरों के लिए कार्य कर रहा होता है, वहीं दूसरे लोग उसके लिए कार्य कर रहे होते हैं। यह परिपूर्ण जीवन का नियम है, जो कि भौतिक शरीर में प्रत्येक जगह लागू होता है। शरीर और दिमाग के लिए उपयोगी किसी भी रोजगार में संलग्न प्रत्येक व्यक्ति एक परोपकारी होता है, चाहे वह प्रेयरी में मक्का उगा रहा हो, टेक्सास या भारत में कपास उगा रहा हो, पृथ्वी के किसी भाग पर कोयले का खनन कर रहा हो या उस कोयले से किसी इंजन को चला रहा हो। यदि स्वार्थ ने मानवीय प्रेरणाओं को नहीं घेरा होता तो सारे मानव उस दैनिक रोजगार के कार्यों के द्वारा न्यास के नियम को परिपूर्णता दे रहे होते!

विनिमय के इस विशाल तंत्र को चलाने के लिए व्यापक पूँजी की आवश्यकता होती है। कोई एक व्यक्ति किसी कारखाने का निर्माण नहीं कर सकता है और न ही कोई अकेला व्यक्ति रेल मार्ग बना सकता है।

पूँजी श्रम की मित्र है और यह श्रम के आर्थिक उपयोग एवं न्यायपूर्ण पारितोषिक के लिए अनिवार्य है। यह एक घातक शत्रु भी हो सकती है, जब इसे केवल स्वार्थी प्रयोजन के लिए प्रयुक्त किया जाए।

वर्तमान समय की एक आम कहावत है कि अमीर पहले से अधिक अमीर और गरीब पहले से ज्यादा गरीब होते जा रहे हैं। यदि सभी लोगों की चीजों पर स्वामित्व को संज्ञान में लिया जाए तो इस कहावत पर संदेह करने के कई कारण मिल जाते हैं।

यह सही है कि अमीर पहले से अधिक अमीर होते जा रहे हैं, लेकिन यह भी सही है कि गरीब की दशा में भी लगातार सुधार हो रहा है। गरीब और मजदूर अब पहले से अच्छा पहनने लगा है, पहले से अच्छा खाने लगा है और पहले से

अधिक सुविधाओं के साथ जीवन जी रहा है। कुछ सौ साल पहले एक बादशाह इतने आरामदायक और तीव्र साधनों के साथ यात्रा नहीं कर सकता था, जिनका उपयोग आज एक औसत मजदूर करता है। एक मजदूर यह सोच सकता है कि वह अकेले के बलबूते पर खड़ा है, लेकिन सच्चाई यह है कि उसे जो भी सुविधाएँ प्राप्त हो रही हैं, उनके पीछे हजारों-लाखों लोगों की मेहनत लगी हुई है।

यह सही है कि अमीर पहले से अधिक अमीर होते जा रहे हैं, लेकिन यह भी सही है कि गरीब की दशा में भी लगातार सुधार हो रहा है। गरीब और मजदूर अब पहले से अच्छा पहनने लगा है, पहले से अच्छा खाने लगा है और पहले से अधिक सुविधाओं के साथ जीवन जी रहा है। कुछ सौ साल पहले एक बादशाह इतने आरामदायक और तीव्र साधनों के साथ यात्रा नहीं कर सकता था, जिनका उपयोग आज एक औसत मजदूर करता है। एक मजदूर यह सोच सकता है कि वह अकेले के बलबूते पर खड़ा है, लेकिन सच्चाई यह है कि उसे जो भी सुविधाएँ प्राप्त हो रही हैं, उनके पीछे हजारों-लाखों लोगों की मेहनत लगी हुई है।

हम यदि अपने घर पर बननेवाले साधारण खाने के बारे में ही सोचें तो हमें पता चलेगा कि चीन के लोग हमारे लिए चाय उगाते हैं, ब्राजील के लोग हमारी कॉफी उगाते हैं, पूर्वी भारत के लोग हमारे लिए मसाले पैदा करते हैं, क्यूबा से हमें चीनी मिलती है, रूस के किसानों से हमें रोटी के लिए अनाज प्राप्त होता है। इसके अलावा पेशेवर स्तर पर किसान आपके लिए अनाज और सब्जियाँ उगाते हैं, पशु-पालक आपके लिए दूध व मक्खन उपलब्ध कराते हैं, खनन मजदूर आपके लिए ईंधन उपलब्ध कराने में सहायता करते हैं, बढ़ई आपकी कुरसियाँ और मेज तैयार करते हैं। विभिन्न पेशों से जुड़े हुए लोग आपके लिए विभिन्न तरह की चीजें उपलब्ध कराने के लिए निरंतर श्रम कर रहे हैं।

इन चीजों को एक स्थान से दूसरे स्थान तक ले जाने के लिए परिवहन के साधन और यातायात मार्ग तैयार किए गए हैं। एक समय का भोजन उपलब्ध कराने के लिए असंख्य लोग अपना-अपना काम कर रहे हैं। हम सभी साझा गठजोड़ में बँधे हुए हैं। अमीर और गरीब, शिक्षित और अशिक्षित, शक्तिशाली और कमजोर—सभी एक सामाजिक और नागरिक ताने-बाने में गुँथे हुए हैं। किसी एक को होनेवाली हानि सभी को हानि पहुँचाती है। किसी एक की सहायता करने से हम सभी की सहायता करते हैं।

हम अपने भोजन, अपनी चाय, अपनी कॉफी, चीनी और चावल को कैसे त्याग

सकते हैं? श्रमिक केवल अपने बल पर बड़े-बड़े जहाजों का निर्माण नहीं कर सकता। किसान अपने खेत को छोड़कर अपने उत्पादों को बेचने के लिए बाजार नहीं जा सकता। एक खनन करनेवाला मजदूर कोयले को दूसरे स्थानों पर नहीं पहुँचा सकता। अमेरिका में रहनेवाला एक किसान अपने भोजन को नहीं पका सकेगा और न ही अपने आवास को गरम रख सकेगा, यदि उसे कोयले का खनन करनेवाले मजदूर की मेहनत का फल प्राप्त न हो। इसी प्रकार, किसान की मेहनत का फल न मिलने पर खनन मजदूर को रोटी प्राप्त नहीं होगी और वह भूखा रह जाएगा। वे दोनों अपने श्रम के फलों का आदान-प्रदान करके ही बेहतर जीवन जी सकते हैं।

पूँजी के लाभ वर्तमान जरूरतों और सुविधाओं की आपूर्ति तक ही नहीं सीमित हैं। यह श्रम के लिए नए रास्ते भी खोलती है। यह श्रम का विविधीकरण करके प्रत्येक व्यक्ति को ऐसा कार्य चुनने का अवसर देती है, जो उसके स्वभाव और योग्यता के सर्वोत्तम अनुकूल होता है। पूँजी बौद्धिक और आध्यात्मिक संस्कृति के साधनों की आपूर्ति करने में भी निवेशित की जाती है।

पूँजी के लाभ वर्तमान जरूरतों और सुविधाओं की आपूर्ति तक ही नहीं सीमित हैं। यह श्रम के लिए नए रास्ते भी खोलती है। यह श्रम का विविधीकरण करके प्रत्येक व्यक्ति को ऐसा कार्य चुनने का अवसर देती है, जो उसके स्वभाव और योग्यता के सर्वोत्तम अनुकूल होता है। पूँजी बौद्धिक और आध्यात्मिक संस्कृति के साधनों की आपूर्ति करने में भी निवेशित की जाती है।

पुस्तकें लगातार घटती हुई कीमतों पर उपलब्ध हो रही हैं। विश्व के सर्वोत्तम विचार न्यूनतम मूल्य पर एक साधारण मजदूर तक पुस्तकों के माध्यम से पहुँच रहे हैं। एक सामान्य मजदूर को पूँजी से प्राप्त होनेवाला सबसे बड़ा लाभ दैनिक अखबार के रूप में देखा जा सकता है। मात्र 2 या 3 सेंट के बदले में दुनिया का 24 घंटे का इतिहास आपके दरवाजे तक पहुँच जाता है। आपने सुबह का अखबार पढ़ते हुए कभी सोचा है कि इस अखबार को आप तक पहुँचाने में कितने लोगों और साधनों का उपयोग हुआ होगा और इस पूरी सेवा का मूल्य आपके लिए कितना है? केवल कुछ सेंट!

यदि पूँजी श्रम के लिए ऐसा एक वरदान है और प्रत्येक श्रमिक पूँजी से लाभान्वित होता है तो पूँजी और श्रम के बीच संघर्ष क्यों होता है? इसका कारण यह है कि पूँजीवादी और श्रमिक दोनों ही अमानवीय सिद्धांतों द्वारा शासित होते हैं। प्रत्येक पक्ष न्यूनतम सेवा के बदले में अधिकतम लाभांश चाहता है। पूँजीपति अधिक-से-अधिक

लाभ कमाना चाहता है और श्रमिक अधिक-से-अधिक मजदूरी प्राप्त करना चाहता है। पूँजीवादी और श्रमिक के हितों में सीधा टकराव होने लगता है। इस संघर्ष में पूँजी अधिक लाभ की स्थिति में होती है और वह इन लाभों को भुनाने के लिए तत्पर रहती है। पूँजी के द्वारा श्रमिक को एक तुच्छ दास के रूप में मान्यता दी जाती है, जिसके अधिकारों और खुशी का कोई महत्त्व एवं सम्मान नहीं होता है। पूँजी एक स्वामी बन गई है और श्रमिक एक नौकर। जब तक नौकर आज्ञाकारी व नतमस्तक बना रहता है और जो भी स्वामी से प्राप्त होता है, उसे बिना किसी असंतोष के स्वीकार कर लेता है तो वहाँ कोई भी संघर्ष नहीं होता। लेकिन श्रमिक दासतापूर्ण, दमनकारी और निराशाजनक स्थितियों से ऊपर उठ रहा है। वह मजबूती और बुद्धिमत्ता हासिल कर चुका है। वह अपने अधिकारों के प्रति सजग हो चुका है और उन अधिकारों के सम्मान की अपेक्षा करता है।

इस संघर्ष में प्रत्येक पक्ष अपने स्वार्थी हितों का अधीनस्थ है। पूँजीवादी यह मानता है कि श्रमिक को मिलनेवाला लाभ उसके लिए एक हानि है। दूसरी ओर, श्रमिक यह सोचता है कि उसके श्रम की हानि ही पूँजीपति का लाभ है। दोनों पक्ष आधा सच देखते हैं। दोनों पक्षों के बीच गलतफहमियों को दूर करके किसी समझौतापूर्ण स्थिति को कैसे निर्मित किया जा सकता है?

विवेकपूर्ण और निष्पक्ष कानूनों के द्वारा दोनों वर्गों को अपने-अपने स्वार्थी हितों से पृथक् किया जा सकता है। कुछ मामलों में श्रमिकों को व्यापार के लाभों का एक अंश भाग प्रदान करने पर काफी अच्छे परिणाम देखे गए हैं। सुनहरे नियम का अनुप्रयोग करके दोनों पक्ष अपने संघर्ष की वजह को समाप्त कर सकते हैं। यह पूँजी को सुरक्षा देकर उसे अधिक उत्पादक बना सकता है। इस नियम के तहत प्रत्येक पक्ष जो दूसरे से चाहता है, उसे दूसरे पक्ष को देने के लिए भी हमेशा तत्पर रहना चाहिए।

विवेकपूर्ण और निष्पक्ष कानूनों के द्वारा दोनों वर्गों को अपने-अपने स्वार्थी हितों से पृथक् किया जा सकता है। कुछ मामलों में श्रमिकों को व्यापार के लाभों का एक अंश भाग प्रदान करने पर काफी अच्छे परिणाम देखे गए हैं। सुनहरे नियम का अनुप्रयोग करके दोनों पक्ष अपने संघर्ष की वजह को समाप्त कर सकते हैं। यह पूँजी को सुरक्षा देकर उसे अधिक उत्पादक बना सकता है। इस नियम के तहत प्रत्येक पक्ष जो दूसरे से चाहता है, उसे दूसरे पक्ष को देने के लिए भी हमेशा तत्पर रहना चाहिए।

आप एक पूँजीवादी हैं। आपका धन विनिर्माण, भूमि, खनन, व्यापार, रेलवे

या किसी अन्य उद्योग में निवेशित है। आप अपनी पूँजी का प्रयोग करने के लिए प्रत्यक्ष या अप्रत्यक्ष रूप से लोगों को काम पर रखते हैं। लाभ कमाने की अभिलाषा आपको अंधा कर देती है। आप अपने अलावा किसी और का हित नहीं देखते हैं। आप श्रमिक को एक व्यक्ति के रूप में सम्मान के साथ नहीं देखते हैं। आप उसे एक दास समझते हैं और अपनी संपत्ति को बढ़ाने का एक औजार मानते हैं। इस लड़ाई में मजदूर आपका मित्र होता है, यदि वह आपके हितों को पूरा करने के लिए अपनी सेवाएँ प्रदान करता है; लेकिन जैसे ही वह आपके हितों को पूरा नहीं करता, वह आपका शत्रु बन जाता है।

अब अपने दृष्टिकोण को बदल दें और खुद को उसके स्थान पर और मजदूर को अपने स्थान पर रखें। आपको कैसा लग रहा होता, यदि वह आपके साथ वैसा ही व्यवहार कर रहा होता, जैसा कि आप पूँजीपति के रूप में कर रहे थे? संभवतः आज का पूँजीपति कल का श्रमिक रहा हो और आज का श्रमिक कल का पूँजीपति बन जाए! क्या आपको यह अच्छा लगता कि आपकी मजदूरी आपकी दैनिक जरूरतों को पूरा करने लायक भी नहीं होती? क्या आपको यह पसंद आता कि आपके साथ क्रूरता और कठोरता के साथ बरताव किया जाता? क्या आप यह पसंद करते कि आपका खून, आपकी ताकत और आपकी आत्मा किसी दूसरे व्यक्ति के लाभ के लिए डॉलर में आँकी जाती?

जो श्रमिक यह जानता है कि उसका नियोक्ता उसके प्रति दयालु एवं विनम्र है और उसकी भलाई के लिए इच्छुक रहता है, तो वह मजदूर और बेहतर ढंग से काम करेगा और अपने नियोक्ता के हितों के साथ-साथ अपने खुद के हितों को भी पोषित करेगा। जब दिमाग जुनून से भरा होता है तो व्यक्ति विवेक की आवाज को नहीं सुनता है। वह अपने हितों के साथ-साथ दूसरों के हितों की भी परवाह नहीं करता और पूरी तरह से अंधा हो जाता है। कठिनाइयों को कभी भी जुनून के द्वारा हल नहीं किया जा सकता।

इन प्रश्नों का उत्तर देना बहुत आसान है। विनम्रता से विनम्रता पैदा होती है और सम्मान से सम्मान जगता है।

आप एक श्रमिक हैं। आप अपने एक दिन के कार्य के लिए एक नियत मजदूरी प्राप्त करते हैं। अब खुद को अपने नियोक्ता के स्थान पर रखें। आप अपने लिए काम करनेवाले लोगों से क्या अपेक्षा रखेंगे? क्या आप यह सोचेंगे कि वे लोग आपको अपना दुश्मन समझें? क्या आप यह चाहेंगे कि वे लोग कम-से-कम काम करें और ज्यादा-

से-ज्यादा मजदूरी चाहने की इच्छा करें? क्या आप चाहेंगे कि आपके कर्मचारी अपनी मजदूरी को बढ़ाने के लिए आपकी मजबूरी का लाभ उठाएँ और आपको हानि पहुँचाने की कोशिश करें? क्या आप यह पसंद करेंगे कि आपके कर्मचारी आपके व्यापार प्रबंधन में हस्तक्षेप करें? क्या आप यह नहीं चाहेंगे कि वे अपना काम ईमानदारी और अच्छी भावना के साथ करें?

जो श्रमिक यह जानता है कि उसका नियोक्ता उसके प्रति दयालु एवं विनम्र है और उसकी भलाई के लिए इच्छुक रहता है, तो वह मजदूर और बेहतर ढंग से काम करेगा और अपने नियोक्ता के हितों के साथ-साथ अपने खुद के हितों को भी पोषित करेगा।

जब दिमाग जुनून से भरा होता है तो व्यक्ति विवेक की आवाज को नहीं सुनता है। वह अपने हितों के साथ-साथ दूसरों के हितों की भी परवाह नहीं करता और पूरी तरह से अंधा हो जाता है। कठिनाइयों को कभी भी जुनून के द्वारा हल नहीं किया जा सकता। संघर्ष के द्वारा समस्याएँ हल नहीं होती हैं। श्रमिक और पूँजीपति के हित पारस्परिक व साझा हैं। कोई भी पक्ष दूसरे पक्ष को समृद्ध किए बिना अपनी समृद्धि हासिल नहीं कर सकता। यदि श्रम भुजा है तो पूँजी रक्त है। रक्त के बेकार बहने पर भुजा अपनी शक्ति खो देती है। इसी तरह भुजा के नष्ट होने पर रक्त का कोई उपयोग नहीं है। दोनों एक-दूसरे की देखभाल करने पर ही एक-दूसरे को लाभ पहुँचा सकते हैं। प्रत्येक पक्ष यदि 'सुनहरे नियम' को मार्गदर्शक के रूप में अपनाता है तो दोनों पक्षों के बीच शत्रुता और संघर्ष के सारे कारण मिट जाएँगे और वे एक-दूसरे से हाथ मिलाकर अपना कार्य करेंगे और अपने लाभों की फसल प्राप्त करेंगे।

> *टाल-मटोल का रवैया आपको अवसरों से वंचित कर देता है। कोई भी महान् नेता ऐसा नहीं हुआ है, जिसने आज के काम को कल पर टालने की प्रवृत्ति दरशाई हो। जब अपनी अभिलाषा से प्रेरित होकर आप कोई निर्णय ले लेते हैं तो उस पर निरंतर आगे बढ़ें। समय आपके साथ दौड़ रहा है। विलंब का अर्थ पराजय है, क्योंकि कोई भी व्यक्ति खोए हुए समय का एक सेकंड भी पुनः हासिल नहीं कर सकता है।*

मानव के पास ही ऐसी शक्ति है, जिसके द्वारा वह अपने विचारों को भौतिक वास्तविकता में बदल सकता है। वह सपने देख सकता है और अपने सपनों को सच कर सकता है। मानव के पास आदर्शों के निर्माण की ताकत है। वह उन आदर्शों को हासिल कर सकता है।

अब आप एक ऐसे बिंदु पर पहुँच चुके हैं, जहाँ पर आपको स्वयं की खोज करनी है, ताकि आप उन गुणों को अर्जित कर सकें, जिनकी सहायता से आप एक संतुलित और बहुआयामी व्यक्तित्व का निर्माण कर सकते हैं। अपने आप का विश्लेषण करें और यह पता लगाएँ कि इस पाठ्यक्रम के 15 कारकों में से किनके संबंध में आप सबसे कमजोर हैं? और उसके बाद अपने प्रयासों को उस अध्याय विशेष पर एकाग्र करें, जिसमें उन कारकों को प्रदर्शित किया गया है।

अनिर्णय

अध्याय के उपरांत समय रूपी लेखक के साथ एक अवलोकन

टाल-मटोल का रवैया आपको अवसरों से वंचित कर देता है। कोई भी महान् नेता ऐसा नहीं हुआ है, जिसने आज के काम को कल पर टालने की प्रवृत्ति दरशाई हो। जब अपनी अभिलाषा से प्रेरित होकर आप कोई निर्णय ले लेते हैं तो उस पर निरंतर आगे बढ़ें। समय आपके साथ दौड़ रहा है। विलंब का अर्थ पराजय है, क्योंकि कोई भी व्यक्ति खोए हुए समय का एक सेकंड भी पुन: हासिल नहीं कर सकता है। समय एक ऐसा कारक है, जो कि विफलता और निराशा के सभी घावों को भर देता है। यह आपकी सभी गलतियों को पूँजी में बदल सकता है। लेकिन यह केवल उन्हीं लोगों के पक्ष में काम करता है, जो टाल-मटोल की प्रवृत्ति त्याग चुके हैं और निर्णय लेने के बाद हमेशा अपने काम में सक्रिय रहते हैं।

जीवन एक महान् चेकर बोर्ड है। आपके सामने का खिलाड़ी समय है। यदि आपने हिचक की तो आप बोर्ड से हटा दिए जाएँगे। यदि आप चलते रहे तो आप जीत सकते हैं। समय एकमात्र वास्तविक पूँजी है; लेकिन यह पूँजी तभी है, जब इसका उपयोग किया जाए। आप इस बात को जानकर चकित हो सकते हैं कि आप एक दिन में अपना कितना समय व्यर्थ में गँवाते हैं!

विश्व के सभी महान् नेता ऐसे महिला या पुरुष थे, जिन्होंने त्वरित निर्णय लिये थे।

अनिर्णय की स्थिति ने लाखों लोगों को असफलता के गर्त में पहुँचा दिया है। बिली संडे ने एक बार कहा था, "अनिर्णय शैतान का सबसे पसंदीदा औजार है।"

केवल कल्पना के द्वारा ही आप सफलता को सुनिश्चित नहीं कर सकते हैं। लाखों लोग कल्पना करते हैं और ऐसी योजनाएँ बनाते हैं, जो उनके लिए आसानी से प्रसिद्धि और सौभाग्य ला देंगी; लेकिन ऐसी योजनाएँ कभी भी निर्णय के चरण तक नहीं पहुँच पाती हैं।

मार्टिन डब्ल्यू. लिटिलऑन एक गरीब लड़का था, जिसने बारह वर्ष की उम्र तक कोई स्कूल नहीं देखा था। उसके पिता एक दिन उसे अदालत में ले गए, जहाँ एक महान् वकील हत्या के एक आरोपी के बचाव में बहस कर रहा था। वकील की बहस ने उस लड़के के दिमाग में ऐसी गंभीर छाप छोड़ी कि उसने तुरंत ही अपने पिता का हाथ पकड़कर कहा कि एक दिन मैं अमेरिका का सबसे अच्छा वकील बनूँगा।

आज मार्टिन डब्ल्यू. लिटिलऑन अपने किसी भी मुवक्किल से 50,000 डॉलर से कम की फीस वसूल नहीं करता है और यह कहा जाता है कि वह हर समय व्यस्त रहता है। वह एक योग्य वकील इसलिए बना, क्योंकि उसने वकील बनने का निर्णय लिया था।

निर्णय करनेवाले व्यक्ति सामान्यतः उन सभी चीजों को हासिल कर लेते हैं, जिन्हें पाने का उन्होंने निश्चय किया था। निर्णय करनेवाले व्यक्ति को रोका नहीं जा सकता।

यह एक सुनिश्चित निर्णय था!

आज मार्टिन डब्ल्यू. लिटिलऑन अपने किसी भी मुवक्किल से 50,000 डॉलर से कम की फीस वसूल नहीं करता है और यह कहा जाता है कि वह हर समय व्यस्त रहता है। वह एक योग्य वकील इसलिए बना, क्योंकि उसने वकील बनने का निर्णय लिया था।

निर्णय करनेवाले व्यक्ति सामान्यतः उन सभी चीजों को हासिल कर लेते हैं, जिन्हें पाने का उन्होंने निश्चय किया था।

निर्णय करनेवाले व्यक्ति को रोका नहीं जा सकता।

अनिर्णय की स्थिति में रहनेवाला व्यक्ति कभी शुरुआत नहीं कर सकता। विकल्प आपको चुनना है। यदि आप उन लोगों में से हैं, जो आज अपने मन को किसी चीज के लिए तैयार करते हैं और अगले दिन अपना फैसला बदल देते हैं तो आपका असफल होना सुनिश्चित है। यदि आप यह तय नहीं कर पा रहे हैं कि आपको कौन से रास्ते पर जाना है तो आपके लिए बेहतर होगा कि आप अपनी आँखों को बंद करें और अँधेरे की ओर बढ़ते जाएँ। यह रुके रहने और निष्क्रिय रहने की तुलना में बेहतर विकल्प होगा। यदि आप गलतियाँ करते हैं तो यह संसार आपको क्षमा कर देगा; लेकिन यदि आप कोई फैसला नहीं कर पाते हैं तो दुनिया आपको कभी क्षमा नहीं करेगी, क्योंकि यह आपके बारे में उस समुदाय के बाहर कभी नहीं सुन पाएगी, जिसमें आप रहते हैं।

आप क्या हैं और आप क्या काम करते हैं, यह बात कोई मायने नहीं रखती है।

आप समय के साथ चेकर बोर्ड पर खेल रहे हैं। आपको हमेशा अगला कदम बढ़ाना है। त्वरित निर्णय के साथ आगे बढ़ें तो समय आपकी सहायता अवश्य करेगा। यदि आप एक ही स्थान पर खड़े रहे तो समय आपको बोर्ड से नीचे उतार देगा।

आप हमेशा सही कदम नहीं बढ़ा सकते हैं; लेकिन यदि आप लगातार कदम बढ़ाते हैं तो आप औसत के नियम का लाभ ले सकते हैं और जीवन का महान् खेल समाप्त होने से पहले अंक तालिका में एक सम्मानजनक स्थान बना सकते हैं।

□□□